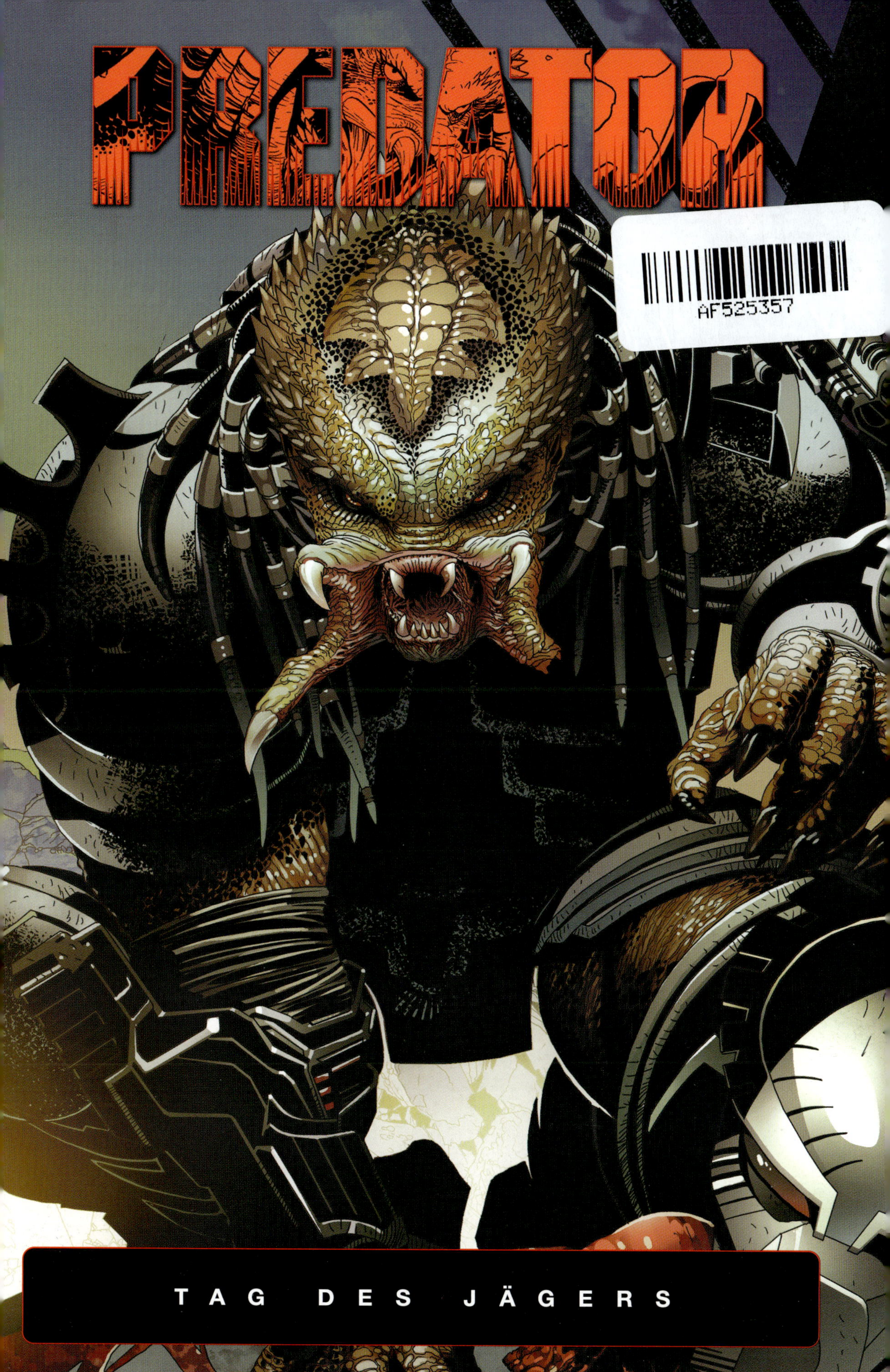

PREDATOR
TAG DES JÄGERS

1987: Im Dschungel Mittelamerikas wird ein sechsköpfiges Söldnerkommando von einem Predator verfolgt, der sie zum Spaß jagt. Nur ein Mitglied des Teams überlebt und schafft es, den Predator zu töten.

1997: Ein Predator macht in Los Angeles Jagd auf Bandenmitglieder, die in einen Drogenkrieg mit der Polizei verwickelt sind. Obwohl viele von ihnen abgeschlachtet werden, gelingt es einem Polizisten, den Predator zu töten.

2010: Acht Personen werden von der Erde entführt und auf einem unbekannten Planeten abgesetzt, wo sie von drei Predators gejagt werden. Sie erfahren, dass das Ganze zum Spaß passiert und es sich bei dem Planeten um ein Wildreservat handelt.

2018: Ein Predator stürzt mit seinem Raumschiff in Amerika ab und wird von *Projekt Stargazer* zu Studienzwecken gefangen genommen. Er entkommt, wird aber von einem anderen Predator getötet. Einer Gruppe von Militärverbrechern gelingt es, den Predator einzukesseln und zu eliminieren, aber nur wenige von ihnen überleben.

Jetzt schreiben wir das Jahr **2056**. Die Menschheit unternimmt interstellare Reisen ins Weltall. Doch ungeachtet ihrer technologischen Fortschritte bleiben die Menschen verwundbare Beute ...

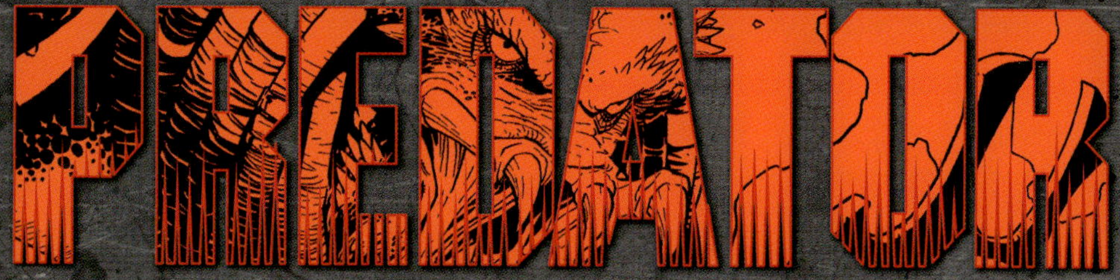

ED BRISSON • STORY
KEV WALKER • ZEICHNUNGEN
FRANK D'ARMATA • FARBEN
LEINIL FRANCIS YU UND
SUNNY GHO • COVER

ALEXANDER RÖSCH • ÜBERSETZUNG
ANDREA RENZONI • LETTERING
JAKE THOMAS, DARREN SHAN, KAT GREGOROWICZ, SHANNON ANDREWS BALLESTEROS • REDAKTION USA
C. B. CEBULSKI • CHEFREDAKTION USA

BESONDERER DANK AN **STEVE ASBELL, SCOTT AVERSAND, LEANNE HACKMANN, SARAH HUCK, KENDRICK PEJORO, JEFFREY THOMAS** UND **NICOLE SPIEGEL** BEI DISNEY

INHALT

PREDATOR: TAG DES JÄGERS erscheint bei **PANINI COMICS**, Schloßstraße 76, D-70176 Stuttgart. Druck: Tecnostampa srl – Pigini Group - Loreto – Trevi. Pressevertrieb: Stella Distribution GmbH, D-22297 Hamburg. Direkt-Abos auf **www.paninicomics.de**. Anzeigenverkauf: BLAUFEUER VERLAGSVERTRETUNGEN GmbH, info@blaufeuer.com. Es gelten die Anzeigenpreise gemäß der Mediadaten 2023. Geschäftsführer **Hermann Paul**, Publishing Director Europe **Marco M. Lupoi**, Finanzen/Logistik **Felix Bauer**, Marketing Director **Holger Wiest**, Marketing **Dr. Rebecca Haar**, Vertrieb **Alexander Bubenheimer**, PR/Presse **Steffen Volkmer**, Publishing Manager **Lisa Pancaldi**, Redaktion **Stephanie Jakob**, **Ilaria Tavoni**, **Francesco Tedeschi**, **Daniela Uhlmann**, Übersetzung **Alexander Rösch**, Proofreading **Katrin Hoppe**, Lettering **Andrea Renzoni**, grafische Gestaltung **Marco Paroli** (coordinator), **Cinzia Morando**, **Angelo Costellini**, Art Director **Alessandro Gucciardo**, Redaktion Panini Comics **Annalisa Califano**, **Beatrice Doti**, Prepress **Cristina Bedini**, **Daniela Guidetti**, **Andrea Lusoli**, Repro/Packager **Alessandro Nalli** (coordinator), **Anna Boselli**, **Mario Da Rin Zanco**, **Valentina Esposito**, **Luca Ficarelli**, **Linda Leporati**.

Digitale Ausgaben: ISBN 978-3-7569-0086-2 (.pdf) / ISBN 978-3-7569-0087-9 (.epub) / ISBN 978-3-7569-0088-6 (.mobi)

Bibliografische Information der Deutschen Nationalbibliothek
Die Deutsche Nationalbibliothek verzeichnet diese Publikation in der Deutschen Nationalbibliografie; detaillierte bibliografische Daten sind im Internet über dnb.d-nb.de abrufbar.

„Wenn es blutet, können wir es töten." Mit diesen lapidaren Worten blickt **Dutch** auf die grüne Pfütze, die sein Feind zurückgelassen hat, und erkennt, dass die Kreatur, der er und sein Team von Elitesoldaten gegenüberstehen, nicht unsterblich ist. Waffen können sie also stoppen, auch wenn es nicht einfach wird: Das außerirdische Monster ist schnell, wendig, schwer bewaffnet, extrem intelligent und vor allem will es Dutch und sein Team einzeln töten ... oder bei dem Versuch dabei sterben. Wir schreiben das Jahr 1987 und der Film heißt natürlich *Predator*. Geschrieben von zwei Debüt-Drehbuchautoren, den Brüdern **Jim** und **John Thomas**, war der Film sofort ein voller Erfolg. Die Gründe liegen im schnellen Tempo, den perfekt in ihre Rollen als Söldner auf einer Mission platzierten Charakteren, der tropischen Umgebung ... und vor allem im Bösewicht der Geschichte. Der **Predator** ist ein Bösewicht, wie man ihn noch nie zuvor gesehen hat. Ein Außerirdischer mit Netztop (!), einem gruseligen Gesicht – wenn wir von einem Gesicht sprechen können – ähnlich dem einer schrecklichen Weltraumkrabbe, einer unglaublichen strategischen Intelligenz und einer erzählerisch schillernden Motivation: Er jagt für den Sport. Bis dahin zeigten Filme Aliens, die die Menschheit aus verschiedenen Gründen angriffen (die Kolonisierung von Außerirdischen in *Der Krieg der Welten*, die Reproduktion des Xenomorphs in *Alien*). Aber der Besucher, der auf die Erde kommt, um einen würdigen Gegner auszuwählen und seiner Sammlung einen Totenschädel hinzuzufügen, ist ein neues und unglaubliches Erzählmittel. Der Predator hat einen sehr strengen Kodex, den er respektiert, bis er buchstäblich stirbt: Seine Beute muss ein gültiger Gegner sein, vollkommen gesund und in der Lage, sich zu wehren. Kurz gesagt, wenn ein Raubtier sein Ziel auswählt, könnte dieses Ziel das Blatt der Jagd wenden und zum Raubtier werden. Ein ebenso einfacher wie effektiver Mechanismus, der in den vier Fortsetzungen des Films wiederkehrt – und die bemerkenswerte letzte hat eine weibliche Protagonistin, genau wie die Geschichte, die ihr gleich lesen werdet. Das ist der Hauptgrund, warum der Predator eine wahre Legende des Sci-Fi- und Action-Kinos ist. Jetzt sind mehr als 35 Jahre vergangen, und das Alien in der Netzweste erschien in sechs weiteren Filmen (darunter zwei der Parallelmarke *Alien vs. Predator*) und in einer großen Anzahl von Videospielen, Romanen und Comics. Und heute entführen uns Autor **Ed Brisson** und Zeichner **Kev Walker** zurück in dieses Erzähluniversum, um uns eine atemberaubende Geschichte zu präsentieren, die einmal mehr auf der Polarität zwischen Beute und Raubtier basiert. Aber in diesem Fall beginnt die Jagd anders. Diesmal ist das Raubtier nicht der Predator.

Francesco Tedeschi

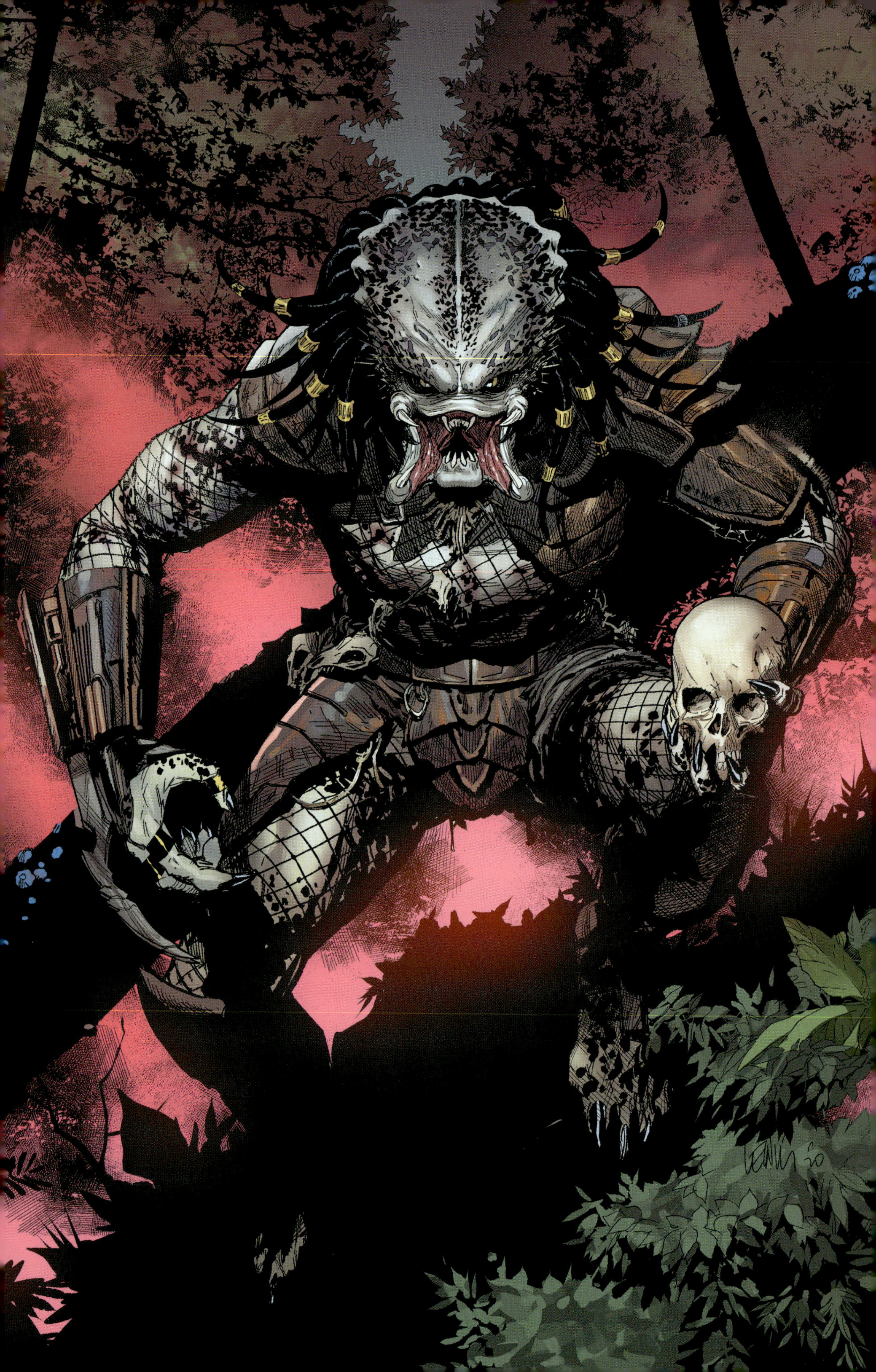

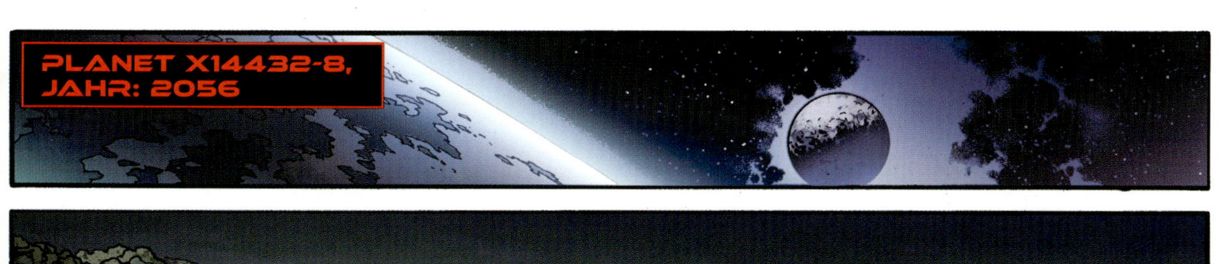
PLANET X14432-8,
JAHR: 2056

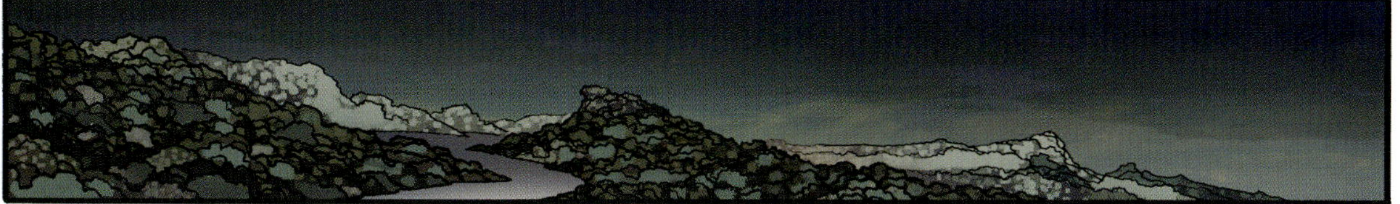

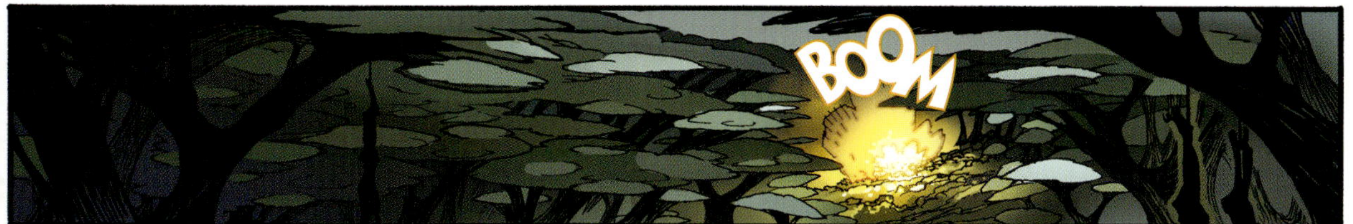
BOOM

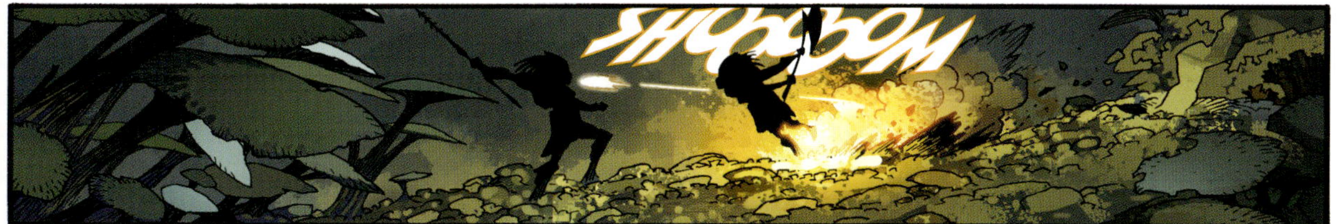
SHOOOOOM

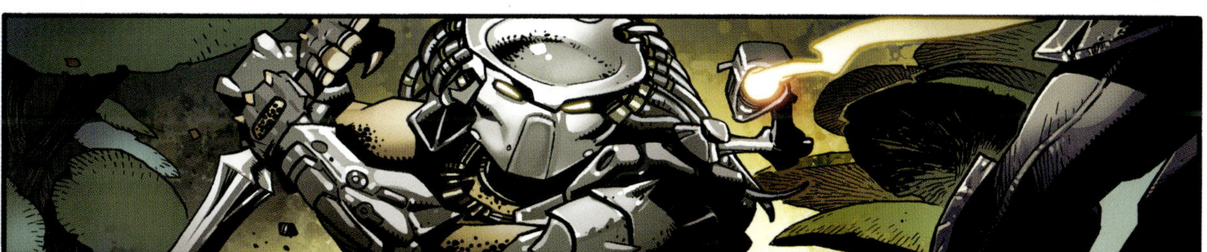

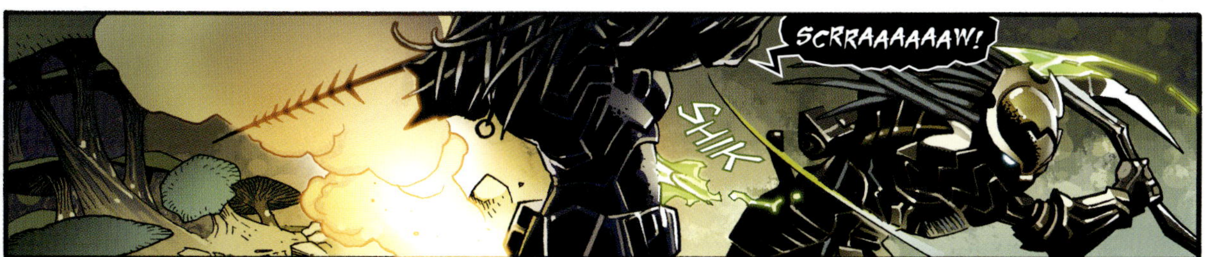
SCRRAAAAAAAW!
SHIK

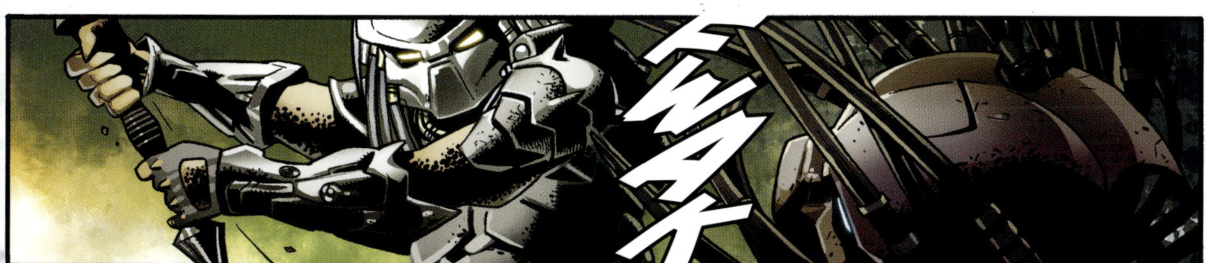
KWAK

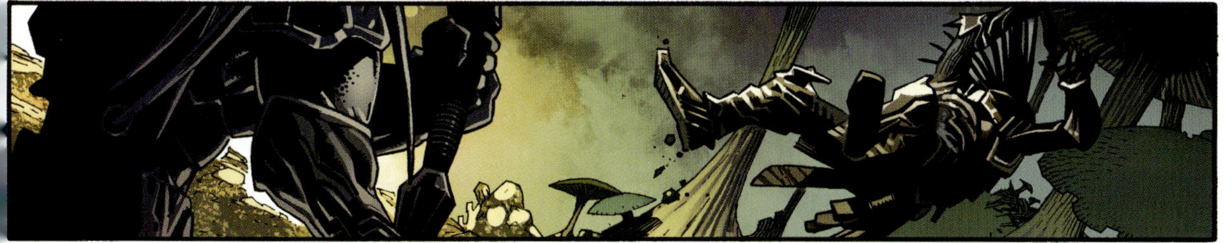

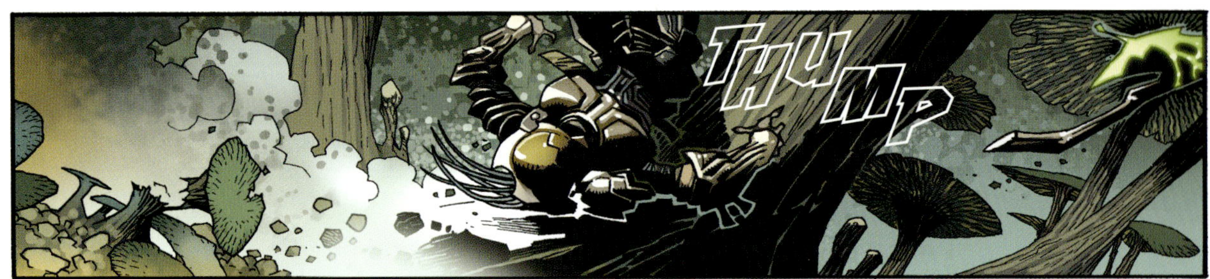
THUMP
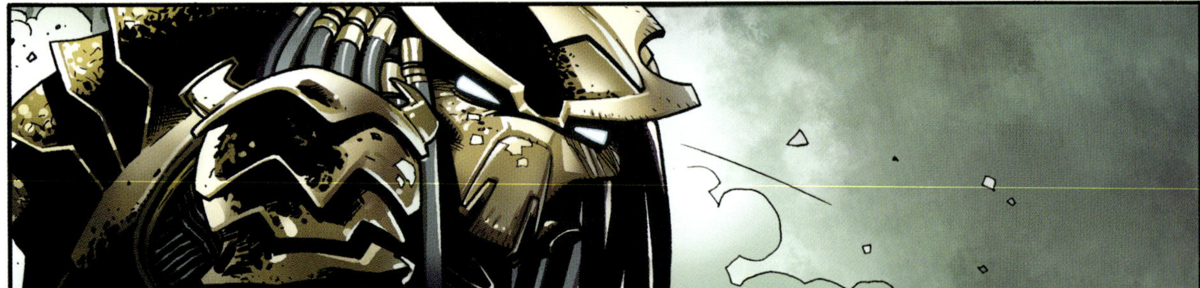
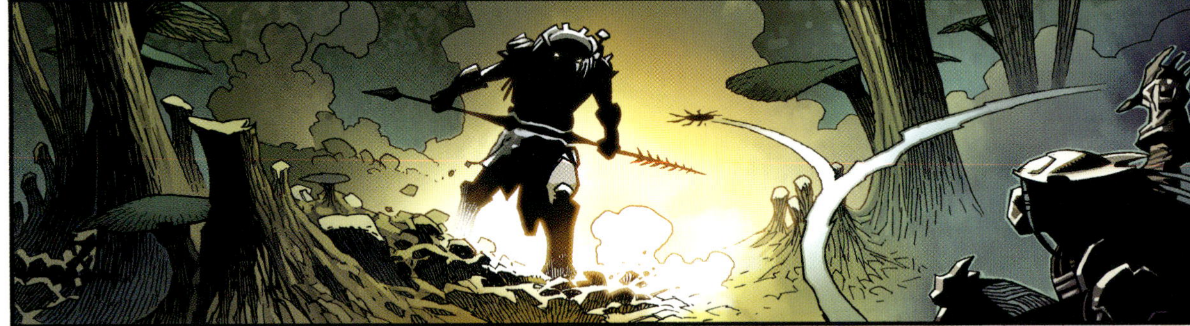
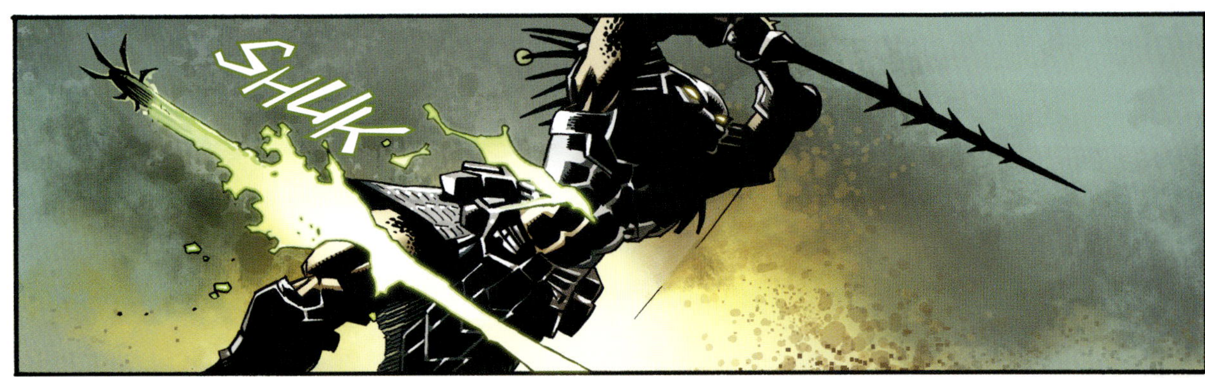
SHUK
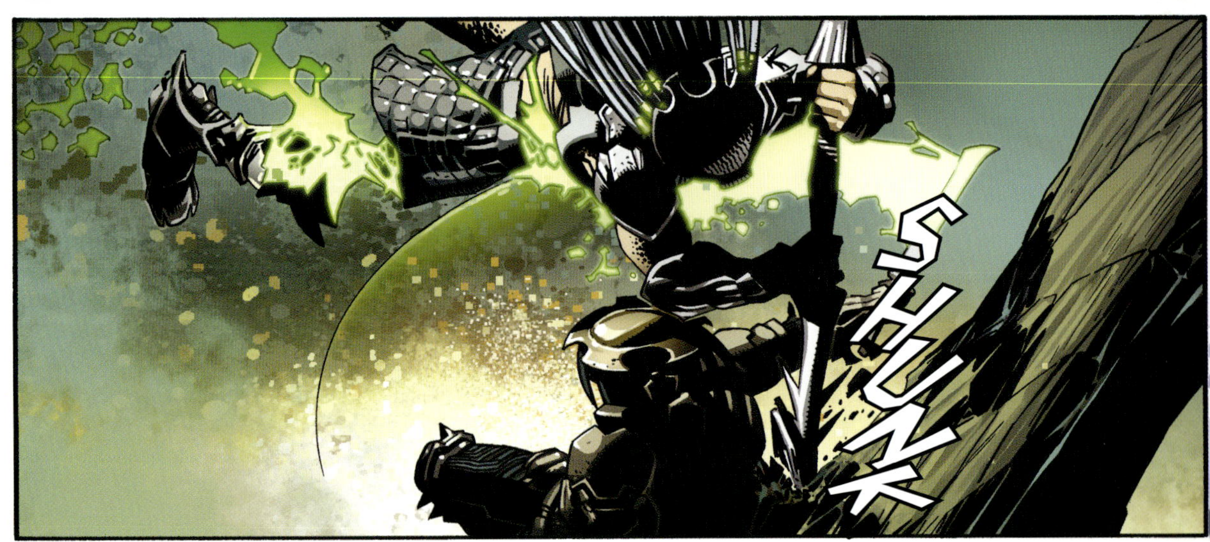
SHUNK

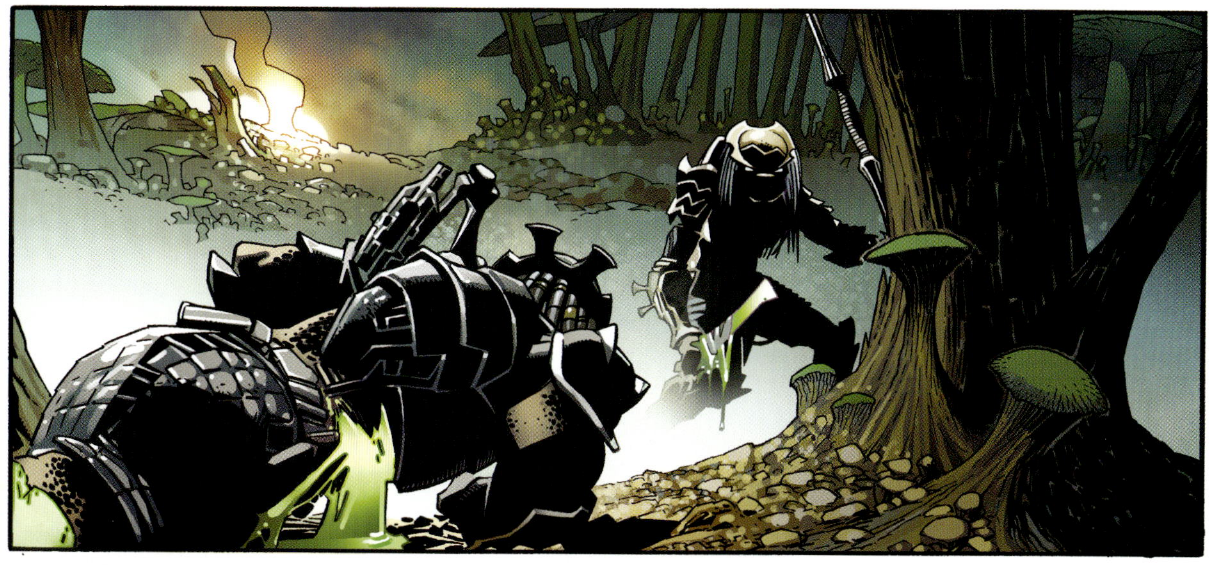

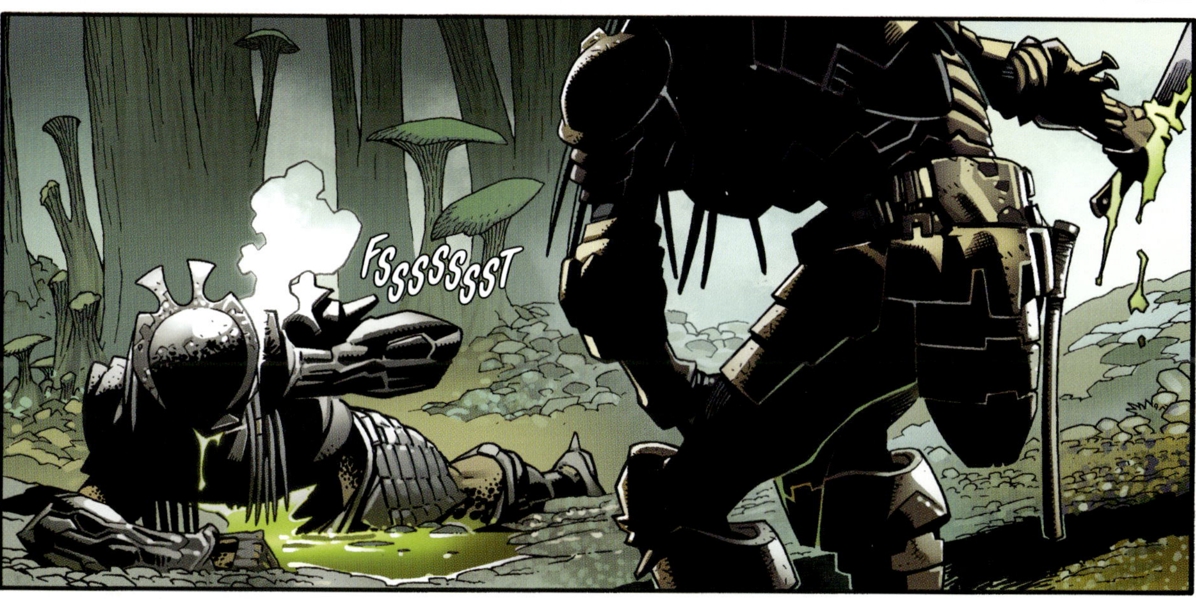

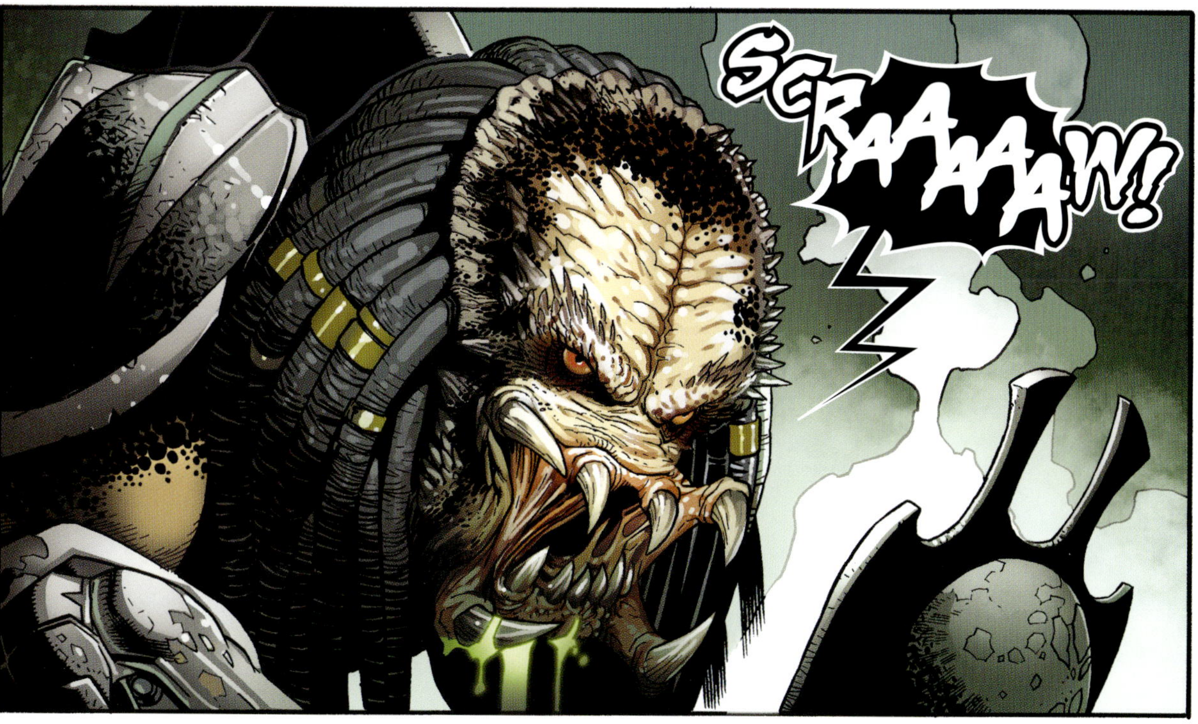

SCRAAAAAW!

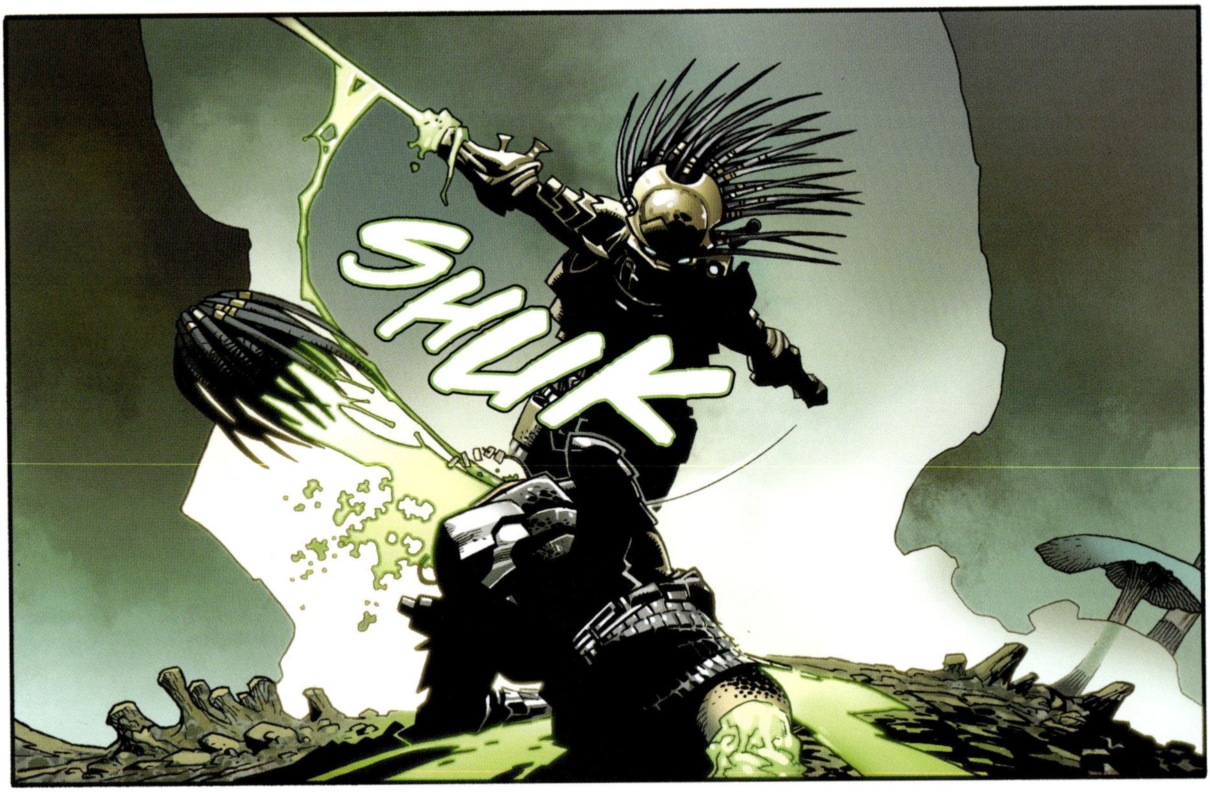

SHUK

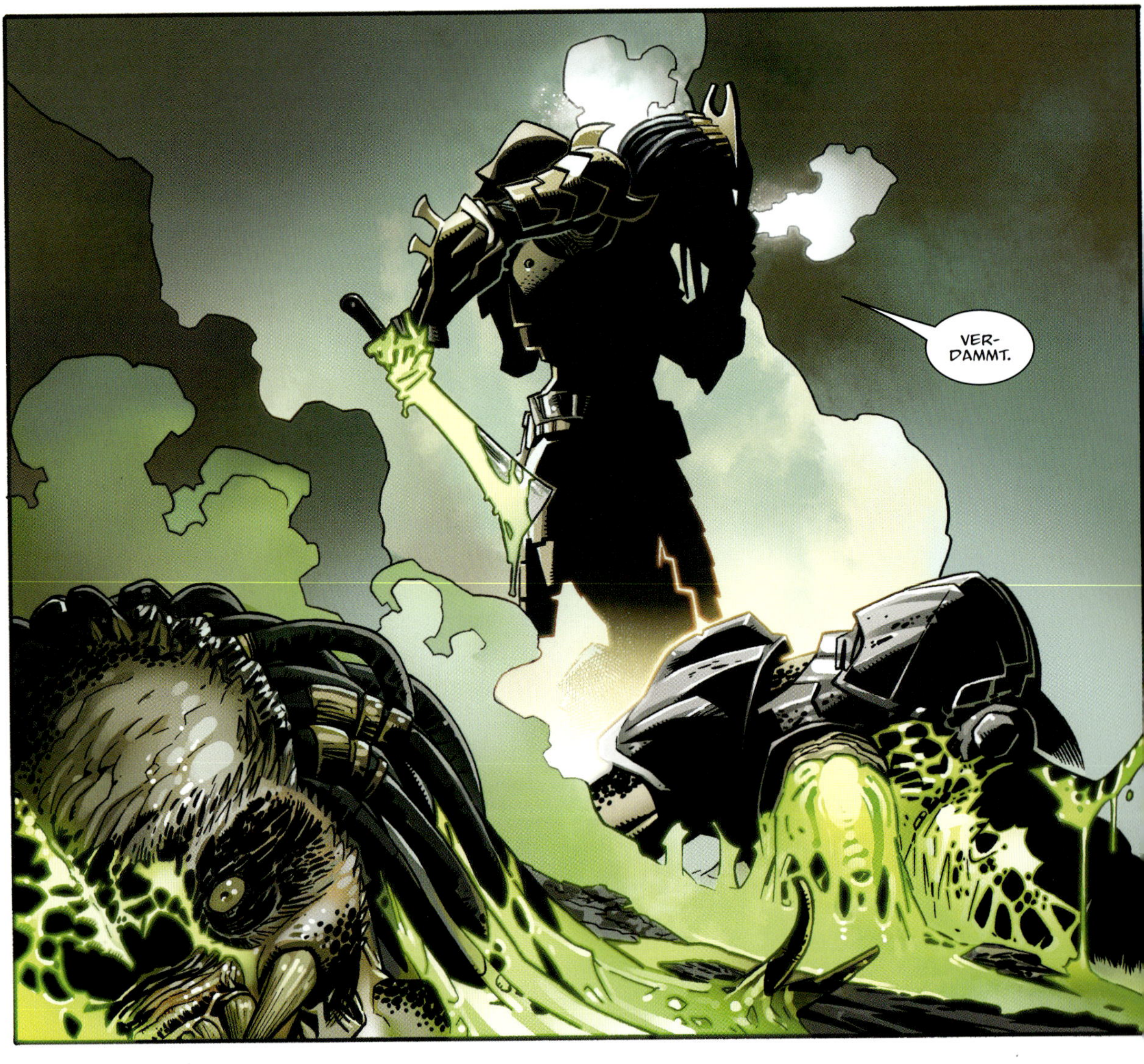

VER-
DAMMT.

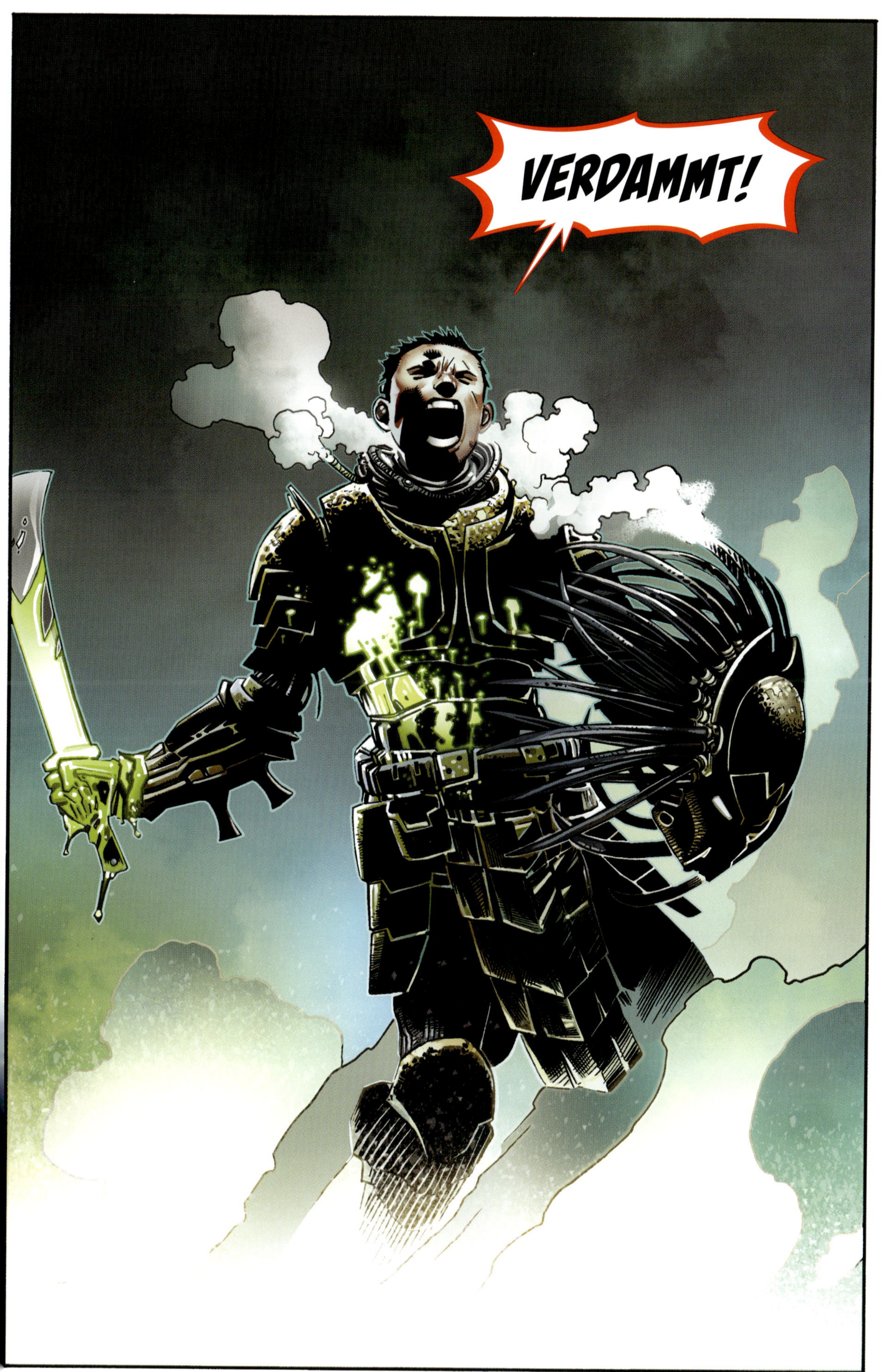
VERDAMMT!

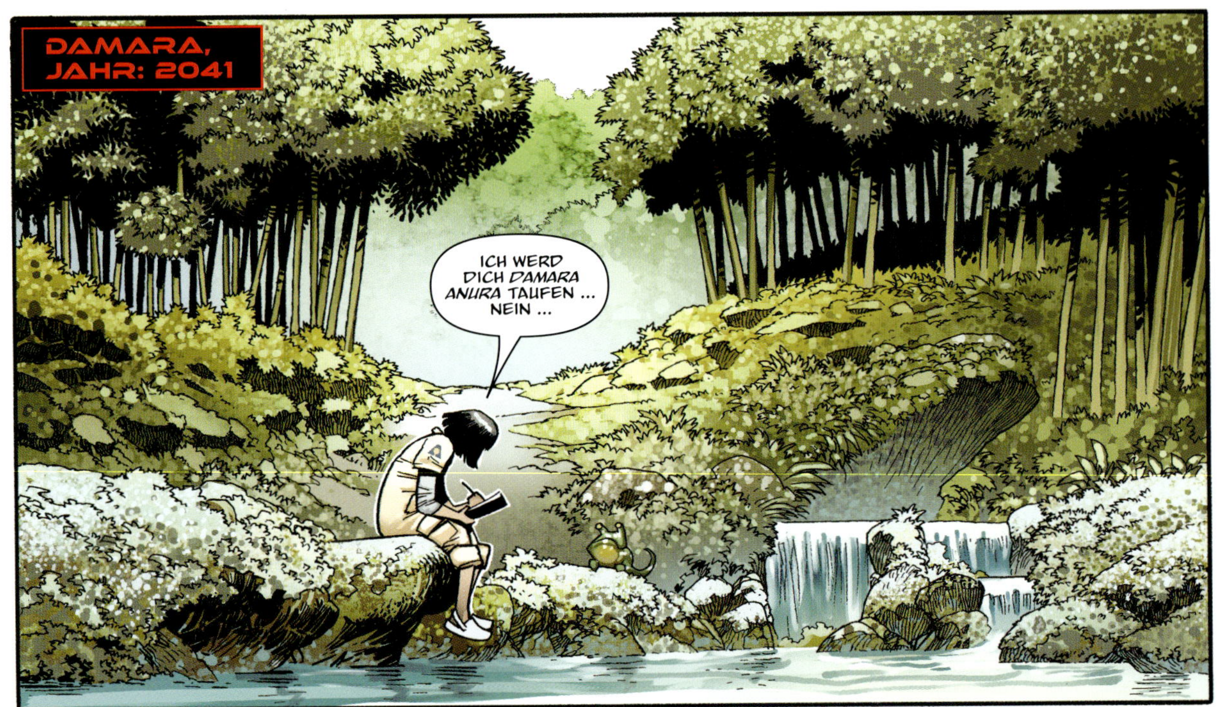
DAMARA, JAHR: 2041
ICH WERD DICH DAMARA ANURA TAUFEN ... NEIN ...

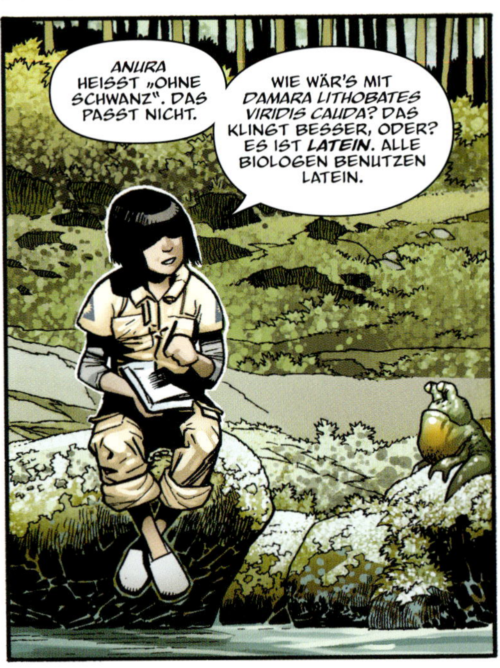
ANURA HEISST „OHNE SCHWANZ". DAS PASST NICHT.
WIE WÄR'S MIT DAMARA LITHOBATES VIRIDIS CAUDA? DAS KLINGT BESSER, ODER? ES IST LATEIN. ALLE BIOLOGEN BENUTZEN LATEIN.

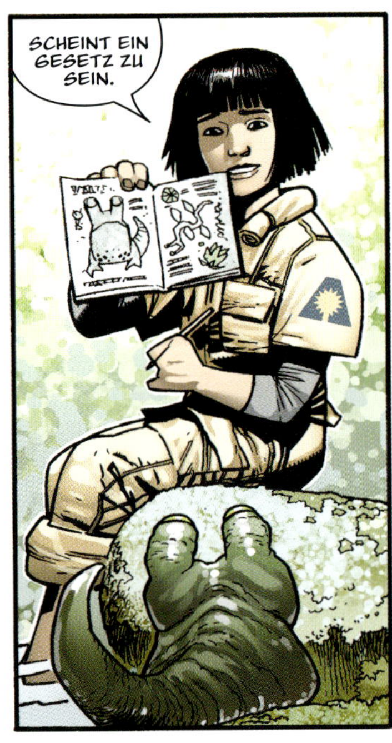
SCHEINT EIN GESETZ ZU SEIN.

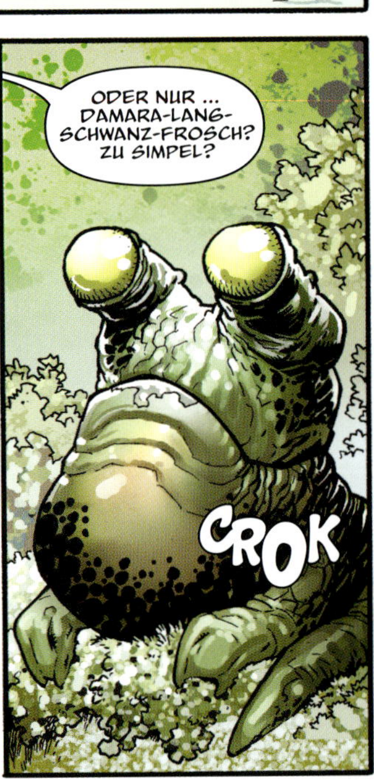
ODER NUR ... DAMARA-LANG-SCHWANZ-FROSCH? ZU SIMPEL?
CROK

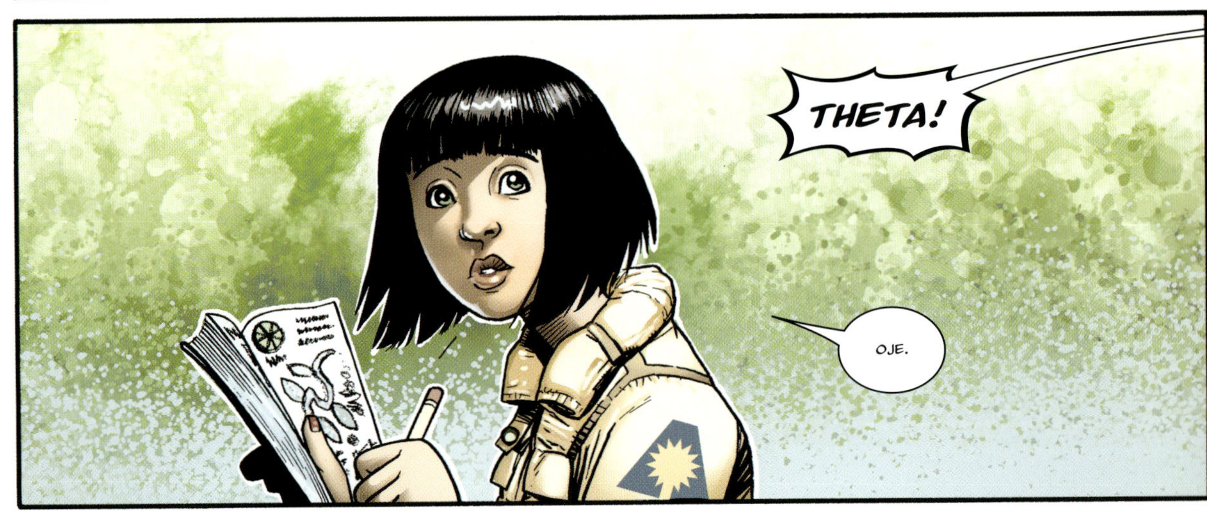
THETA!
OJE.

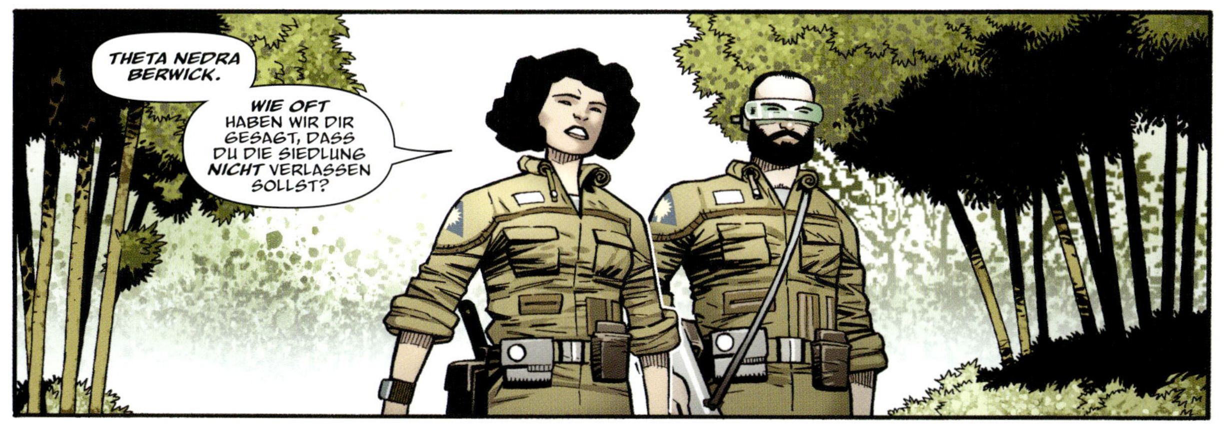
THETA NEDRA BERWICK.
WIE OFT HABEN WIR DIR GESAGT, DASS DU DIE SIEDLUNG NICHT VERLASSEN SOLLST?

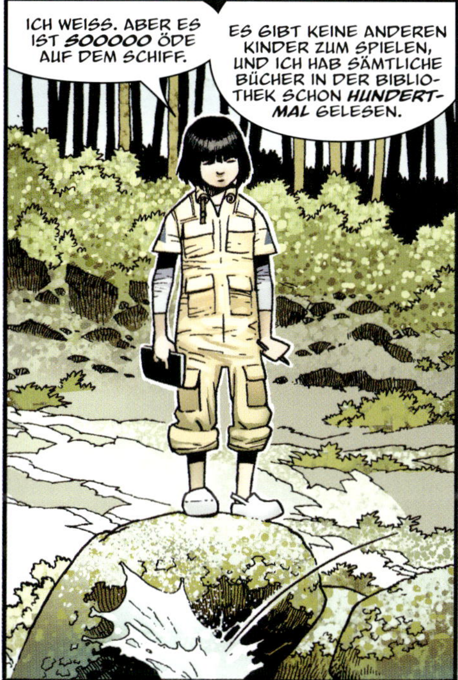
ICH WEISS. ABER ES IST SOOOOO ÖDE AUF DEM SCHIFF.
ES GIBT KEINE ANDEREN KINDER ZUM SPIELEN, UND ICH HAB SÄMTLICHE BÜCHER IN DER BIBLIOTHEK SCHON HUNDERTMAL GELESEN.

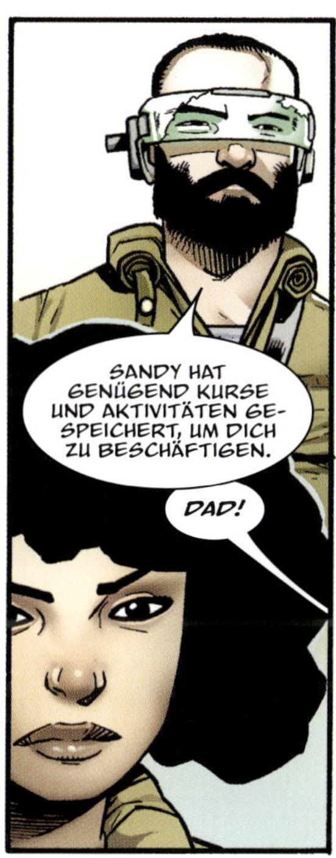
SANDY HAT GENÜGEND KURSE UND AKTIVITÄTEN GESPEICHERT, UM DICH ZU BESCHÄFTIGEN.
DAD!

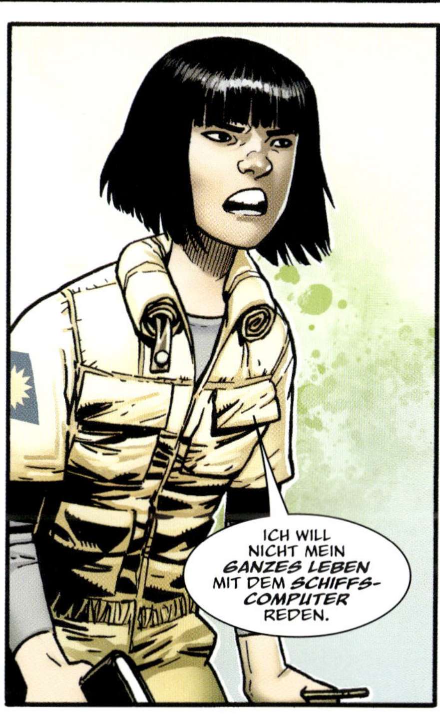
ICH WILL NICHT MEIN GANZES LEBEN MIT DEM SCHIFFS-COMPUTER REDEN.

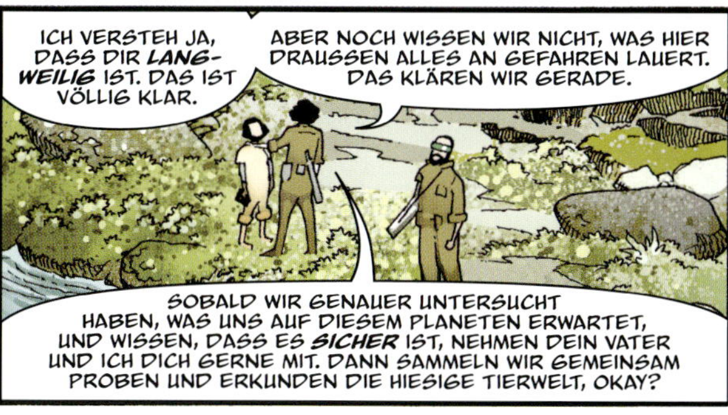
ICH VERSTEH JA, DASS DIR LANGWEILIG IST. DAS IST VÖLLIG KLAR.
ABER NOCH WISSEN WIR NICHT, WAS HIER DRAUSSEN ALLES AN GEFAHREN LAUERT. DAS KLÄREN WIR GERADE.
SOBALD WIR GENAUER UNTERSUCHT HABEN, WAS UNS AUF DIESEM PLANETEN ERWARTET, UND WISSEN, DASS ES SICHER IST, NEHMEN DEIN VATER UND ICH DICH GERNE MIT. DANN SAMMELN WIR GEMEINSAM PROBEN UND ERKUNDEN DIE HIESIGE TIERWELT, OKAY?

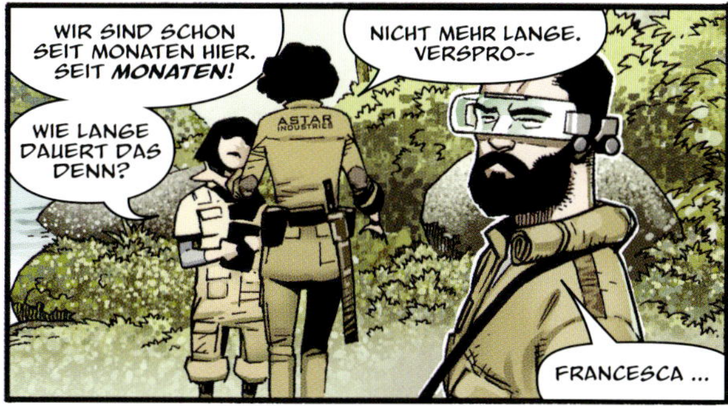
WIE LANGE DAUERT DAS DENN?
WIR SIND SCHON SEIT MONATEN HIER. SEIT MONATEN!
NICHT MEHR LANGE. VERSPRO--
FRANCESCA ...

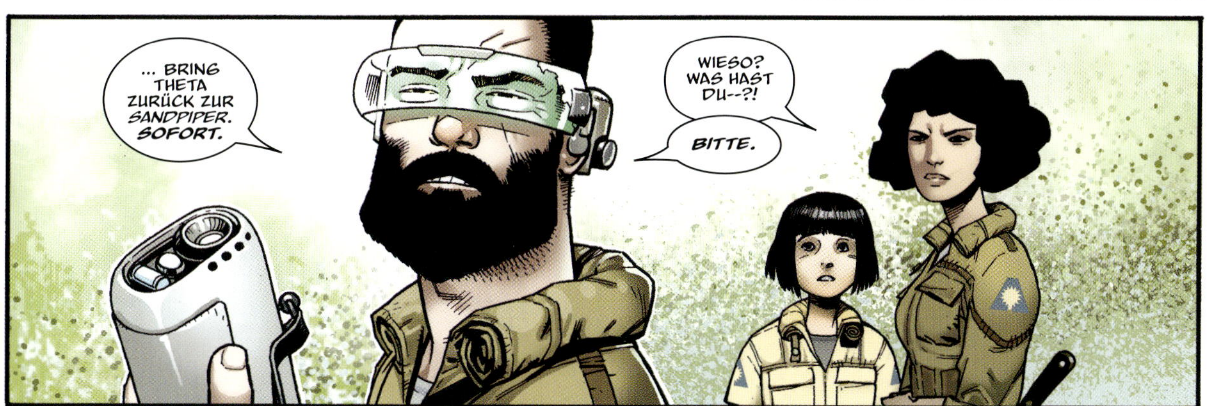
... BRING THETA ZURÜCK ZUR SANDPIPER. SOFORT.
WIESO? WAS HAST DU--?!
BITTE.

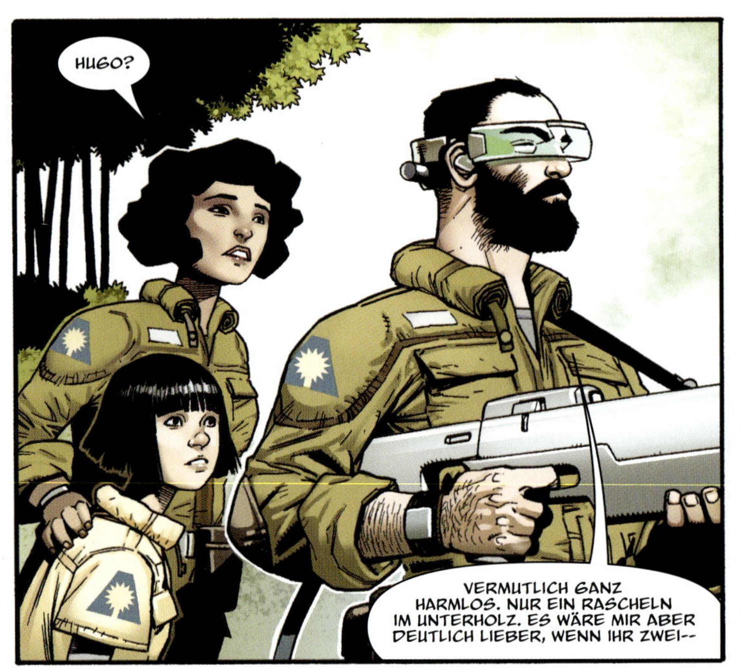
HUGO?
VERMUTLICH GANZ HARMLOS. NUR EIN RASCHELN IM UNTERHOLZ. ES WÄRE MIR ABER DEUTLICH LIEBER, WENN IHR ZWEI--

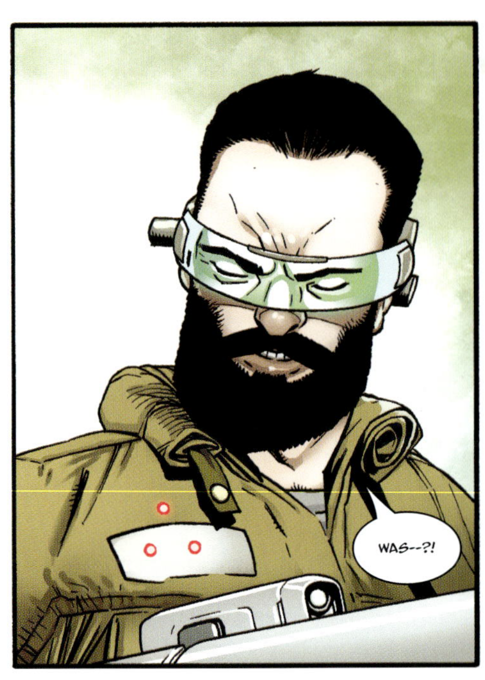
WAS--?!

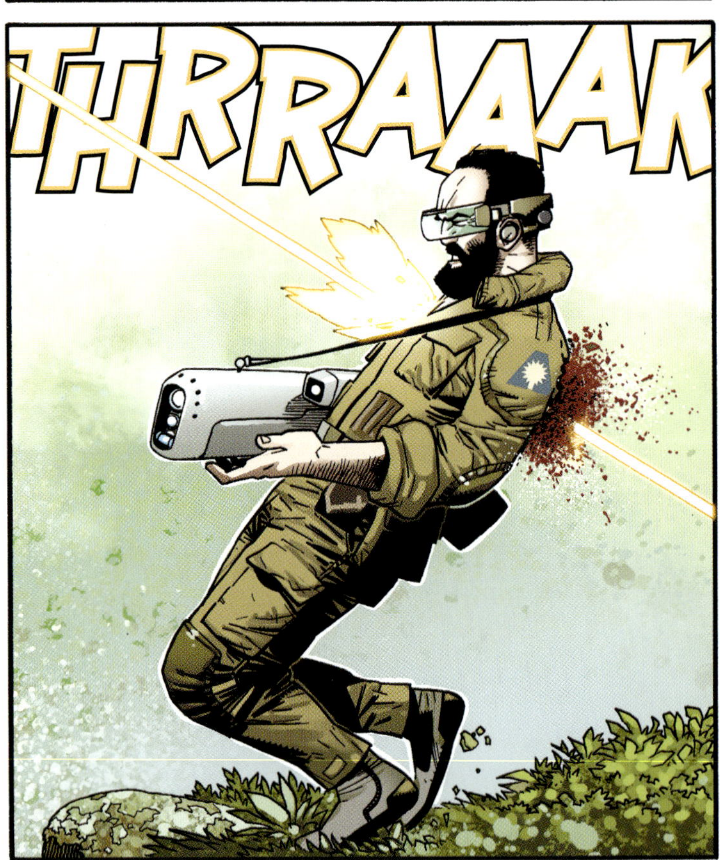
THRRAAAK

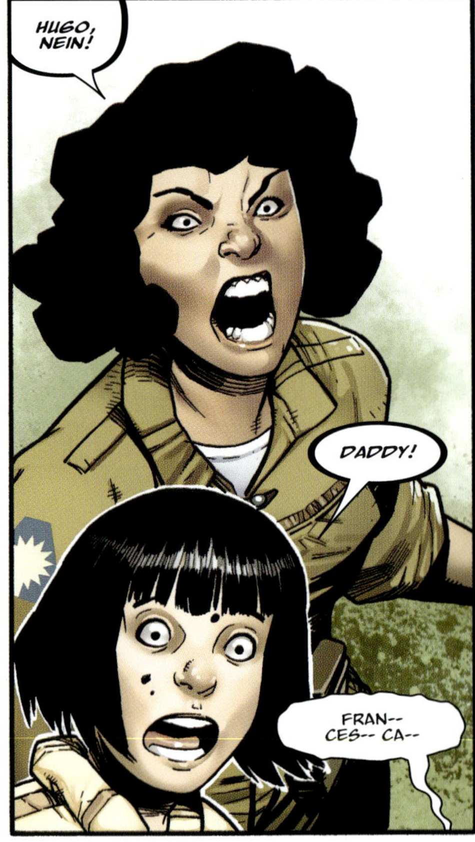
HUGO, NEIN!
DADDY!
FRAN-- CES-- CA--

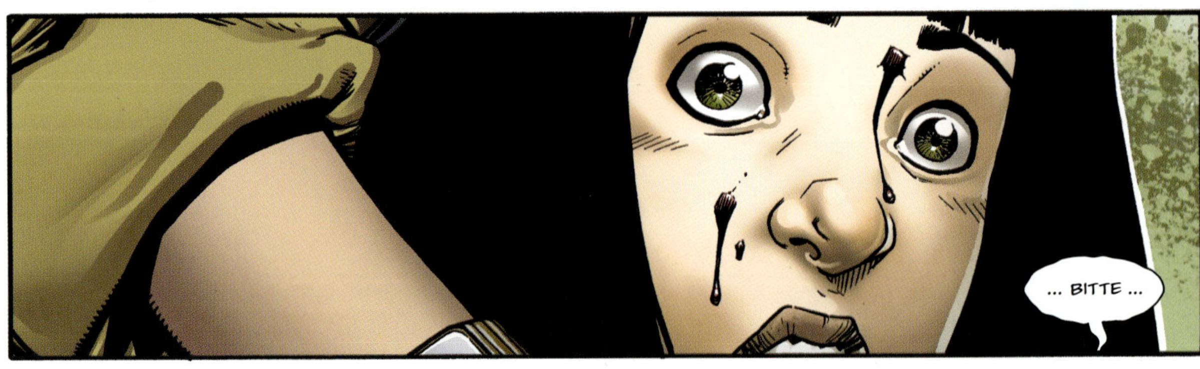
... BITTE ...

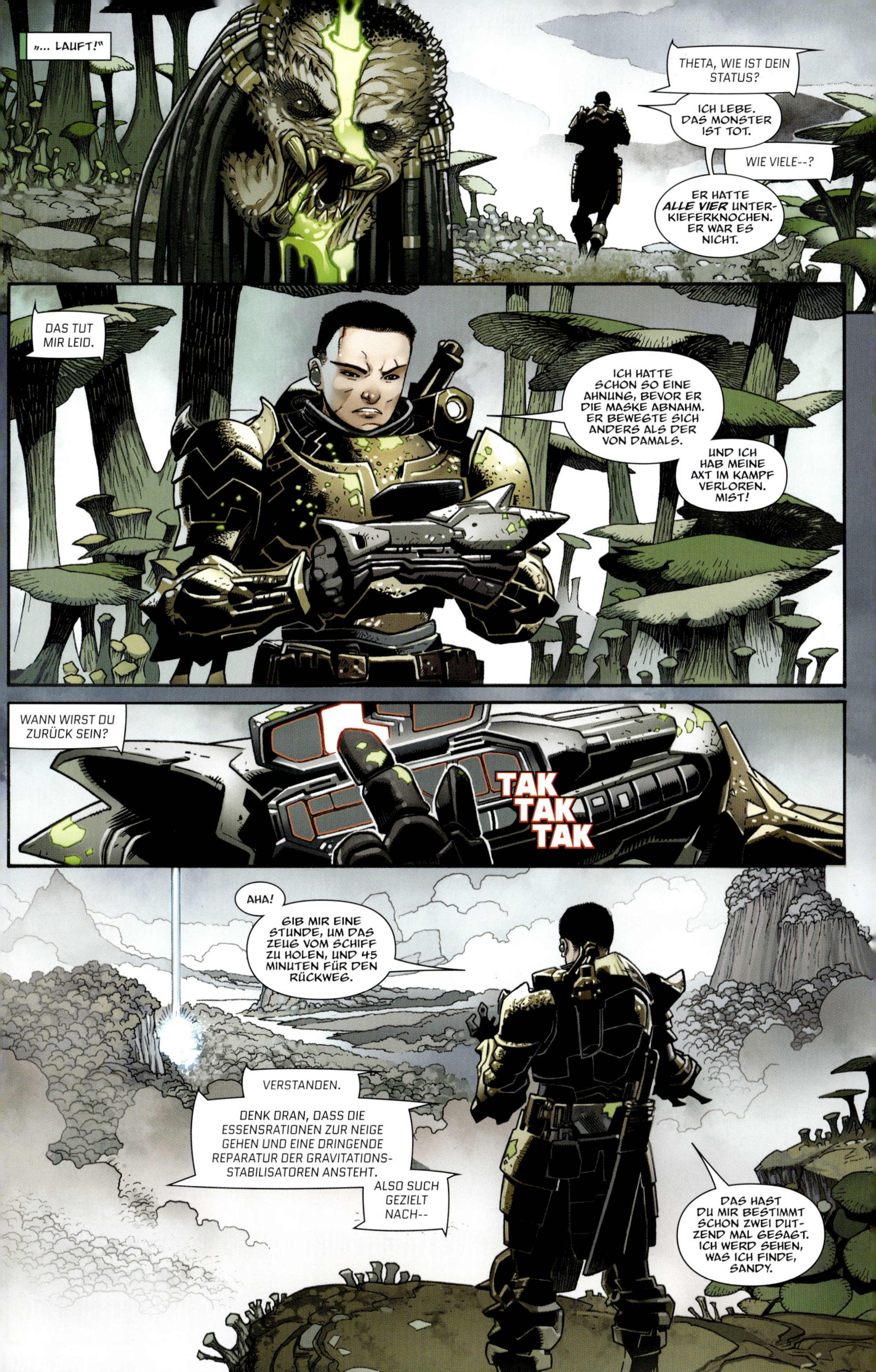

„... LAUFT!“
THETA, WIE IST DEIN STATUS?
ICH LEBE. DAS MONSTER IST TOT.
WIE VIELE--?
ER HATTE ALLE VIER UNTERKIEFERKNOCHEN. ER WAR ES NICHT.
DAS TUT MIR LEID.
ICH HATTE SCHON SO EINE AHNUNG, BEVOR ER DIE MASKE ABNAHM. ER BEWEGTE SICH ANDERS ALS DER VON DAMALS.
UND ICH HAB MEINE AXT IM KAMPF VERLOREN. MIST!
WANN WIRST DU ZURÜCK SEIN?
TAK TAK TAK
AHA!
GIB MIR EINE STUNDE, UM DAS ZEUG VOM SCHIFF ZU HOLEN, UND 45 MINUTEN FÜR DEN RÜCKWEG.
VERSTANDEN.
DENK DRAN, DASS DIE ESSENSRATIONEN ZUR NEIGE GEHEN UND EINE DRINGENDE REPARATUR DER GRAVITATIONS-STABILISATOREN ANSTEHT.
ALSO SUCH GEZIELT NACH--
DAS HAST DU MIR BESTIMMT SCHON ZWEI DUTZEND MAL GESAGT. ICH WERD SEHEN, WAS ICH FINDE, SANDY.

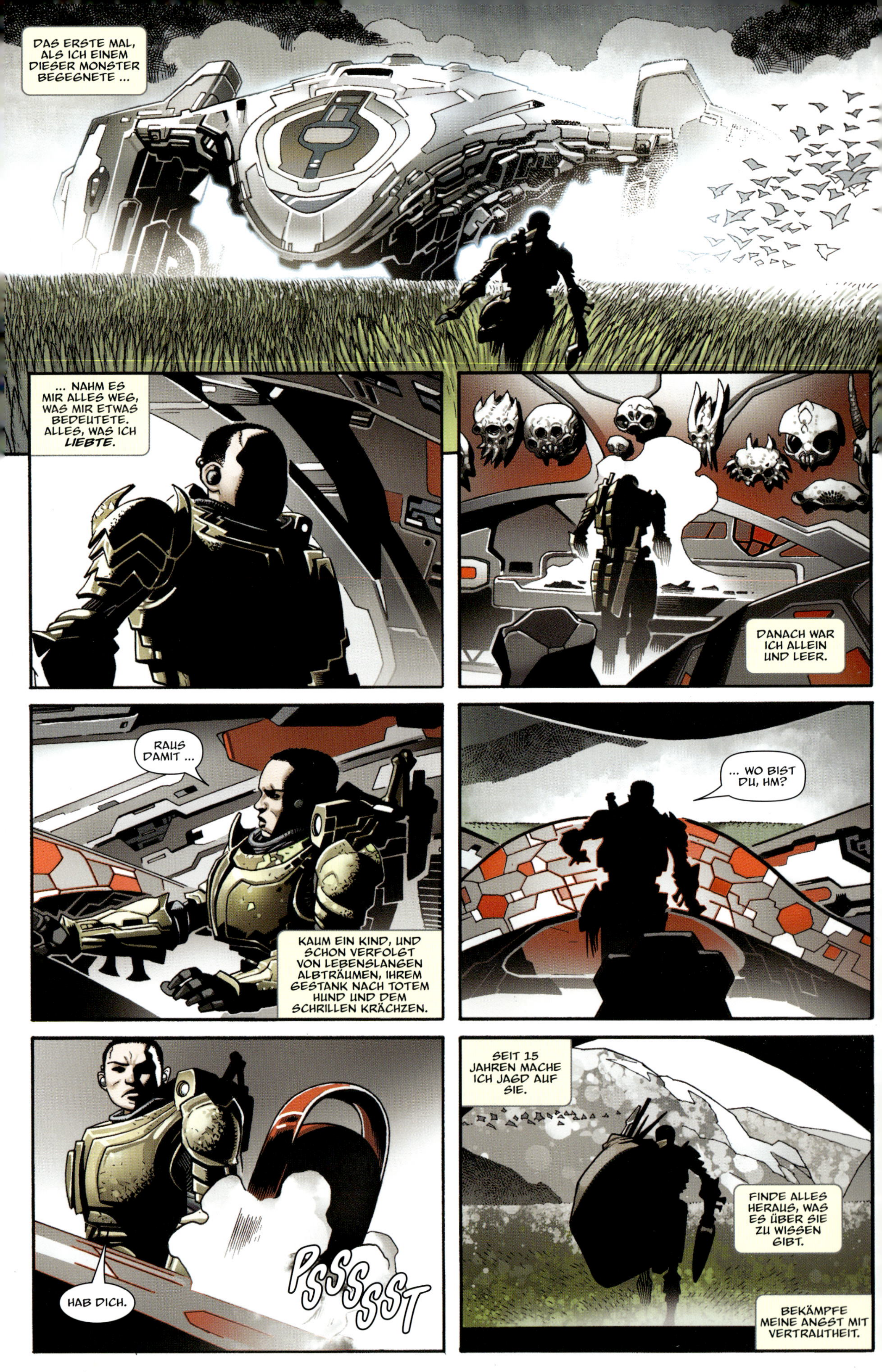

DAS ERSTE MAL, ALS ICH EINEM DIESER MONSTER BEGEGNETE ...

... NAHM ES MIR ALLES WEG, WAS MIR ETWAS BEDEUTETE. ALLES, WAS ICH *LIEBTE*.

DANACH WAR ICH ALLEIN UND LEER.

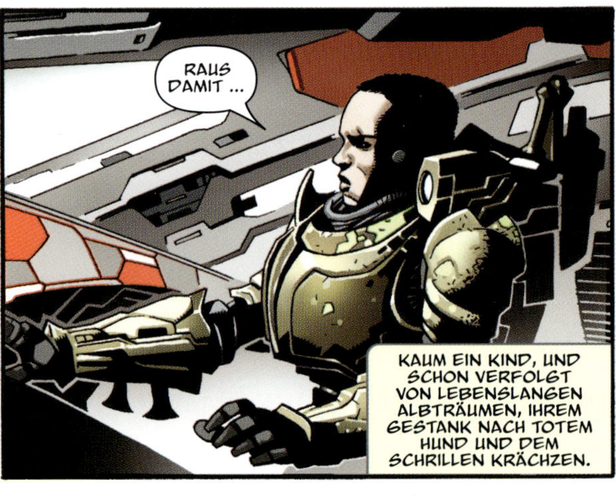

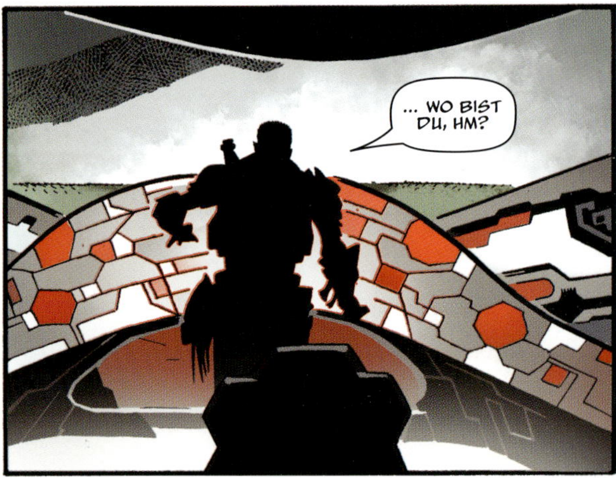

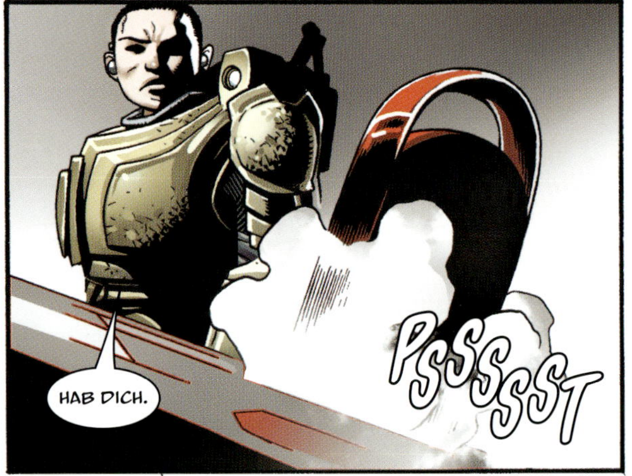

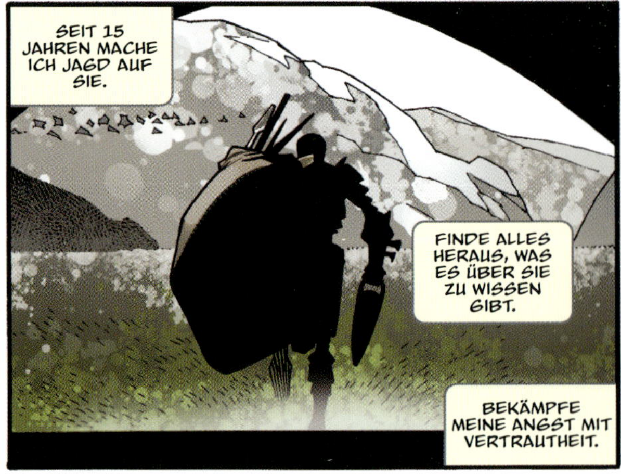

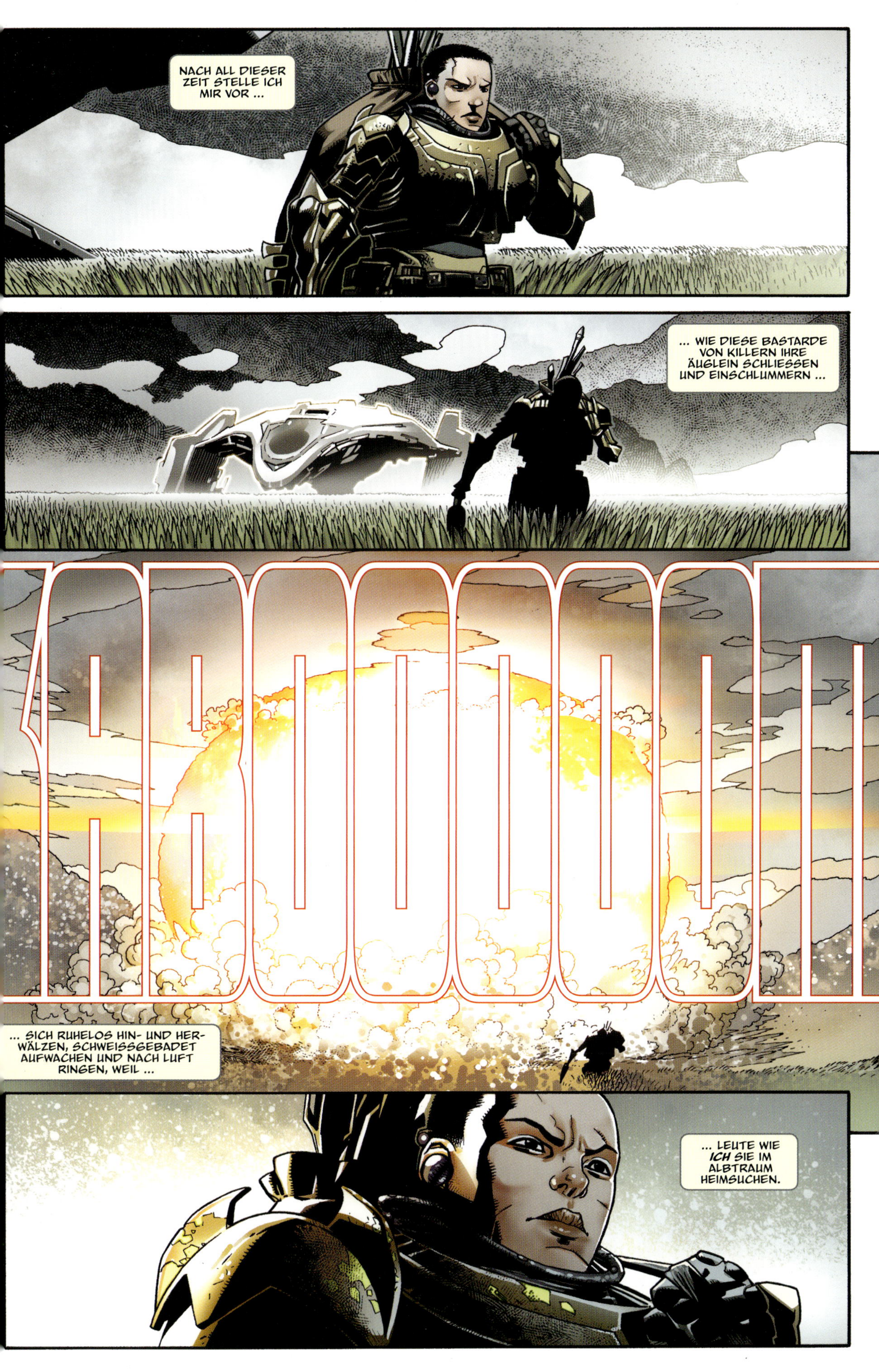
NACH ALL DIESER ZEIT STELLE ICH MIR VOR ...
... WIE DIESE BASTARDE VON KILLERN IHRE ÄUGLEIN SCHLIESSEN UND EINSCHLUMMERN ...
KABOOOOOM
... SICH RUHELOS HIN- UND HER-WÄLZEN, SCHWEISSGEBADET AUFWACHEN UND NACH LUFT RINGEN, WEIL ...
... LEUTE WIE ICH SIE IM ALBTRAUM HEIMSUCHEN.

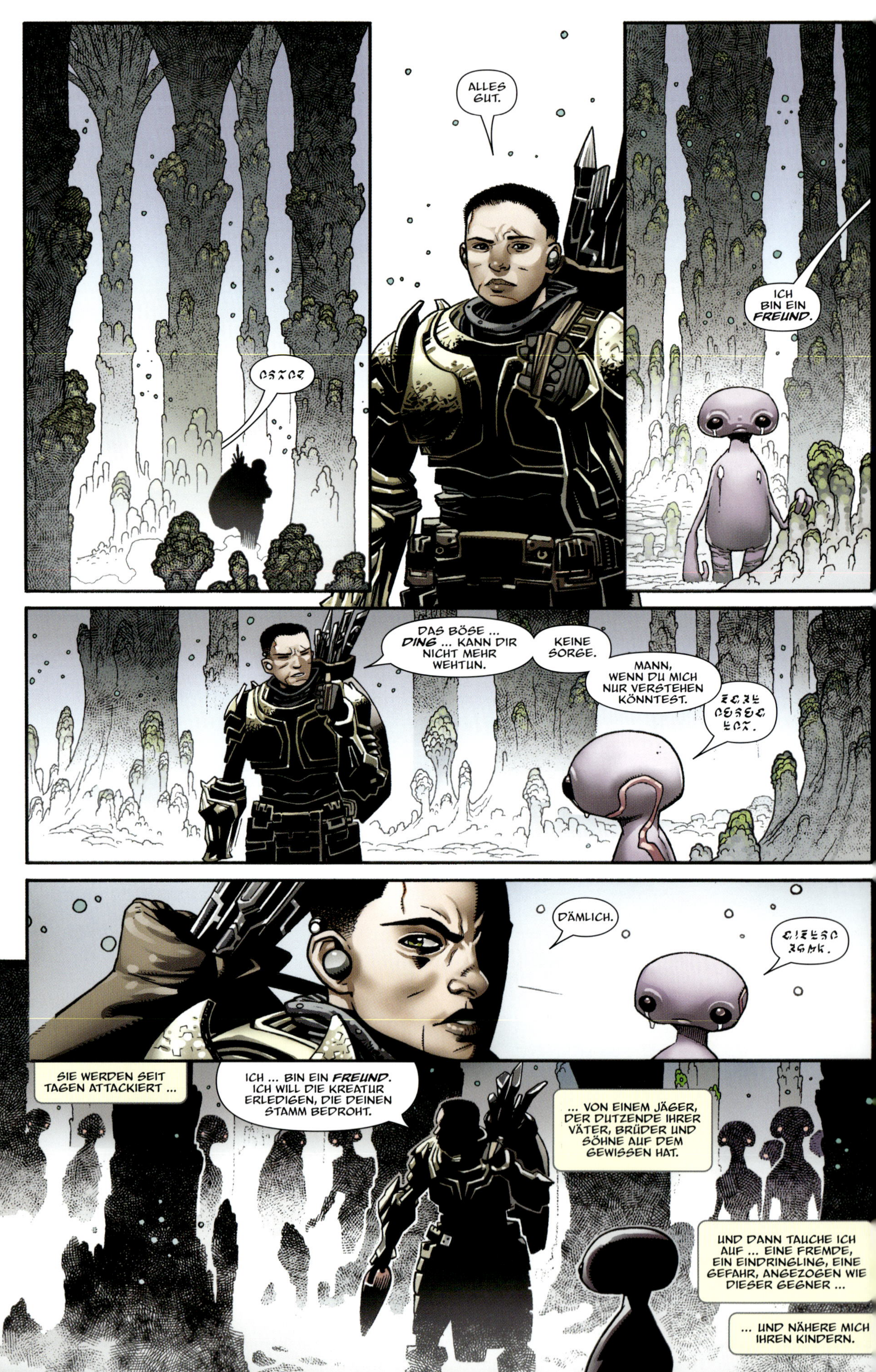

ALLES GUT.
ICH BIN EIN FREUND.
DAS BÖSE ... DING ... KANN DIR NICHT MEHR WEHTUN.
KEINE SORGE.
MANN, WENN DU MICH NUR VERSTEHEN KÖNNTEST.
DÄMLICH.
SIE WERDEN SEIT TAGEN ATTACKIERT ...
ICH ... BIN EIN FREUND. ICH WILL DIE KREATUR ERLEDIGEN, DIE DEINEN STAMM BEDROHT.
... VON EINEM JÄGER, DER DUTZENDE IHRER VÄTER, BRÜDER UND SÖHNE AUF DEM GEWISSEN HAT.
UND DANN TAUCHE ICH AUF ... EINE FREMDE, EIN EINDRINGLING, EINE GEFAHR, ANGEZOGEN WIE DIESER GEGNER ...
... UND NÄHERE MICH IHREN KINDERN.

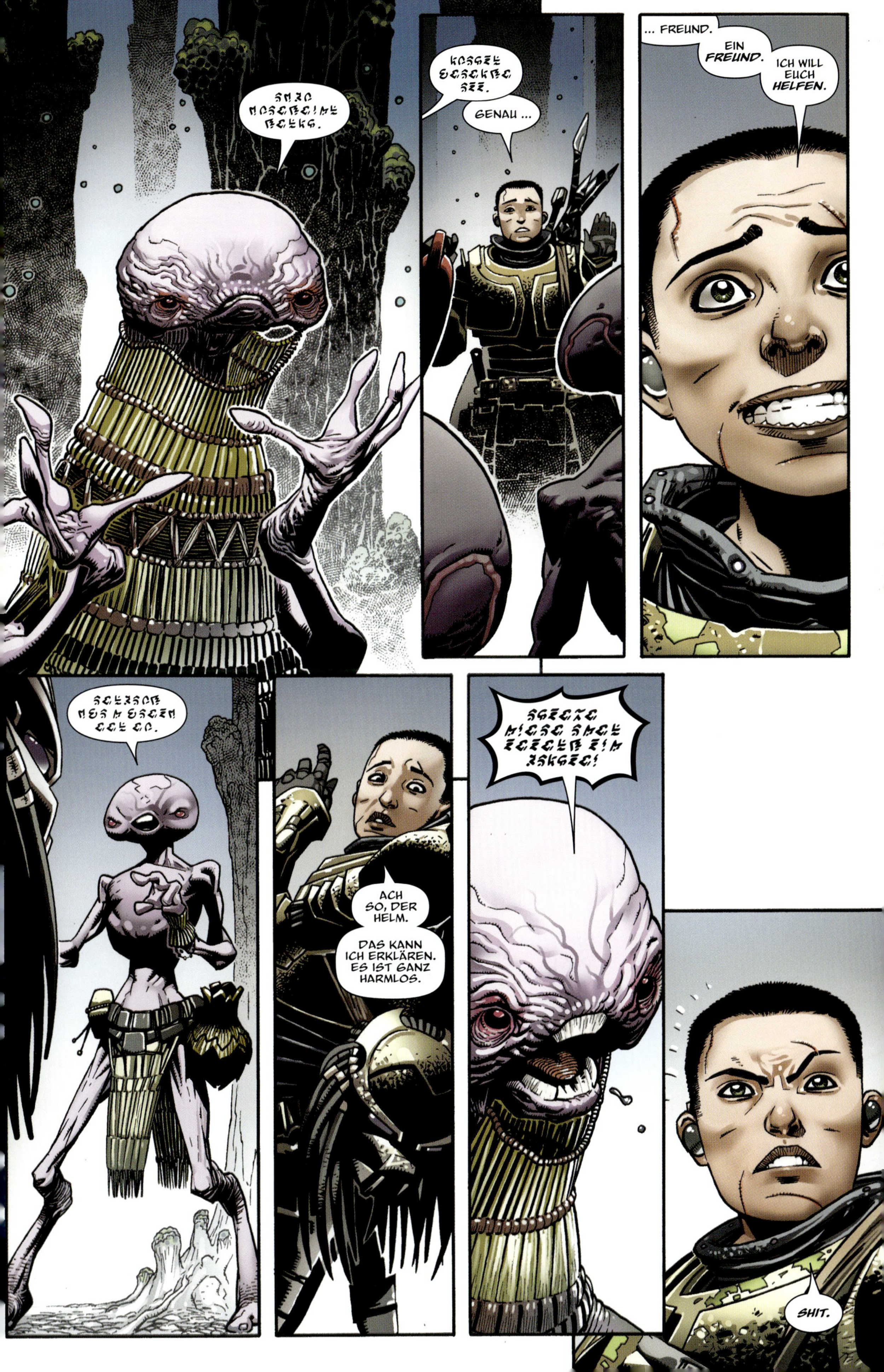
GENAU ...
... FREUND.
EIN FREUND.
ICH WILL EUCH HELFEN.
ACH SO, DER HELM.
DAS KANN ICH ERKLÄREN. ES IST GANZ HARMLOS.
SHIT.

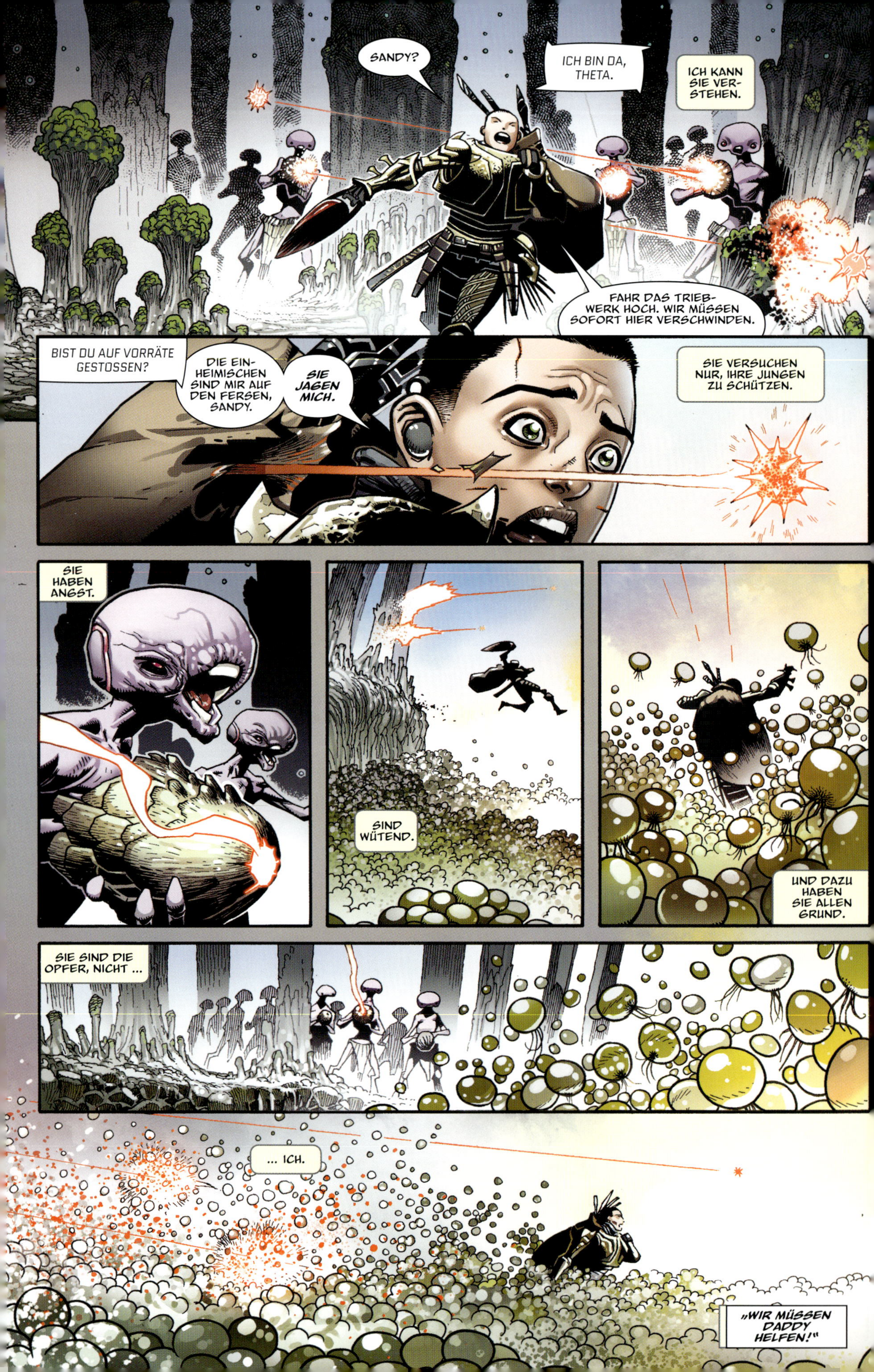

SANDY?

ICH BIN DA, THETA.

ICH KANN SIE VERSTEHEN.

FAHR DAS TRIEBWERK HOCH. WIR MÜSSEN SOFORT HIER VERSCHWINDEN.

BIST DU AUF VORRÄTE GESTOSSEN?

DIE EINHEIMISCHEN SIND MIR AUF DEN FERSEN, SANDY.

SIE JAGEN MICH.

SIE VERSUCHEN NUR, IHRE JUNGEN ZU SCHÜTZEN.

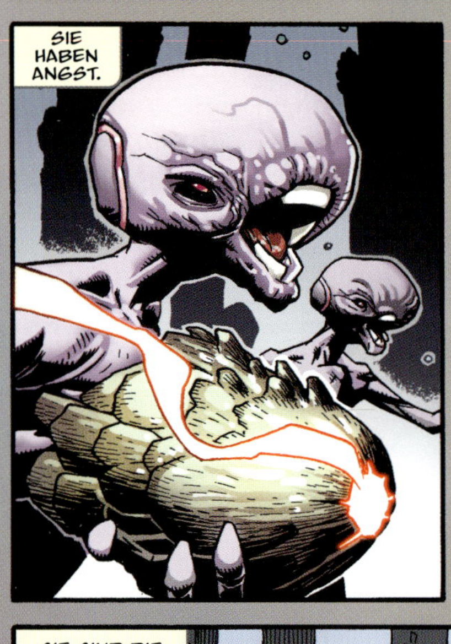

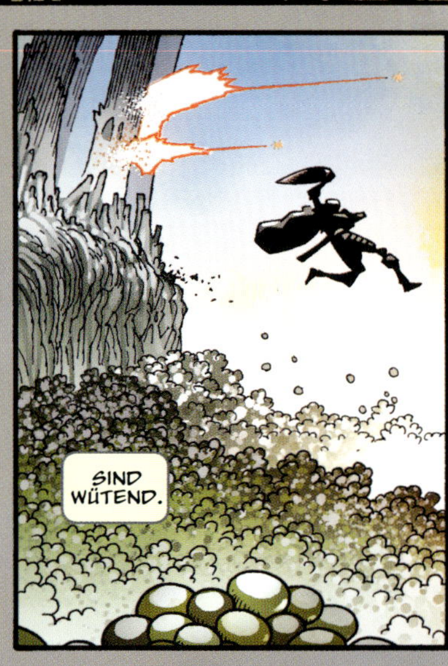

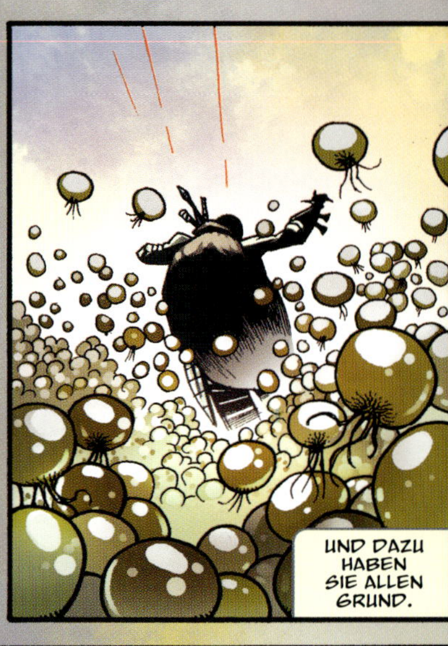

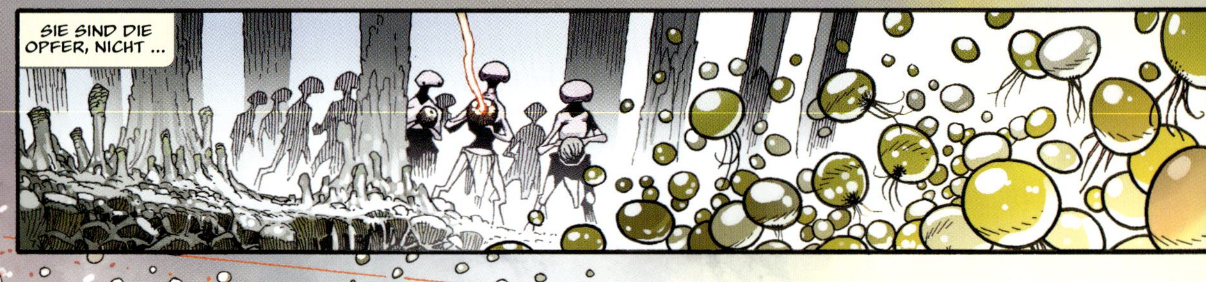

... ICH.

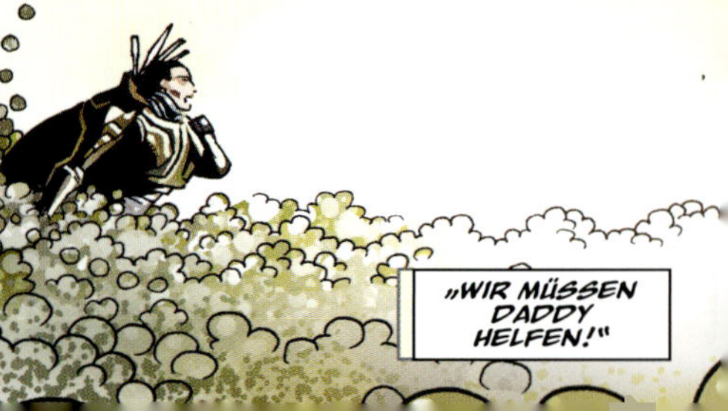

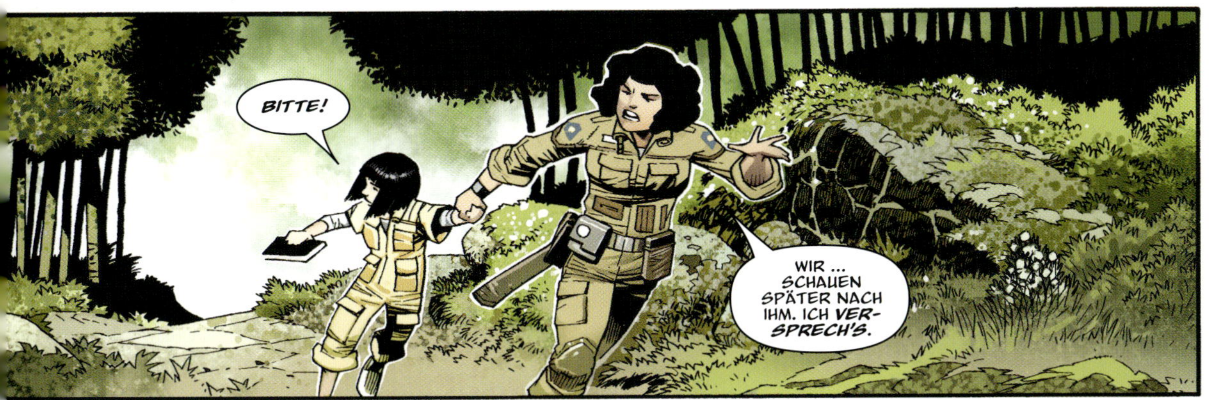
BITTE!
WIR ... SCHAUEN SPÄTER NACH IHM. ICH VERSPRECH'S.

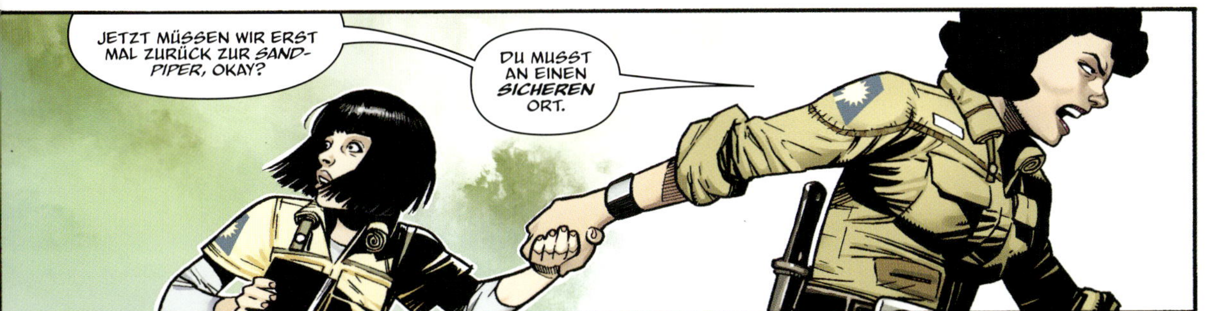
JETZT MÜSSEN WIR ERST MAL ZURÜCK ZUR SANDPIPER, OKAY?
DU MUSST AN EINEN SICHEREN ORT.

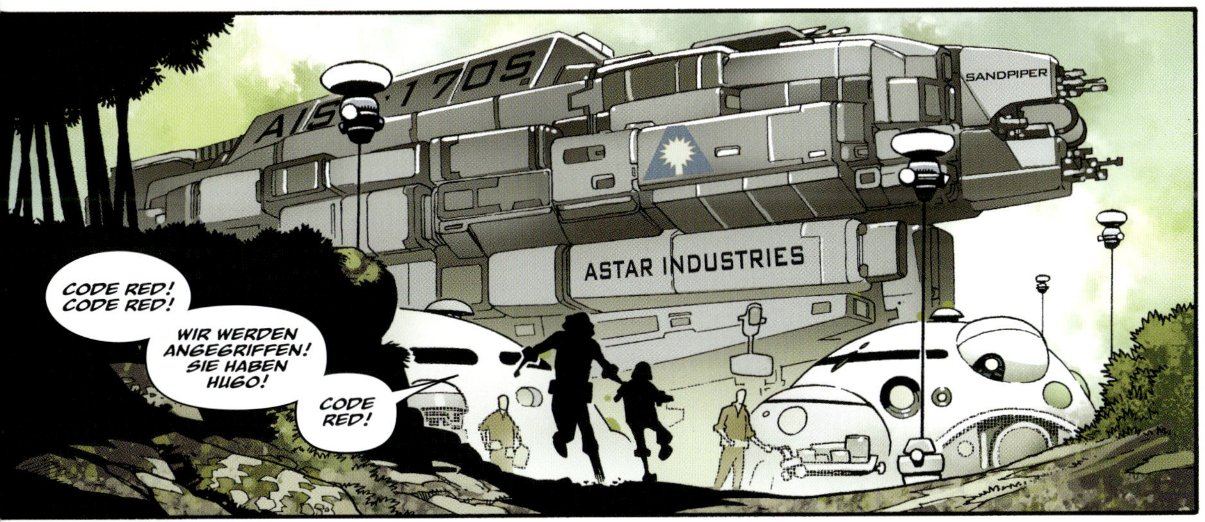
AIS-1705
SANDPIPER
ASTAR INDUSTRIES
CODE RED! CODE RED!
WIR WERDEN ANGEGRIFFEN! SIE HABEN HUGO!
CODE RED!

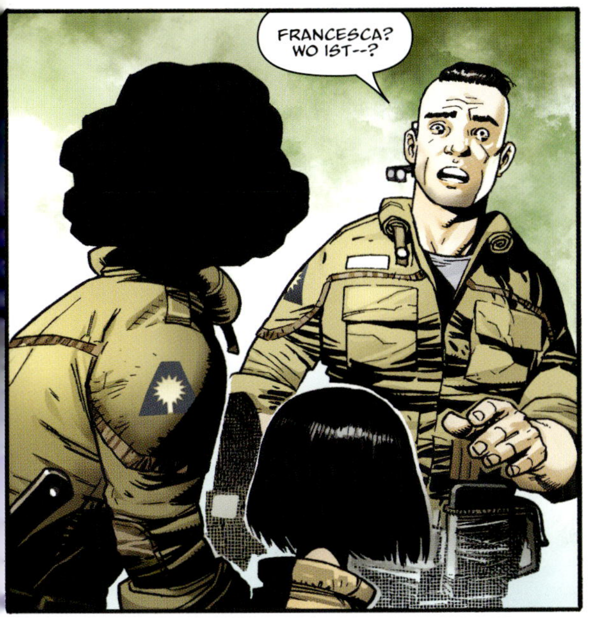
FRANCESCA? WO IST--?

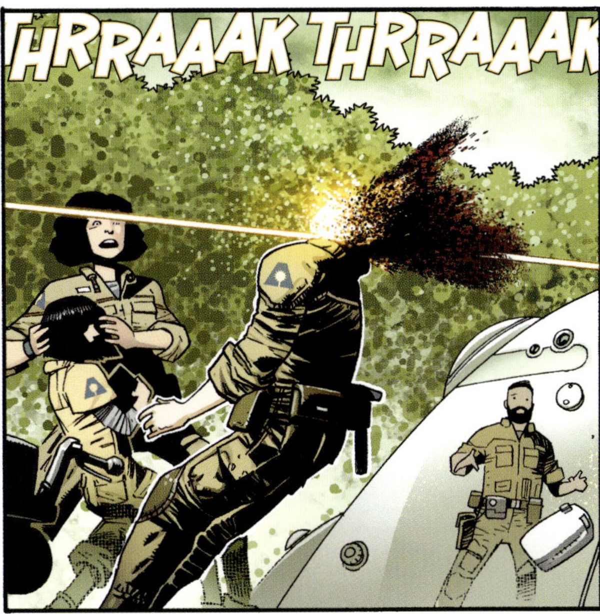
THRRAAAK THRRAAAK

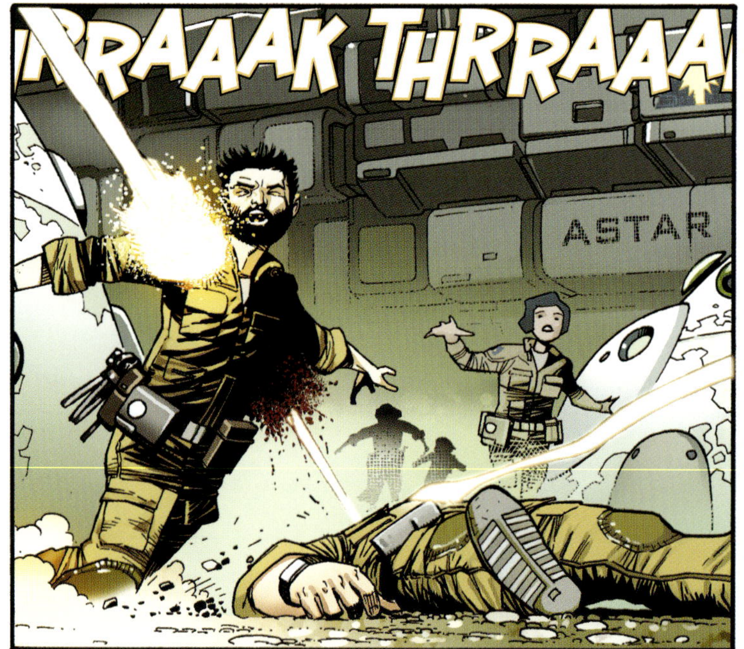
THRRAAAK THRRAAA
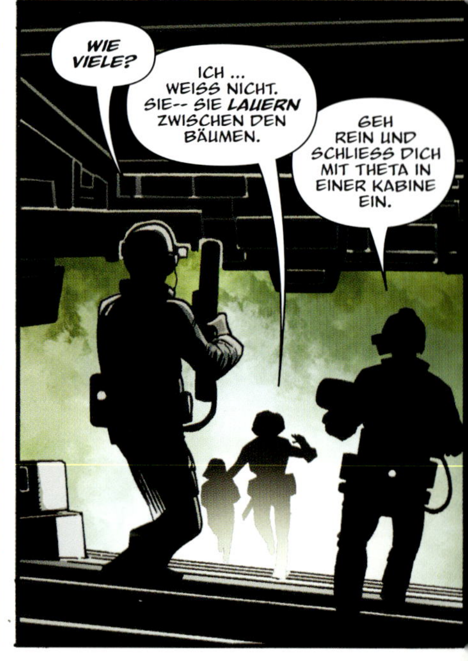
WIE VIELE?
ICH ... WEISS NICHT. SIE-- SIE LAUERN ZWISCHEN DEN BÄUMEN.
GEH REIN UND SCHLIESS DICH MIT THETA IN EINER KABINE EIN.
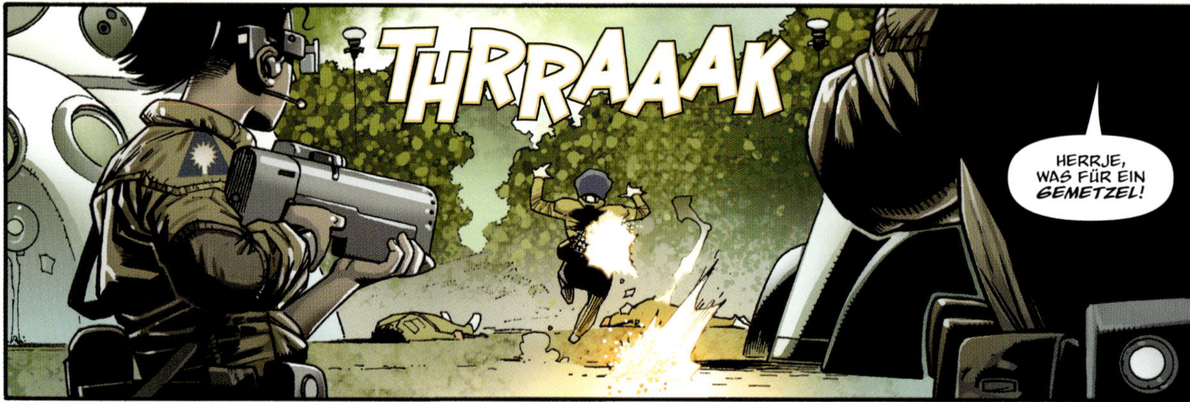
THRRAAAK
HERRJE, WAS FÜR EIN GEMETZEL!
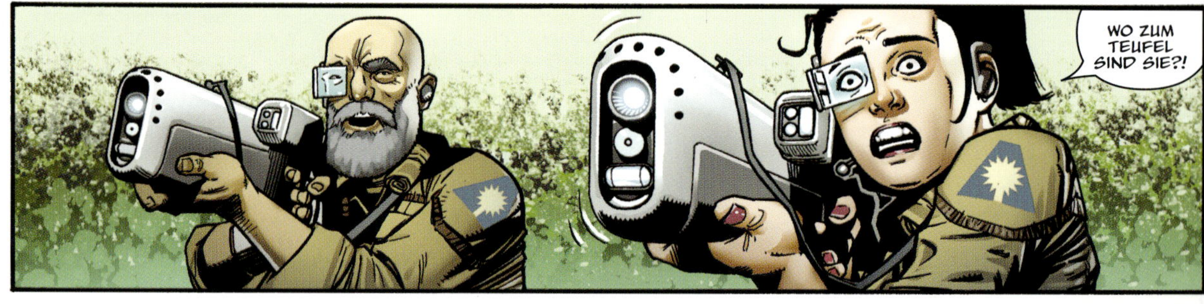
WO ZUM TEUFEL SIND SIE?!
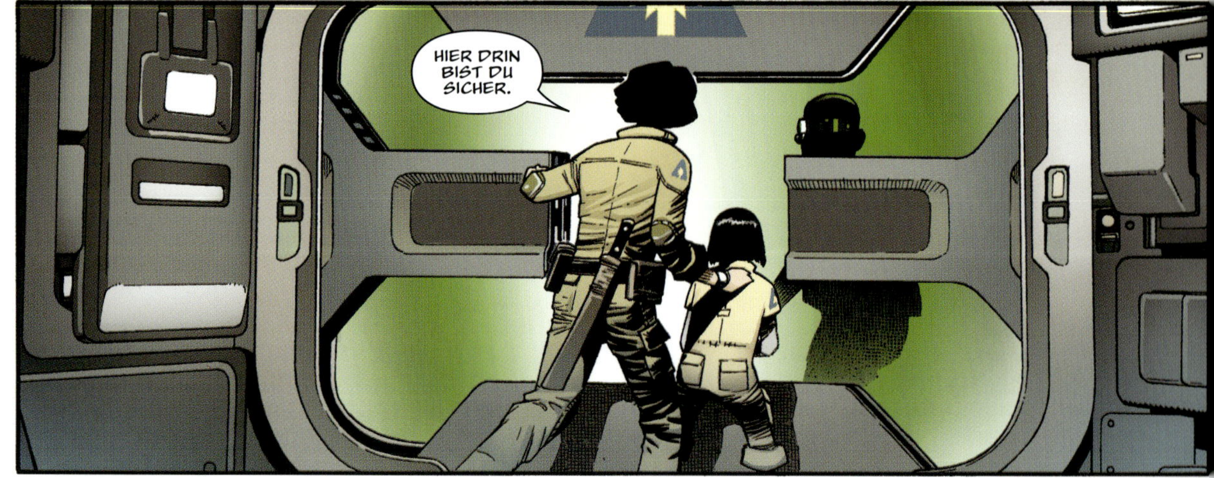
HIER DRIN BIST DU SICHER.

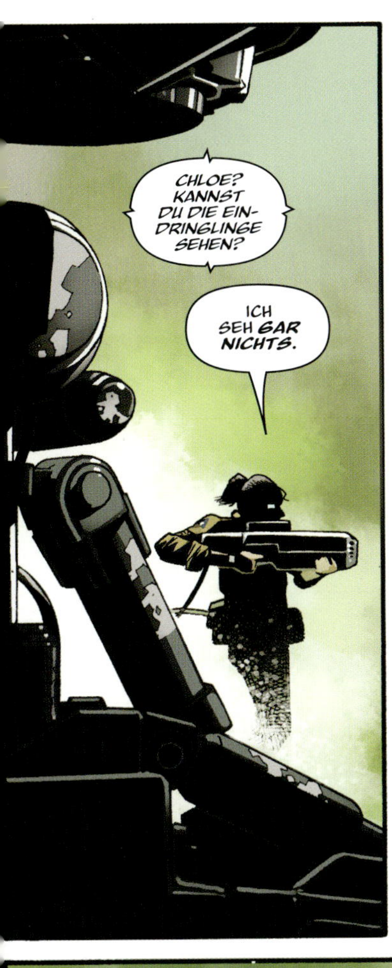
CHLOE? KANNST DU DIE EIN-DRINGLINGE SEHEN?
ICH SEH GAR NICHTS.

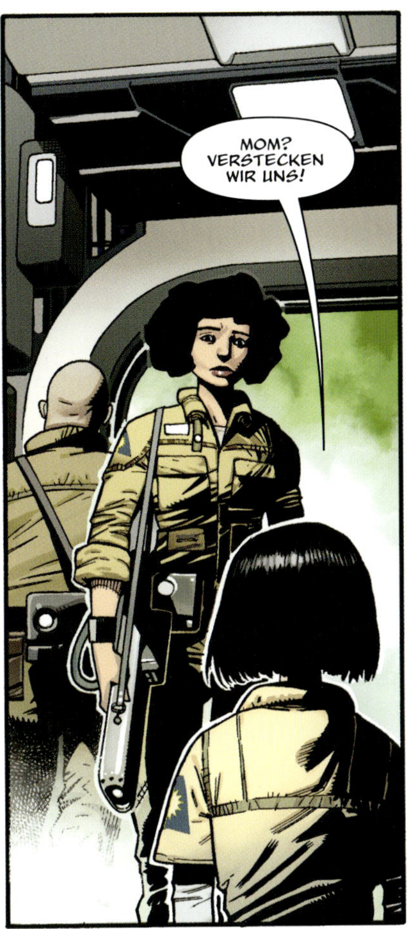
MOM? VERSTECKEN WIR UNS!

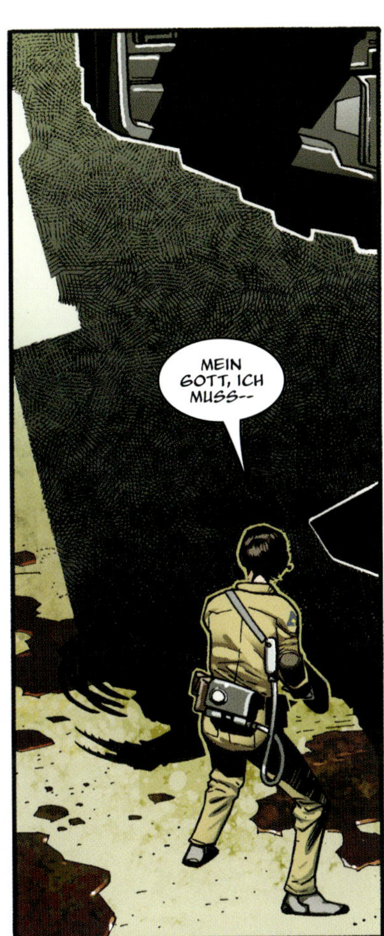
MEIN GOTT, ICH MUSS--

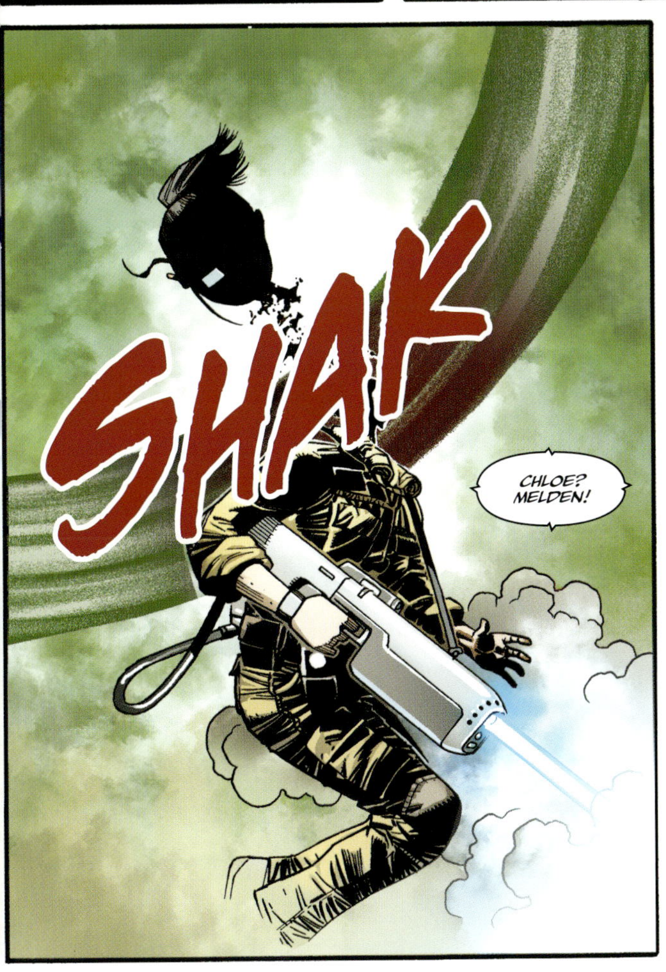
SHAK
CHLOE? MELDEN!

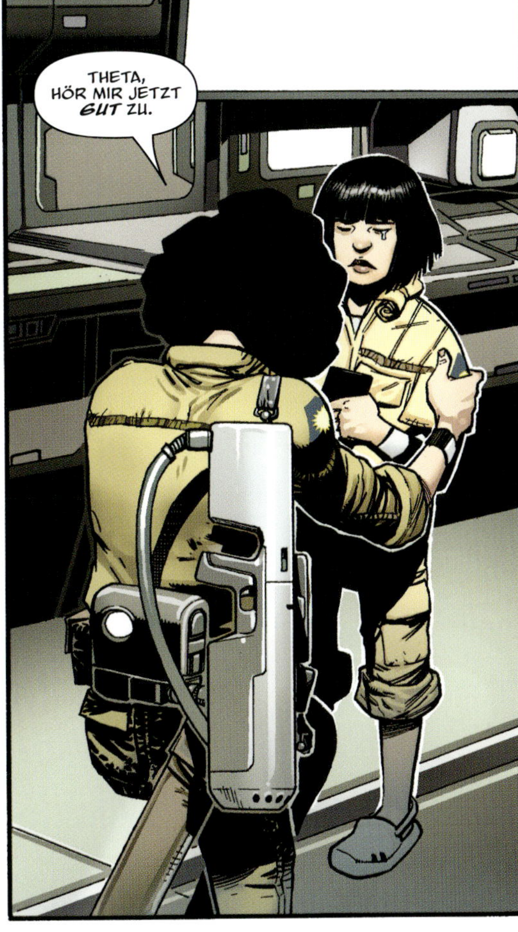
THETA, HÖR MIR JETZT GUT ZU.

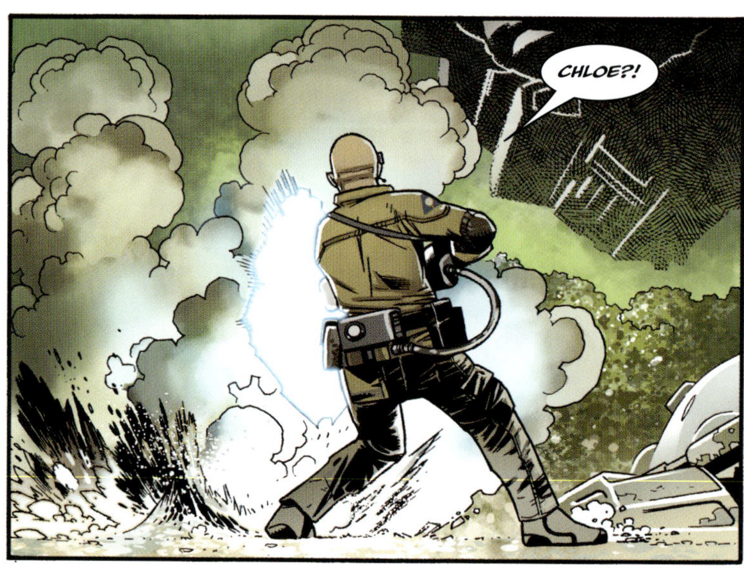
CHLOE?!

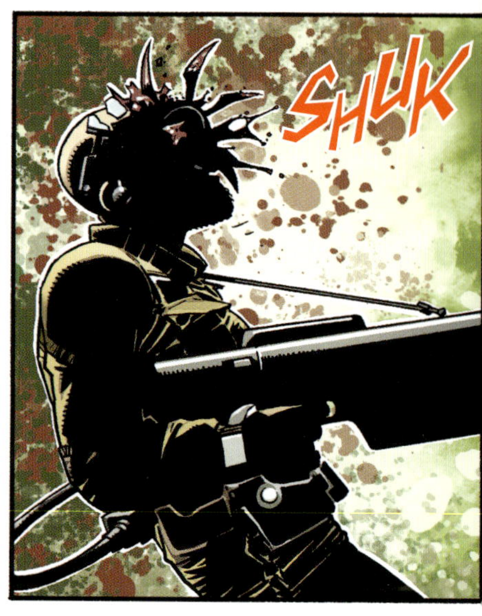
SHUK

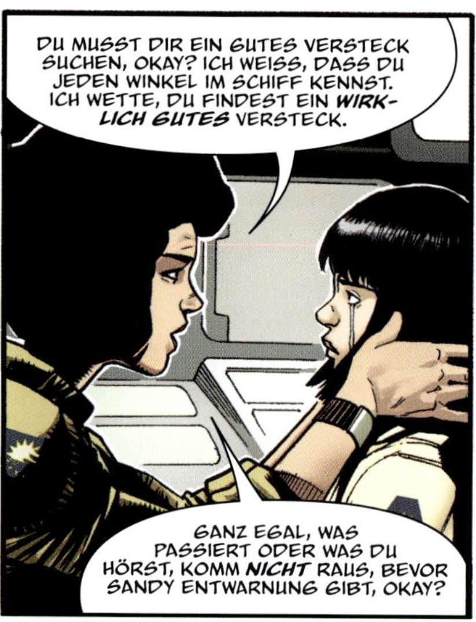
DU MUSST DIR EIN GUTES VERSTECK SUCHEN, OKAY? ICH WEISS, DASS DU JEDEN WINKEL IM SCHIFF KENNST. ICH WETTE, DU FINDEST EIN ***WIRKLICH GUTES*** VERSTECK.
GANZ EGAL, WAS PASSIERT ODER WAS DU HÖRST, KOMM ***NICHT*** RAUS, BEVOR SANDY ENTWARNUNG GIBT, OKAY?

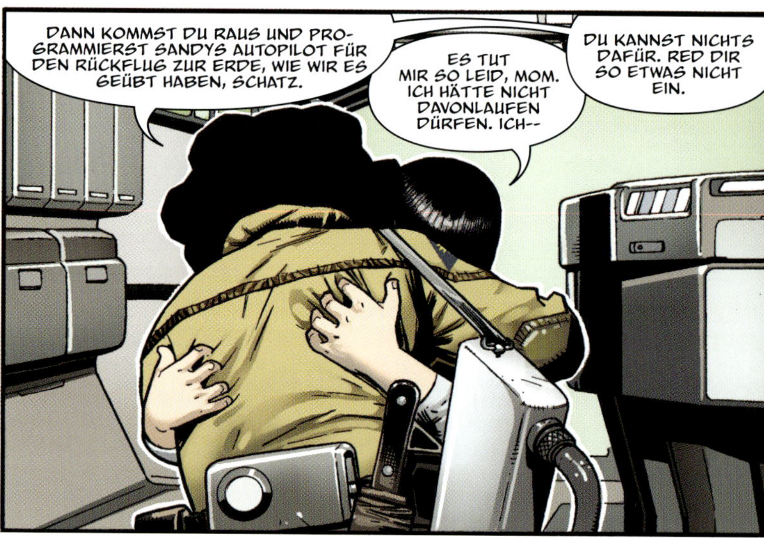
DANN KOMMST DU RAUS UND PROGRAMMIERST SANDYS AUTOPILOT FÜR DEN RÜCKFLUG ZUR ERDE, WIE WIR ES GEÜBT HABEN, SCHATZ.
ES TUT MIR SO LEID, MOM. ICH HÄTTE NICHT DAVONLAUFEN DÜRFEN. ICH--
DU KANNST NICHTS DAFÜR. RED DIR SO ETWAS NICHT EIN.

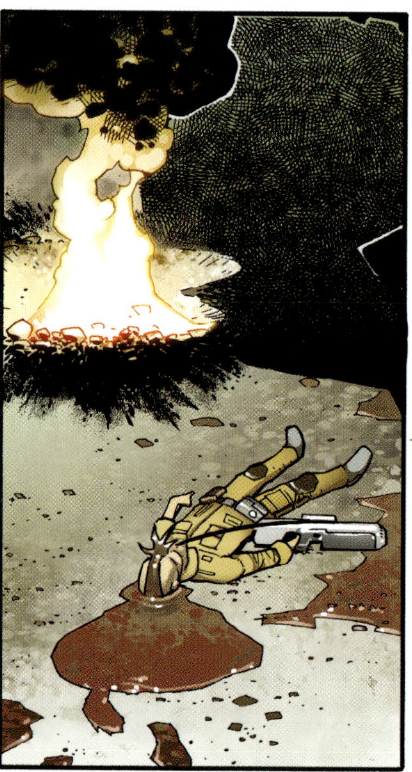

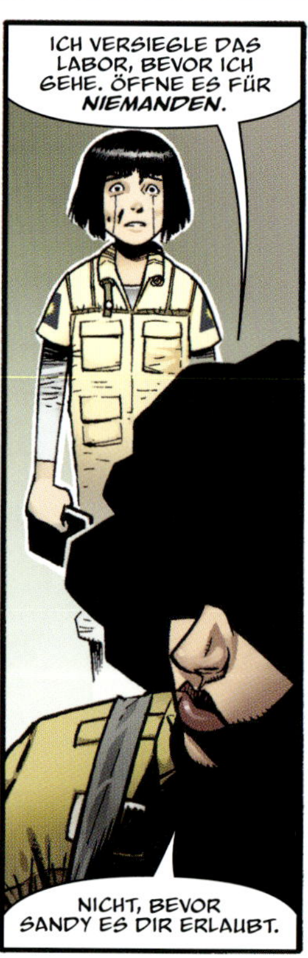
ICH VERSIEGLE DAS LABOR, BEVOR ICH GEHE. ÖFFNE ES FÜR ***NIEMANDEN.***
NICHT, BEVOR SANDY ES DIR ERLAUBT.

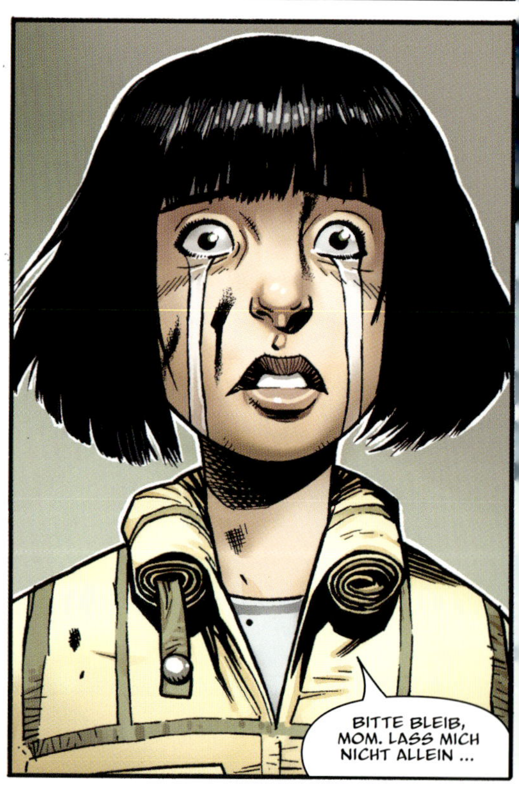
BITTE BLEIB, MOM. LASS MICH NICHT ALLEIN ...

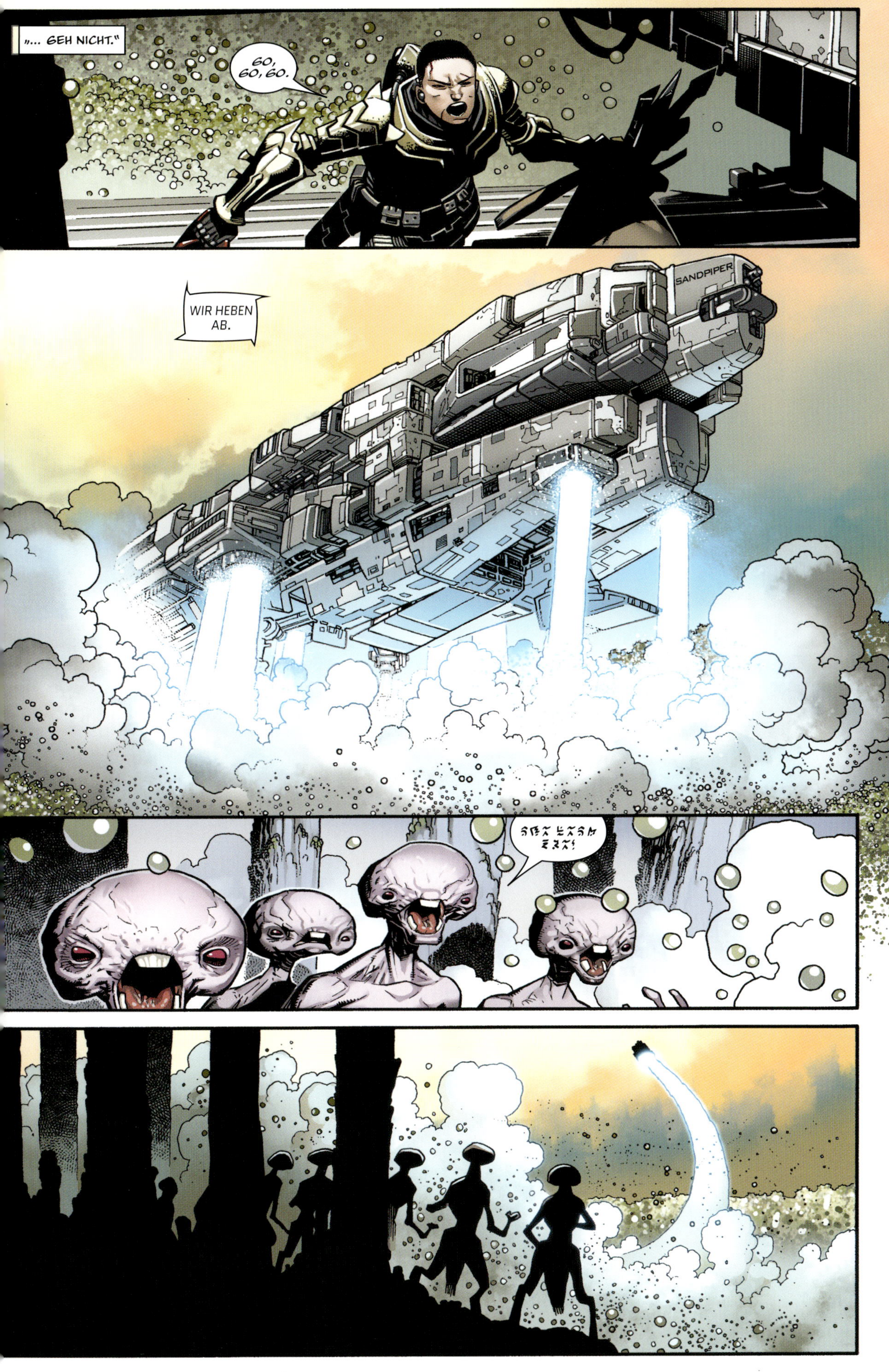
„... GEH NICHT."
GO, GO, GO.
WIR HEBEN AB.
SANDPIPER

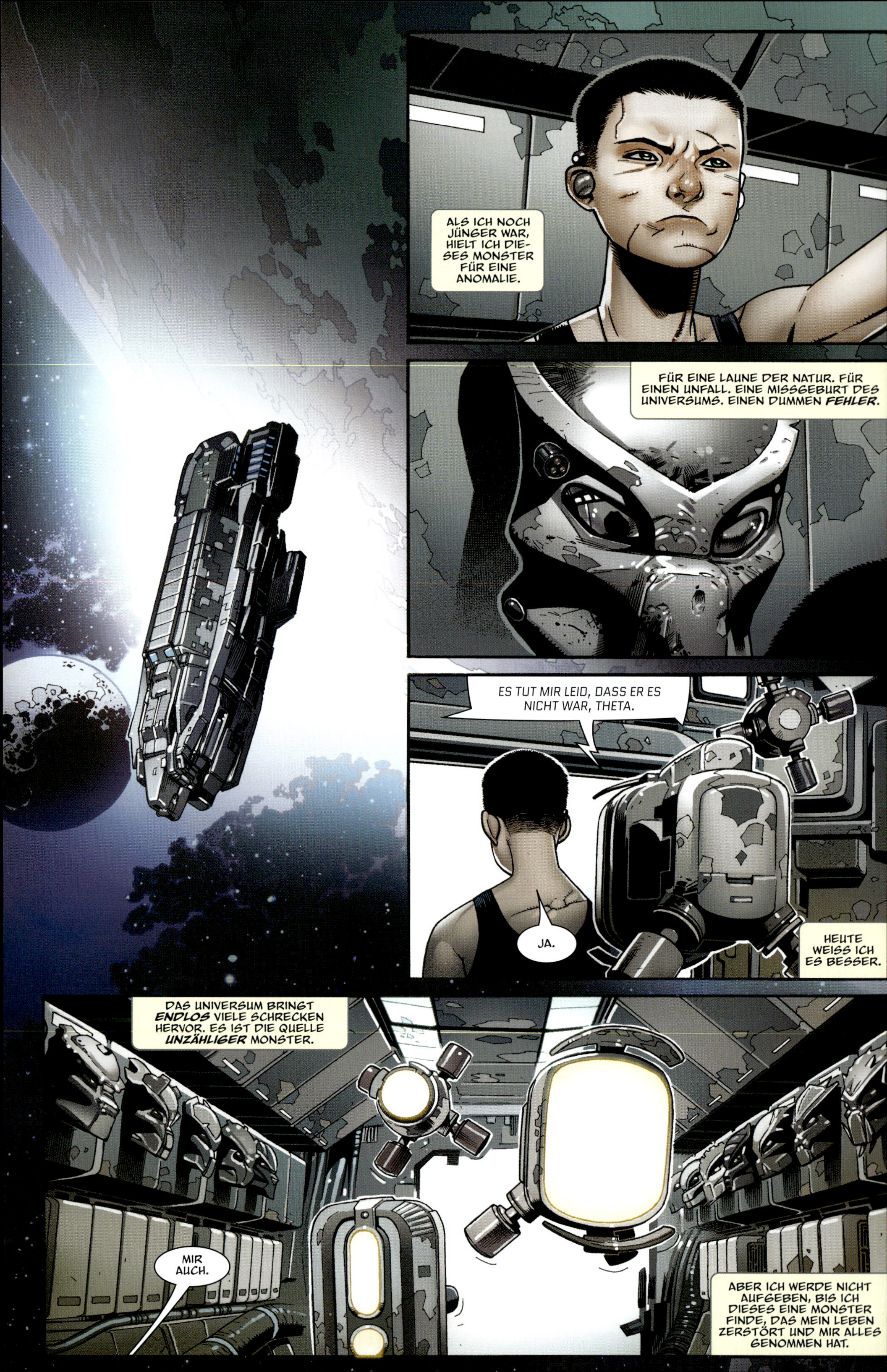
ALS ICH NOCH JÜNGER WAR, HIELT ICH DIESES MONSTER FÜR EINE ANOMALIE.
FÜR EINE LAUNE DER NATUR. FÜR EINEN UNFALL. EINE MISSGEBURT DES UNIVERSUMS. EINEN DUMMEN FEHLER.
ES TUT MIR LEID, DASS ER ES NICHT WAR, THETA.
JA.
HEUTE WEISS ICH ES BESSER.
DAS UNIVERSUM BRINGT ENDLOS VIELE SCHRECKEN HERVOR. ES IST DIE QUELLE UNZÄHLIGER MONSTER.
MIR AUCH.
ABER ICH WERDE NICHT AUFGEBEN, BIS ICH DIESES EINE MONSTER FINDE, DAS MEIN LEBEN ZERSTÖRT UND MIR ALLES GENOMMEN HAT.

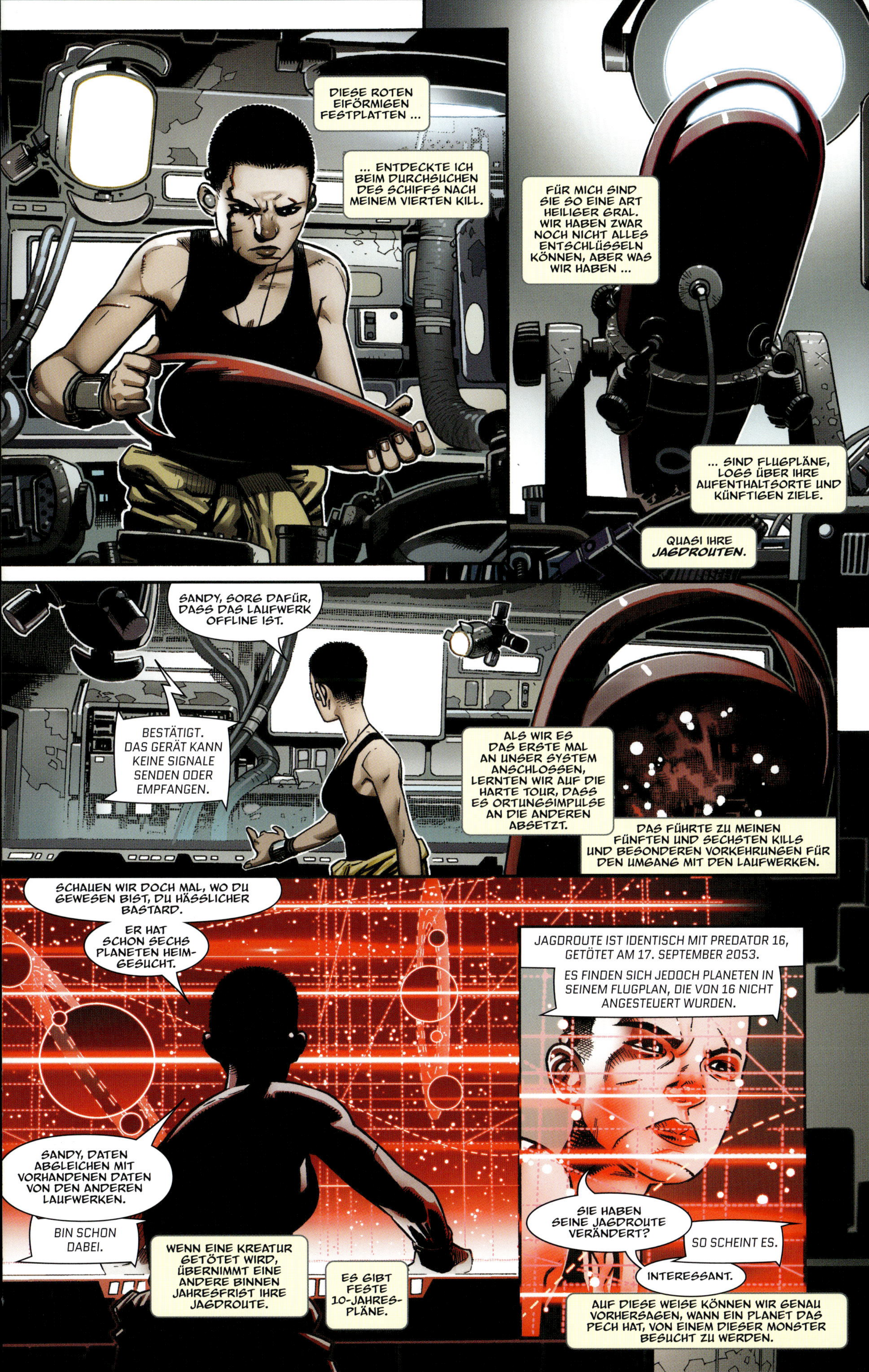
DIESE ROTEN EIFÖRMIGEN FESTPLATTEN ...
... ENTDECKTE ICH BEIM DURCHSUCHEN DES SCHIFFS NACH MEINEM VIERTEN KILL.
FÜR MICH SIND SIE SO EINE ART HEILIGER GRAL. WIR HABEN ZWAR NOCH NICHT ALLES ENTSCHLÜSSELN KÖNNEN, ABER WAS WIR HABEN ...
... SIND FLUGPLÄNE, LOGS ÜBER IHRE AUFENTHALTSORTE UND KÜNFTIGEN ZIELE.
QUASI IHRE **JAGDROUTEN**.
SANDY, SORG DAFÜR, DASS DAS LAUFWERK OFFLINE IST.
BESTÄTIGT. DAS GERÄT KANN KEINE SIGNALE SENDEN ODER EMPFANGEN.
ALS WIR ES DAS ERSTE MAL AN UNSER SYSTEM ANSCHLOSSEN, LERNTEN WIR AUF DIE HARTE TOUR, DASS ES ORTUNGSIMPULSE AN DIE ANDEREN ABSETZT.
DAS FÜHRTE ZU MEINEN FÜNFTEN UND SECHSTEN KILLS UND BESONDEREN VORKEHRUNGEN FÜR DEN UMGANG MIT DEN LAUFWERKEN.
SCHAUEN WIR DOCH MAL, WO DU GEWESEN BIST, DU HÄSSLICHER BASTARD.
ER HAT SCHON SECHS PLANETEN HEIMGESUCHT.
SANDY, DATEN ABGLEICHEN MIT VORHANDENEN DATEN VON DEN ANDEREN LAUFWERKEN.
BIN SCHON DABEI.
WENN EINE KREATUR GETÖTET WIRD, ÜBERNIMMT EINE ANDERE BINNEN JAHRESFRIST IHRE JAGDROUTE.
ES GIBT FESTE 10-JAHRES-PLÄNE.
JAGDROUTE IST IDENTISCH MIT PREDATOR 16, GETÖTET AM 17. SEPTEMBER 2053.
ES FINDEN SICH JEDOCH PLANETEN IN SEINEM FLUGPLAN, DIE VON 16 NICHT ANGESTEUERT WURDEN.
SIE HABEN SEINE JAGDROUTE VERÄNDERT?
SO SCHEINT ES.
INTERESSANT.
AUF DIESE WEISE KÖNNEN WIR GENAU VORHERSAGEN, WANN EIN PLANET DAS PECH HAT, VON EINEM DIESER MONSTER BESUCHT ZU WERDEN.

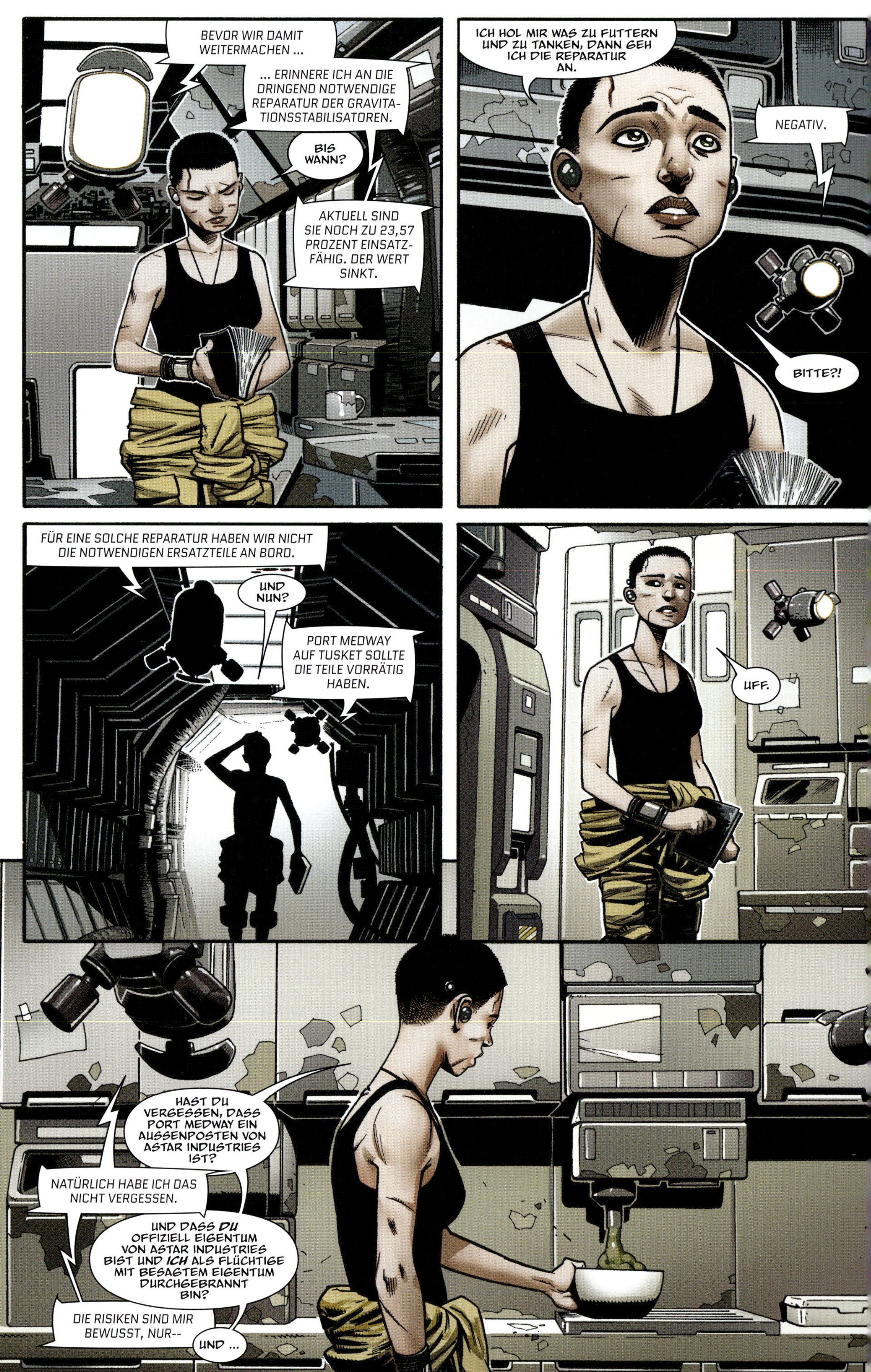
BEVOR WIR DAMIT WEITERMACHEN ...
... ERINNERE ICH AN DIE DRINGEND NOTWENDIGE REPARATUR DER GRAVITATIONSSTABILISATOREN.
BIS WANN?
AKTUELL SIND SIE NOCH ZU 23,57 PROZENT EINSATZFÄHIG. DER WERT SINKT.
ICH HOL MIR WAS ZU FUTTERN UND ZU TANKEN, DANN GEH ICH DIE REPARATUR AN.
NEGATIV.
BITTE?!
FÜR EINE SOLCHE REPARATUR HABEN WIR NICHT DIE NOTWENDIGEN ERSATZTEILE AN BORD.
UND NUN?
PORT MEDWAY AUF TUSKET SOLLTE DIE TEILE VORRÄTIG HABEN.
UFF.
HAST DU VERGESSEN, DASS PORT MEDWAY EIN AUSSENPOSTEN VON ASTAR INDUSTRIES IST?
NATÜRLICH HABE ICH DAS NICHT VERGESSEN.
UND DASS DU OFFIZIELL EIGENTUM VON ASTAR INDUSTRIES BIST UND ICH ALS FLÜCHTIGE MIT BESAGTEM EIGENTUM DURCHGEBRANNT BIN?
DIE RISIKEN SIND MIR BEWUSST, NUR--
UND ...

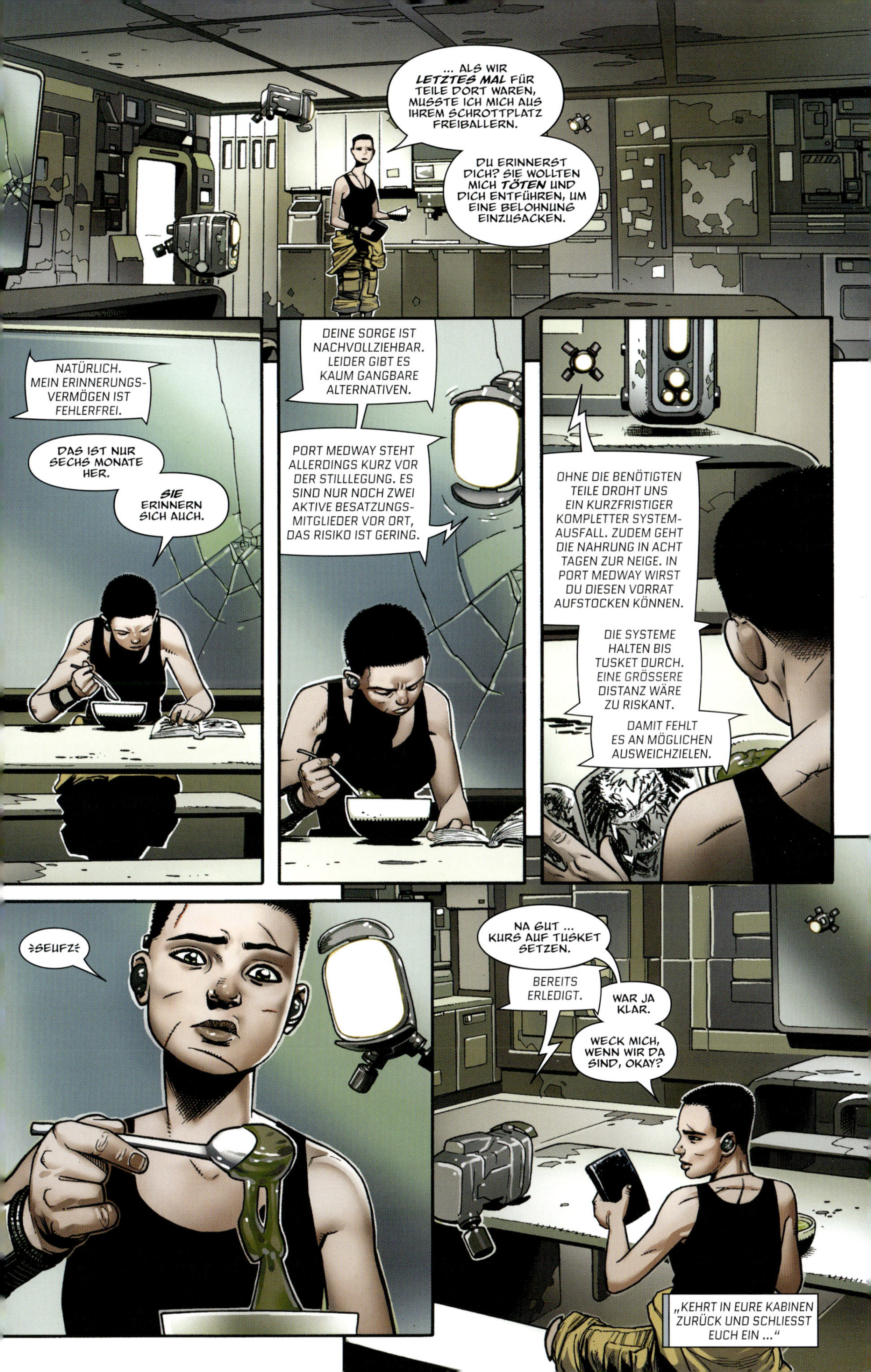
... ALS WIR LETZTES MAL FÜR TEILE DORT WAREN, MUSSTE ICH MICH AUS IHREM SCHROTTPLATZ FREIBALLERN.
DU ERINNERST DICH? SIE WOLLTEN MICH TÖTEN UND DICH ENTFÜHREN, UM EINE BELOHNUNG EINZUSACKEN.
NATÜRLICH. MEIN ERINNERUNGSVERMÖGEN IST FEHLERFREI.
DAS IST NUR SECHS MONATE HER.
SIE ERINNERN SICH AUCH.
DEINE SORGE IST NACHVOLLZIEHBAR. LEIDER GIBT ES KAUM GANGBARE ALTERNATIVEN.
PORT MEDWAY STEHT ALLERDINGS KURZ VOR DER STILLLEGUNG. ES SIND NUR NOCH ZWEI AKTIVE BESATZUNGSMITGLIEDER VOR ORT, DAS RISIKO IST GERING.
OHNE DIE BENÖTIGTEN TEILE DROHT UNS EIN KURZFRISTIGER KOMPLETTER SYSTEMAUSFALL. ZUDEM GEHT DIE NAHRUNG IN ACHT TAGEN ZUR NEIGE. IN PORT MEDWAY WIRST DU DIESEN VORRAT AUFSTOCKEN KÖNNEN.
DIE SYSTEME HALTEN BIS TUSKET DURCH. EINE GRÖSSERE DISTANZ WÄRE ZU RISKANT.
DAMIT FEHLT ES AN MÖGLICHEN AUSWEICHZIELEN.
≥SEUFZ≤
NA GUT ... KURS AUF TUSKET SETZEN.
BEREITS ERLEDIGT.
WAR JA KLAR.
WECK MICH, WENN WIR DA SIND, OKAY?
„KEHRT IN EURE KABINEN ZURÜCK UND SCHLIESST EUCH EIN ...“

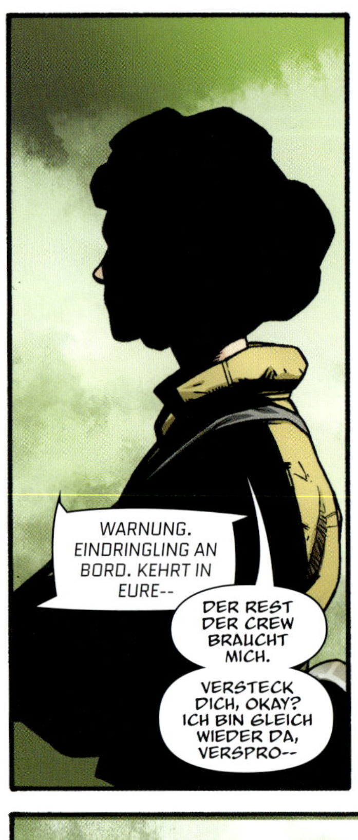
WARNUNG. EINDRINGLING AN BORD. KEHRT IN EURE--
DER REST DER CREW BRAUCHT MICH.
VERSTECK DICH, OKAY? ICH BIN GLEICH WIEDER DA, VERSPRO--

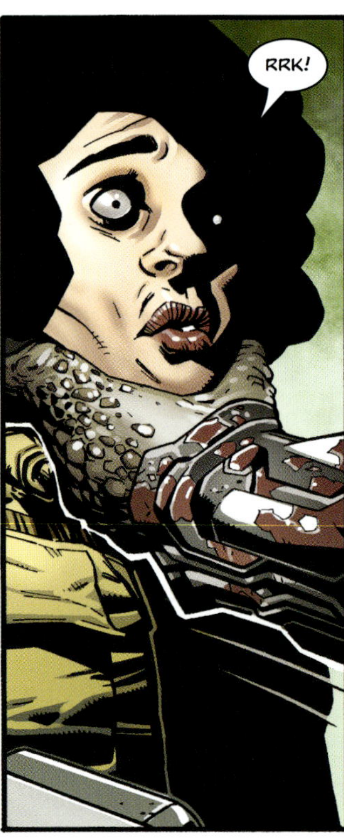
RRK!

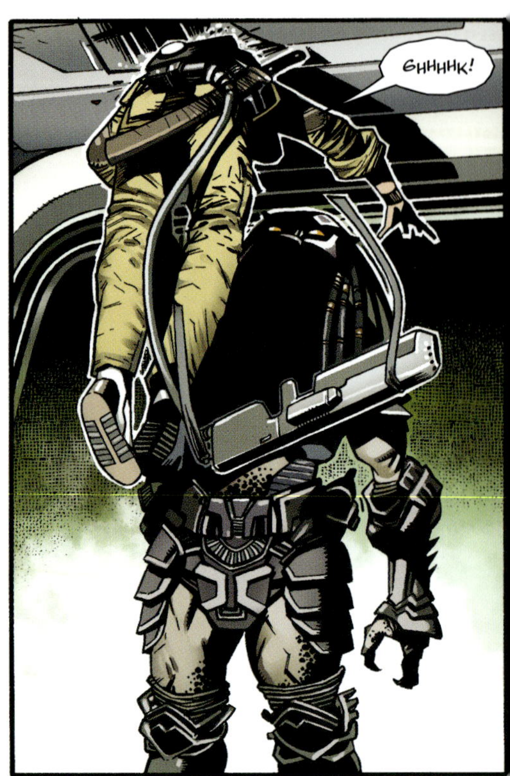
GHHHHK!

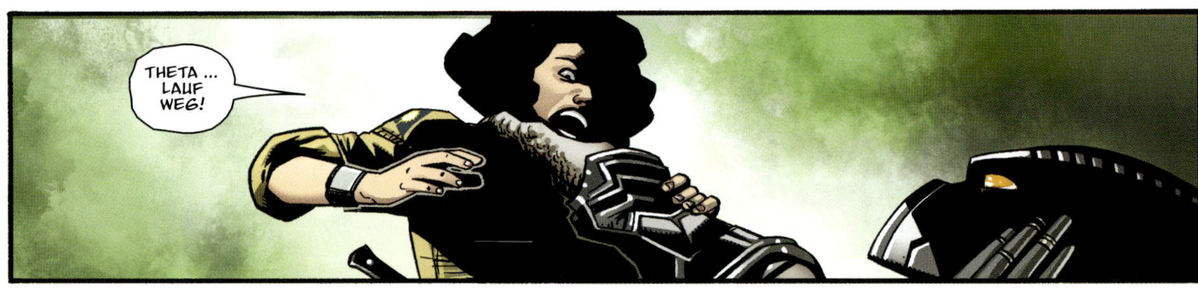
THETA ... LAUF WEG!

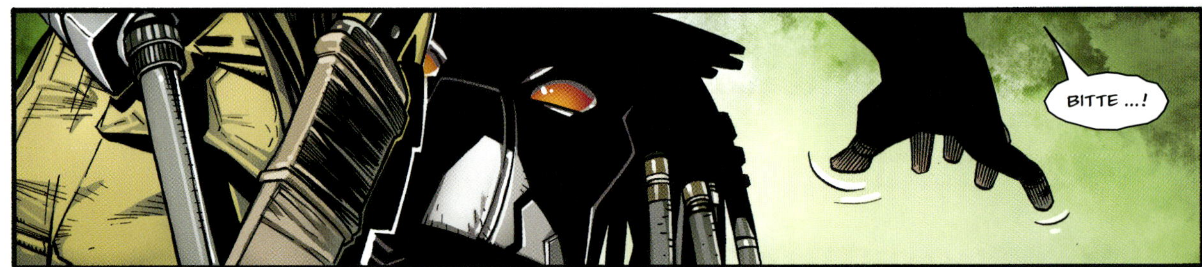
BITTE ...!

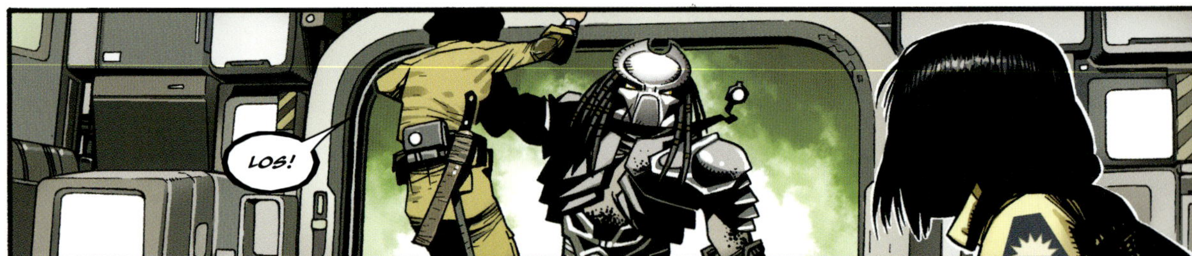
LOS!

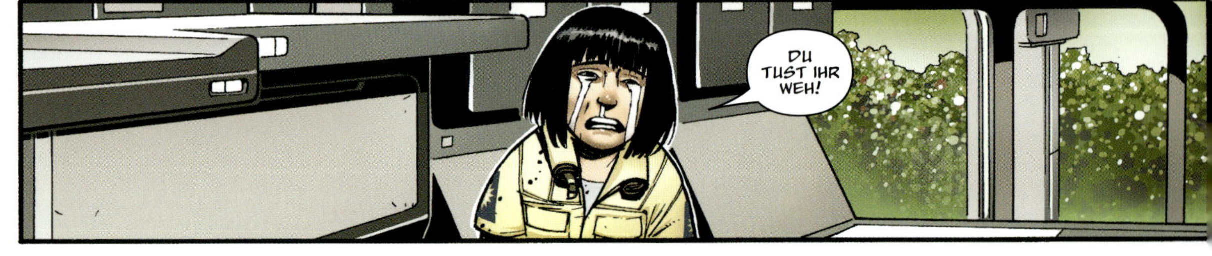
DU TUST IHR WEH!

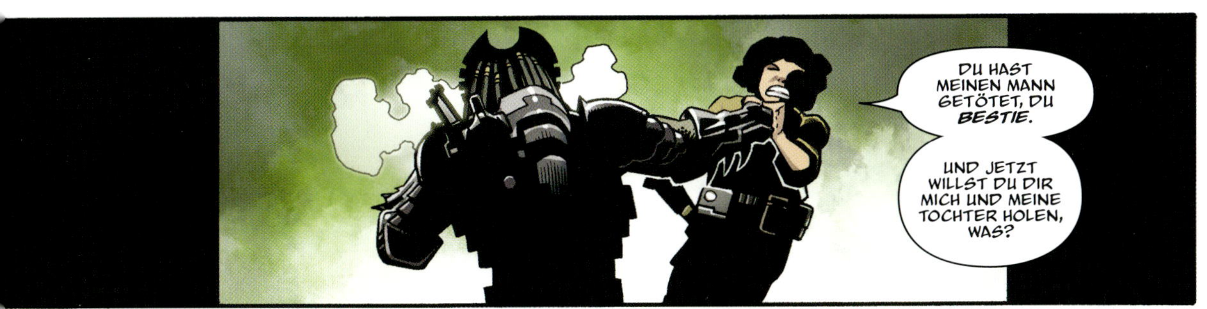
DU HAST MEINEN MANN GETÖTET, DU BESTIE.
UND JETZT WILLST DU DIR MICH UND MEINE TOCHTER HOLEN, WAS?

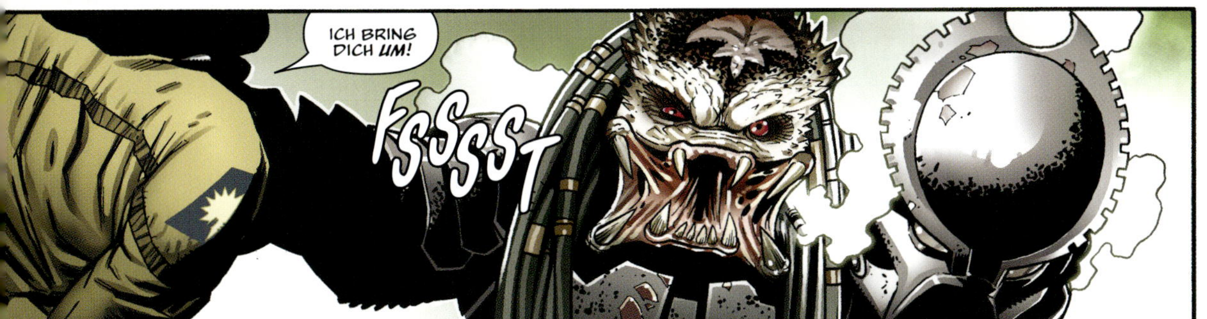
ICH BRING DICH UM!
FSSSST

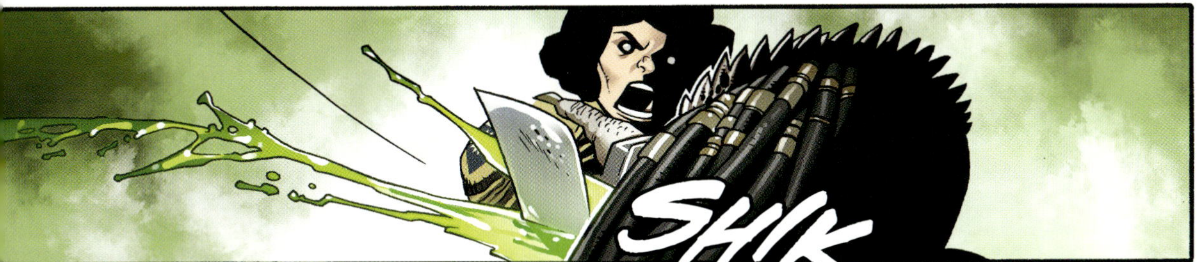
SHIK

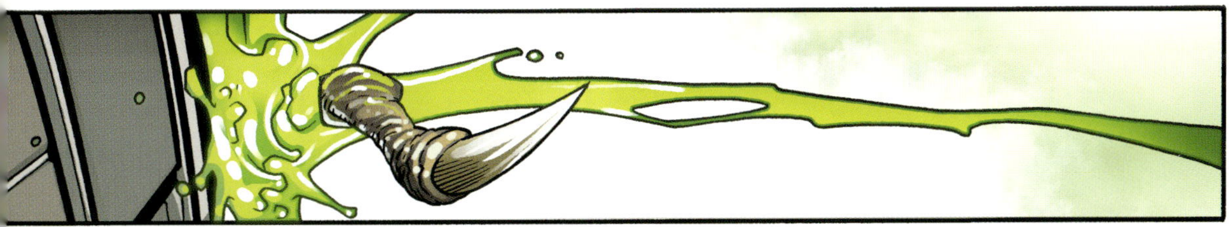

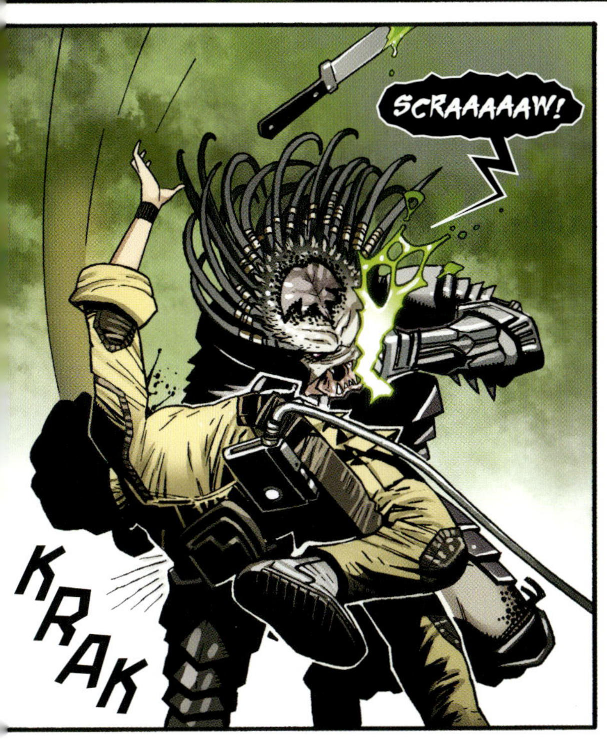
SCRAAAAAW!
KRAK

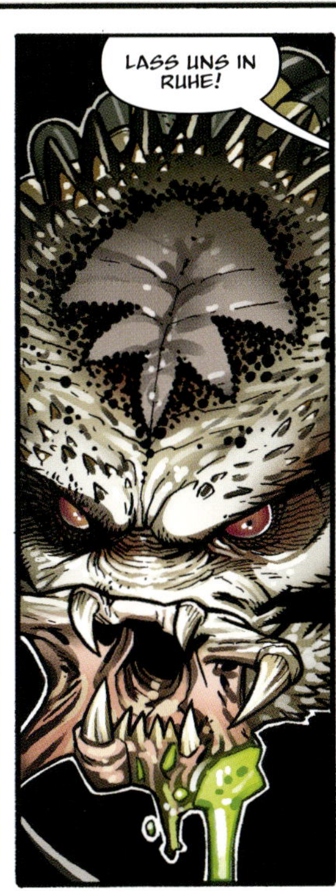
LASS UNS IN RUHE!

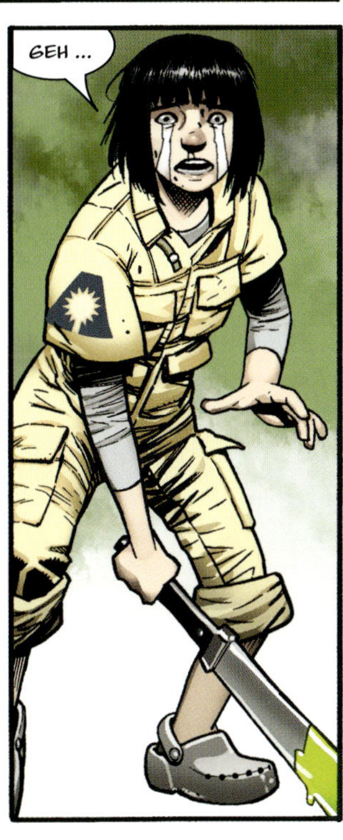
GEH ...

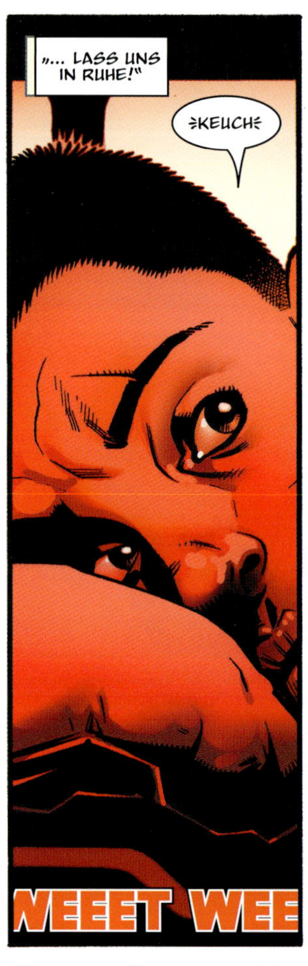
"... LASS UNS IN RUHE!"
≠KEUCH≠
WEEET WEE

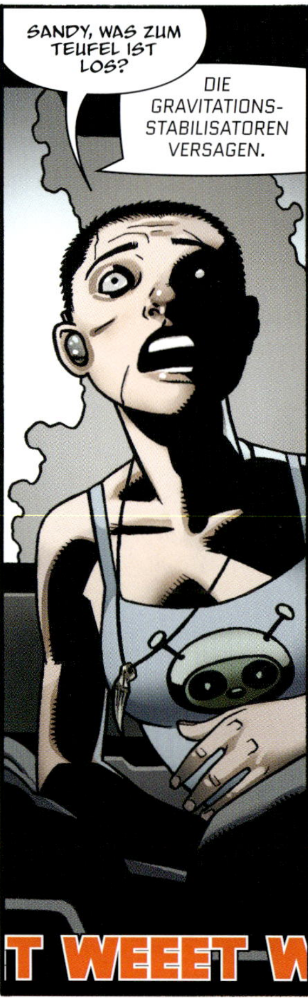
SANDY, WAS ZUM TEUFEL IST LOS?
DIE GRAVITATIONS-STABILISATOREN VERSAGEN.
T WEEET W

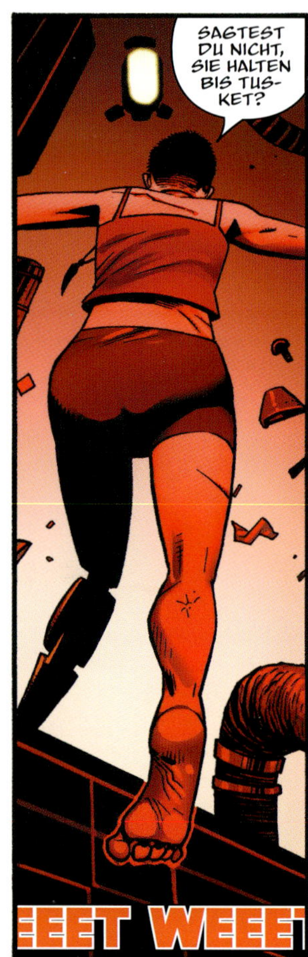
SAGTEST DU NICHT, SIE HALTEN BIS TUS-KET?
EEET WEEE

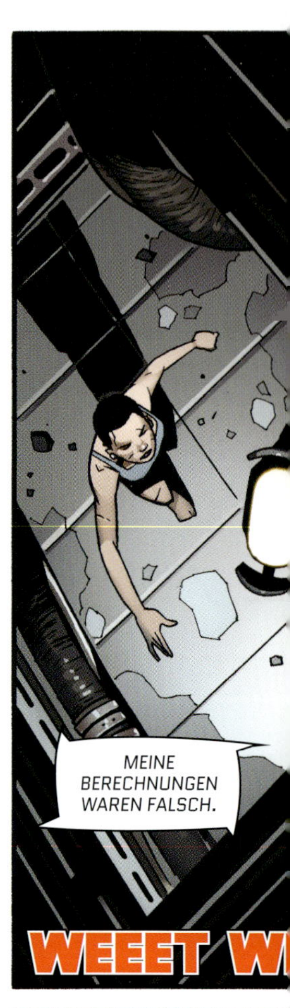
MEINE BERECHNUNGEN WAREN FALSCH.
WEEET W

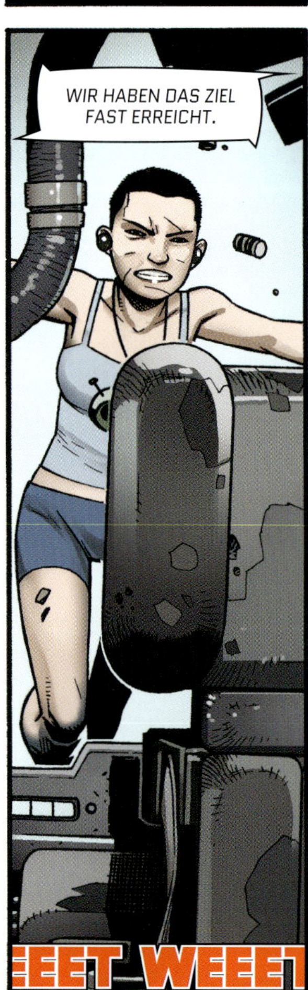
WIR HABEN DAS ZIEL FAST ERREICHT.
EET WEEET

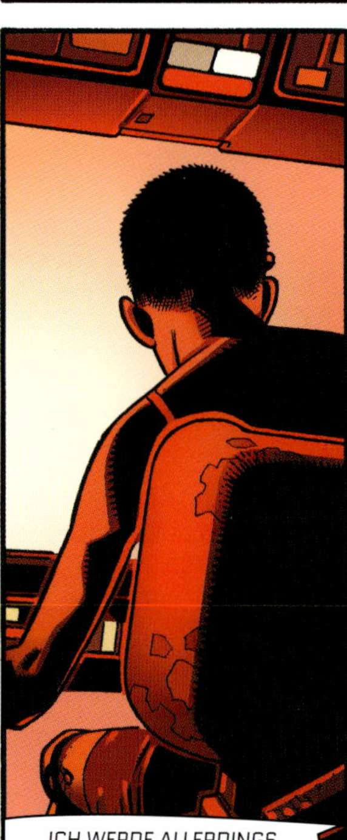
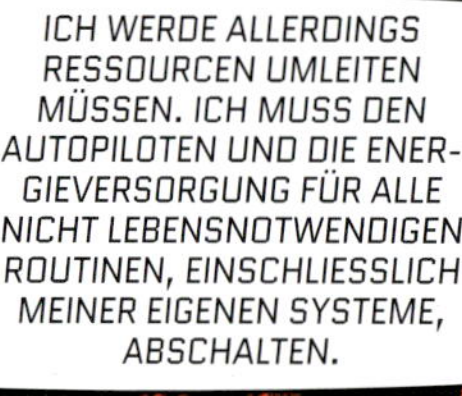
ICH WERDE ALLERDINGS RESSOURCEN UMLEITEN MÜSSEN. ICH MUSS DEN AUTOPILOTEN UND DIE ENERGIEVERSORGUNG FÜR ALLE NICHT LEBENSNOTWENDIGEN ROUTINEN, EINSCHLIESSLICH MEINER EIGENEN SYSTEME, ABSCHALTEN.
WEEET WE

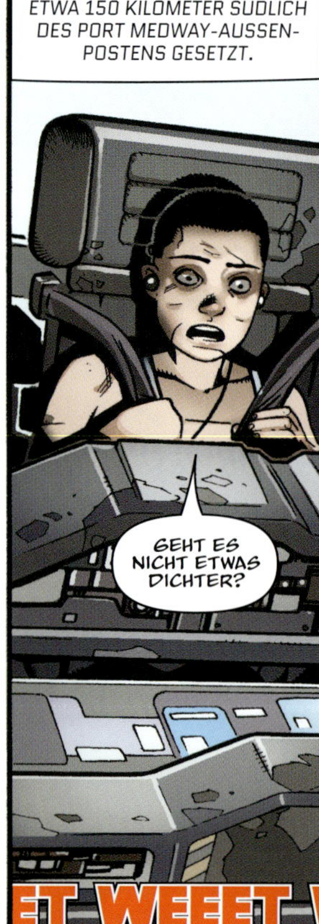
DU MUSST DIE LANDUNG MANUELL DURCHFÜHREN. ICH HABE KURS AUF EINE LICHTUNG ETWA 150 KILOMETER SÜDLICH DES PORT MEDWAY-AUSSEN-POSTENS GESETZT.
GEHT ES NICHT ETWAS DICHTER?
ET WEEET

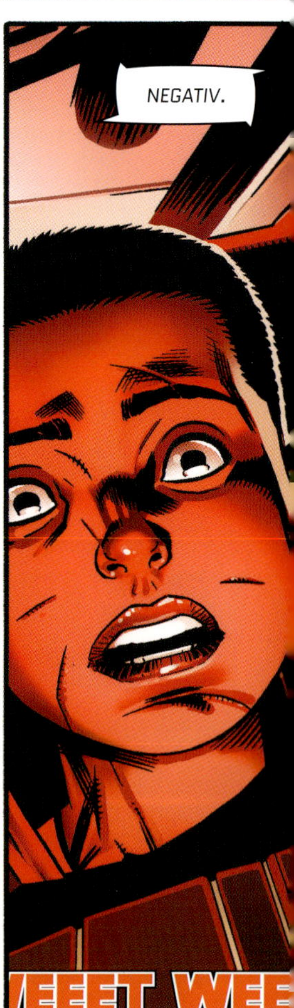
NEGATIV.
EEET WEE

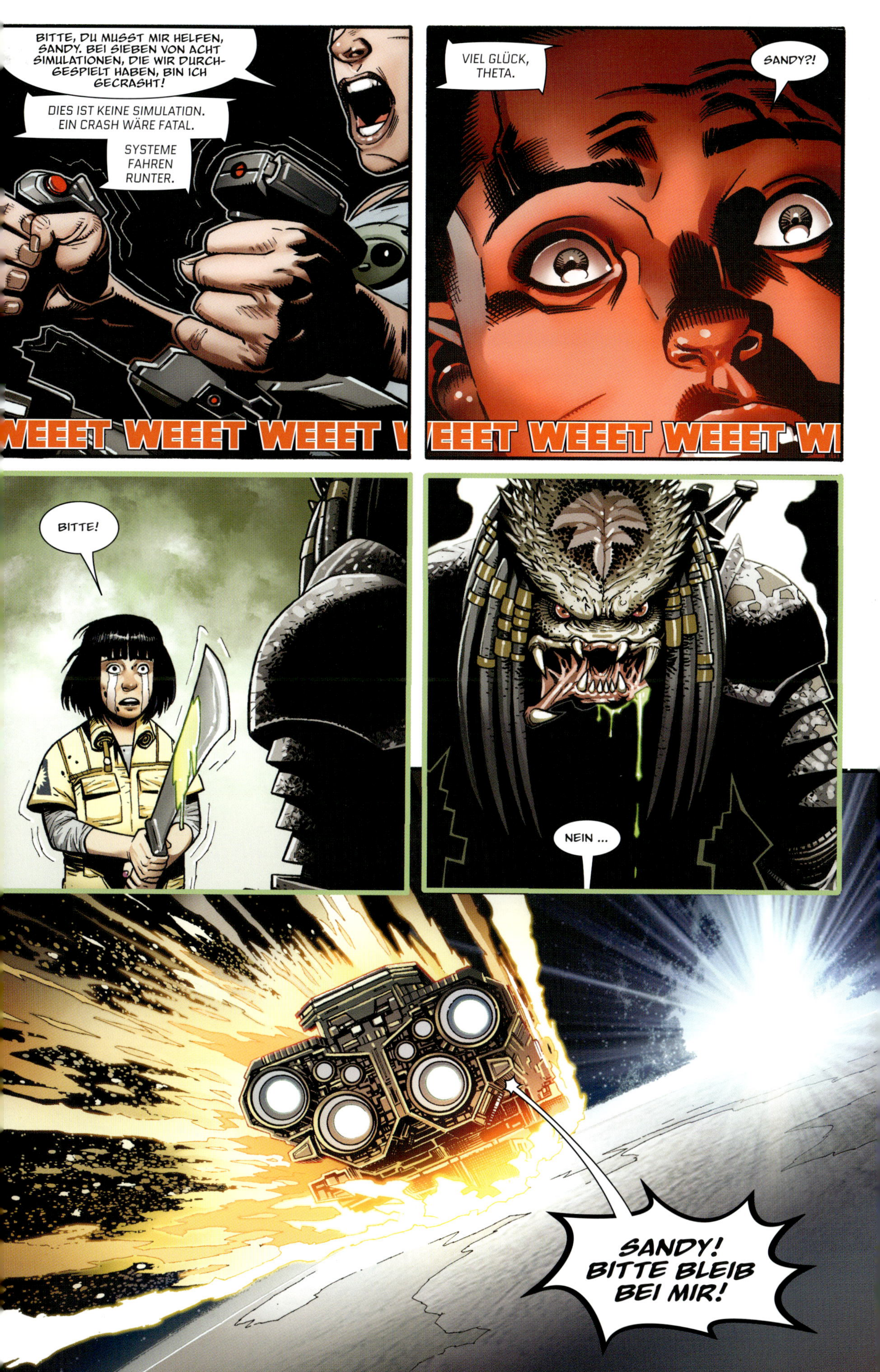
BITTE, DU MUSST MIR HELFEN, SANDY. BEI SIEBEN VON ACHT SIMULATIONEN, DIE WIR DURCHGESPIELT HABEN, BIN ICH GECRASHT!
DIES IST KEINE SIMULATION. EIN CRASH WÄRE FATAL.
SYSTEME FAHREN RUNTER.
VIEL GLÜCK, THETA.
SANDY?!
WEEET WEEET WEEET WEEET WEEET WEEET
BITTE!
NEIN ...
SANDY! BITTE BLEIB BEI MIR!

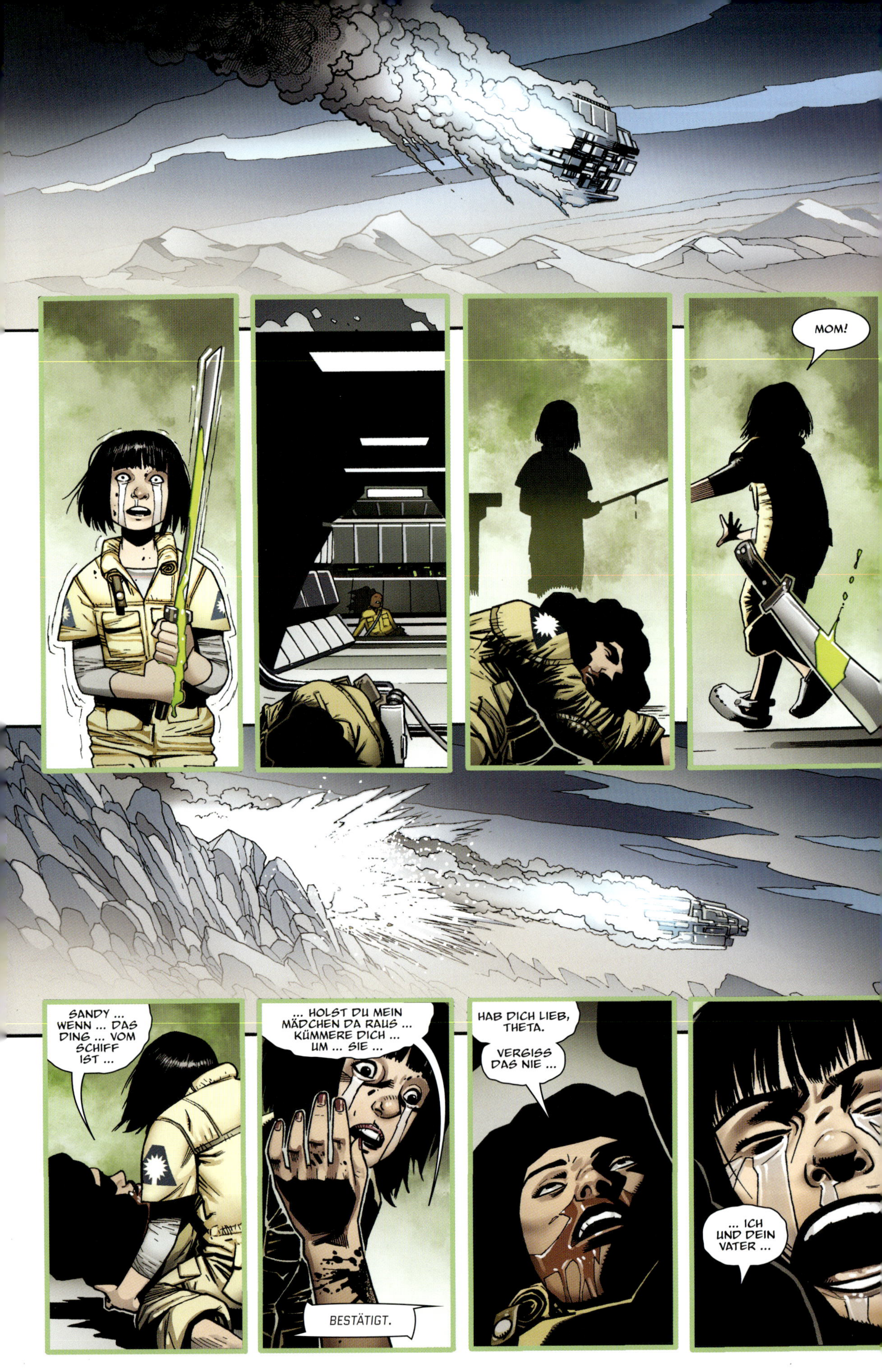
MOM!
SANDY ... WENN ... DAS DING ... VOM SCHIFF IST ...
... HOLST DU MEIN MÄDCHEN DA RAUS ... KÜMMERE DICH ... UM ... SIE ...
BESTÄTIGT.
HAB DICH LIEB, THETA.
VERGISS DAS NIE ...
... ICH UND DEIN VATER ...

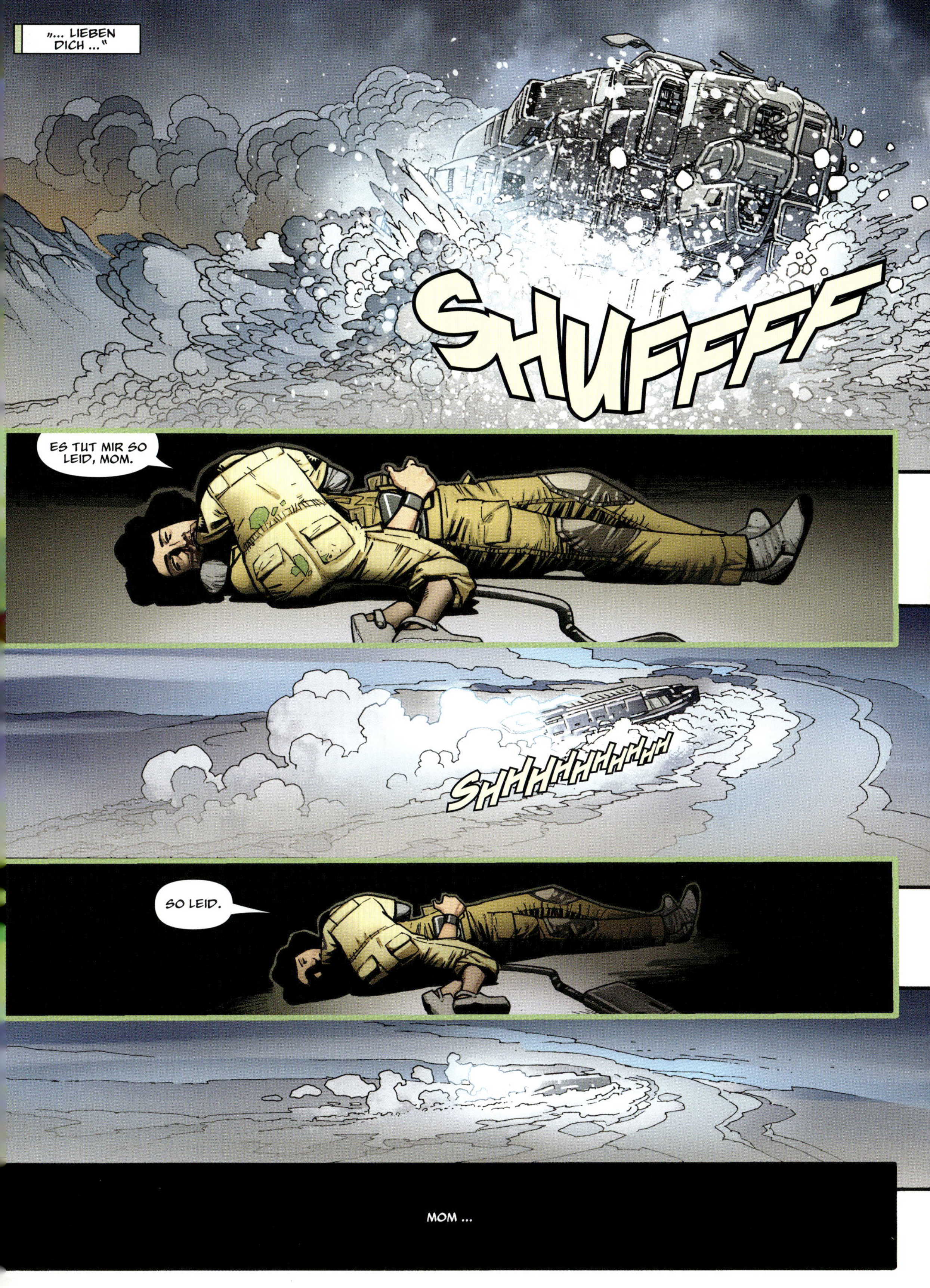
„... LIEBEN DICH ...“
SHUFFFF
ES TUT MIR SO LEID, MOM.
SHHHHHHHHHHH
SO LEID.
MOM ...

... BITTE ...

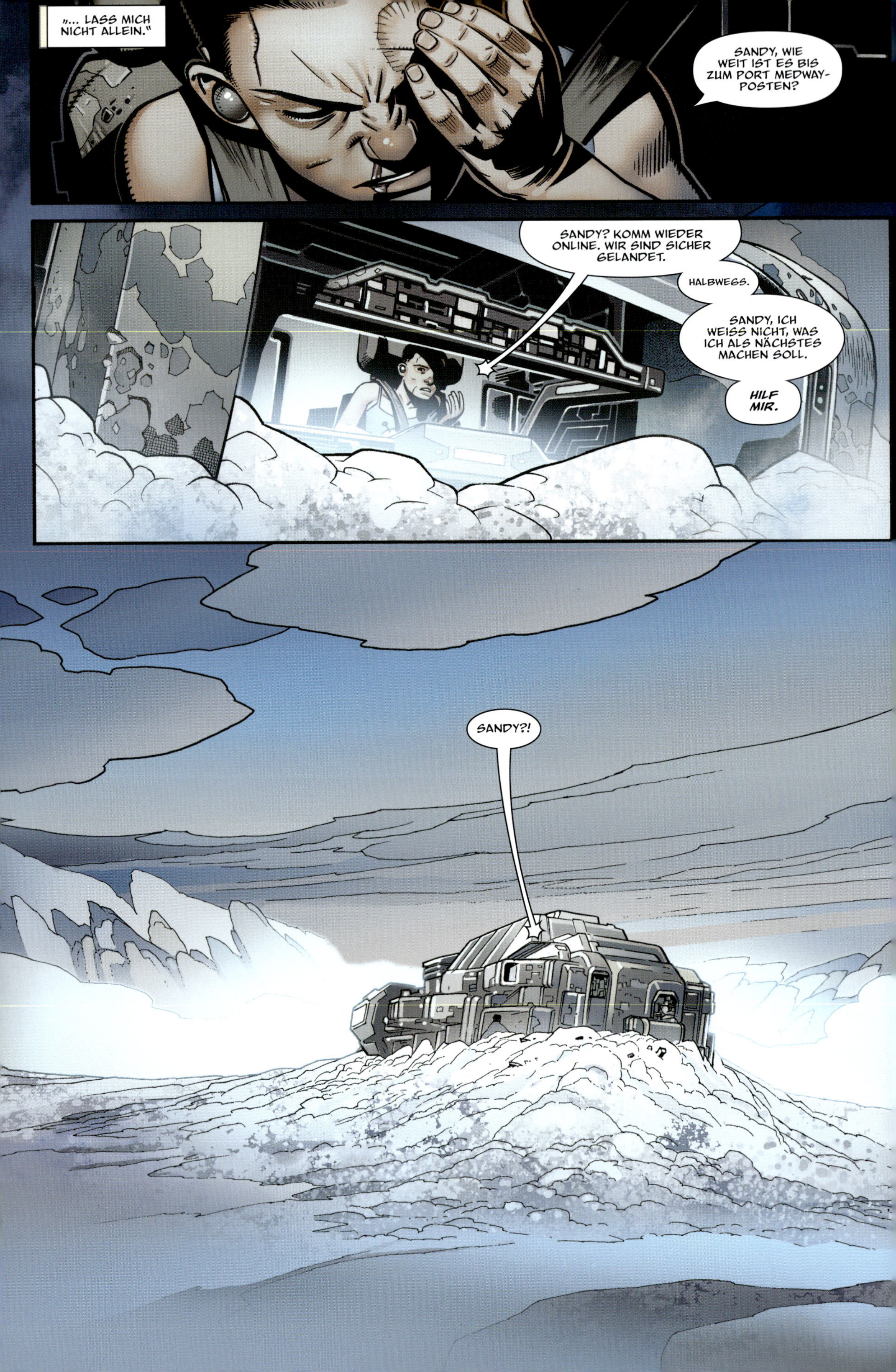
„... LASS MICH NICHT ALLEIN."
SANDY, WIE WEIT IST ES BIS ZUM PORT MEDWAY-POSTEN?
SANDY? KOMM WIEDER ONLINE. WIR SIND SICHER GELANDET.
HALBWEGS.
SANDY, ICH WEISS NICHT, WAS ICH ALS NÄCHSTES MACHEN SOLL.
HILF MIR.
SANDY?!

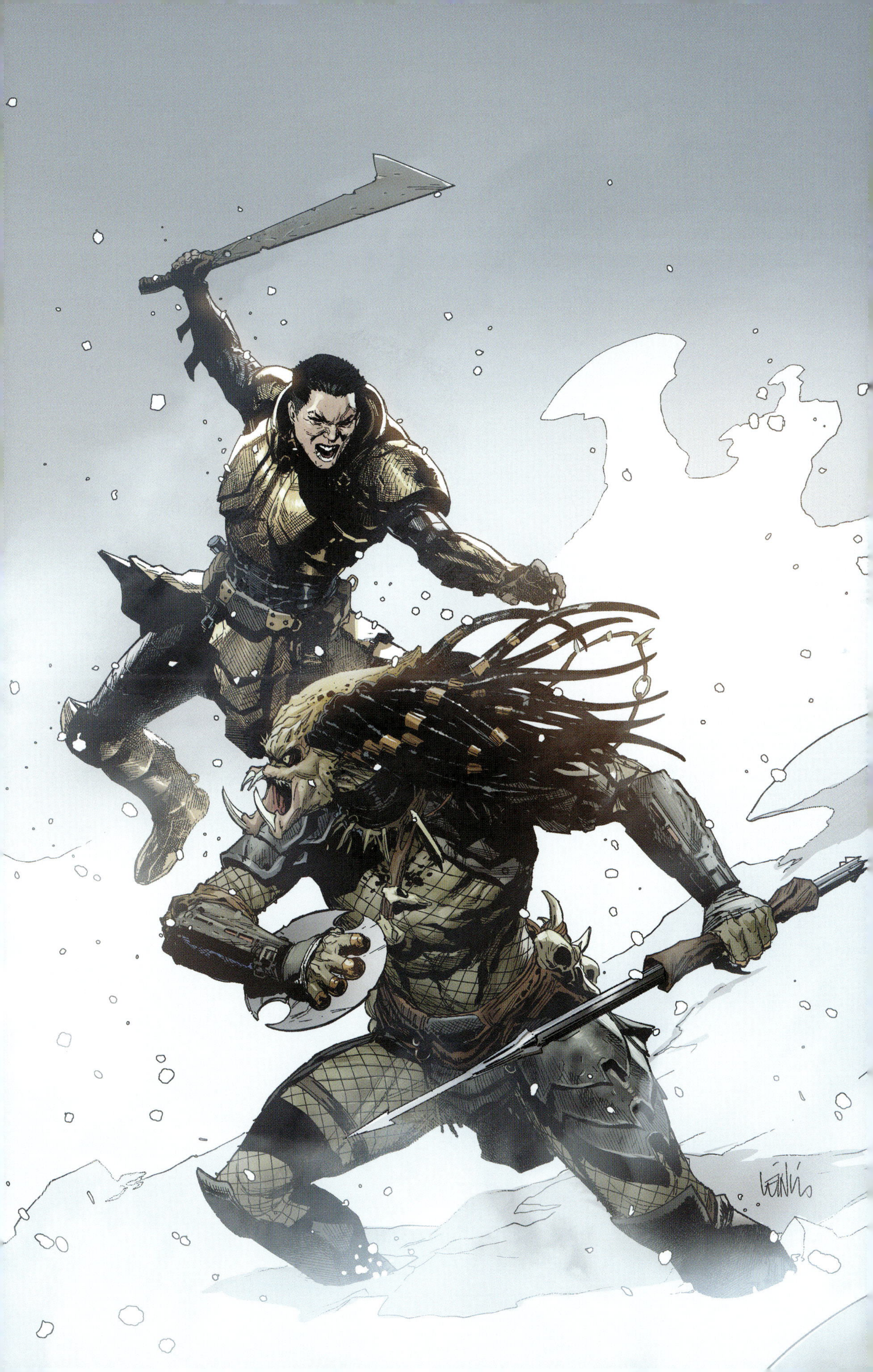

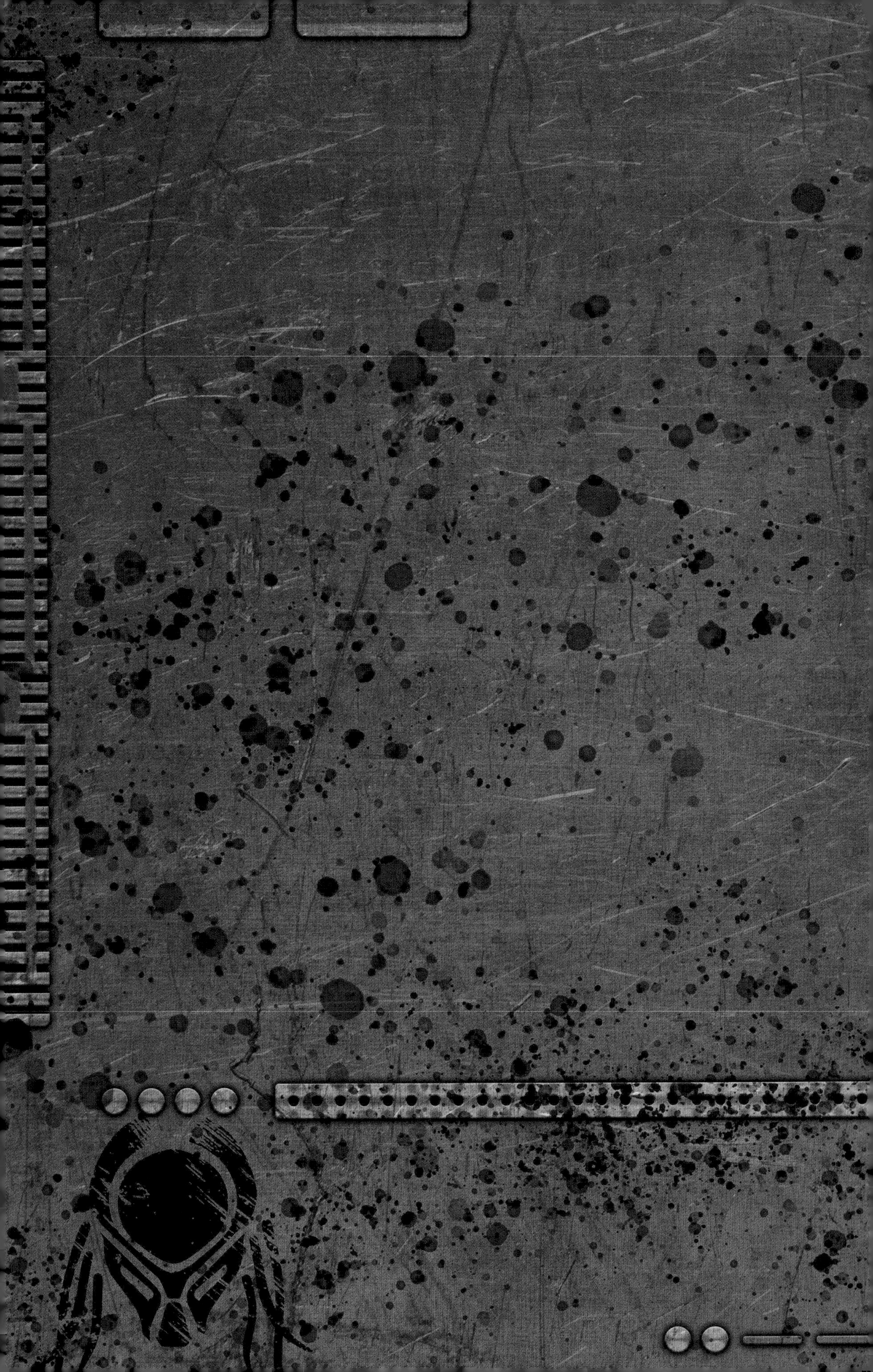

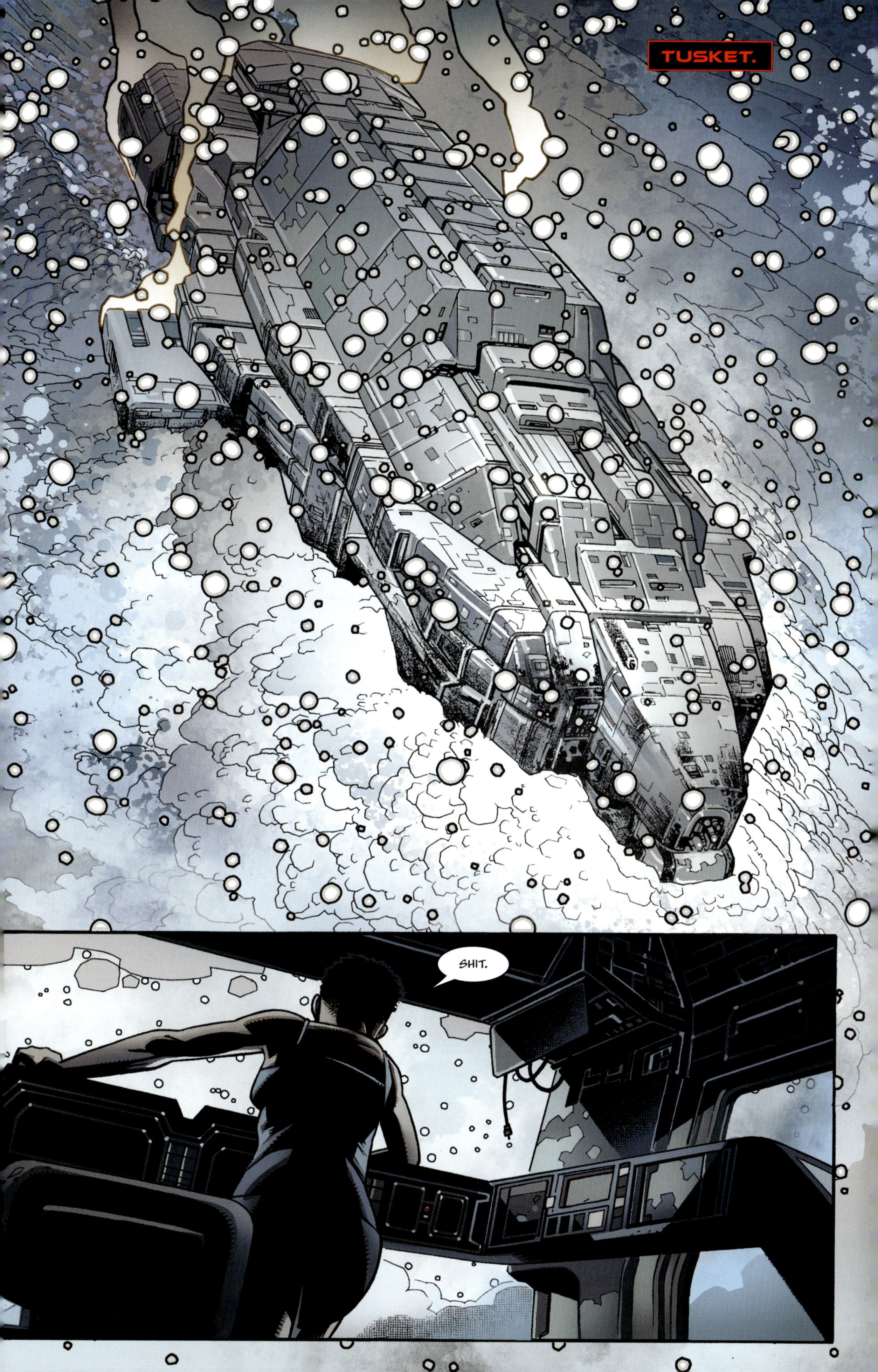
TUSKET.
SHIT.

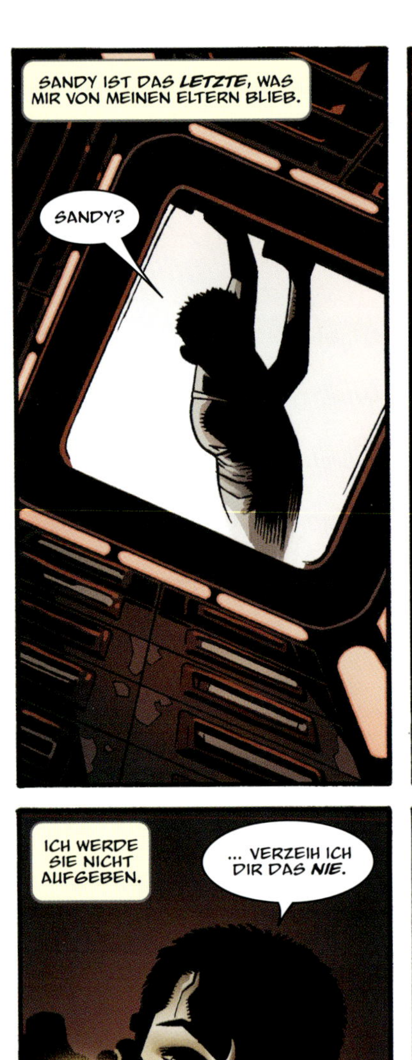
SANDY IST DAS LETZTE, WAS MIR VON MEINEN ELTERN BLIEB.
SANDY?

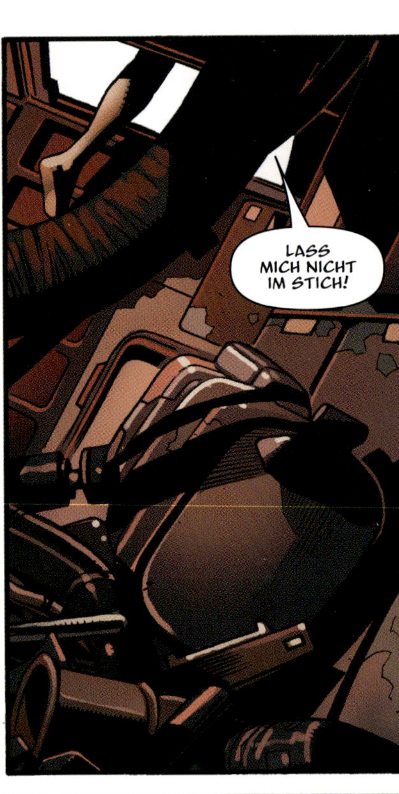
LASS MICH NICHT IM STICH!

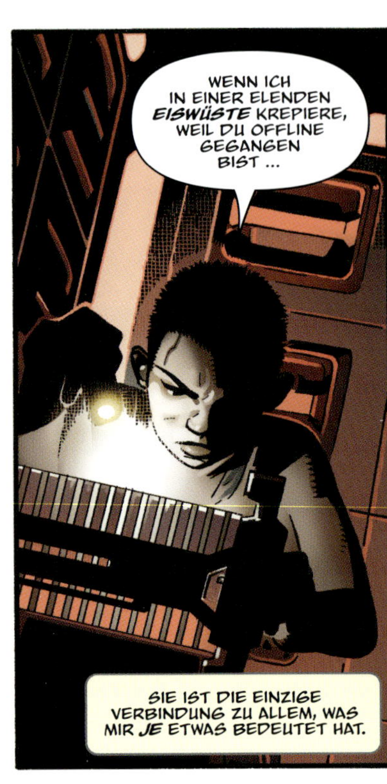
WENN ICH IN EINER ELENDEN EISWÜSTE KREPIERE, WEIL DU OFFLINE GEGANGEN BIST ...
SIE IST DIE EINZIGE VERBINDUNG ZU ALLEM, WAS MIR JE ETWAS BEDEUTET HAT.

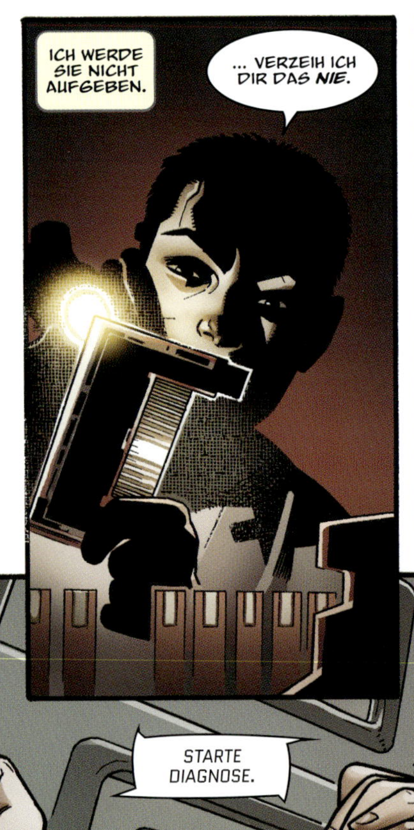
ICH WERDE SIE NICHT AUFGEBEN.
... VERZEIH ICH DIR DAS NIE.

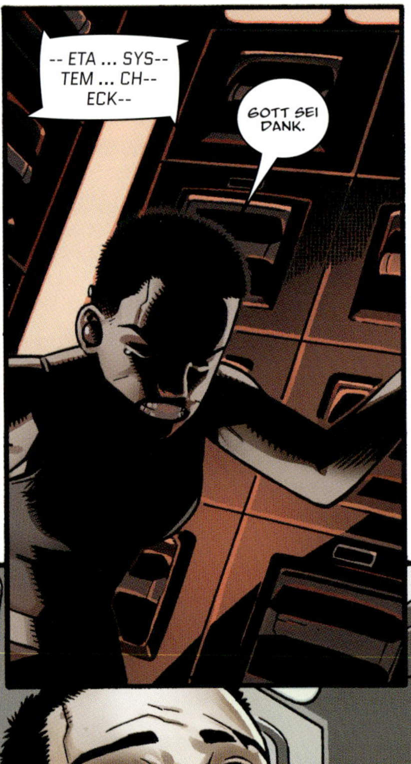
-- ETA ... SYS-TEM ... CH--ECK--
GOTT SEI DANK.

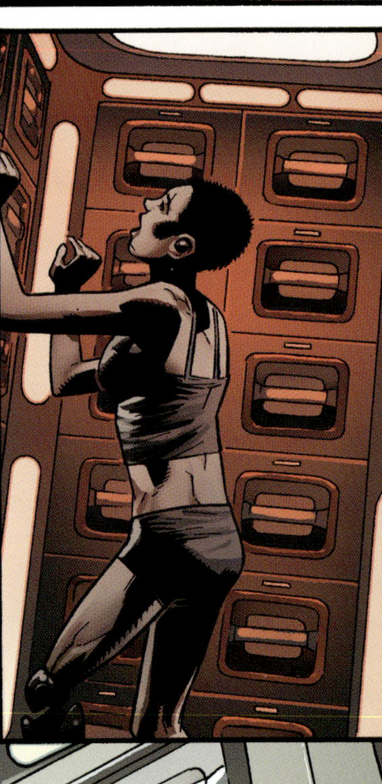

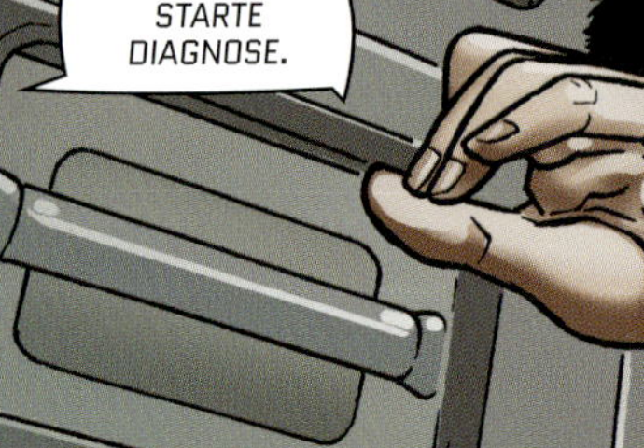
STARTE DIAGNOSE.

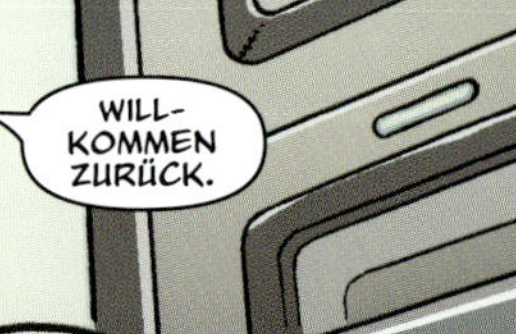
WILL-KOMMEN ZURÜCK.

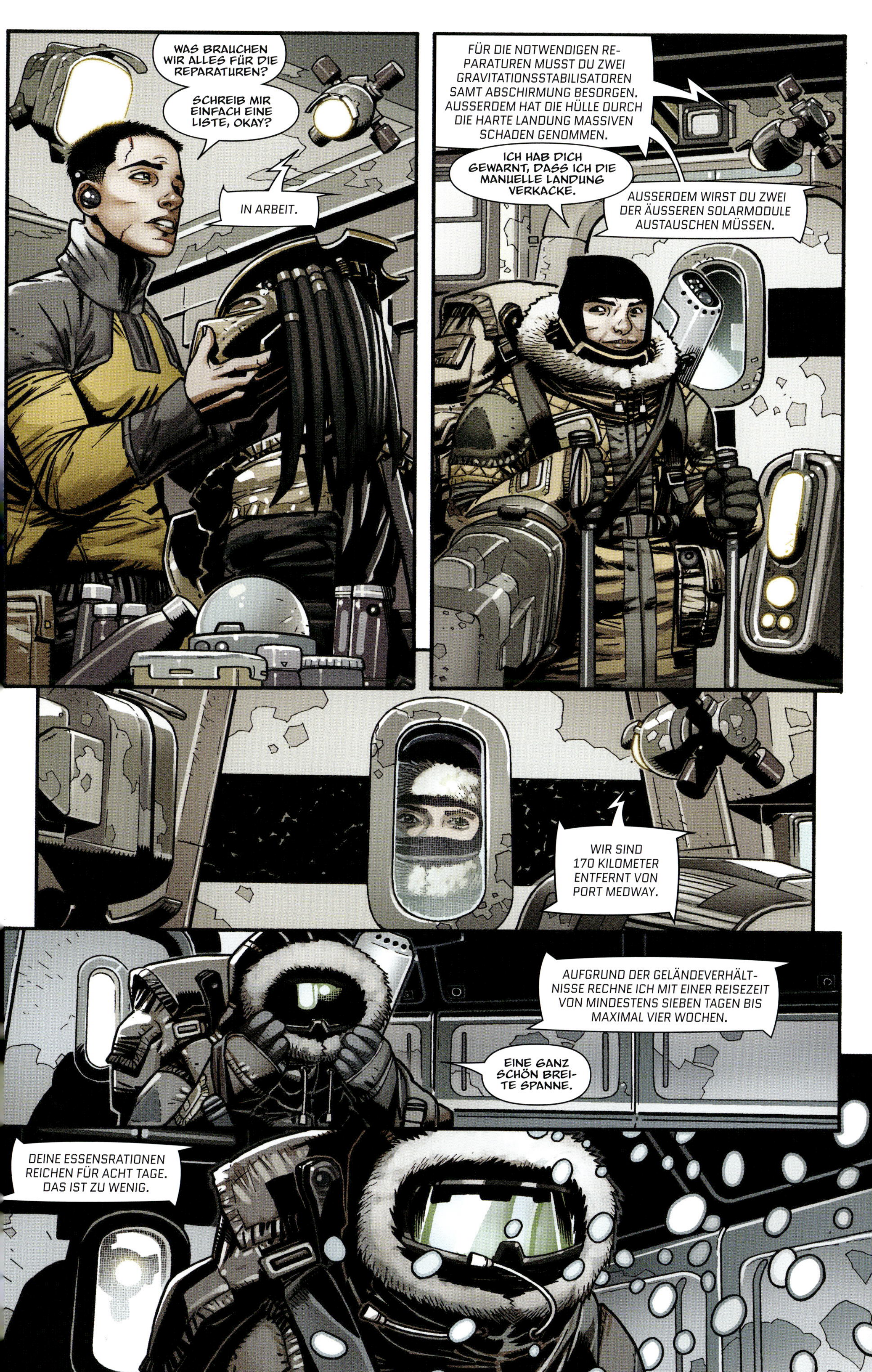
WAS BRAUCHEN WIR ALLES FÜR DIE REPARATUREN?
SCHREIB MIR EINFACH EINE LISTE, OKAY?
IN ARBEIT.
FÜR DIE NOTWENDIGEN REPARATUREN MUSST DU ZWEI GRAVITATIONSSTABILISATOREN SAMT ABSCHIRMUNG BESORGEN. AUSSERDEM HAT DIE HÜLLE DURCH DIE HARTE LANDUNG MASSIVEN SCHADEN GENOMMEN.
ICH HAB DICH GEWARNT, DASS ICH DIE MANUELLE LANDUNG VERKACKE.
AUSSERDEM WIRST DU ZWEI DER ÄUSSEREN SOLARMODULE AUSTAUSCHEN MÜSSEN.
WIR SIND 170 KILOMETER ENTFERNT VON PORT MEDWAY.
AUFGRUND DER GELÄNDEVERHÄLTNISSE RECHNE ICH MIT EINER REISEZEIT VON MINDESTENS SIEBEN TAGEN BIS MAXIMAL VIER WOCHEN.
EINE GANZ SCHÖN BREITE SPANNE.
DEINE ESSENSRATIONEN REICHEN FÜR ACHT TAGE. DAS IST ZU WENIG.

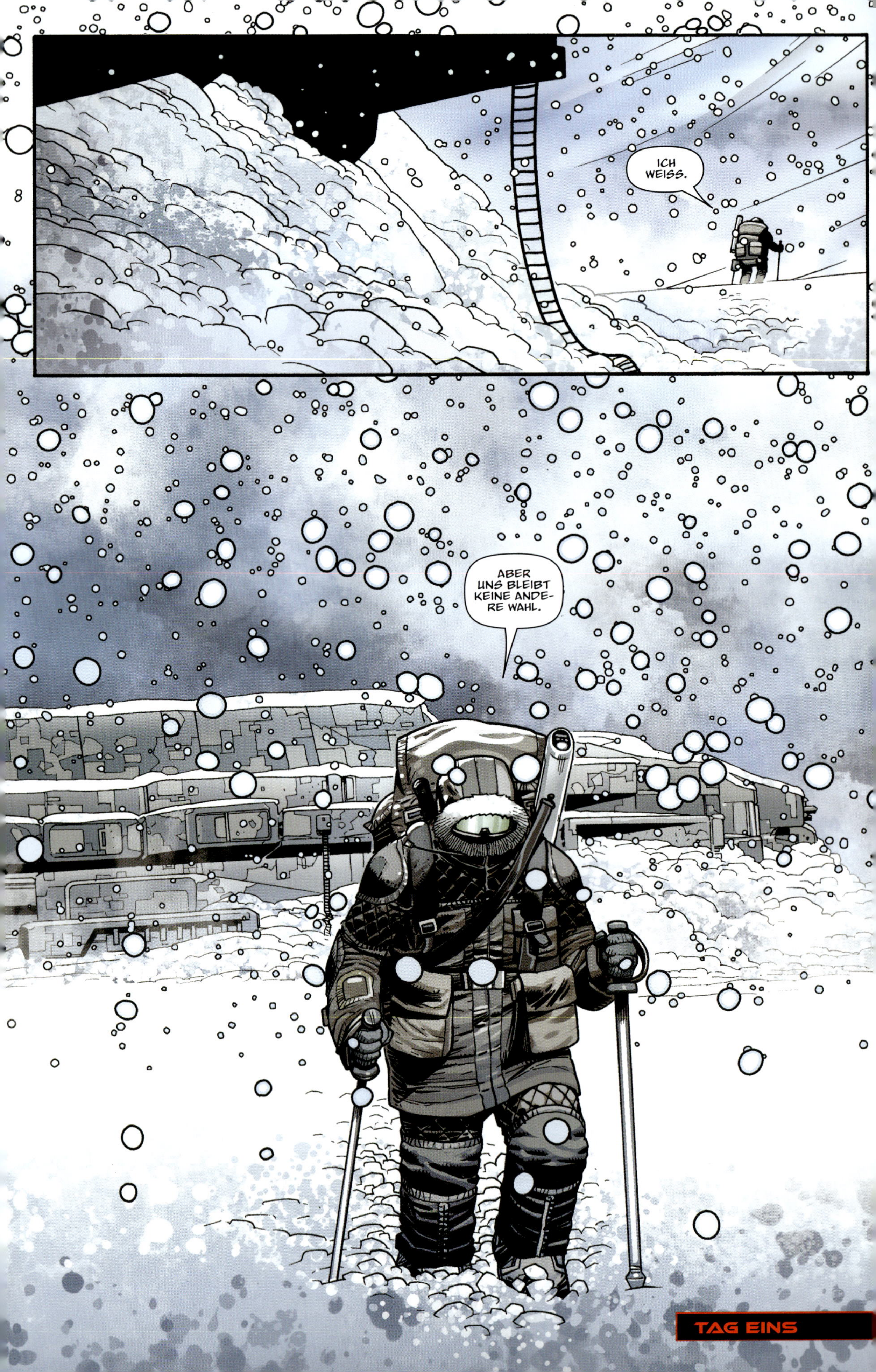
ICH WEISS.
ABER UNS BLEIBT KEINE ANDERE WAHL.
TAG EINS

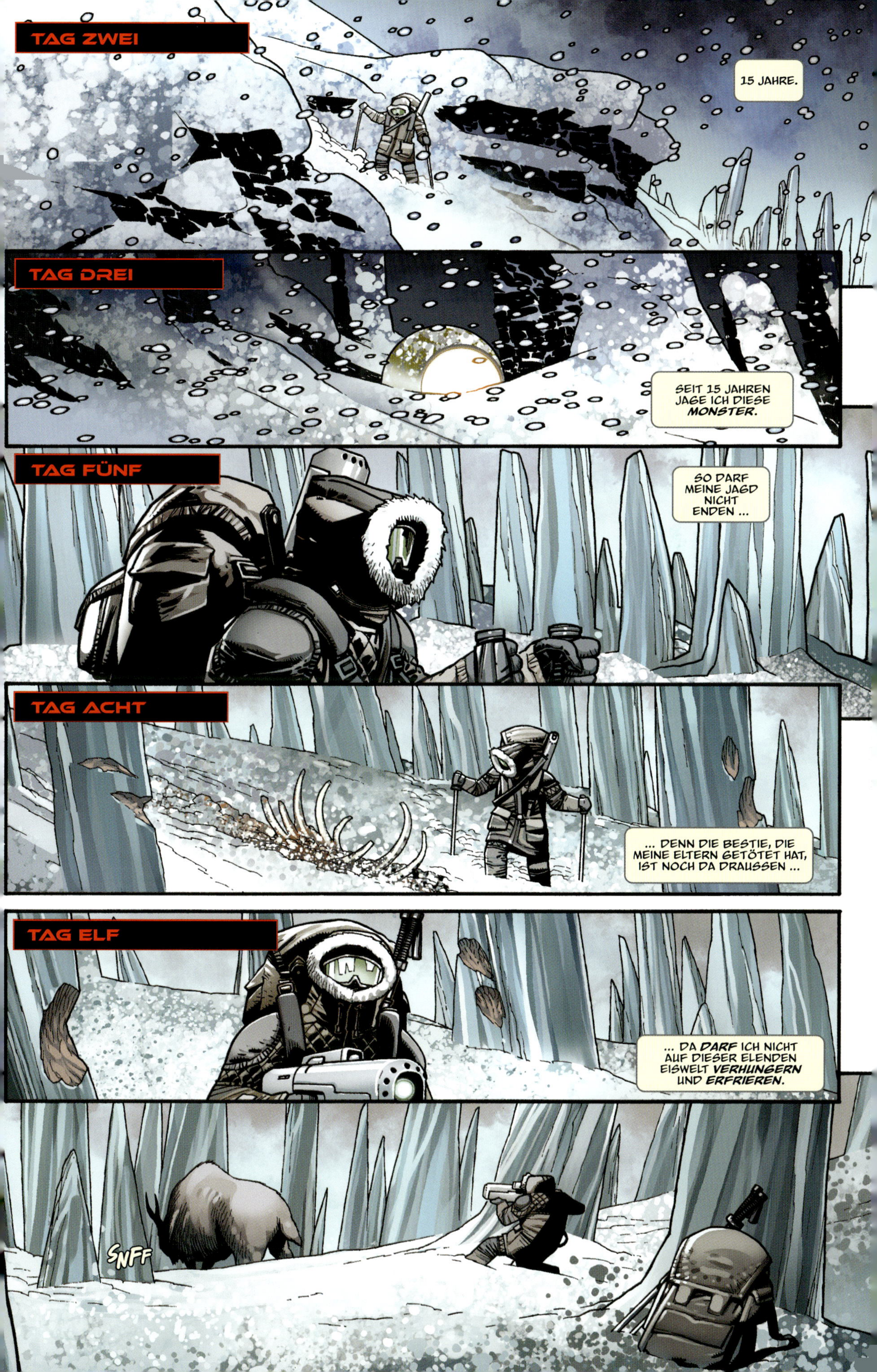
TAG ZWEI
15 JAHRE.
TAG DREI
SEIT 15 JAHREN JAGE ICH DIESE **MONSTER**.
TAG FÜNF
SO DARF MEINE JAGD NICHT ENDEN ...
TAG ACHT
... DENN DIE BESTIE, DIE MEINE ELTERN GETÖTET HAT, IST NOCH DA DRAUSSEN ...
TAG ELF
... DA **DARF** ICH NICHT AUF DIESER ELENDEN EISWELT **VERHUNGERN** UND **ERFRIEREN**.
SNFF

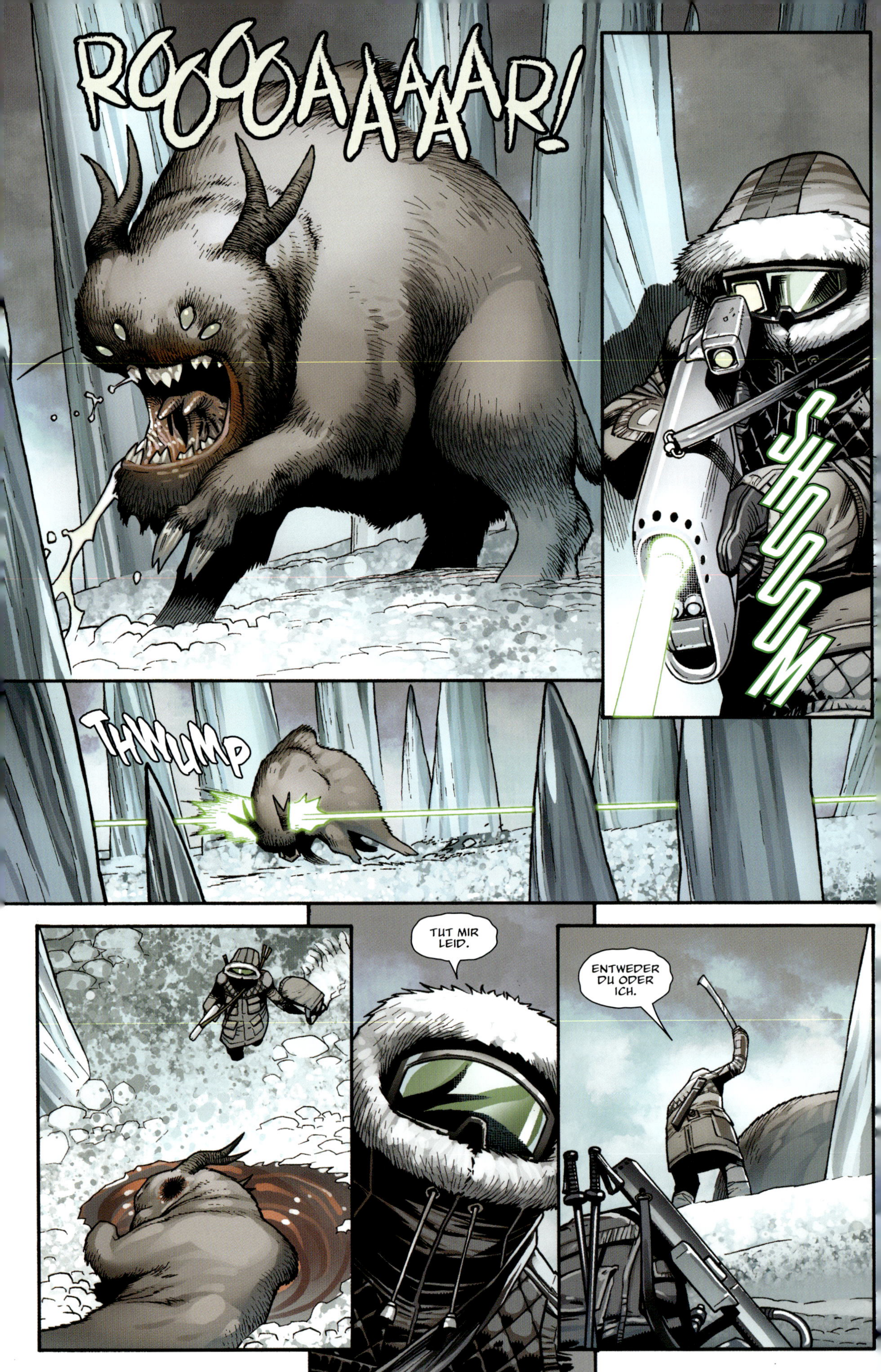
ROOOOAAAAAR!
SHOOOOM
THWUMP
TUT MIR LEID.
ENTWEDER DU ODER ICH.

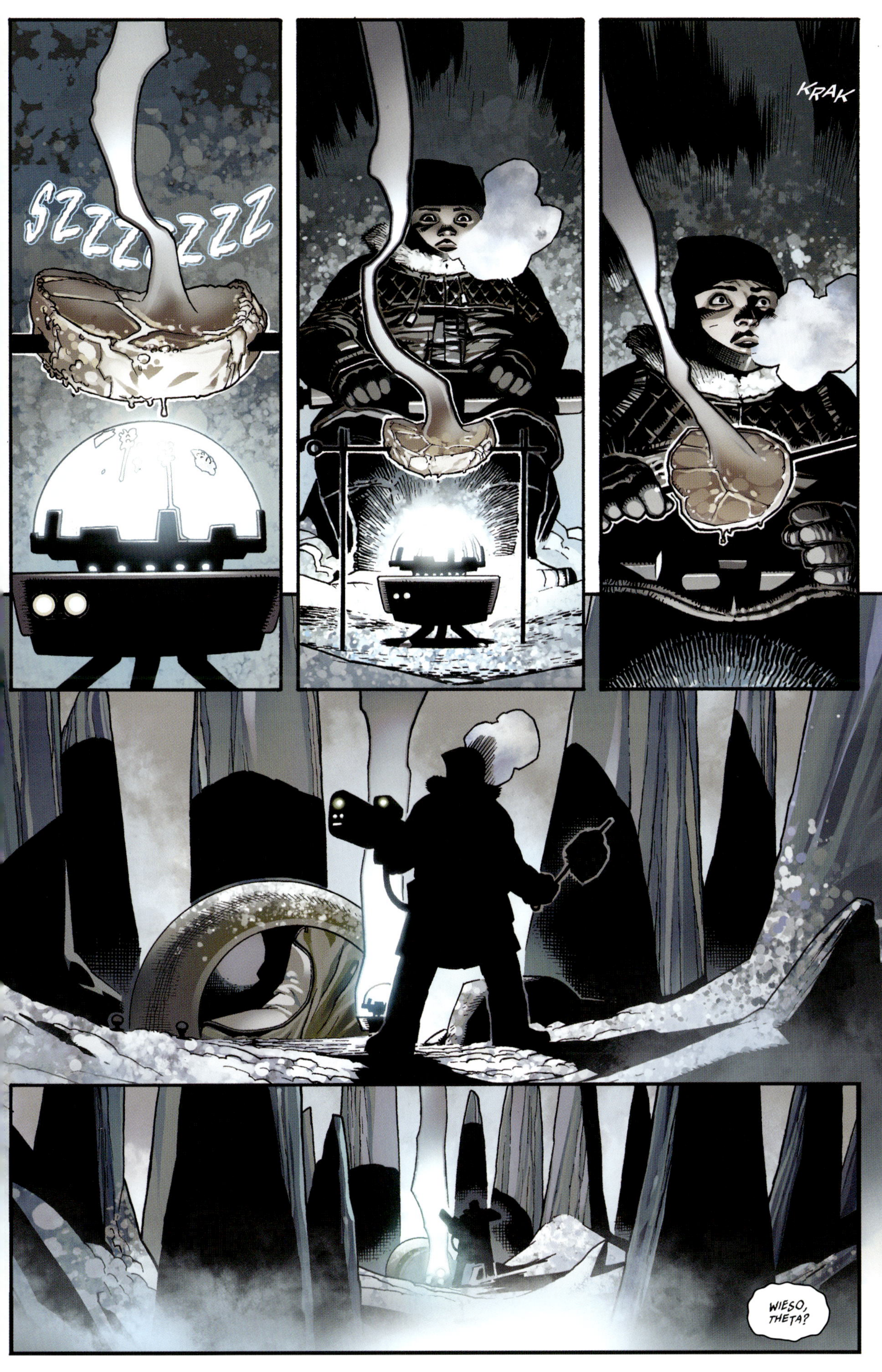
SZZZZZZZ
KRAK
WIESO, THETA?

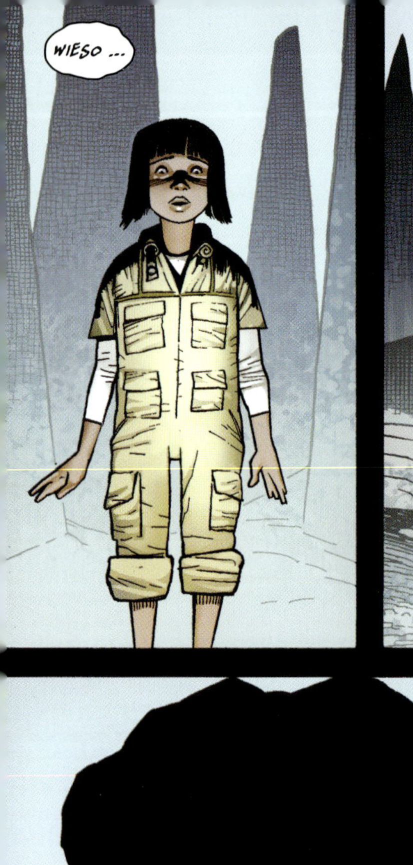

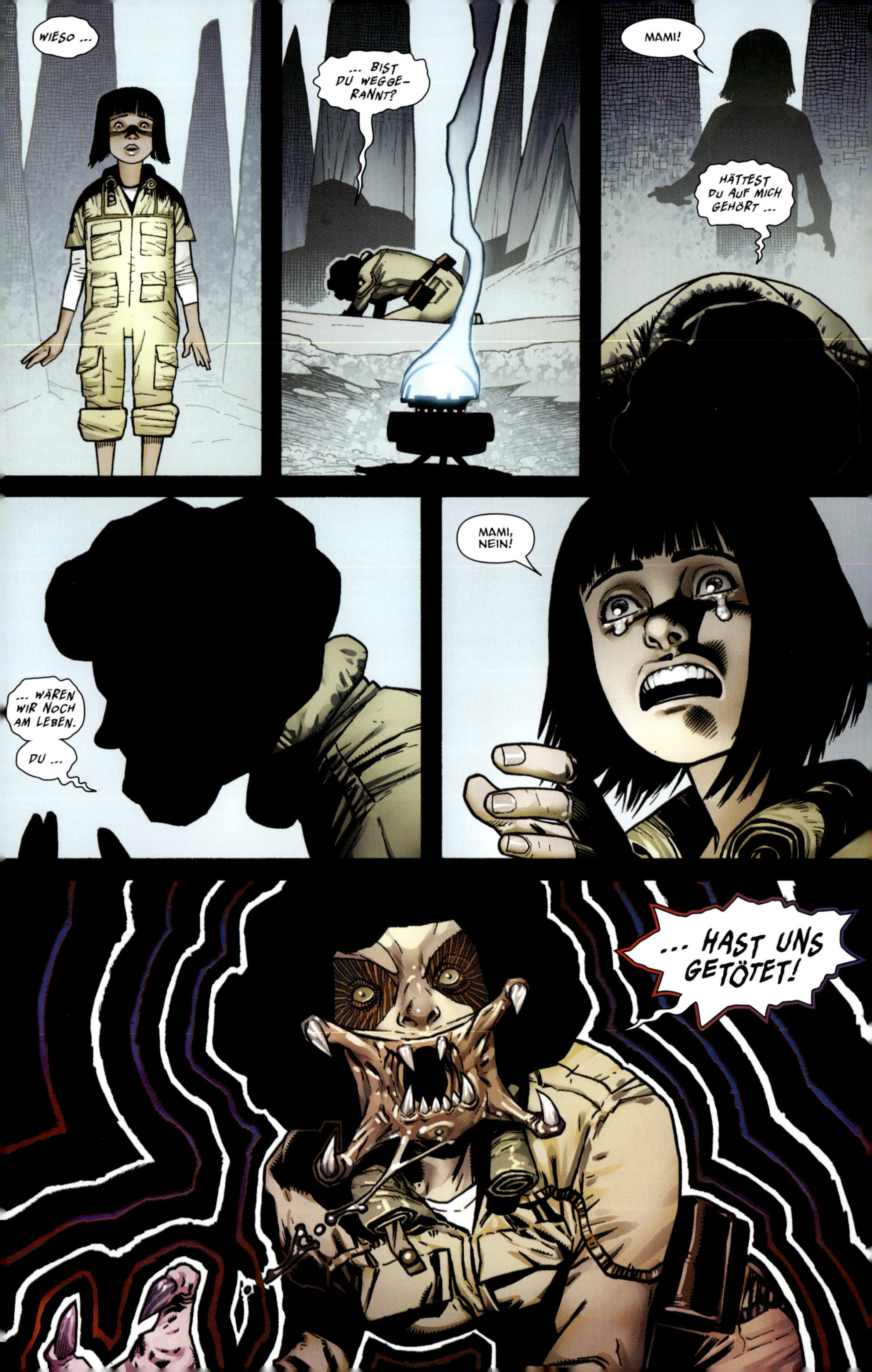

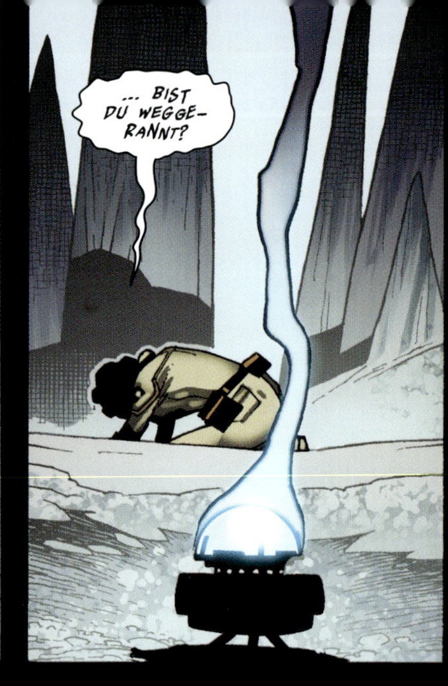

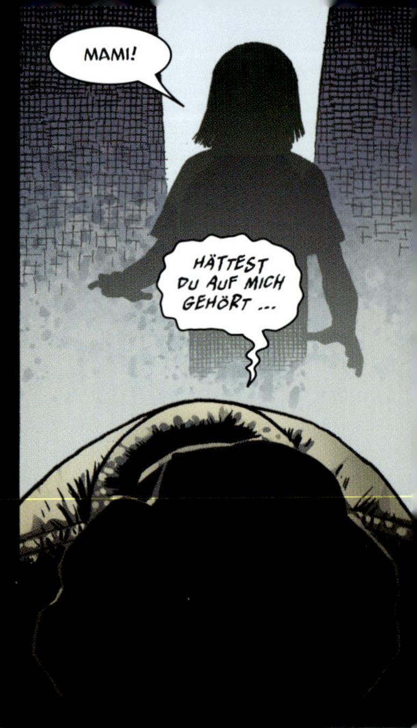

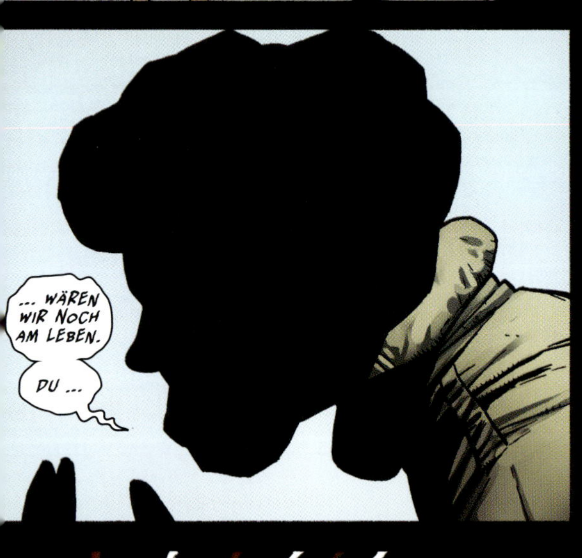

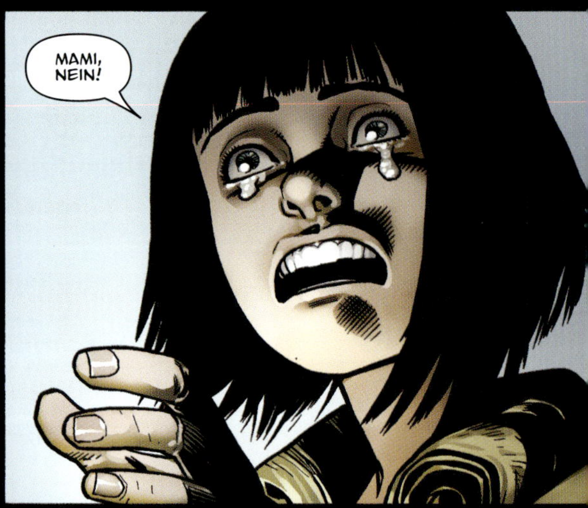

... HAST UNS GETÖTET!

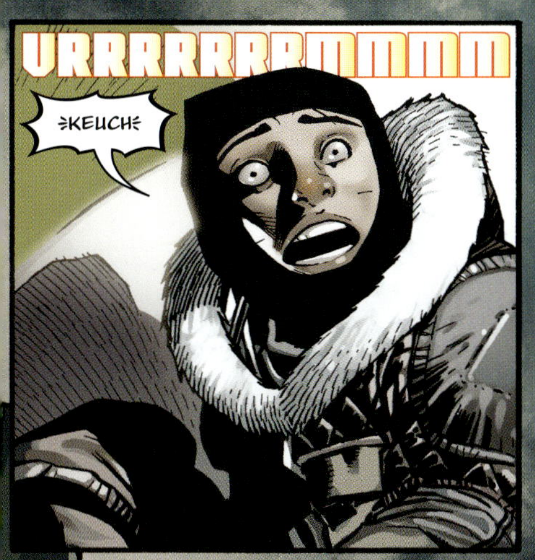
VRRRRRRRMMMMM
KEUCH

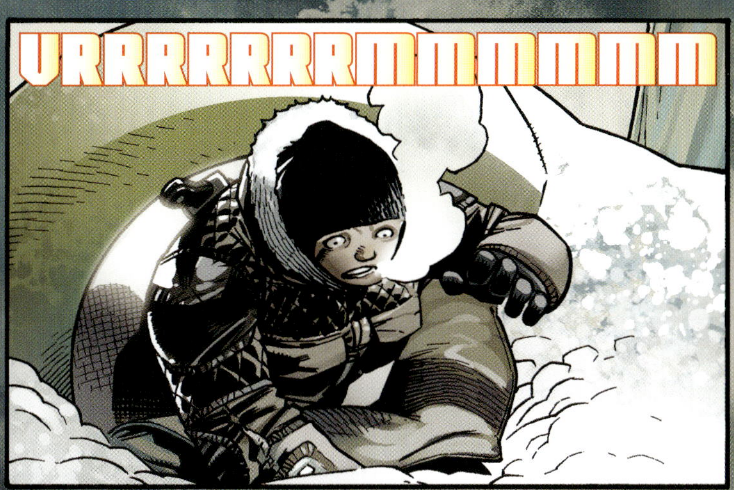
VRRRRRRRRMMMMMMMM

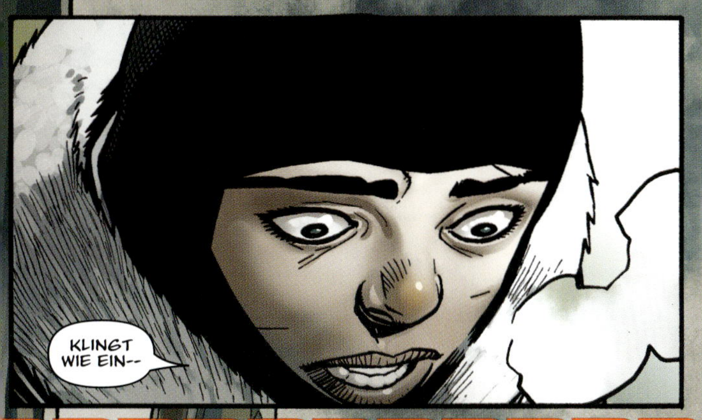
KLINGT WIE EIN--

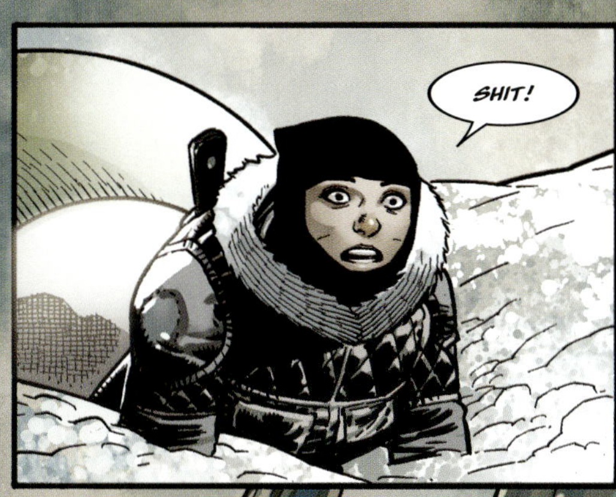
SHIT!

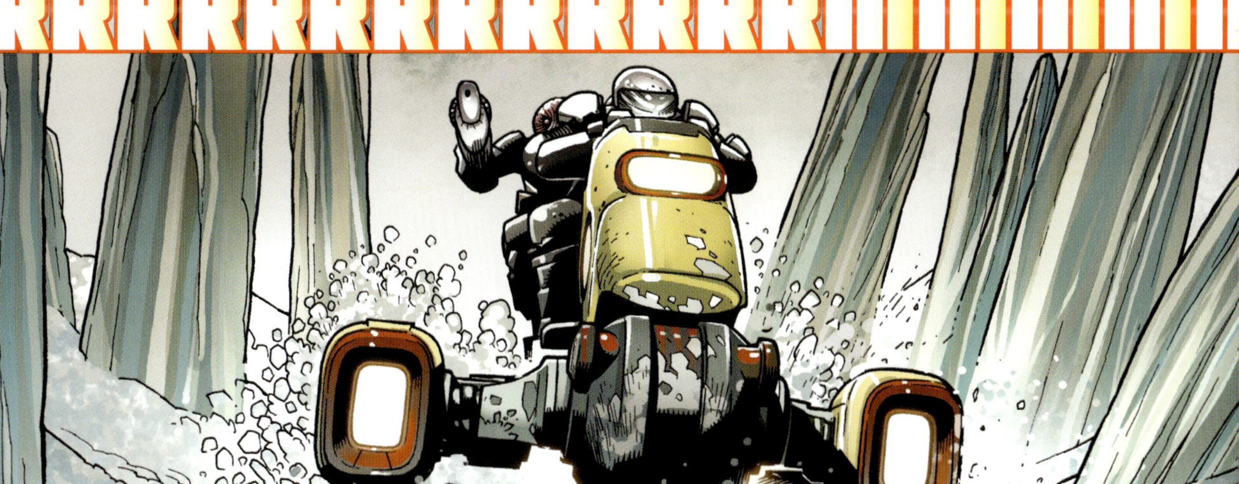
RRRRRRRRRRRRRRRMMMMMM

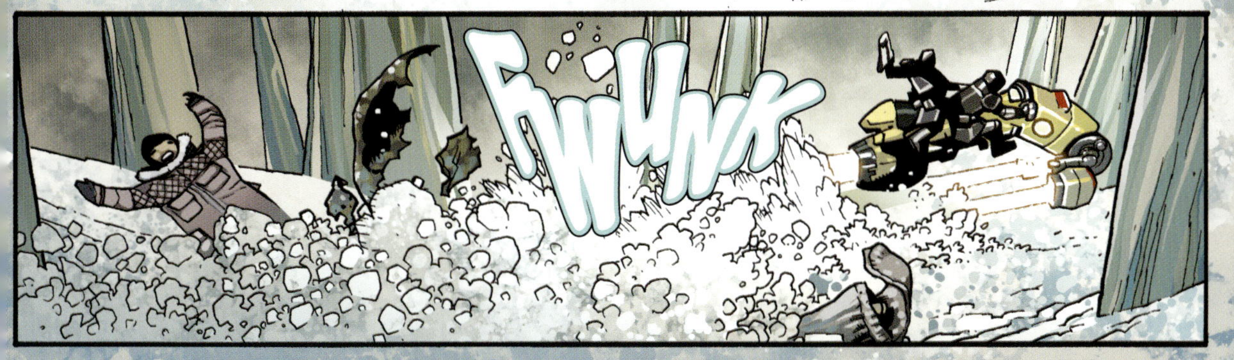
FWUNK

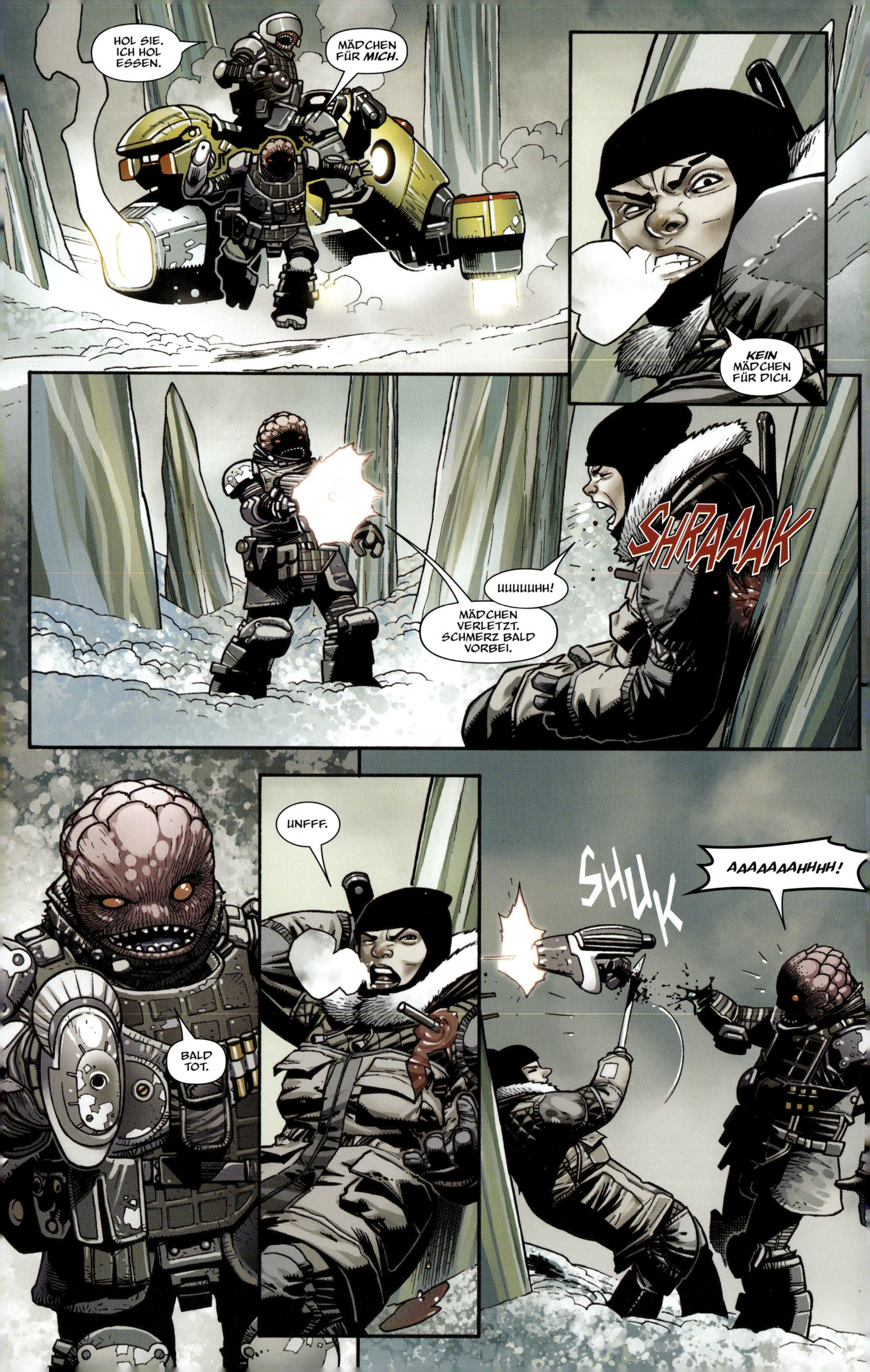
HOL SIE.
ICH HOL
ESSEN.
MÄDCHEN
FÜR *MICH*.
KEIN
MÄDCHEN
FÜR DICH.
SHRAAAK
UUUUUHH!
MÄDCHEN
VERLETZT.
SCHMERZ BALD
VORBEI.
BALD
TOT.
UNFFF.
SHUK
AAAAAAAHHHH!

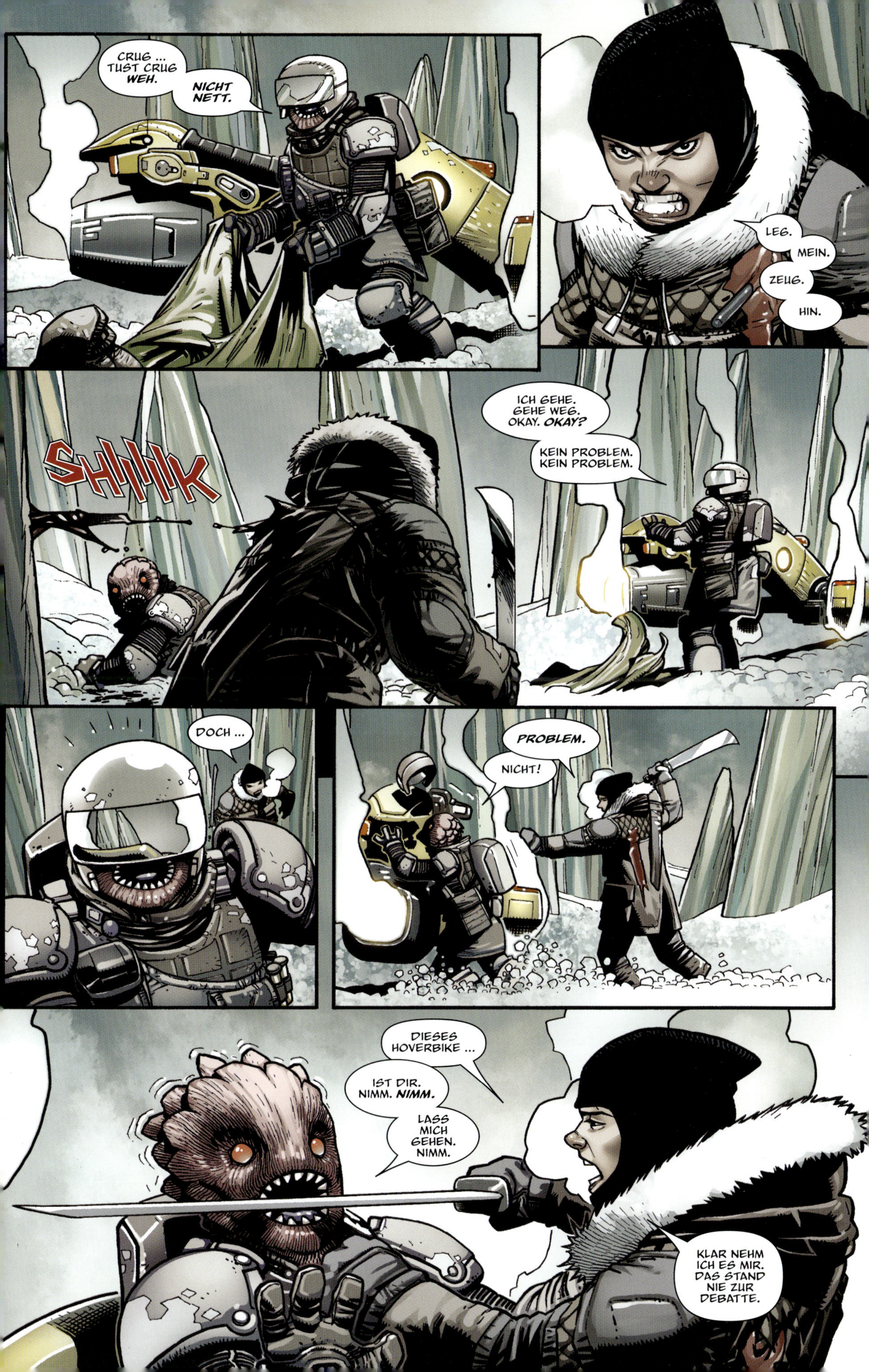
CRUG ... TUST CRUG WEH.
NICHT NETT.
LEG.
MEIN.
ZEUG.
HIN.
SHHHK
ICH GEHE. GEHE WEG. OKAY. OKAY?
KEIN PROBLEM. KEIN PROBLEM.
DOCH ...
NICHT!
PROBLEM.
DIESES HOVERBIKE ...
IST DIR. NIMM. NIMM.
LASS MICH GEHEN. NIMM.
KLAR NEHM ICH ES MIR. DAS STAND NIE ZUR DEBATTE.

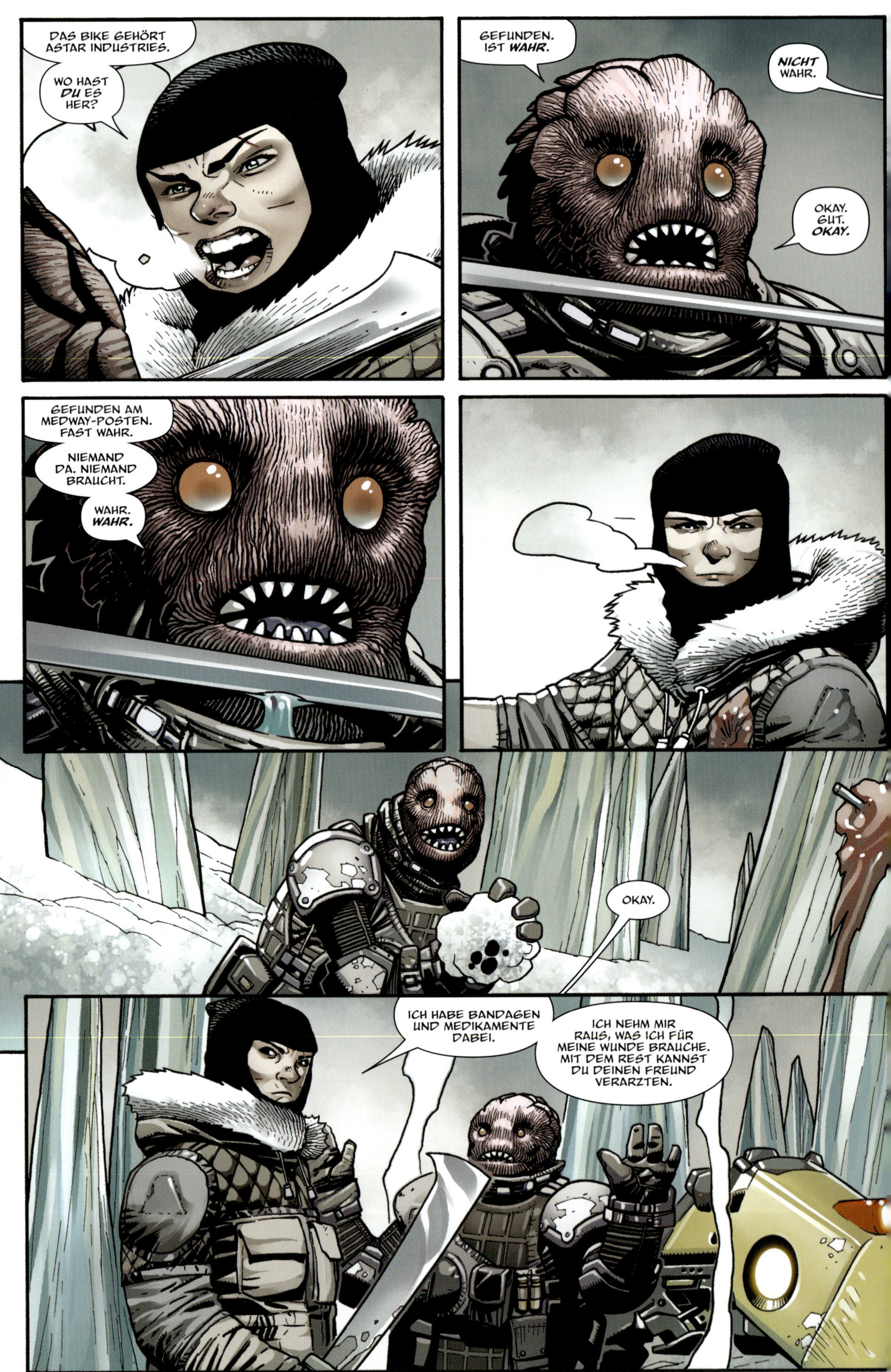

DAS BIKE GEHÖRT ASTAR INDUSTRIES.
WO HAST *DU* ES HER?
GEFUNDEN. IST *WAHR.*
NICHT WAHR.
OKAY. GUT. *OKAY.*
GEFUNDEN AM MEDWAY-POSTEN. FAST WAHR.
NIEMAND DA. NIEMAND BRAUCHT.
WAHR. *WAHR.*
OKAY.
ICH HABE BANDAGEN UND MEDIKAMENTE DABEI.
ICH NEHM MIR RAUS, WAS ICH FÜR MEINE WUNDE BRAUCHE. MIT DEM REST KANNST DU DEINEN FREUND VERARZTEN.

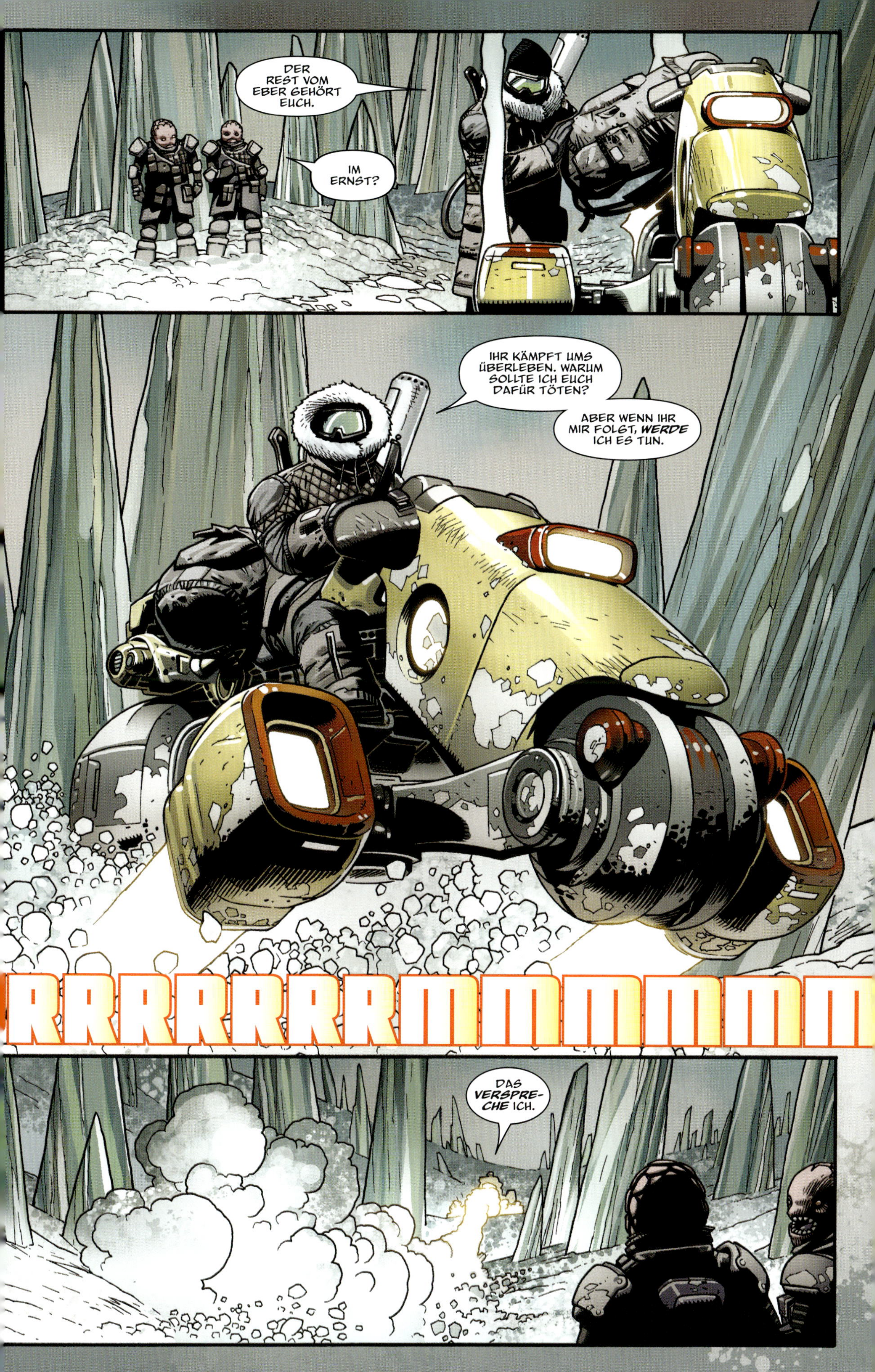
DER REST VOM EBER GEHÖRT EUCH.
IM ERNST?
IHR KÄMPFT UMS ÜBERLEBEN. WARUM SOLLTE ICH EUCH DAFÜR TÖTEN?
ABER WENN IHR MIR FOLGT, *WERDE* ICH ES TUN.
RRRRRRRMMMMMM
DAS *VERSPRE-CHE* ICH.

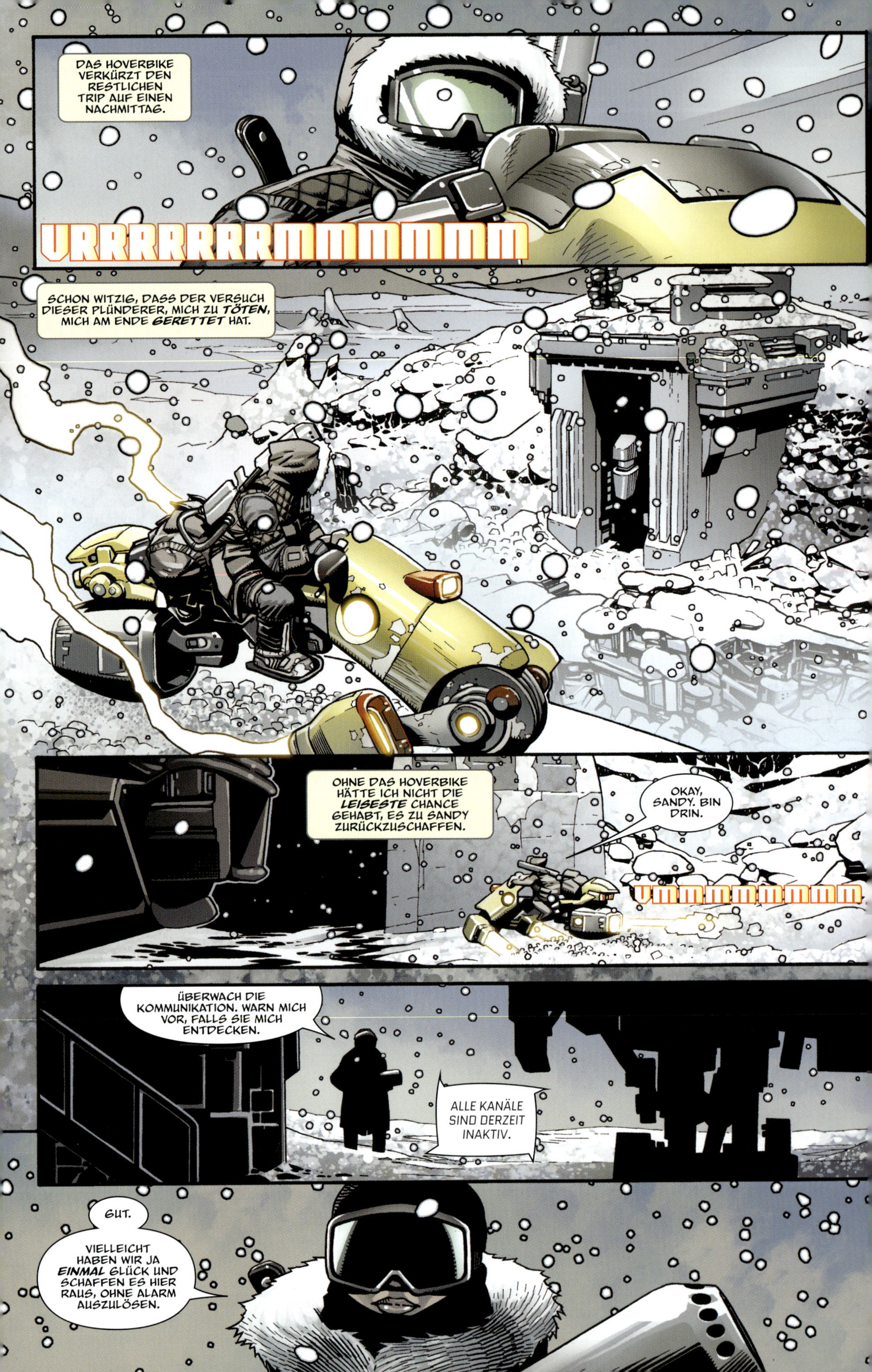
DAS HOVERBIKE VERKÜRZT DEN RESTLICHEN TRIP AUF EINEN NACHMITTAG.
VRRRRRRRRMMMMMMM
SCHON WITZIG, DASS DER VERSUCH DIESER PLÜNDERER, MICH ZU TÖTEN, MICH AM ENDE GERETTET HAT.
OHNE DAS HOVERBIKE HÄTTE ICH NICHT DIE LEISESTE CHANCE GEHABT, ES ZU SANDY ZURÜCKZUSCHAFFEN.
OKAY, SANDY. BIN DRIN.
VMMMMMMMMM
ÜBERWACH DIE KOMMUNIKATION. WARN MICH VOR, FALLS SIE MICH ENTDECKEN.
ALLE KANÄLE SIND DERZEIT INAKTIV.
GUT.
VIELLEICHT HABEN WIR JA EINMAL GLÜCK UND SCHAFFEN ES HIER RAUS, OHNE ALARM AUSZULÖSEN.

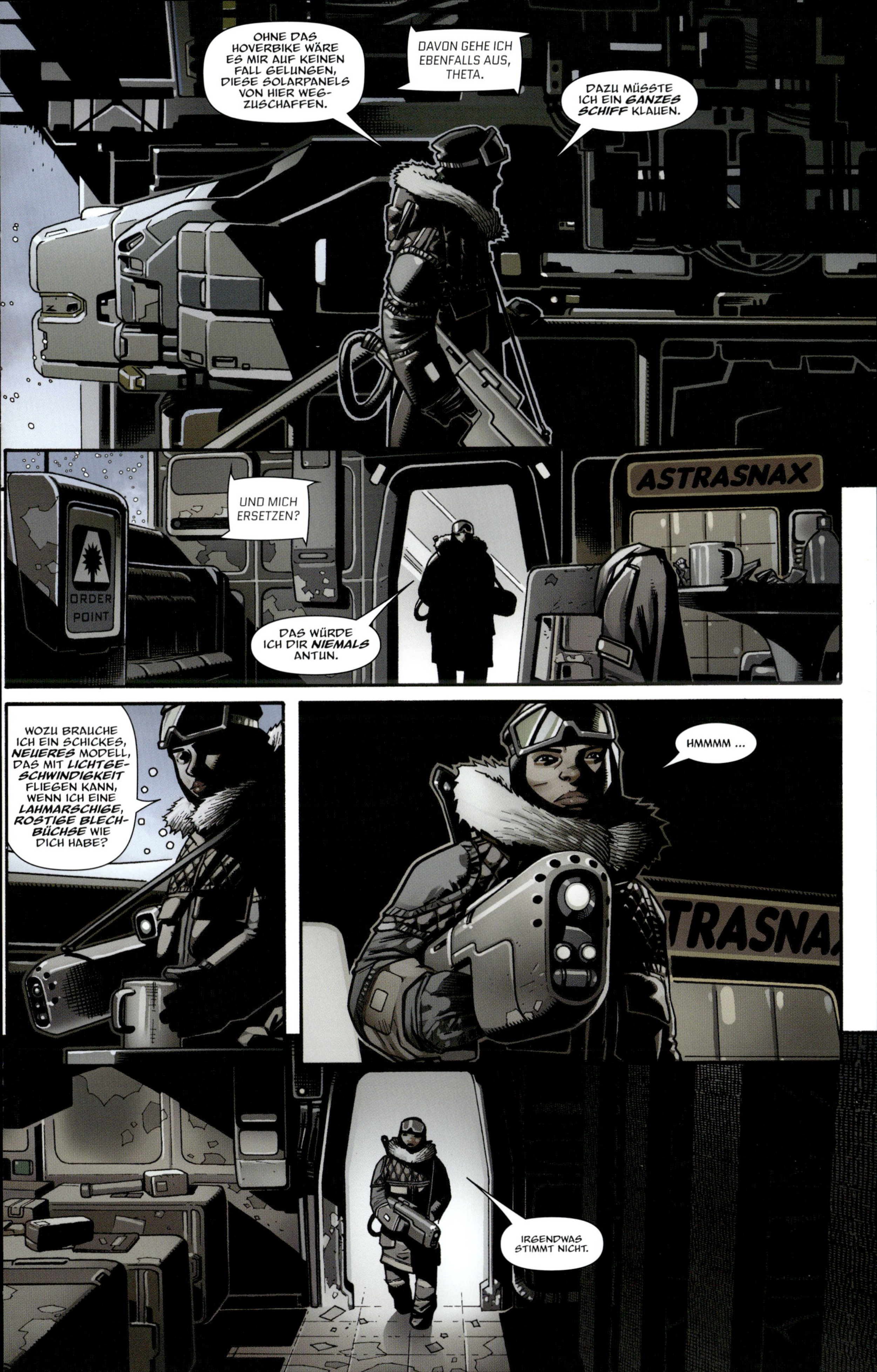
OHNE DAS HOVERBIKE WÄRE ES MIR AUF KEINEN FALL GELUNGEN, DIESE SOLARPANELS VON HIER WEGZUSCHAFFEN.
DAVON GEHE ICH EBENFALLS AUS, THETA.
DAZU MÜSSTE ICH EIN GANZES SCHIFF KLAUEN.
ASTRASNAX
ORDER POINT
UND MICH ERSETZEN?
DAS WÜRDE ICH DIR NIEMALS ANTUN.
WOZU BRAUCHE ICH EIN SCHICKES, NEUERES MODELL, DAS MIT LICHTGESCHWINDIGKEIT FLIEGEN KANN, WENN ICH EINE LAHMARSCHIGE, ROSTIGE BLECHBÜCHSE WIE DICH HABE?
HMMMM ...
IRGENDWAS STIMMT NICHT.

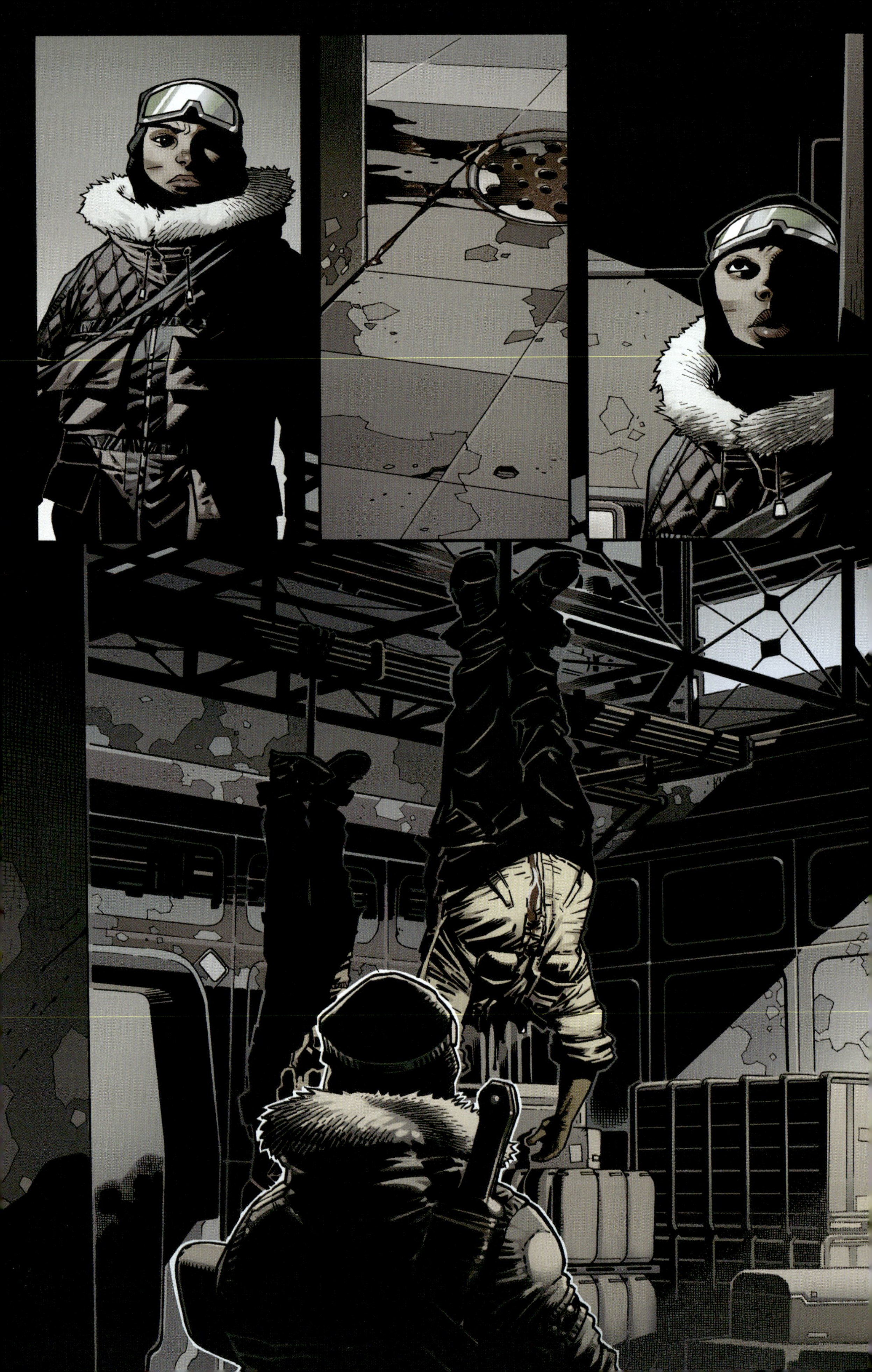

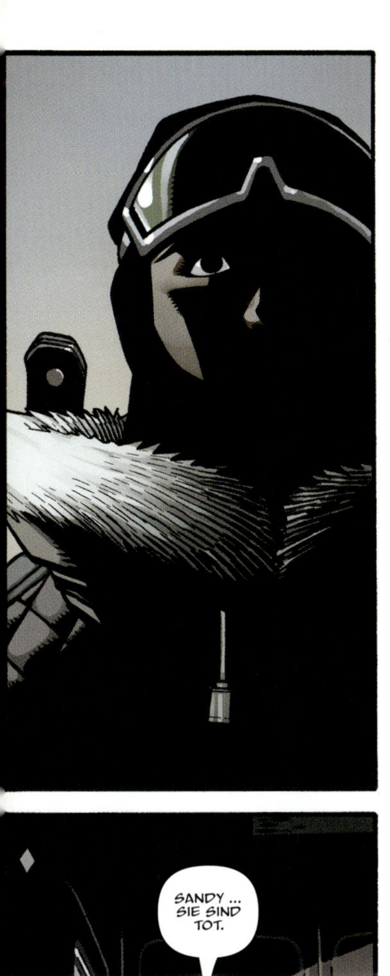

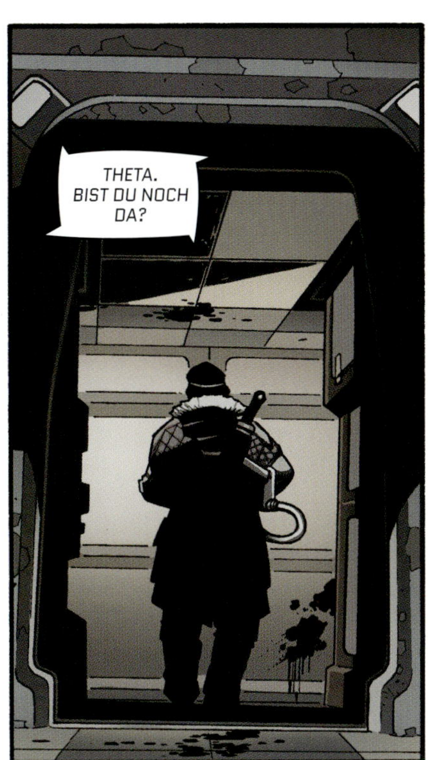

THETA.
BIST DU NOCH
DA?

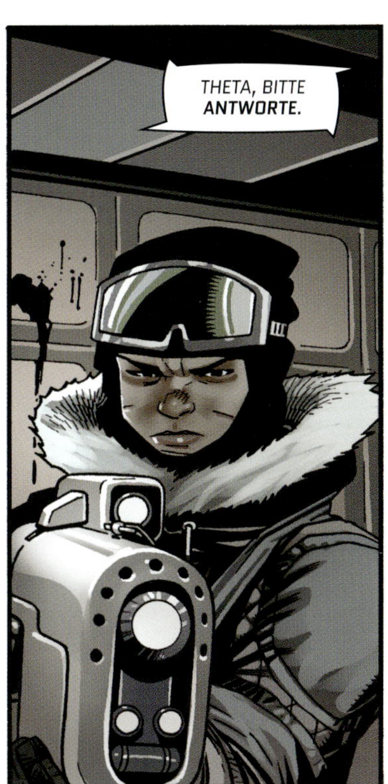

THETA, BITTE
ANTWORTE.

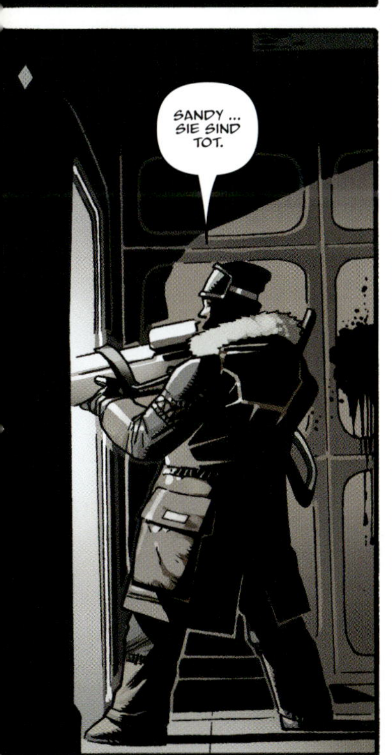

SANDY ...
SIE SIND
TOT.

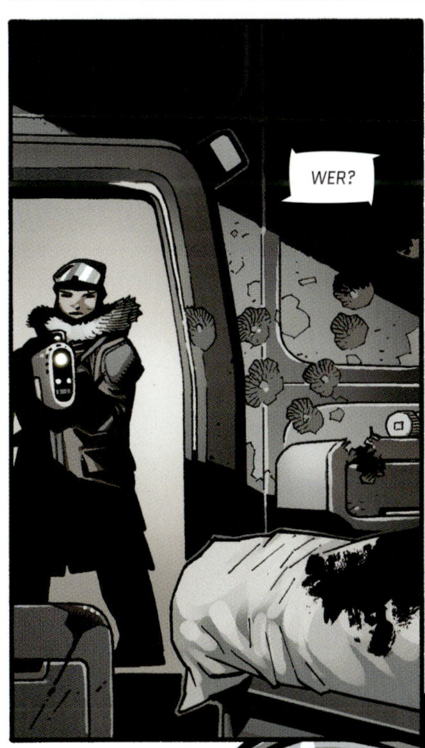

WER?

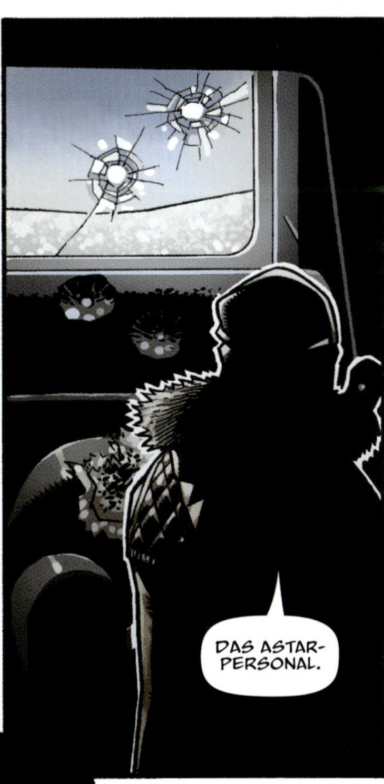

DAS ASTAR-
PERSONAL.

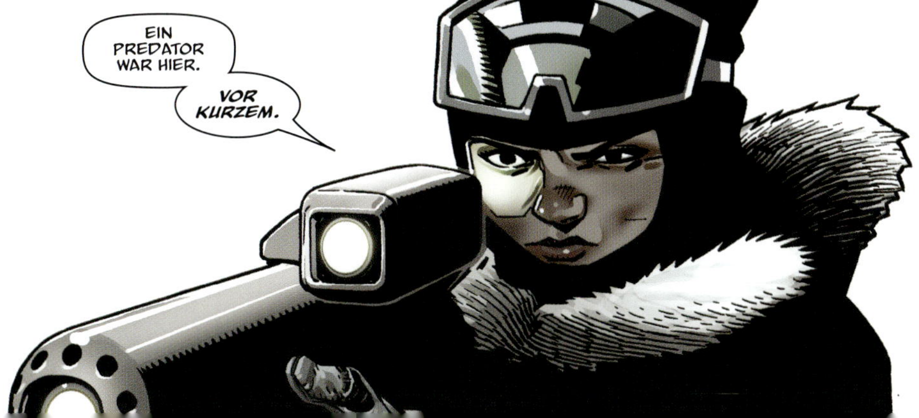

EIN
PREDATOR
WAR HIER.
VOR
KURZEM.

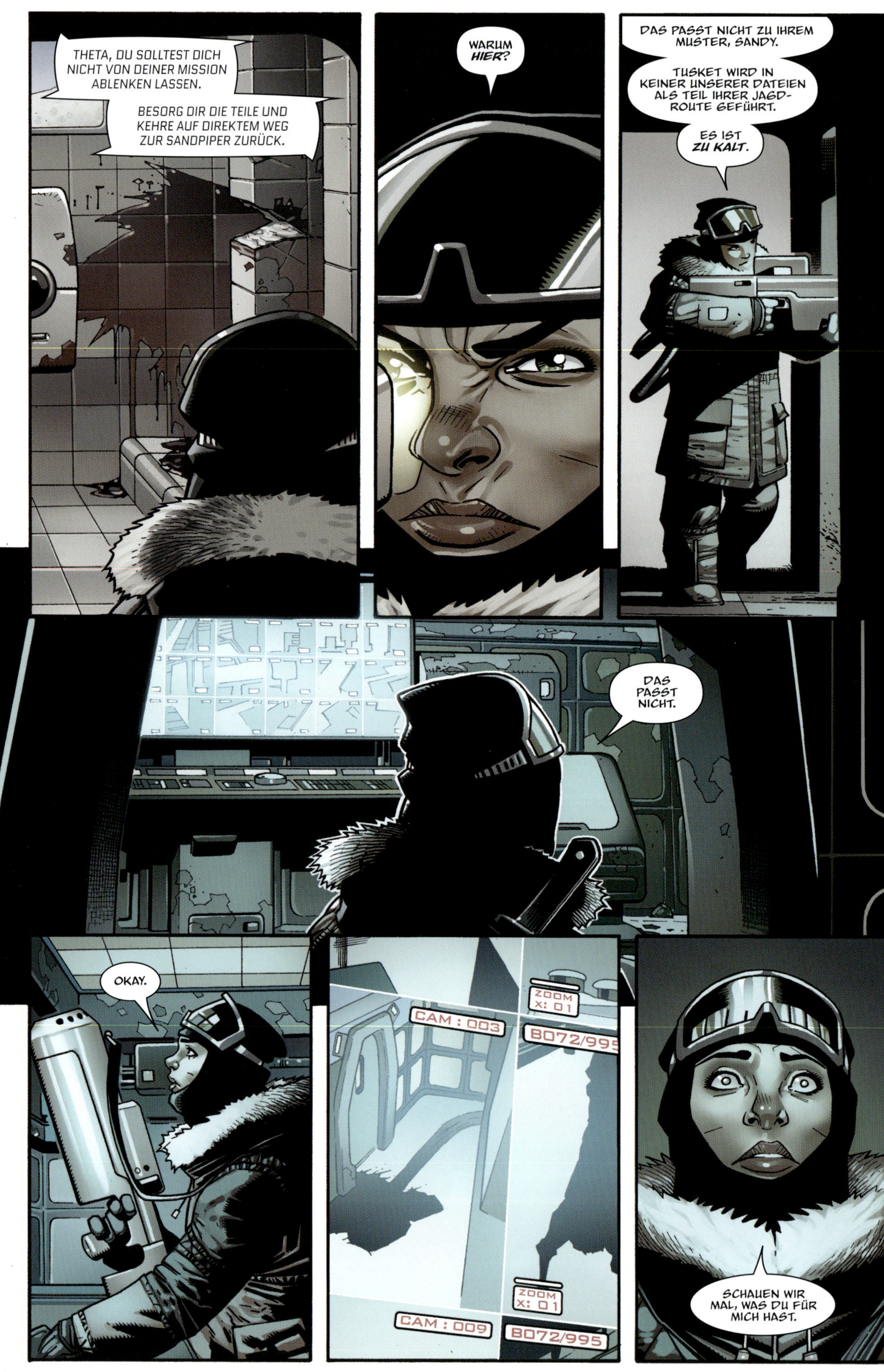
THETA, DU SOLLTEST DICH NICHT VON DEINER MISSION ABLENKEN LASSEN.
BESORG DIR DIE TEILE UND KEHRE AUF DIREKTEM WEG ZUR SANDPIPER ZURÜCK.
WARUM HIER?
DAS PASST NICHT ZU IHREM MUSTER, SANDY.
TUSKET WIRD IN KEINER UNSERER DATEIEN ALS TEIL IHRER JAGD-ROUTE GEFÜHRT.
ES IST ZU KALT.
DAS PASST NICHT.
OKAY.
ZOOM X: 01
CAM : 003
B072/995
ZOOM X: 01
CAM : 009
B072/995
SCHAUEN WIR MAL, WAS DU FÜR MICH HAST.

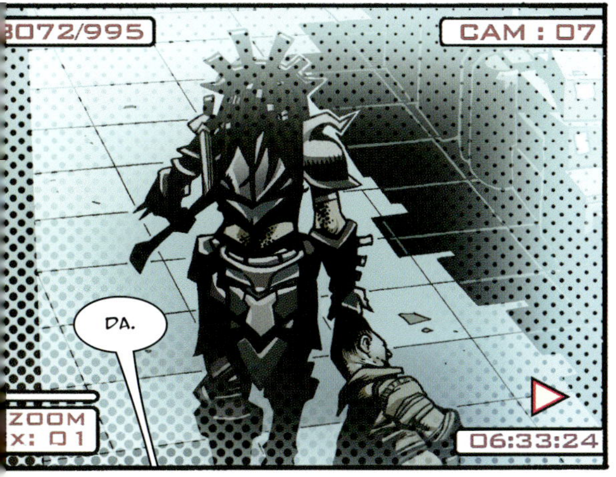
3072/995
CAM : 07
DA.
ZOOM
x: 01
06:33:24

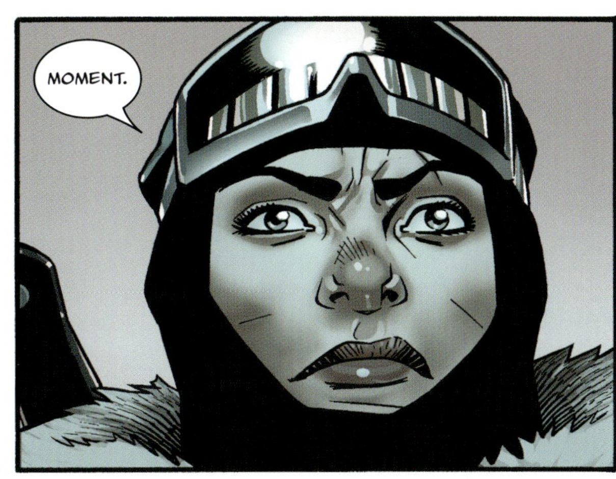
MOMENT.

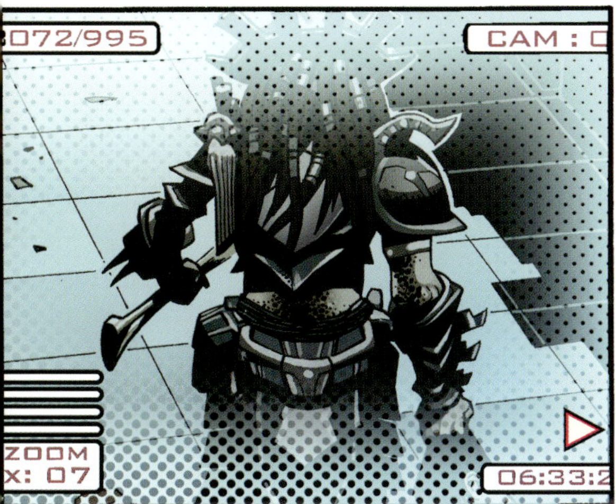
072/995
ZOOM
x: 07

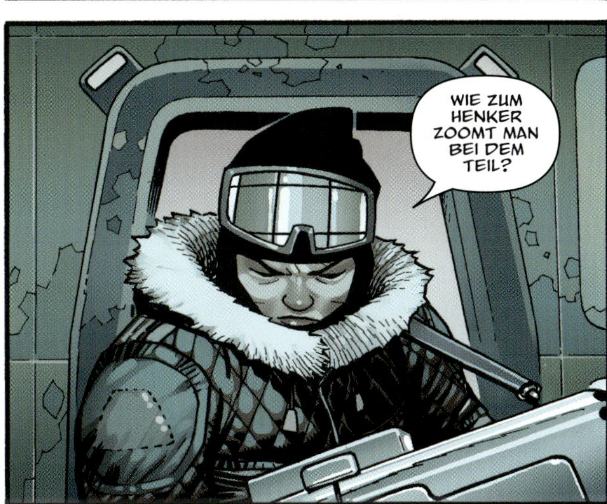
WIE ZUM HENKER ZOOMT MAN BEI DEM TEIL?

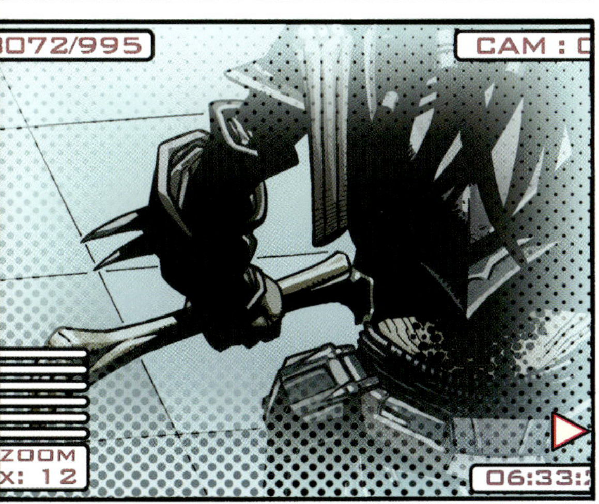
072/995
ZOOM
x: 12

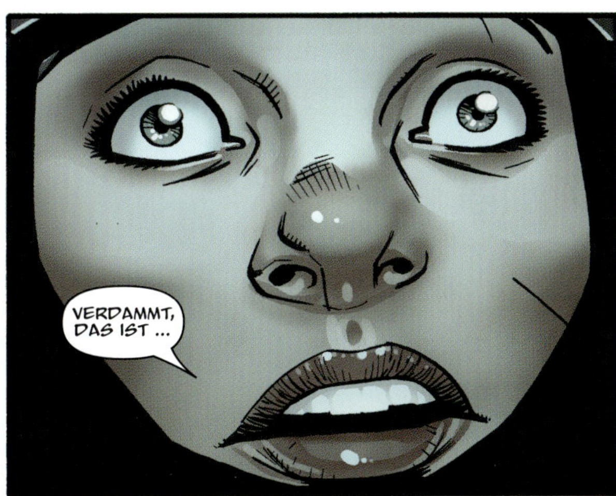
VERDAMMT, DAS IST ...

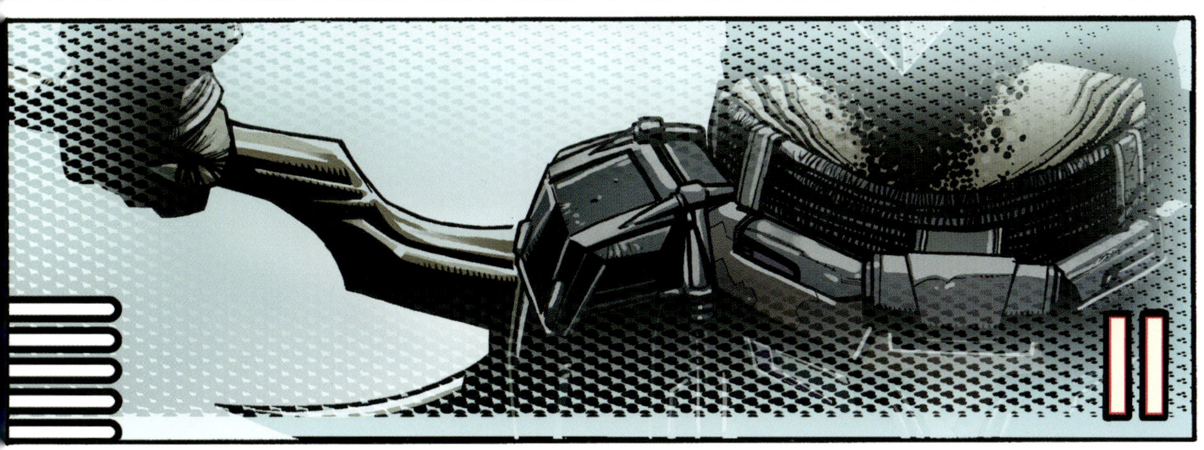

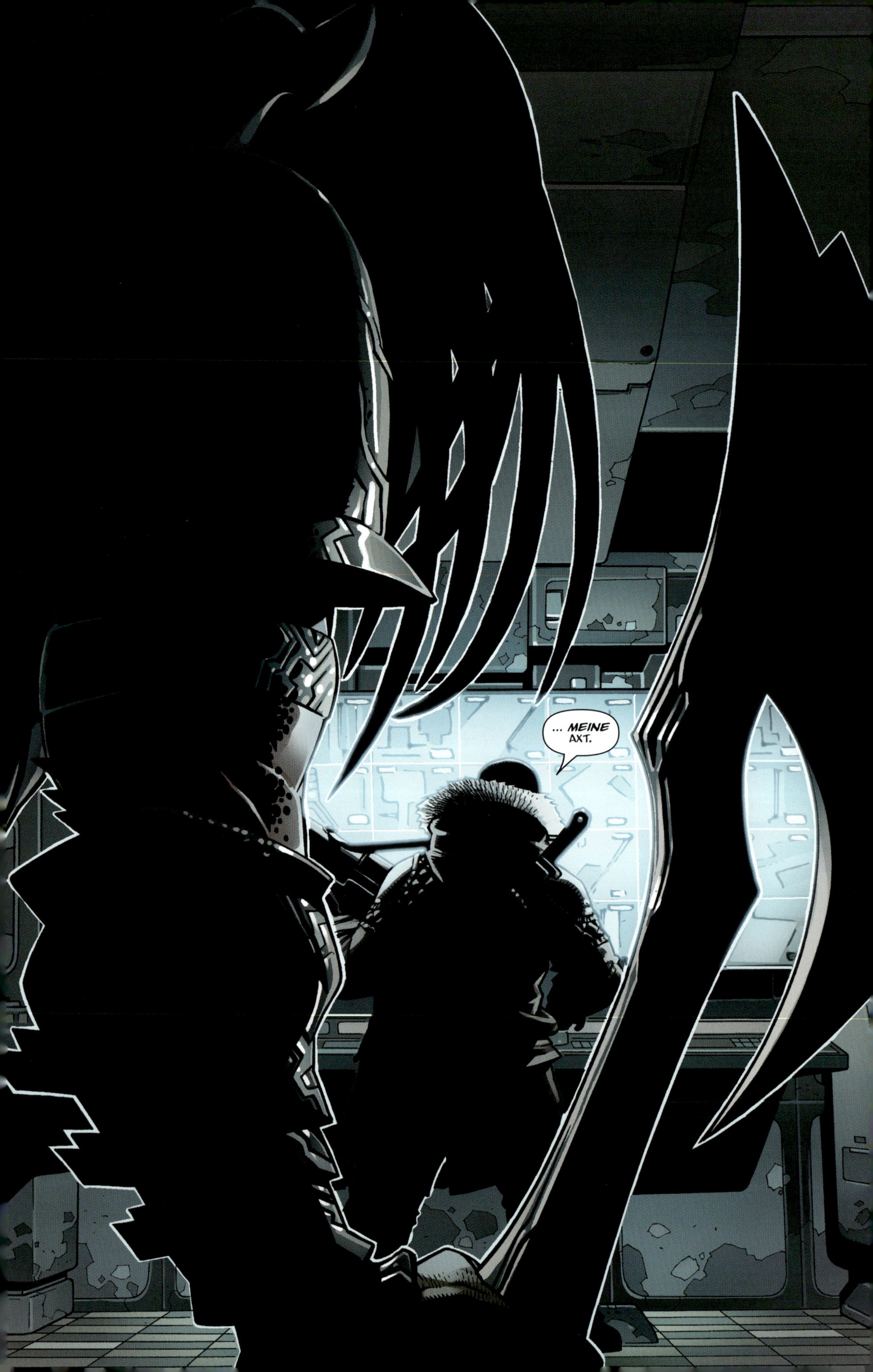
... MEINE AXT.

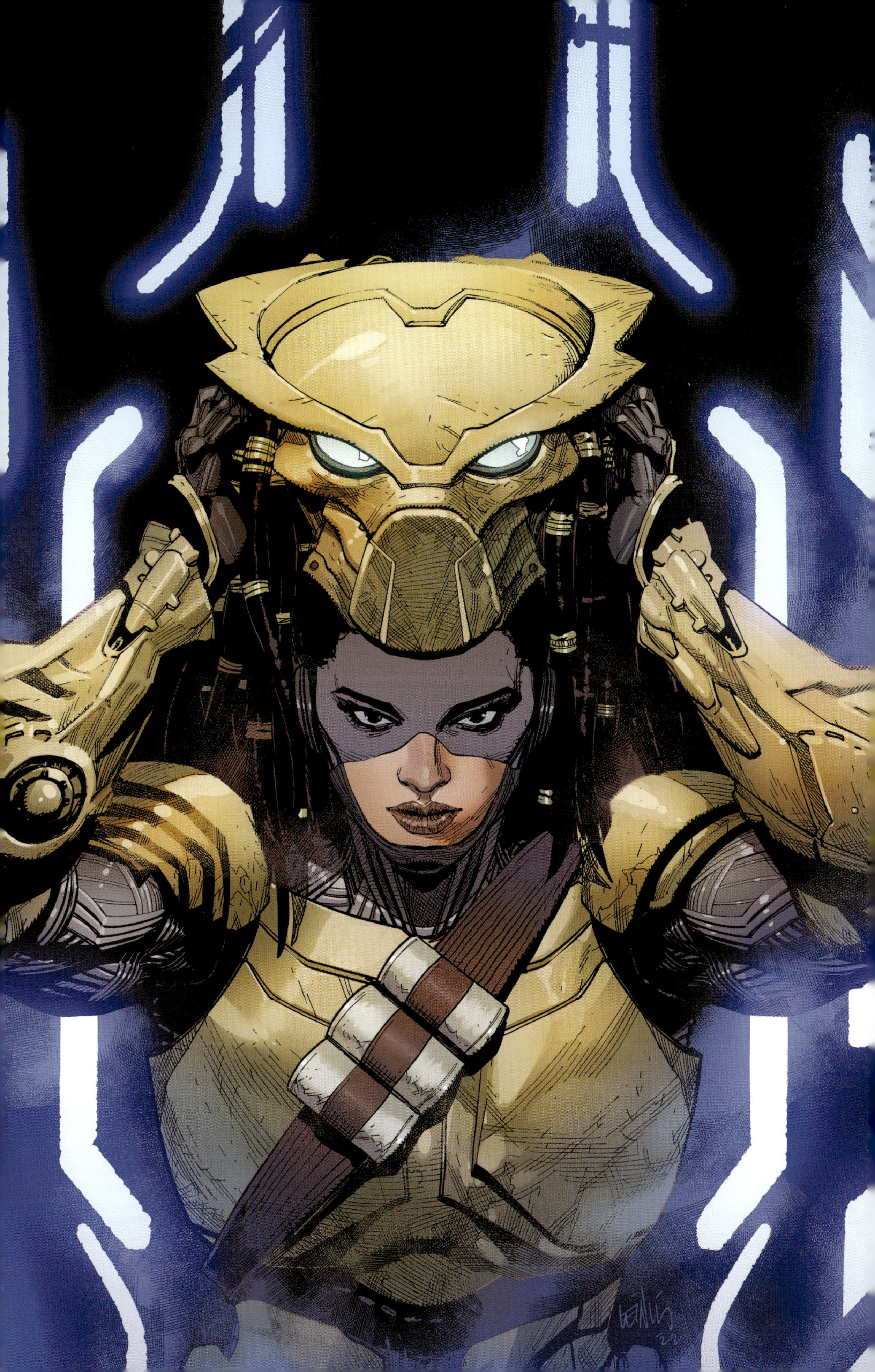

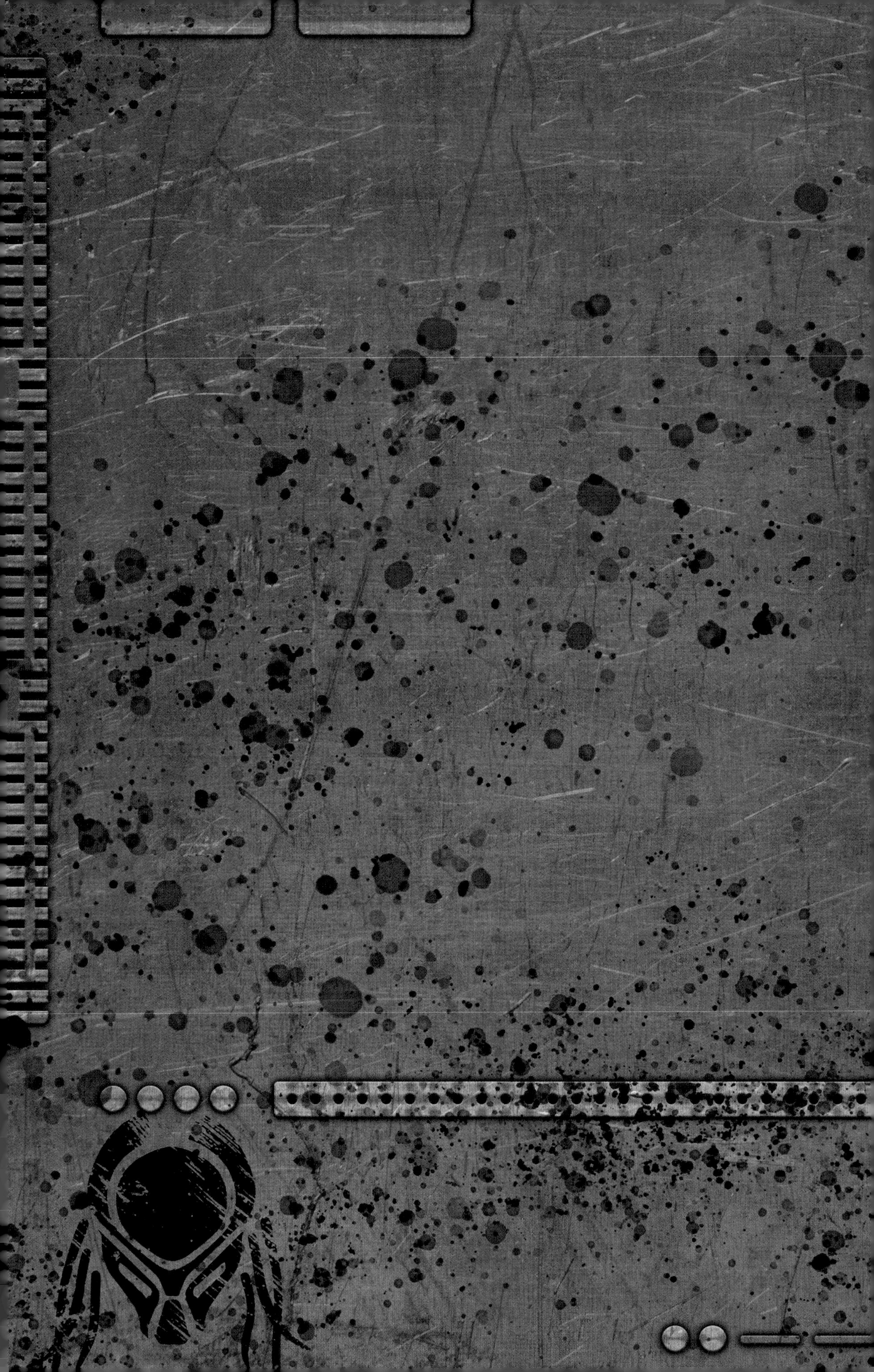

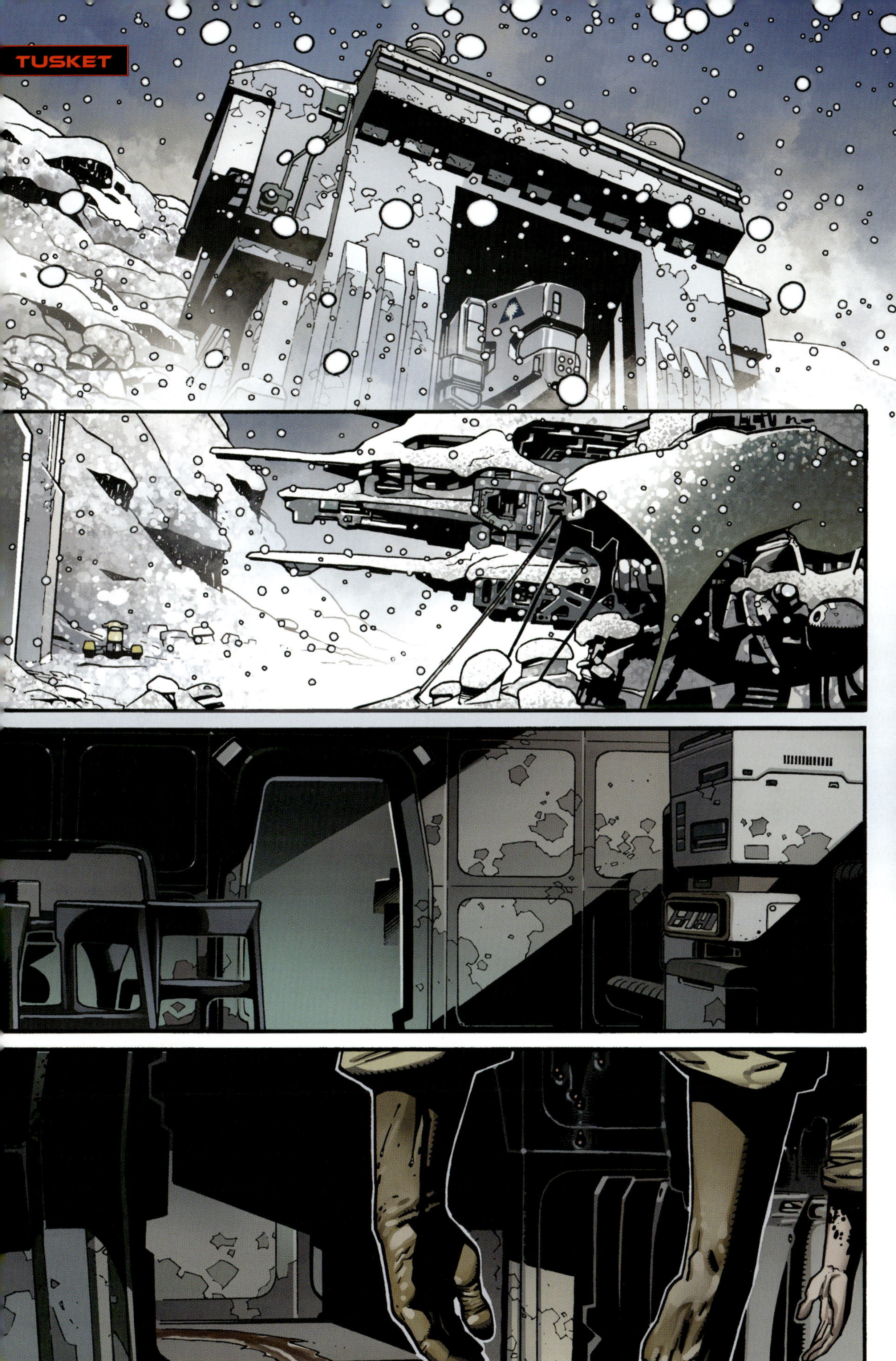
TUSKET

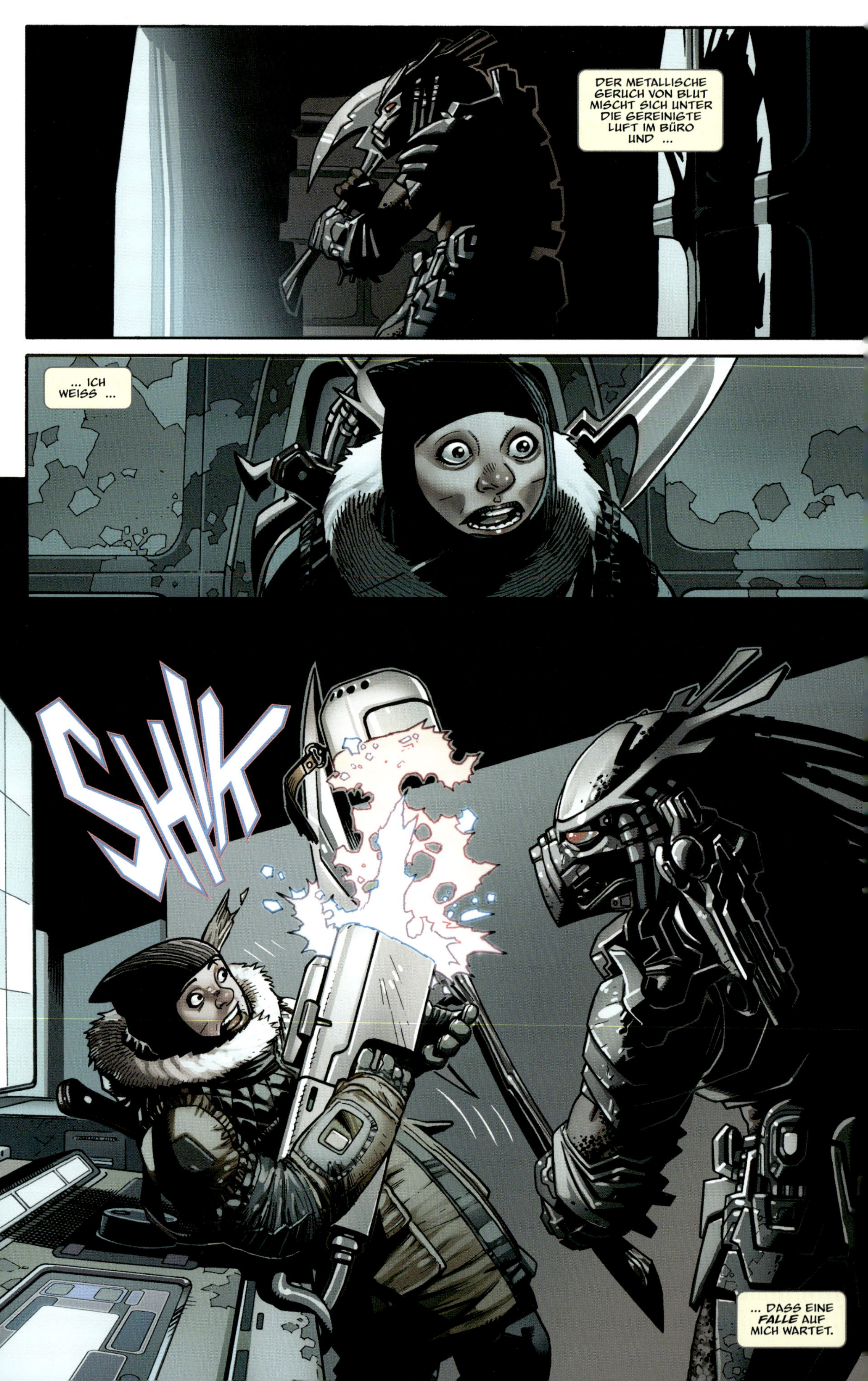
DER METALLISCHE GERUCH VON BLUT MISCHT SICH UNTER DIE GEREINIGTE LUFT IM BÜRO UND ...
... ICH WEISS ...
SHK
... DASS EINE FALLE AUF MICH WARTET.

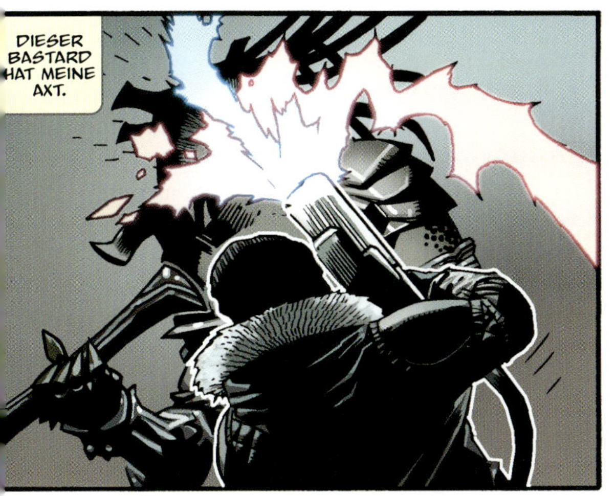
DIESER BASTARD HAT MEINE AXT.

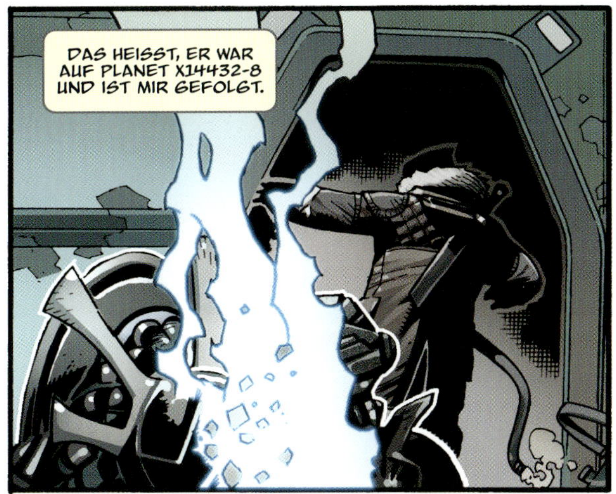
DAS HEISST, ER WAR AUF PLANET X14432-8 UND IST MIR GEFOLGT.

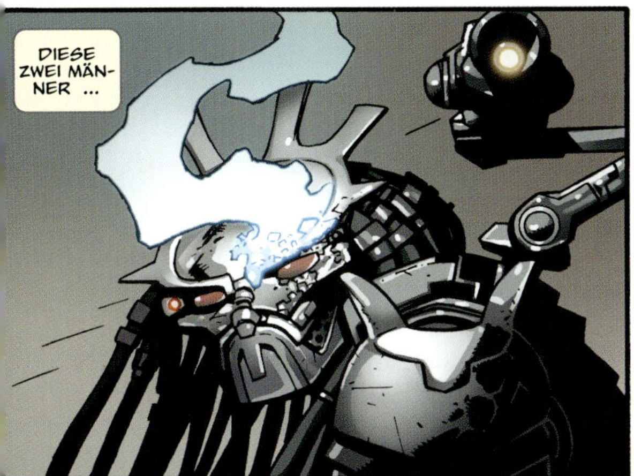
DIESE ZWEI MÄNNER ...

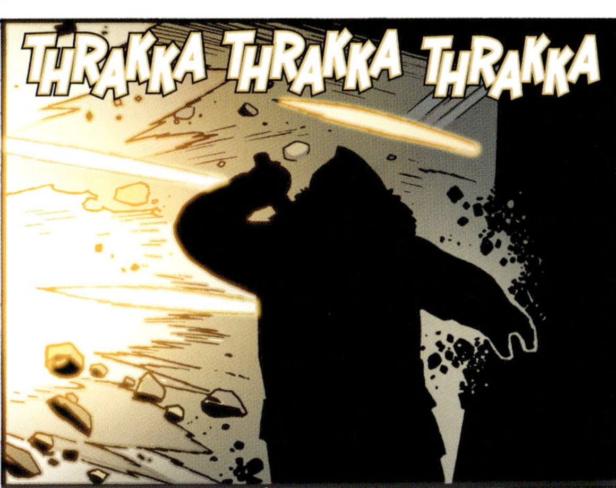
THRAKKA THRAKKA THRAKKA

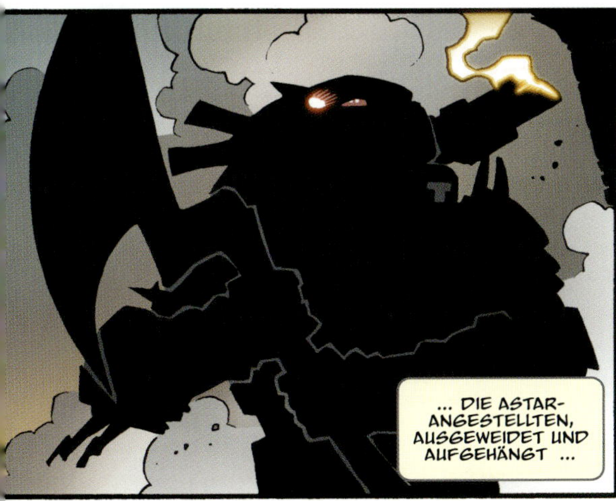
... DIE ASTAR-ANGESTELLTEN, AUSGEWEIDET UND AUFGEHÄNGT ...

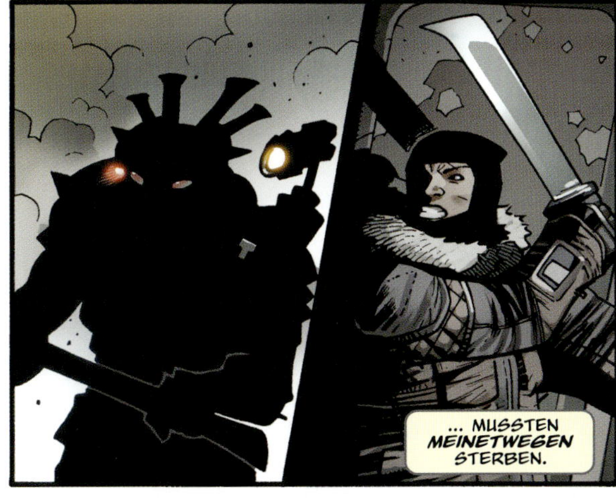
... MUSSTEN *MEINETWEGEN* STERBEN.

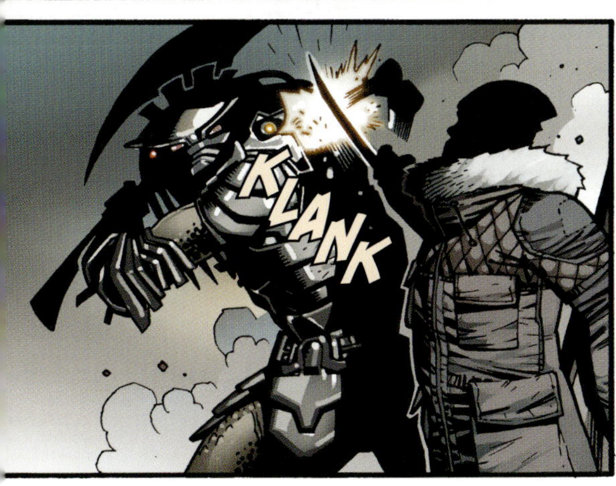
KLANK

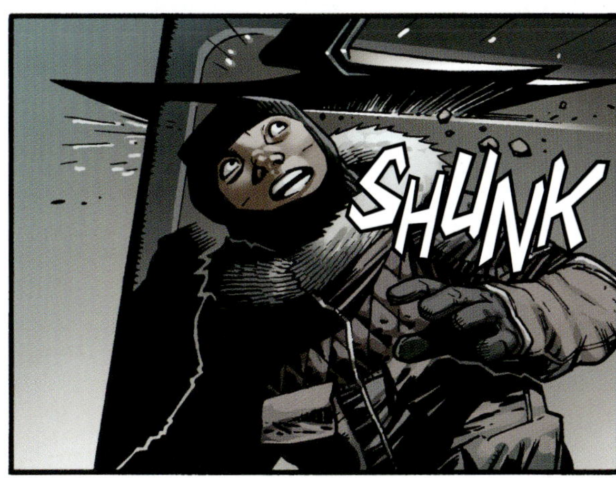
SHUNK

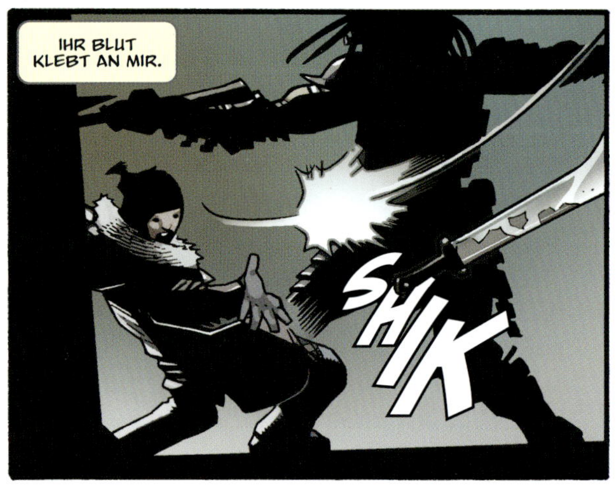
IHR BLUT KLEBT AN MIR.
SHIK
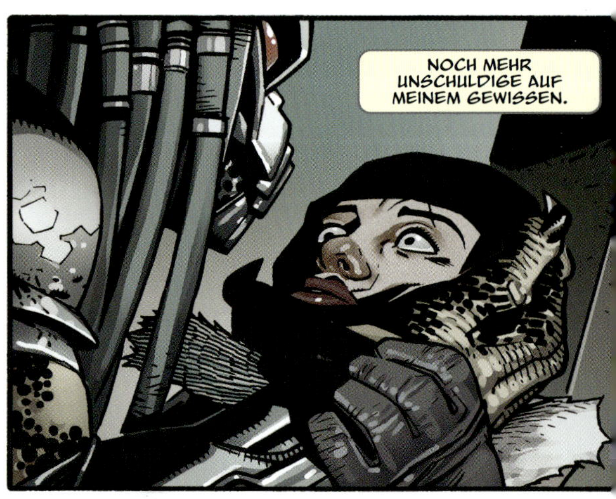
NOCH MEHR UNSCHULDIGE AUF MEINEM GEWISSEN.
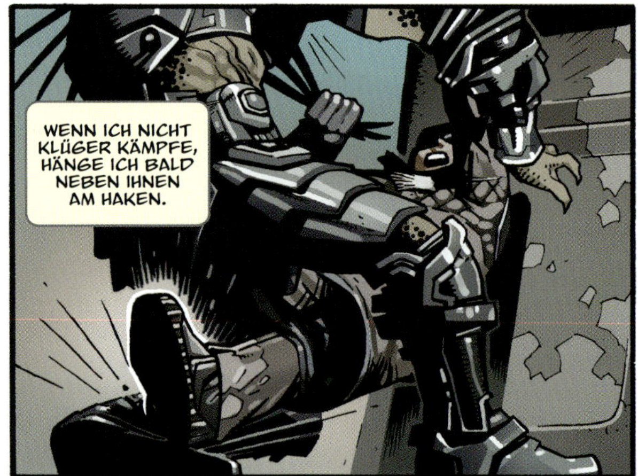
WENN ICH NICHT KLÜGER KÄMPFE, HÄNGE ICH BALD NEBEN IHNEN AM HAKEN.
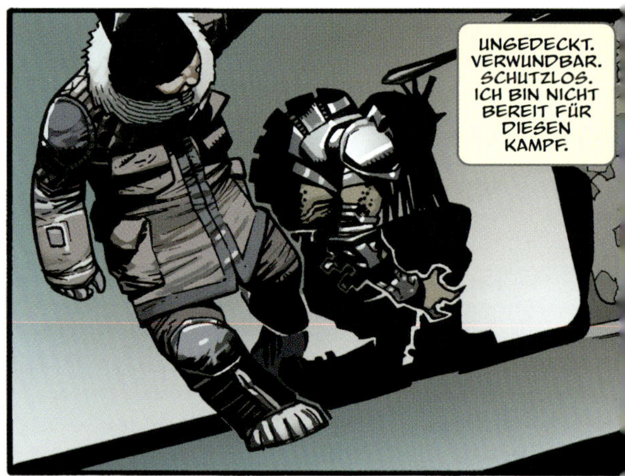
UNGEDECKT. VERWUNDBAR. SCHUTZLOS. ICH BIN NICHT BEREIT FÜR DIESEN KAMPF.
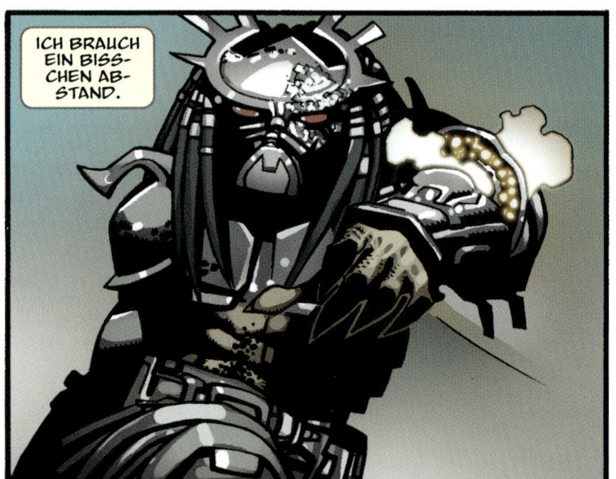
ICH BRAUCH EIN BISS-CHEN AB-STAND.
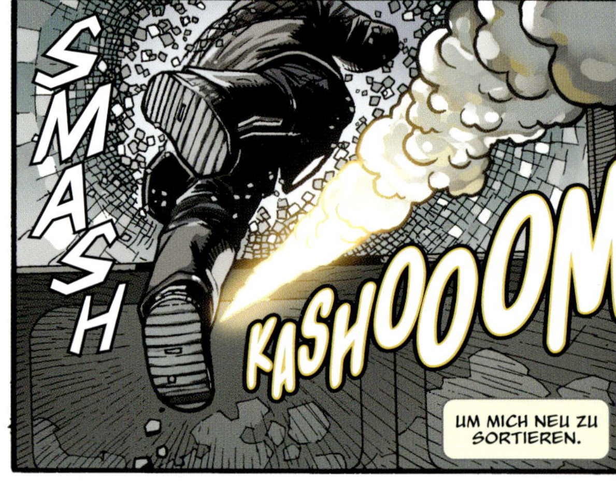
SMASH
KASHOOOM
UM MICH NEU ZU SORTIEREN.
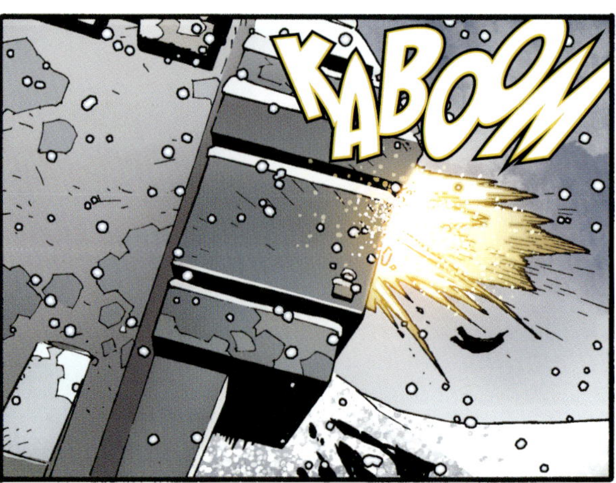
KABOOM
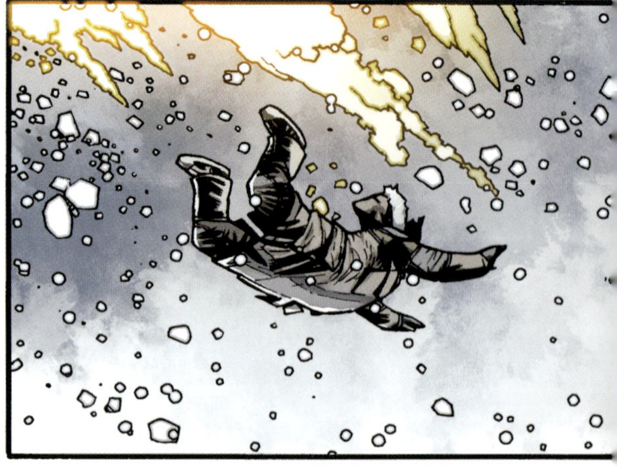

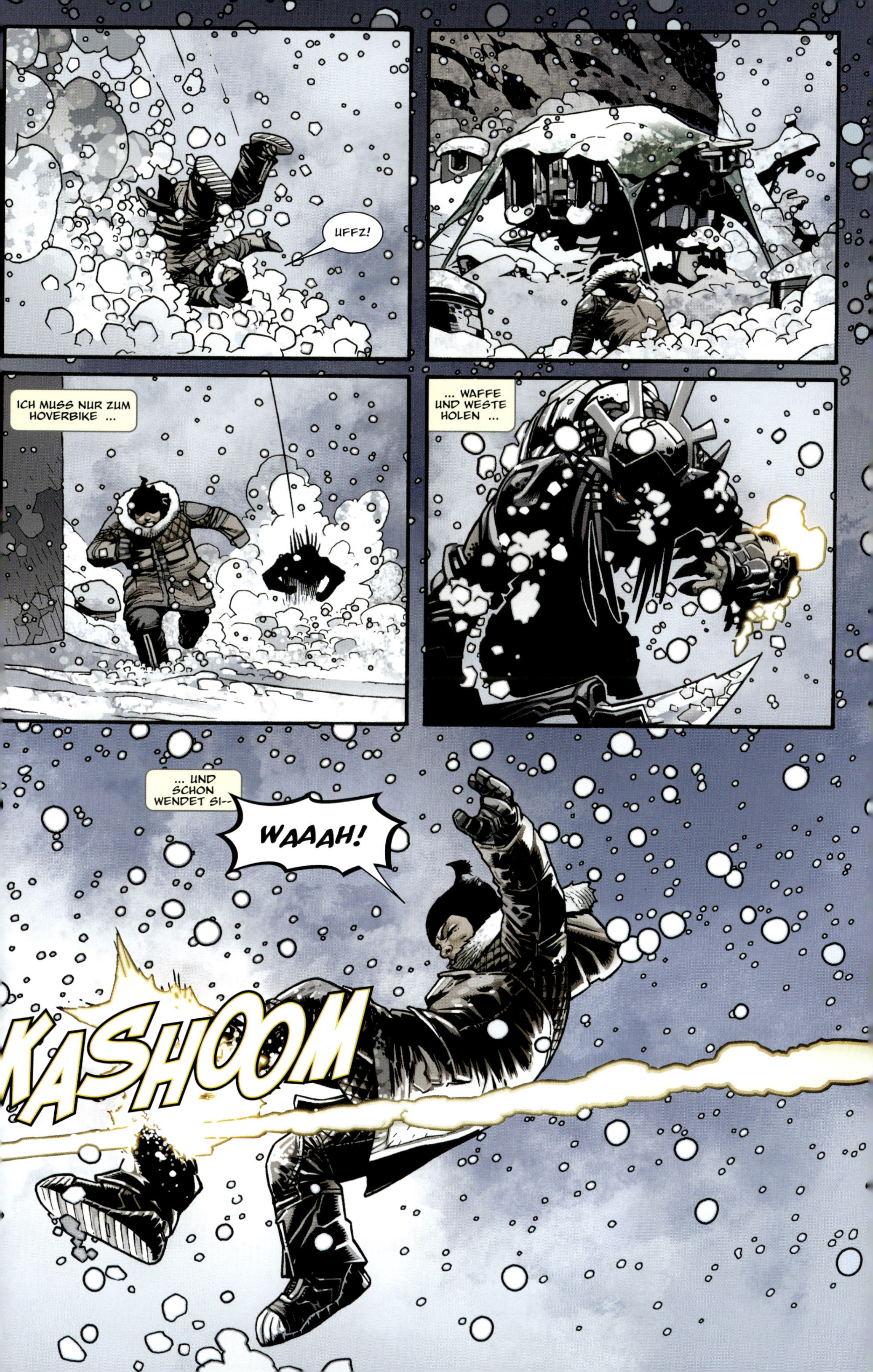
UFFZ!
ICH MUSS NUR ZUM HOVERBIKE ...
... WAFFE UND WESTE HOLEN ...
... UND SCHON WENDET SI--
WAAAH!
KASHOOM

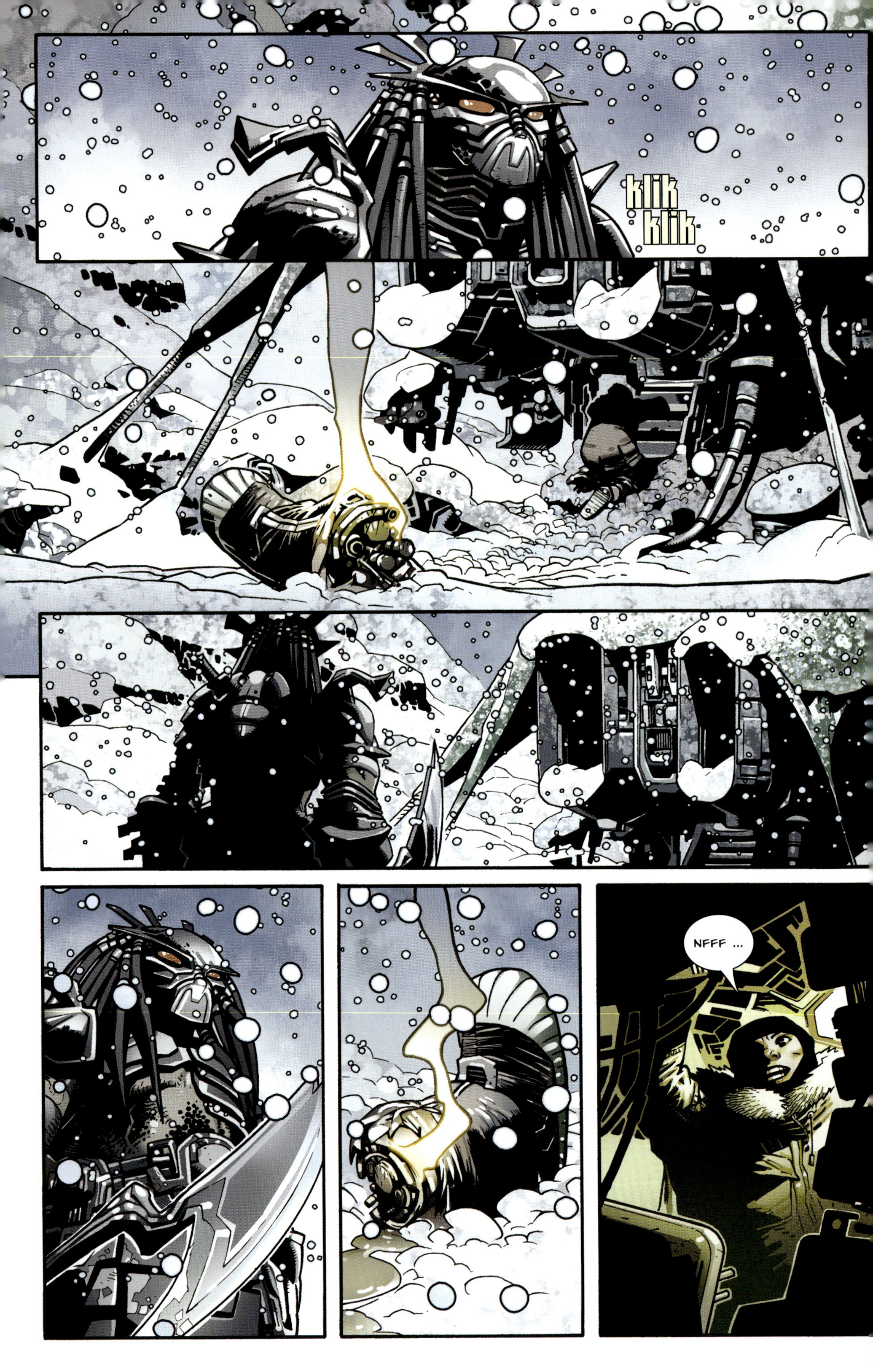

klik
klik

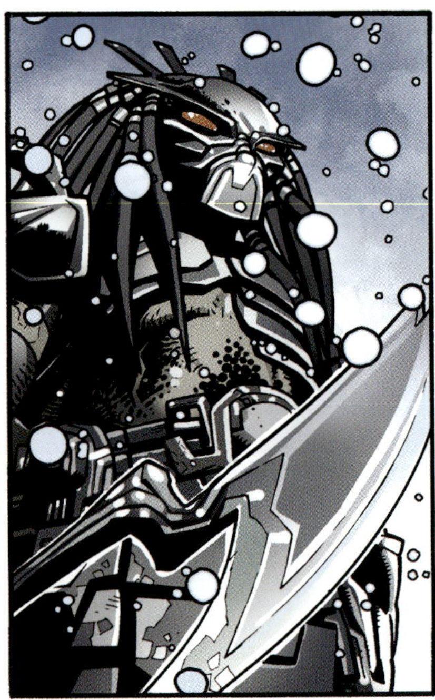

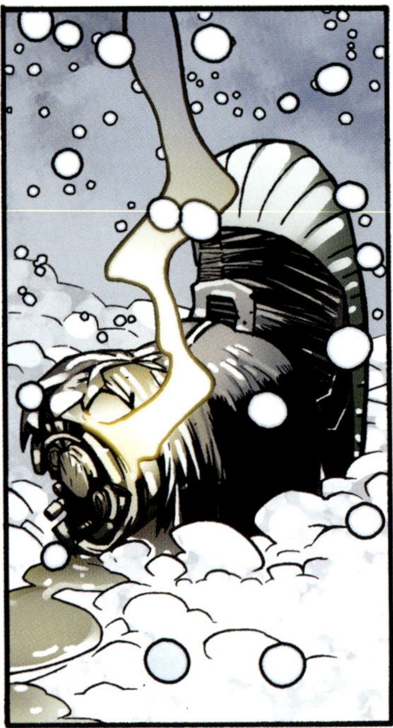

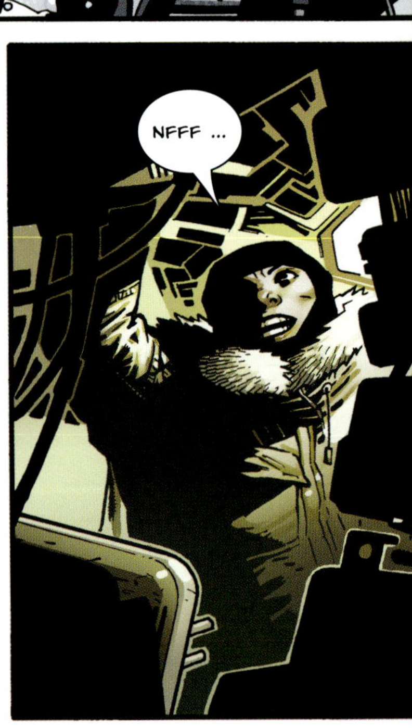

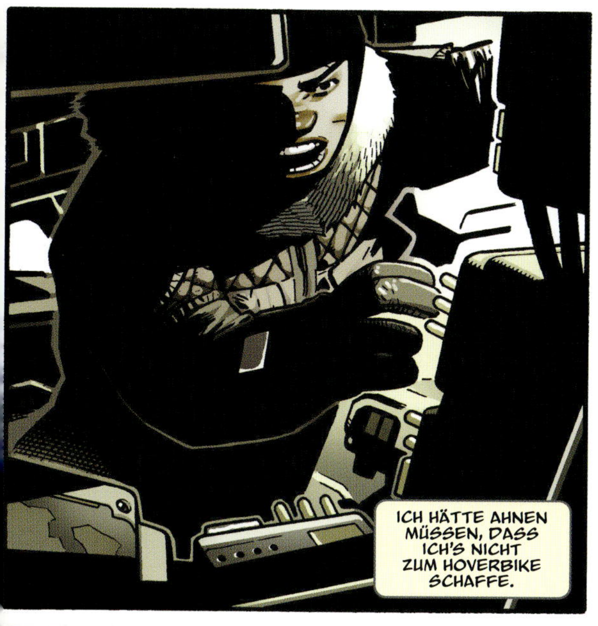
ICH HÄTTE AHNEN MÜSSEN, DASS ICH'S NICHT ZUM HOVERBIKE SCHAFFE.
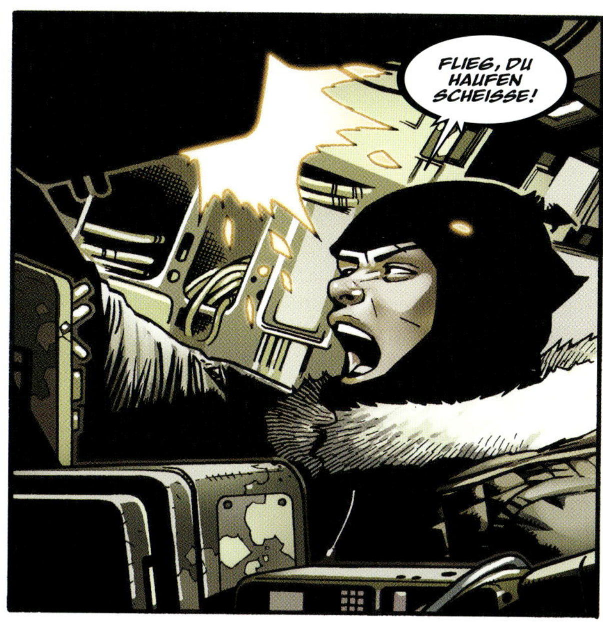
FLIEG, DU HAUFEN SCHEISSE!
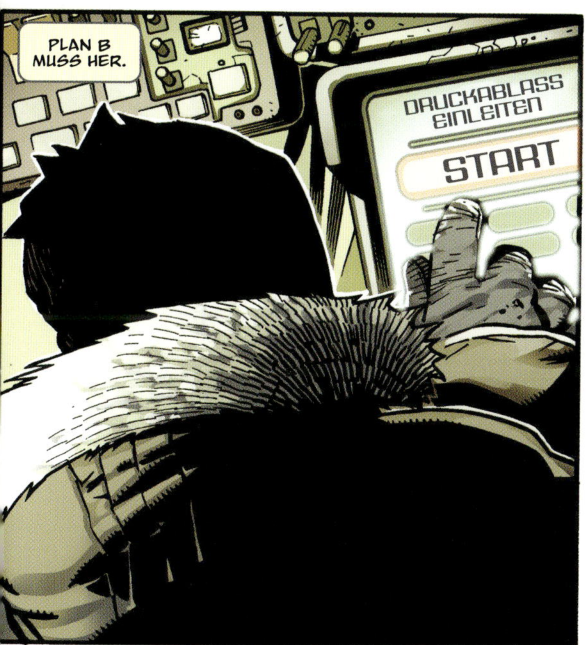
PLAN B MUSS HER.
DRUCKABLASS EINLEITEN
START
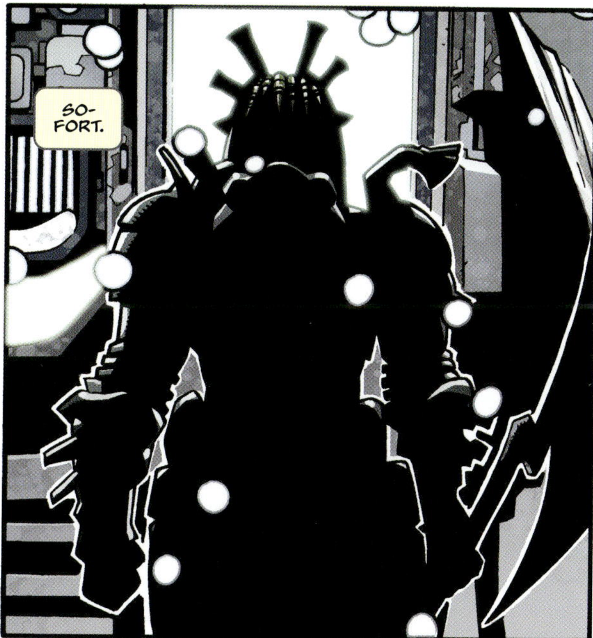
SO-FORT.
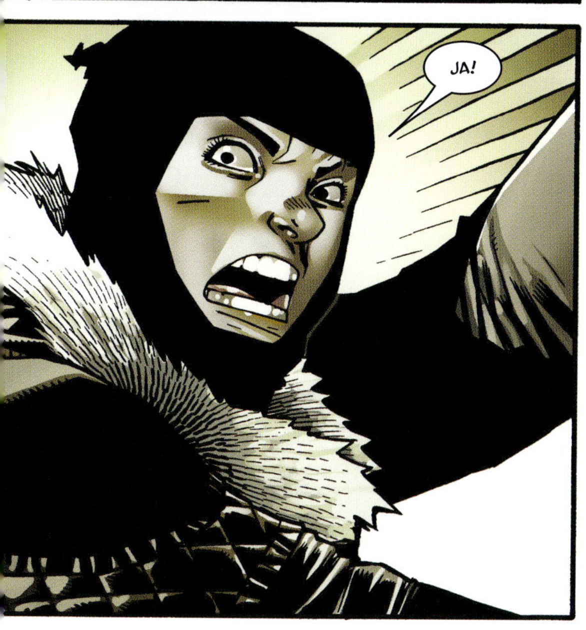
JA!
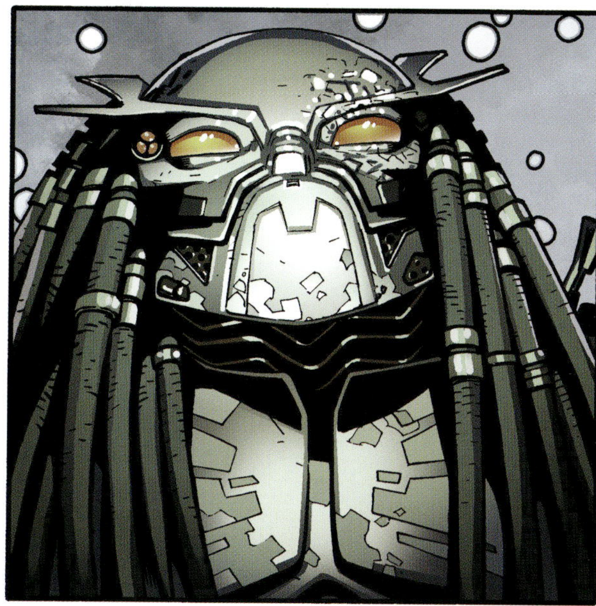

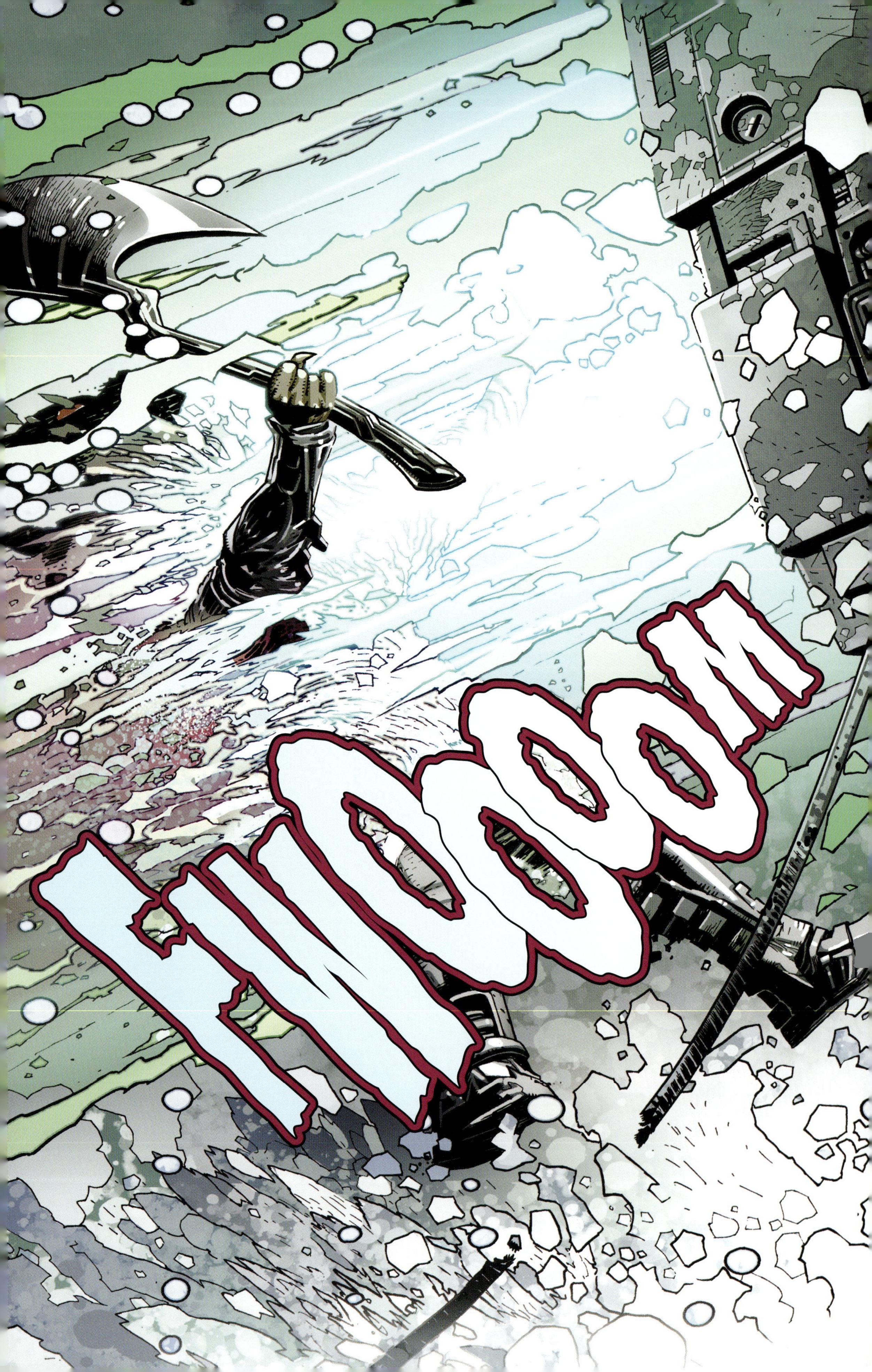
FWOOOOM

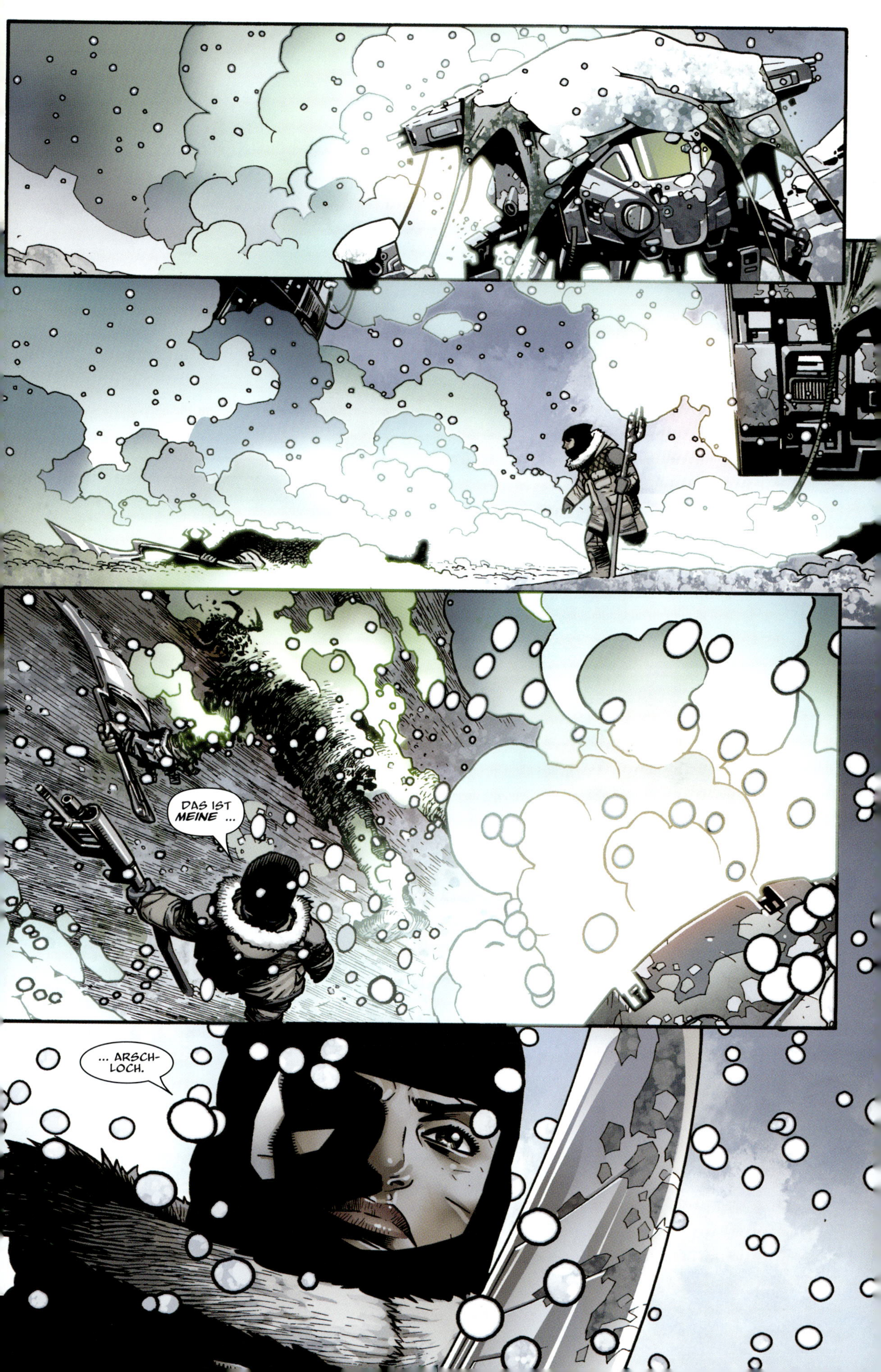
DAS IST MEINE ...
... ARSCH-LOCH.

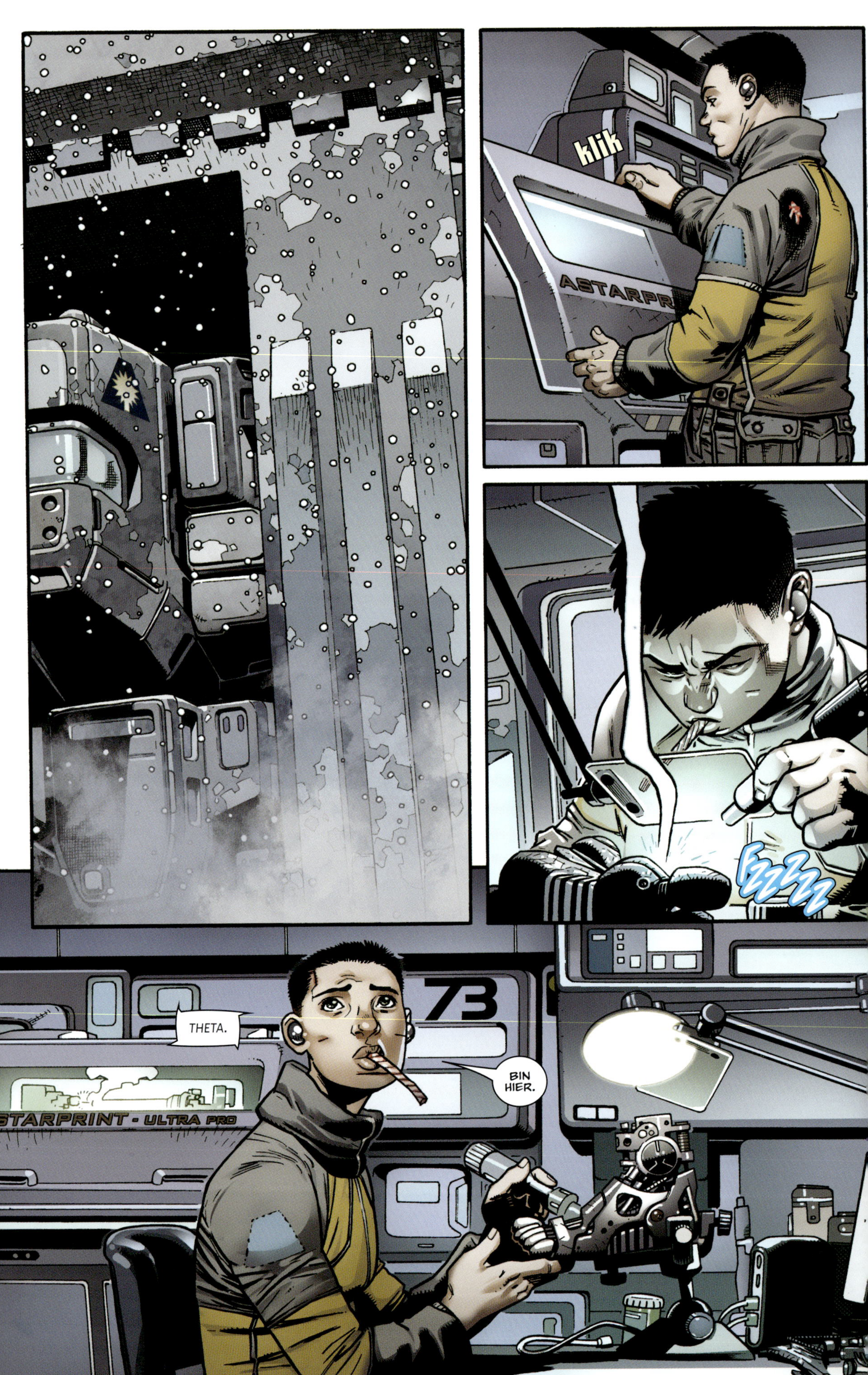
klik
ASTARPR
FZZZZZ
73
THETA.
BIN HIER.
STARPRINT - ULTRA PRO

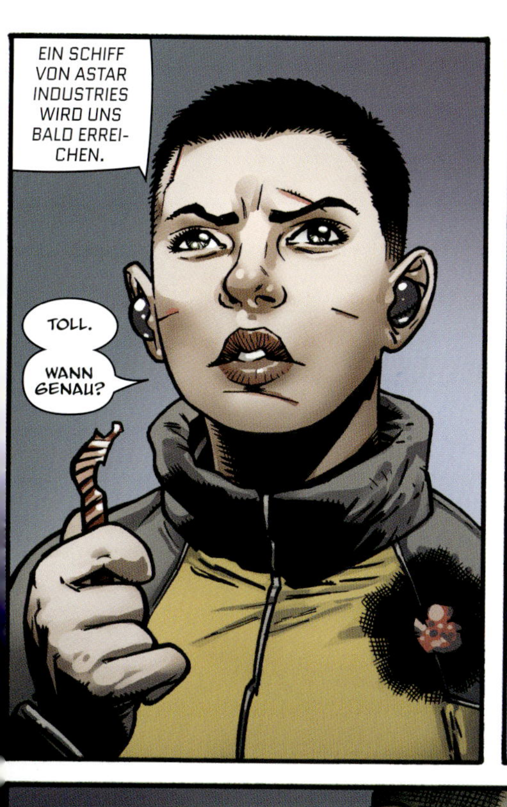
EIN SCHIFF VON ASTAR INDUSTRIES WIRD UNS BALD ERREI-CHEN.
TOLL.
WANN GENAU?

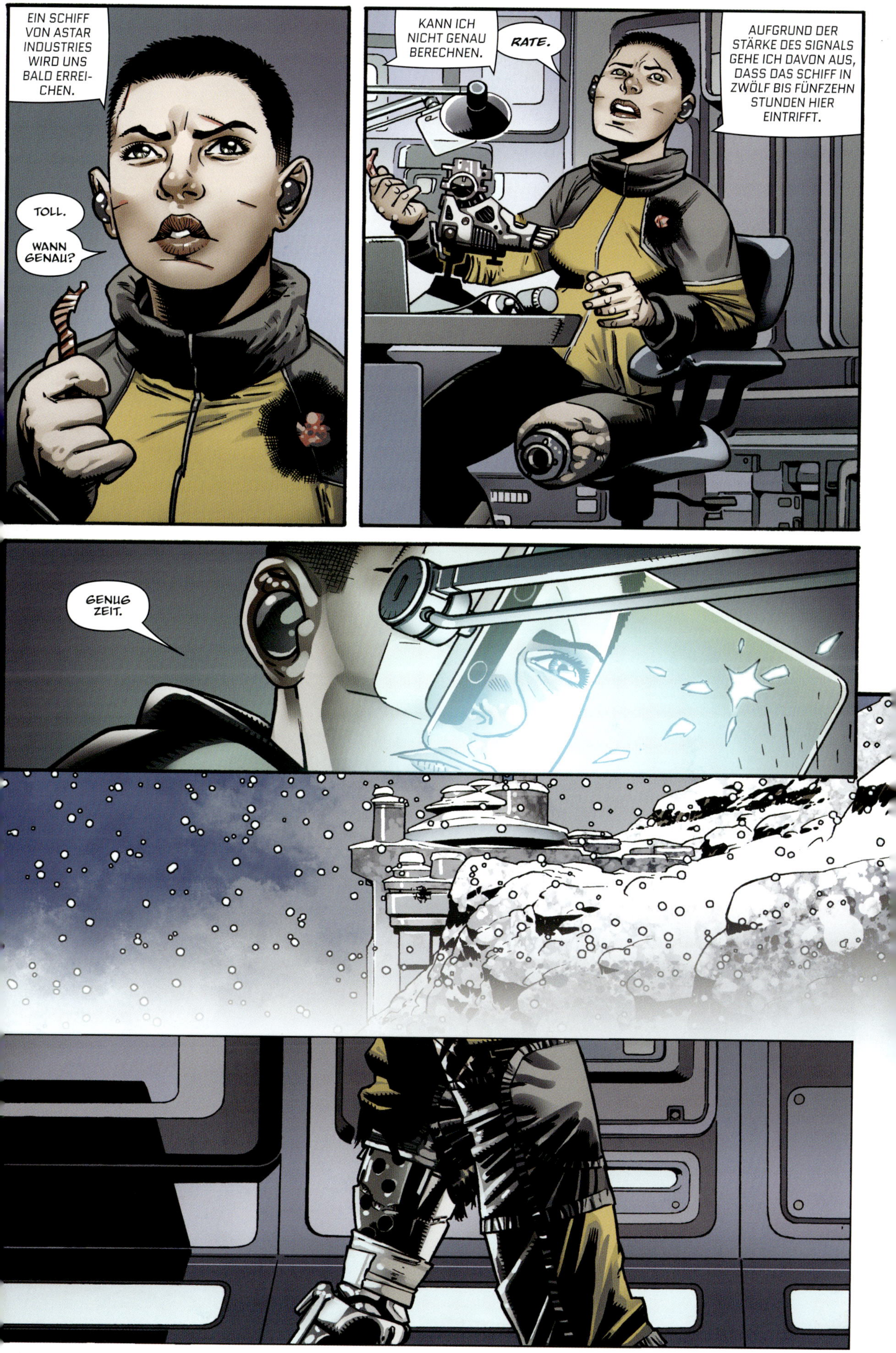

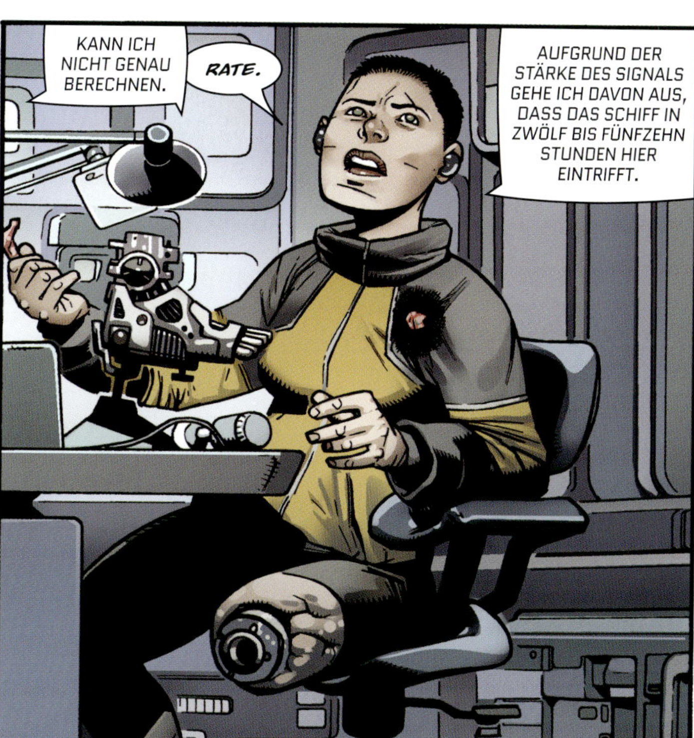
KANN ICH NICHT GENAU BERECHNEN.
RATE.
AUFGRUND DER STÄRKE DES SIGNALS GEHE ICH DAVON AUS, DASS DAS SCHIFF IN ZWÖLF BIS FÜNFZEHN STUNDEN HIER EINTRIFFT.

GENUG ZEIT.

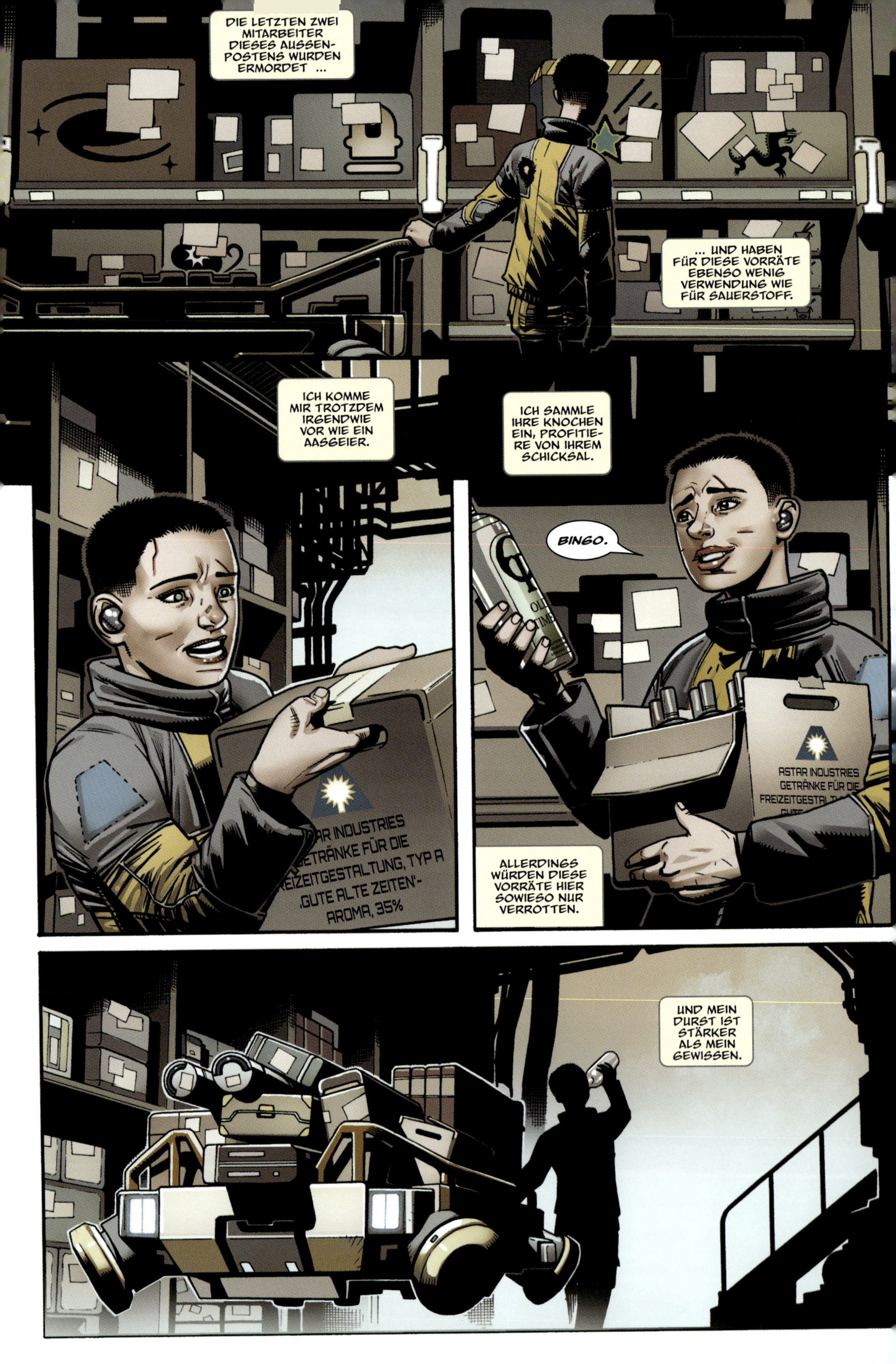

DIE LETZTEN ZWEI MITARBEITER DIESES AUSSEN-POSTENS WURDEN ERMORDET ...

... UND HABEN FÜR DIESE VORRÄTE EBENSO WENIG VERWENDUNG WIE FÜR SAUERSTOFF.

ICH KOMME MIR TROTZDEM IRGENDWIE VOR WIE EIN AASGEIER.

ICH SAMMLE IHRE KNOCHEN EIN, PROFITIE-RE VON IHREM SCHICKSAL.

BINGO.

AR INDUSTRIES
ETRÄNKE FÜR DIE
REIZEITGESTALTUNG, TYP A
‚GUTE ALTE ZEITEN'-
AROMA, 35%

ASTAR INDUSTRIES
GETRÄNKE FÜR DIE

ALLERDINGS WÜRDEN DIESE VORRÄTE HIER SOWIESO NUR VERROTTEN.

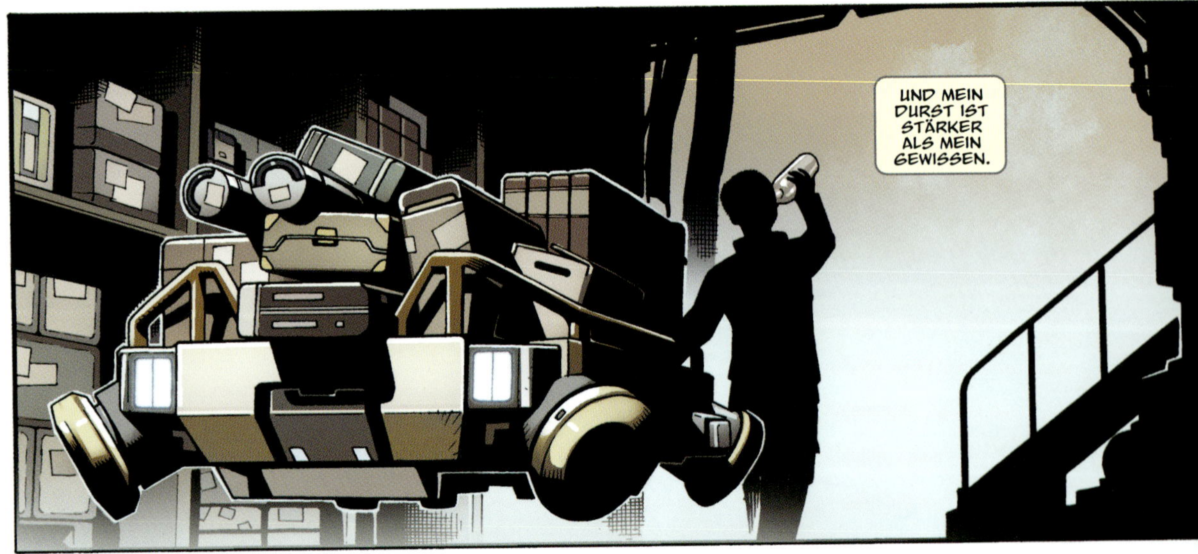

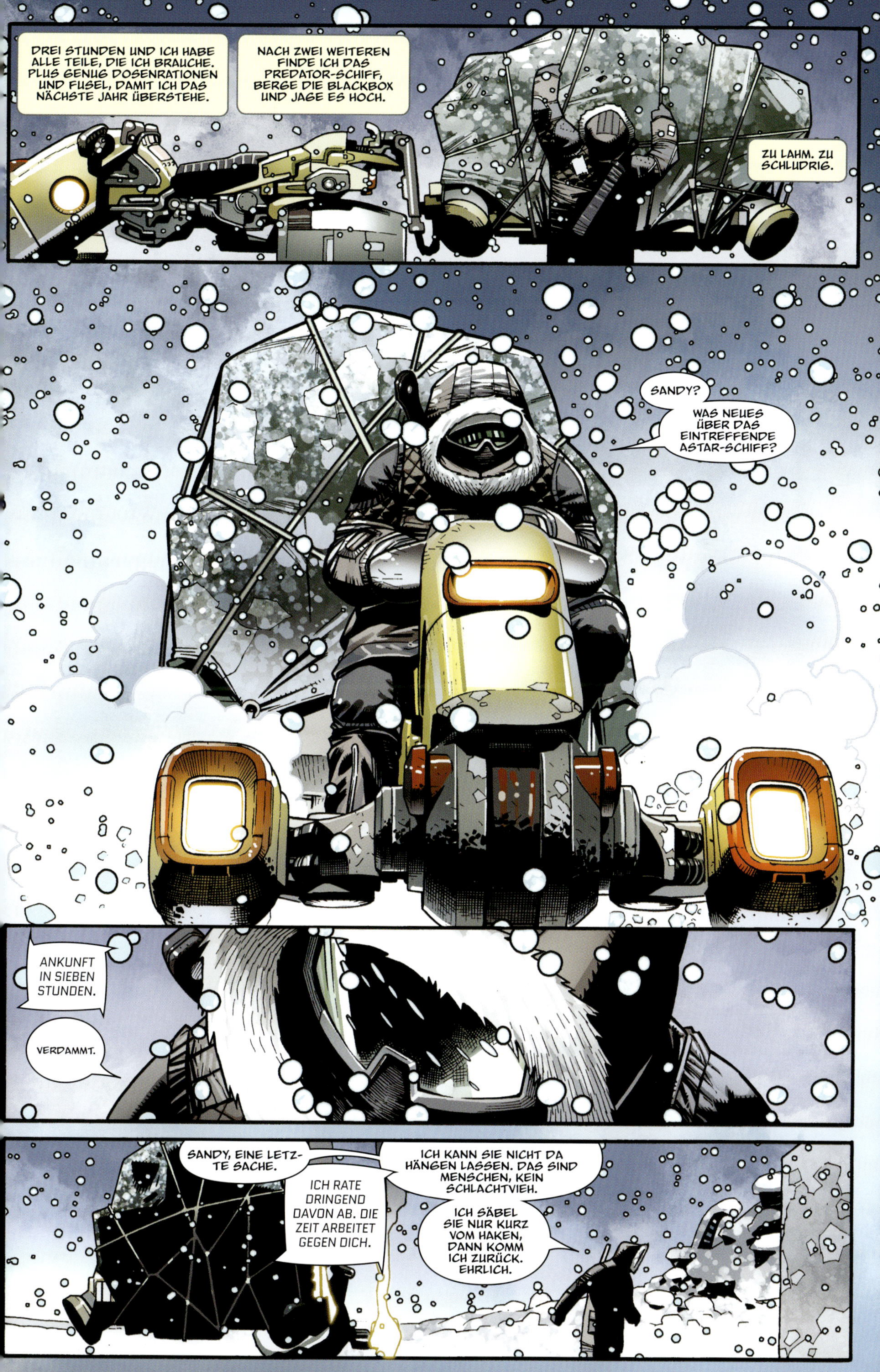
DREI STUNDEN UND ICH HABE ALLE TEILE, DIE ICH BRAUCHE. PLUS GENUG DOSENRATIONEN UND FUSEL, DAMIT ICH DAS NÄCHSTE JAHR ÜBERSTEHE.
NACH ZWEI WEITEREN FINDE ICH DAS PREDATOR-SCHIFF, BERGE DIE BLACKBOX UND JAGE ES HOCH.
ZU LAHM. ZU SCHLUDRIG.
SANDY?
WAS NEUES ÜBER DAS EINTREFFENDE ASTAR-SCHIFF?
ANKUNFT IN SIEBEN STUNDEN.
VERDAMMT.
SANDY, EINE LETZTE SACHE.
ICH RATE DRINGEND DAVON AB. DIE ZEIT ARBEITET GEGEN DICH.
ICH KANN SIE NICHT DA HÄNGEN LASSEN. DAS SIND MENSCHEN, KEIN SCHLACHTVIEH.
ICH SÄBEL SIE NUR KURZ VOM HAKEN, DANN KOMM ICH ZURÜCK. EHRLICH.

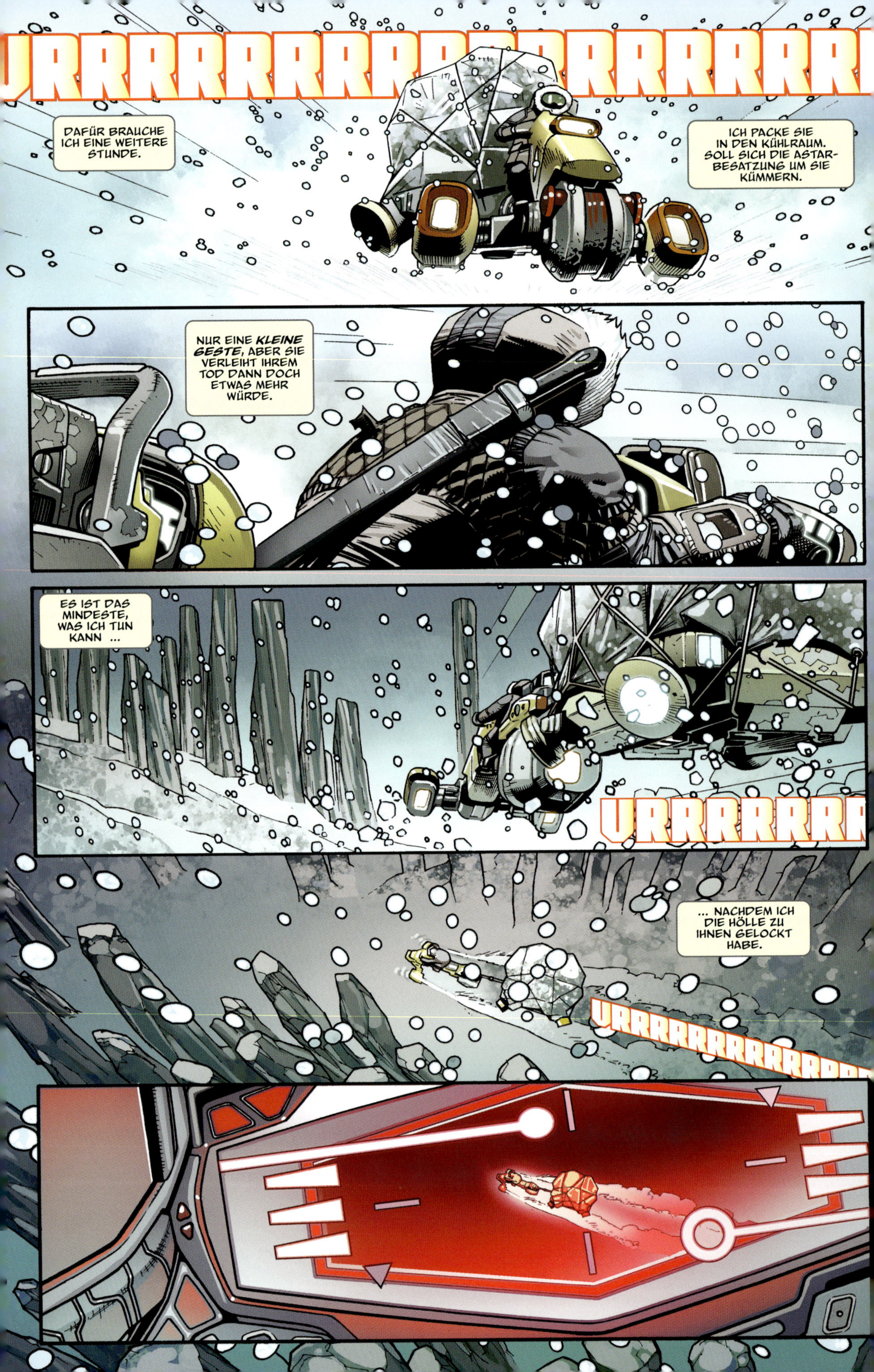
URRRRRRRRRRRRRRRRRRR
DAFÜR BRAUCHE ICH EINE WEITERE STUNDE.
ICH PACKE SIE IN DEN KÜHLRAUM. SOLL SICH DIE ASTAR-BESATZUNG UM SIE KÜMMERN.
NUR EINE KLEINE GESTE, ABER SIE VERLEIHT IHREM TOD DANN DOCH ETWAS MEHR WÜRDE.
ES IST DAS MINDESTE, WAS ICH TUN KANN ...
URRRRRRR
... NACHDEM ICH DIE HÖLLE ZU IHNEN GELOCKT HABE.
URRRRRRRRRRRRRRR

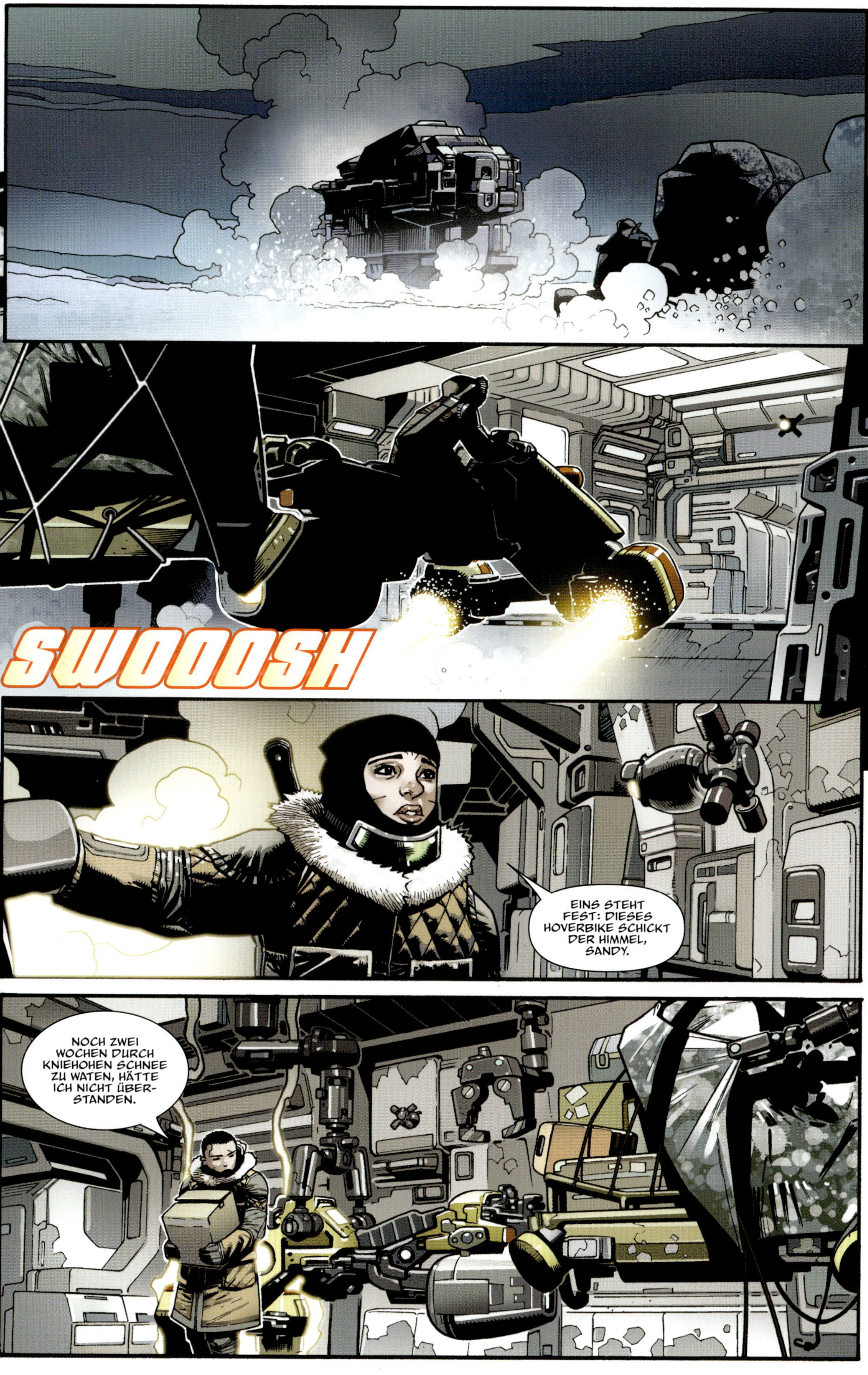

SWOOOSH

EINS STEHT FEST: DIESES HOVERBIKE SCHICKT DER HIMMEL, SANDY.

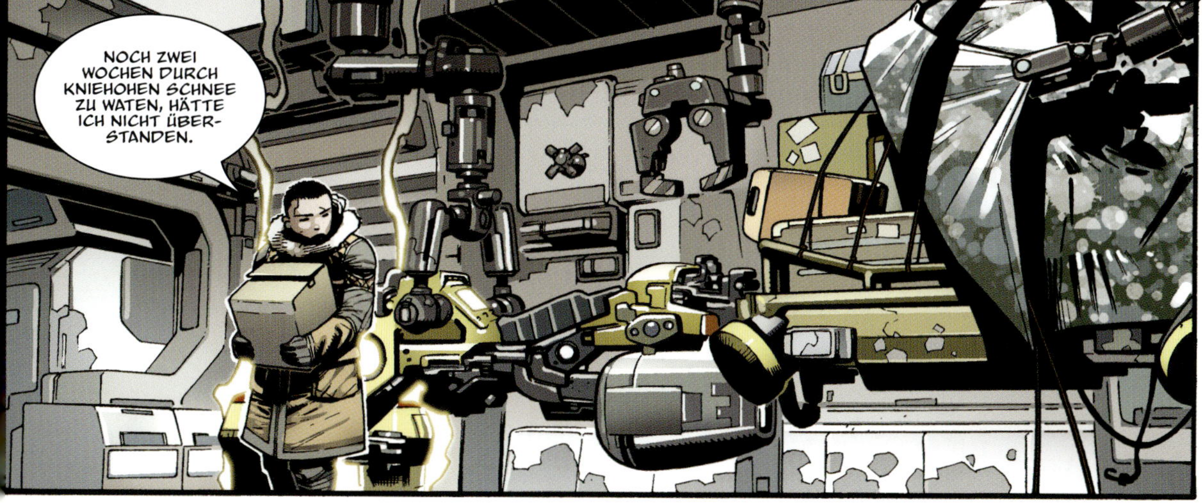

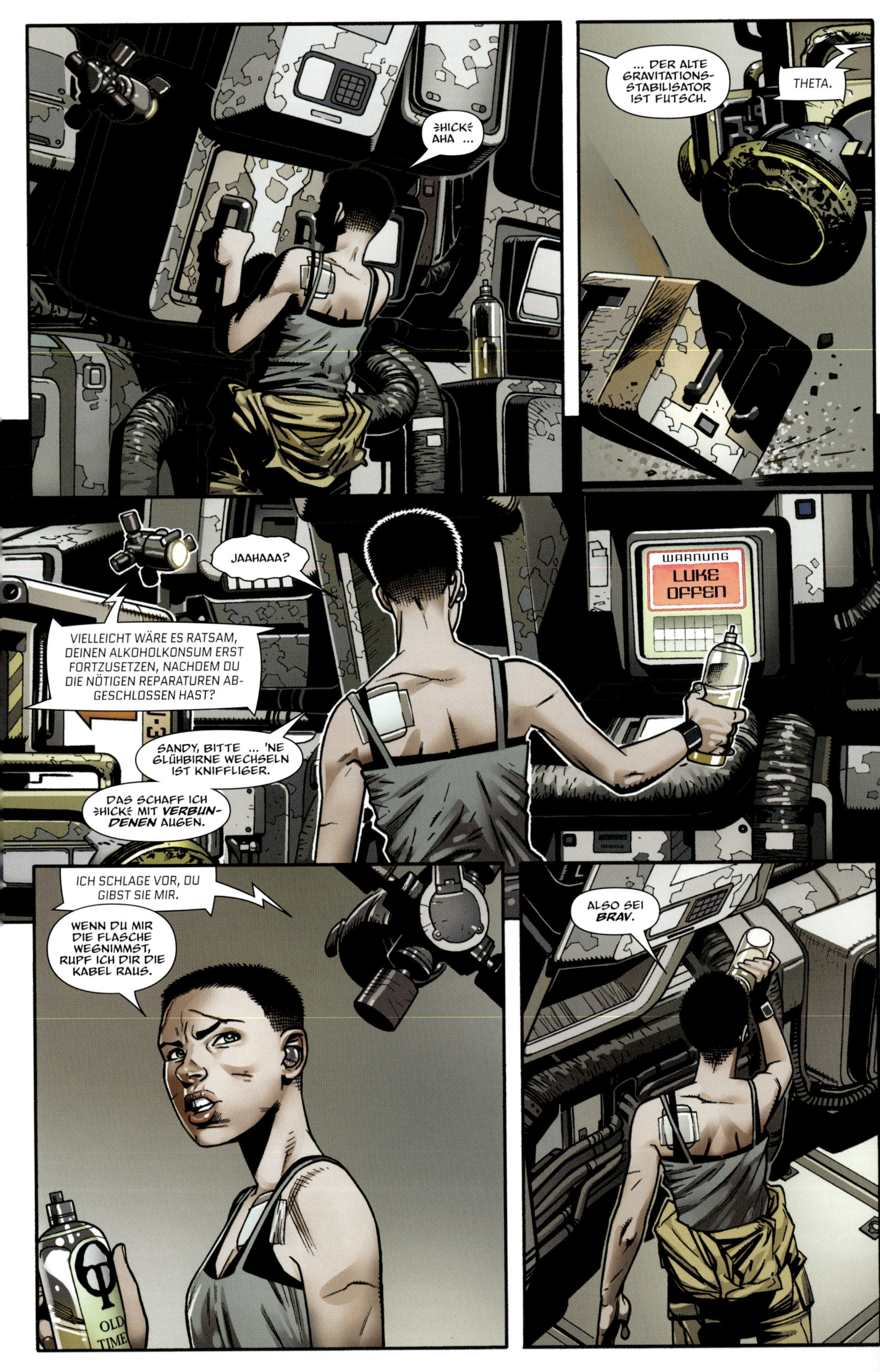

⋟HICK⋞ AHA ...
... DER ALTE GRAVITATIONS-STABILISATOR IST FUTSCH.
THETA.
JAAHAAA?
WARNUNG
LUKE OFFEN
VIELLEICHT WÄRE ES RATSAM, DEINEN ALKOHOLKONSUM ERST FORTZUSETZEN, NACHDEM DU DIE NÖTIGEN REPARATUREN AB-GESCHLOSSEN HAST?
SANDY, BITTE ... 'NE GLÜHBIRNE WECHSELN IST KNIFFLIGER.
DAS SCHAFF ICH ⋟HICK⋞ MIT ***VERBUN-DENEN*** AUGEN.
ICH SCHLAGE VOR, DU GIBST SIE MIR.
WENN DU MIR DIE FLASCHE WEGNIMMST, RUPF ICH DIR DIE KABEL RAUS.
OLD TIME
ALSO SEI ***BRAV.***

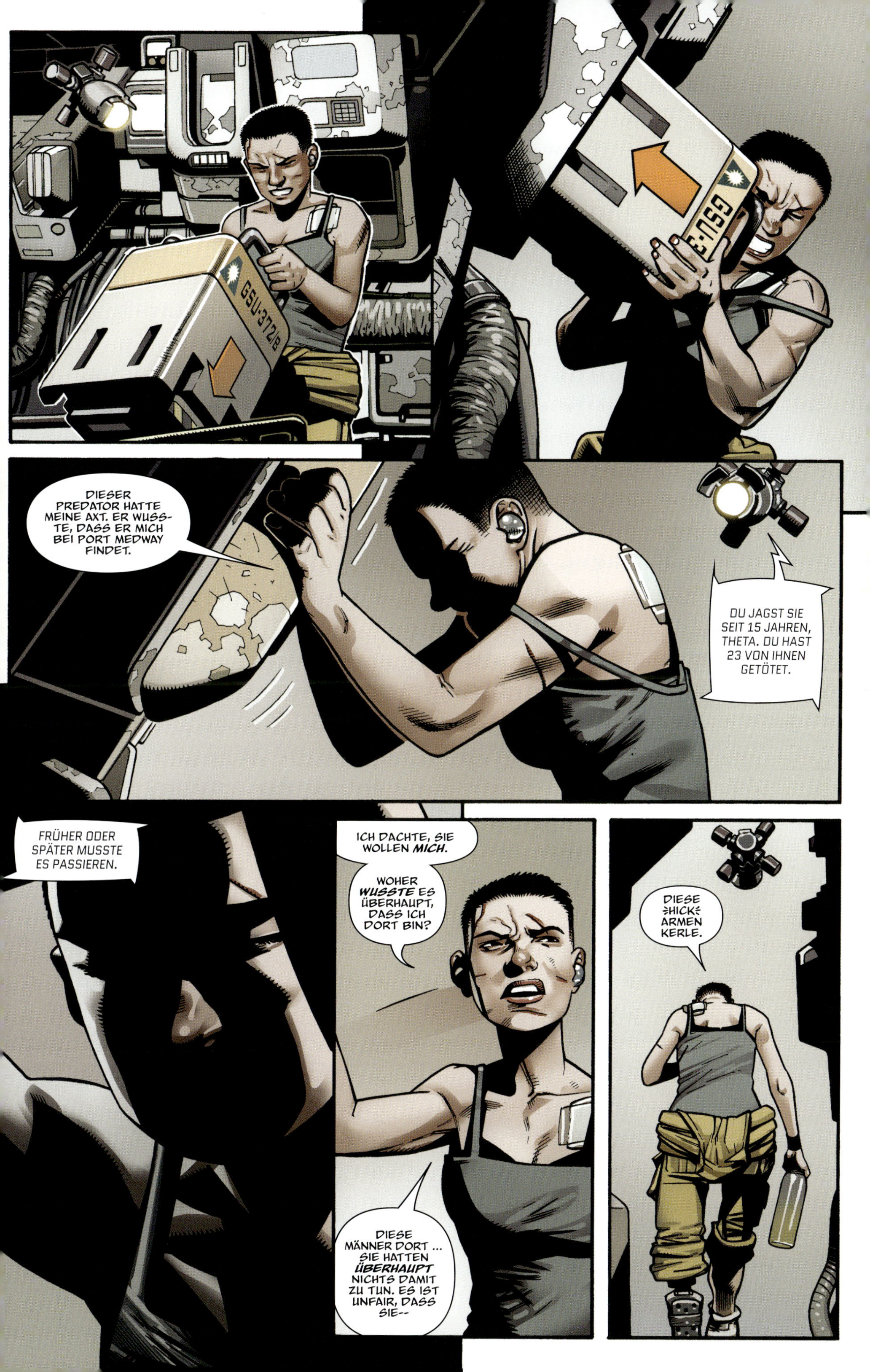

DIESER PREDATOR HATTE MEINE AXT. ER WUSSTE, DASS ER MICH BEI PORT MEDWAY FINDET.

DU JAGST SIE SEIT 15 JAHREN, THETA. DU HAST 23 VON IHNEN GETÖTET.

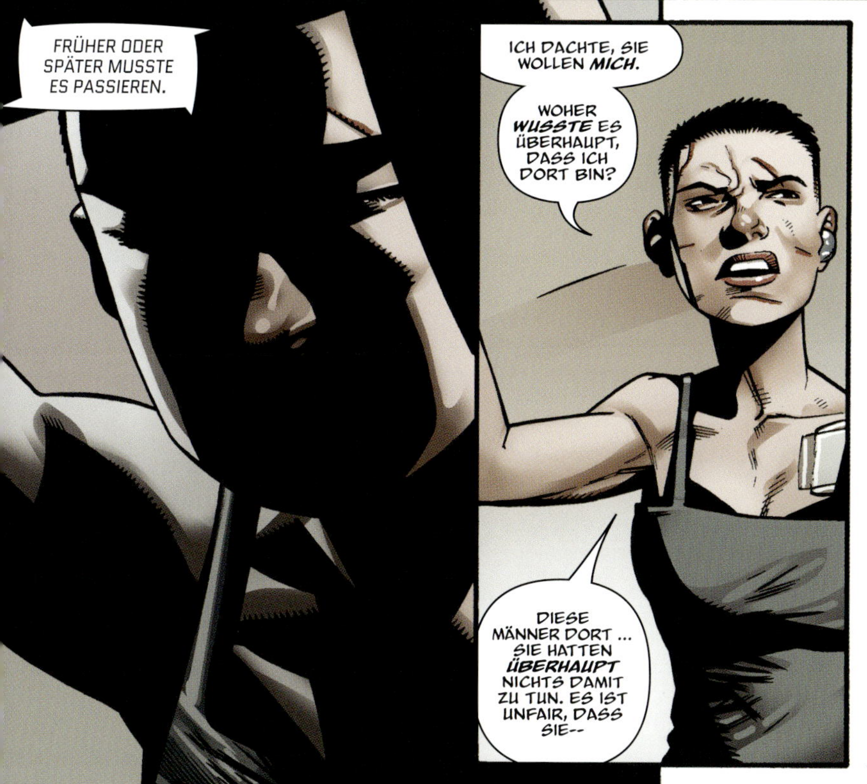

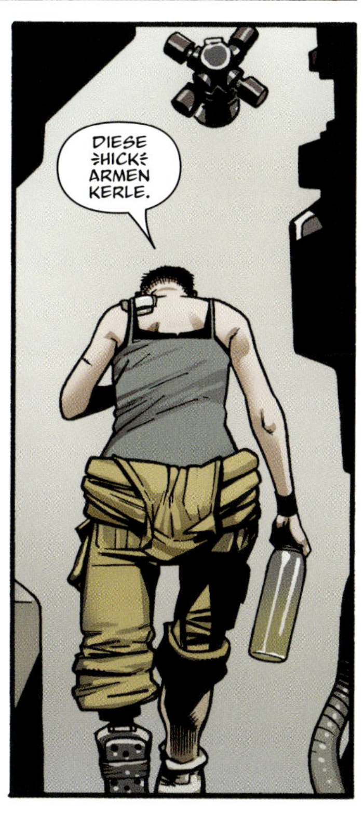

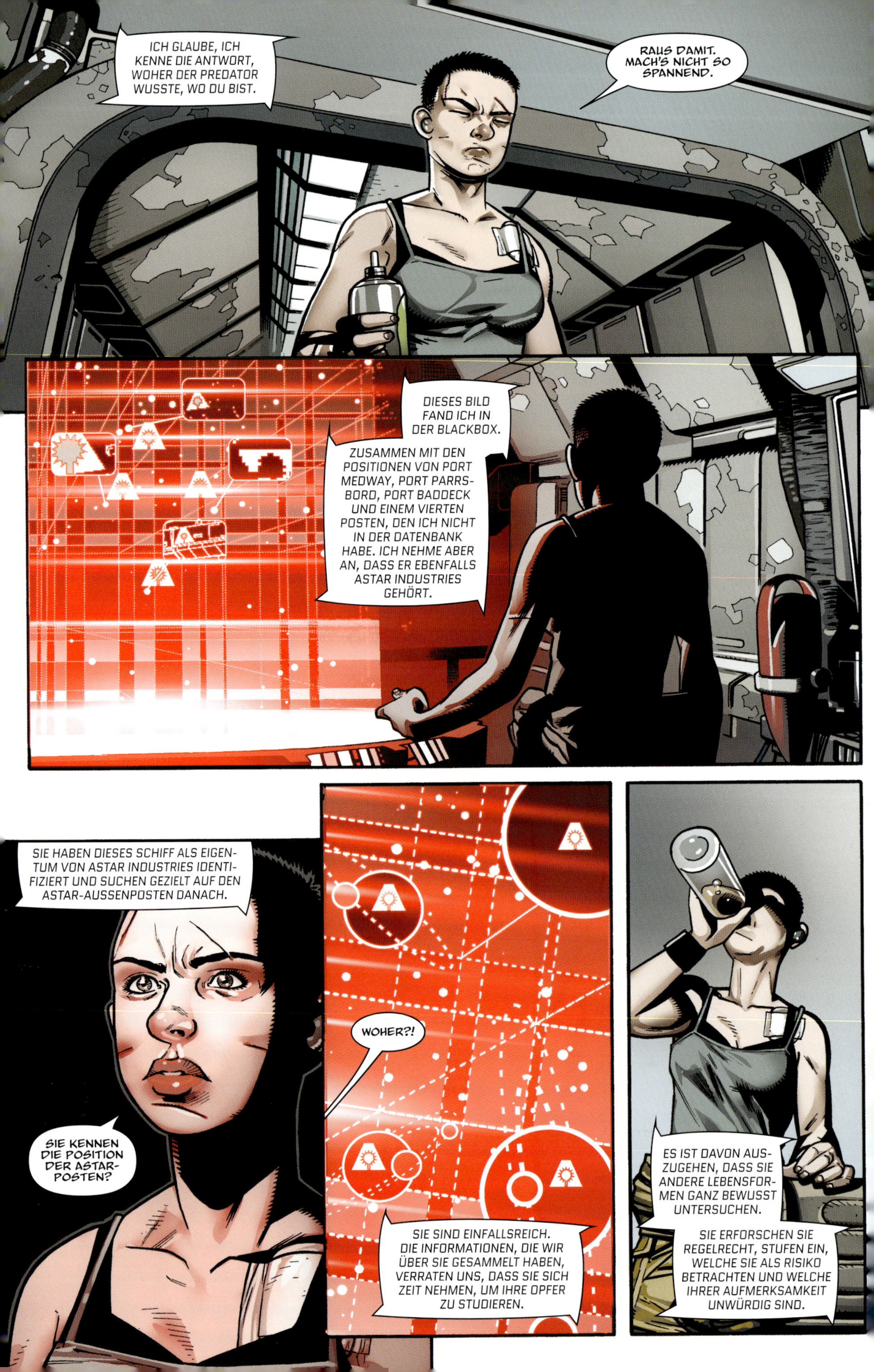

ICH GLAUBE, ICH KENNE DIE ANTWORT, WOHER DER PREDATOR WUSSTE, WO DU BIST.

RAUS DAMIT. MACH'S NICHT SO SPANNEND.

DIESES BILD FAND ICH IN DER BLACKBOX.

ZUSAMMEN MIT DEN POSITIONEN VON PORT MEDWAY, PORT PARRS-BORD, PORT BADDECK UND EINEM VIERTEN POSTEN, DEN ICH NICHT IN DER DATENBANK HABE. ICH NEHME ABER AN, DASS ER EBENFALLS ASTAR INDUSTRIES GEHÖRT.

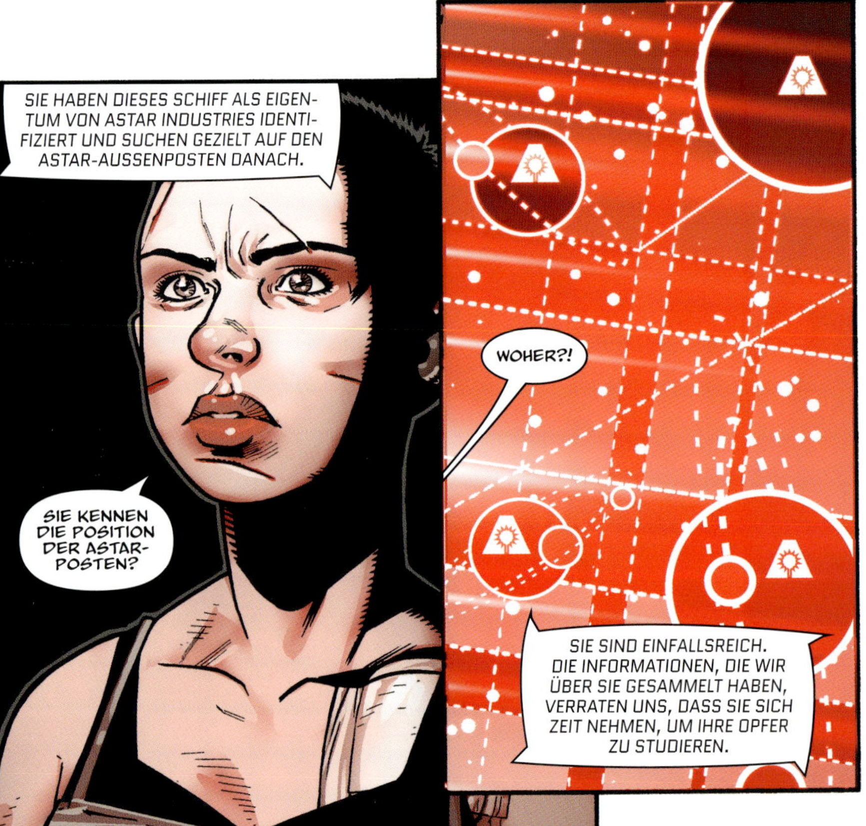

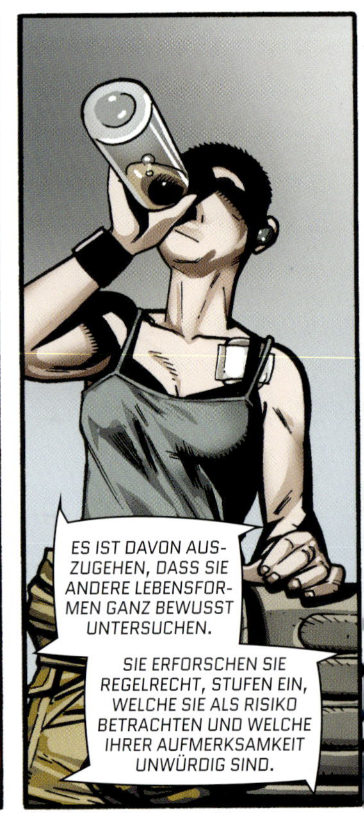

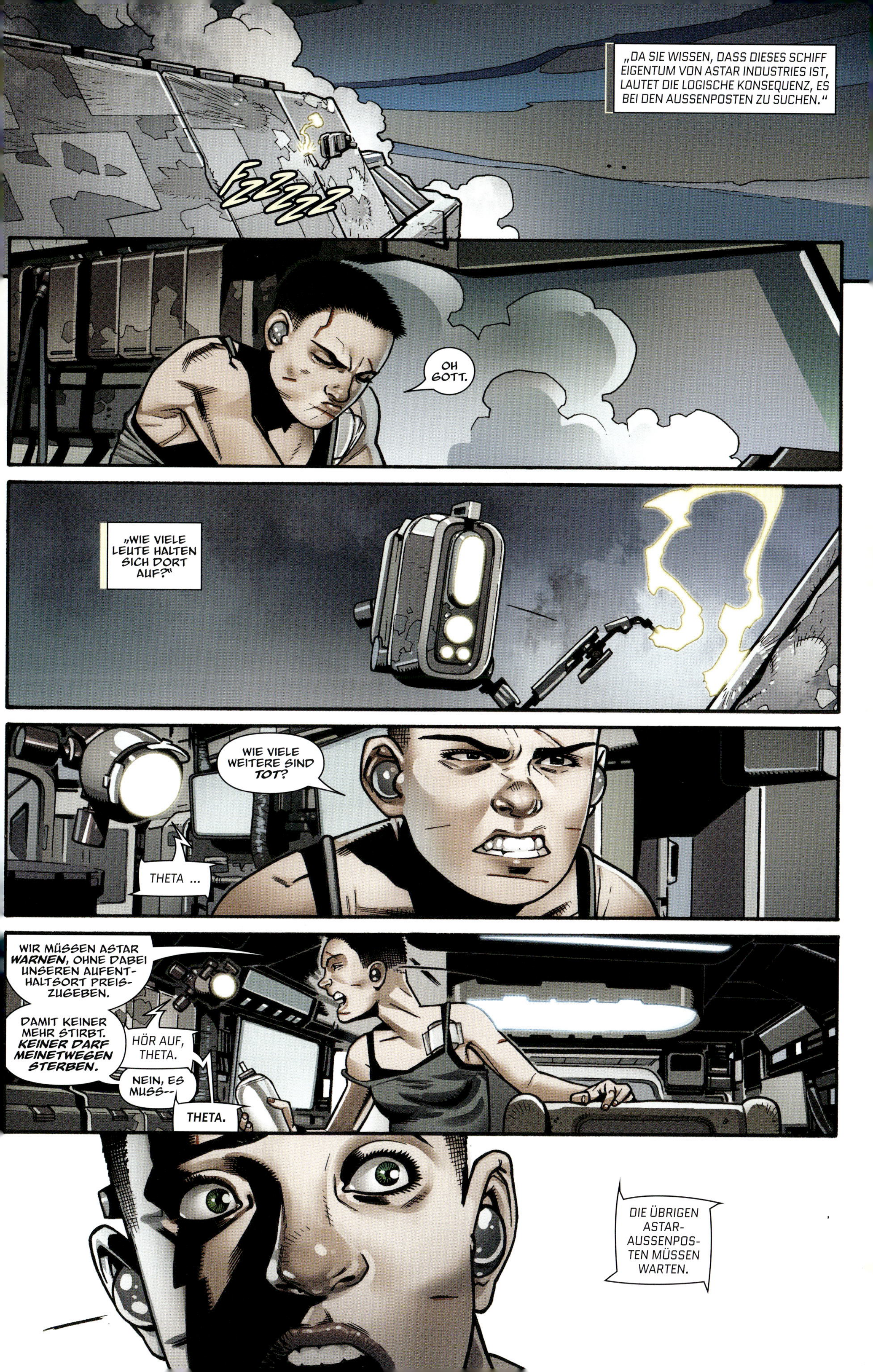

„DA SIE WISSEN, DASS DIESES SCHIFF EIGENTUM VON ASTAR INDUSTRIES IST, LAUTET DIE LOGISCHE KONSEQUENZ, ES BEI DEN AUSSENPOSTEN ZU SUCHEN.“
FZZZZZZ
OH GOTT.
„WIE VIELE LEUTE HALTEN SICH DORT AUF?“
WIE VIELE WEITERE SIND *TOT?*
THETA ...

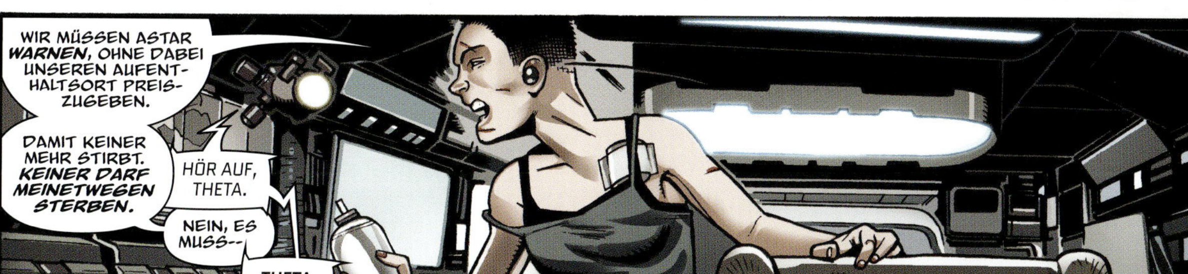
WIR MÜSSEN ASTAR *WARNEN,* OHNE DABEI UNSEREN AUFENT-HALTSORT PREIS-ZUGEBEN.
DAMIT KEINER MEHR STIRBT. *KEINER DARF MEINETWEGEN STERBEN.*
HÖR AUF, THETA.
NEIN, ES MUSS--
THETA.

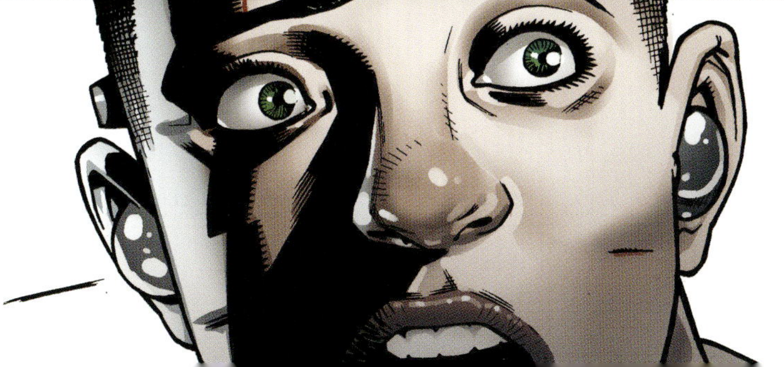
DIE ÜBRIGEN ASTAR-AUSSENPOS-TEN MÜSSEN WARTEN.

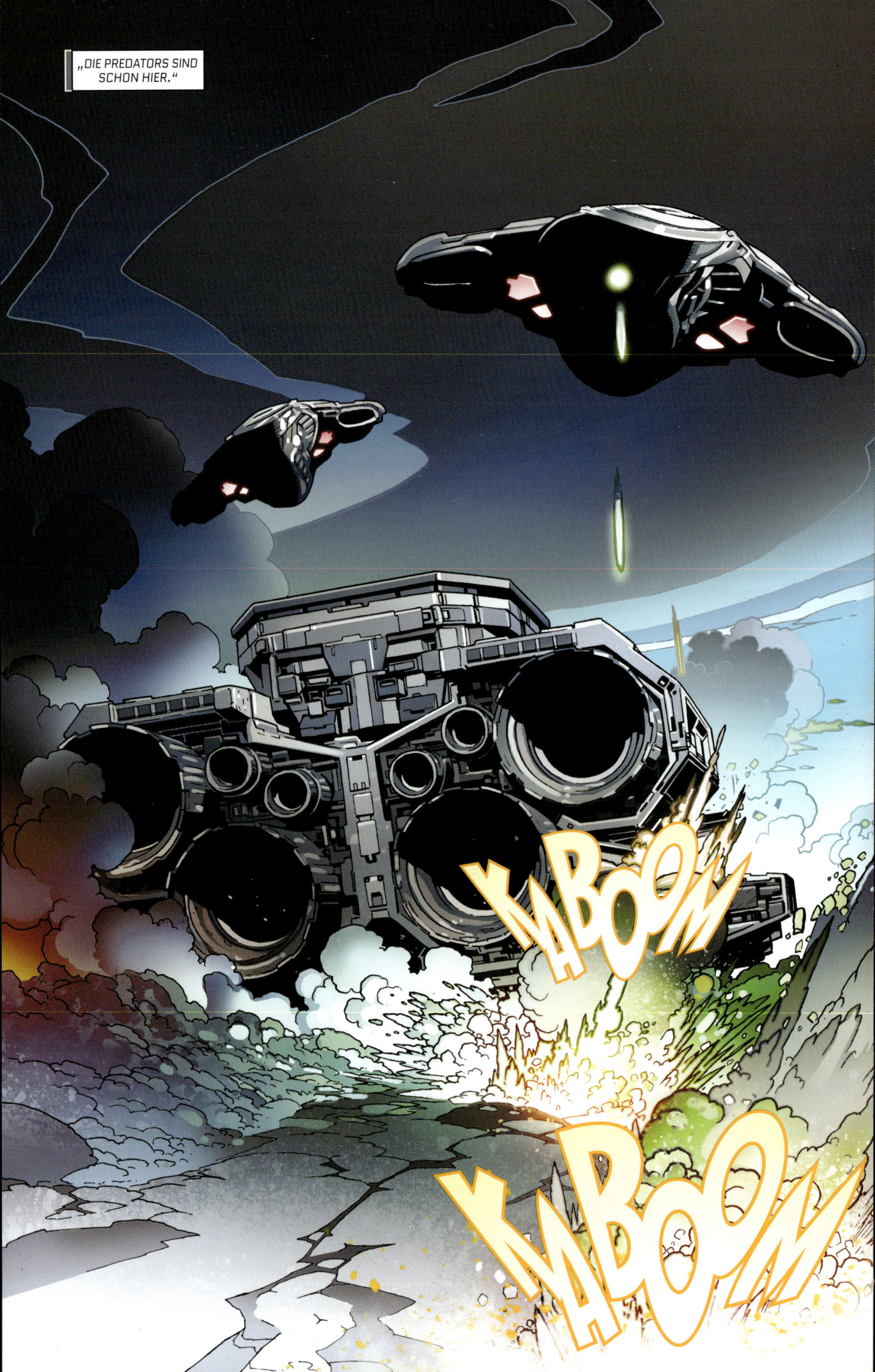
„DIE PREDATORS SIND SCHON HIER.“
KABOOM
KABOOM

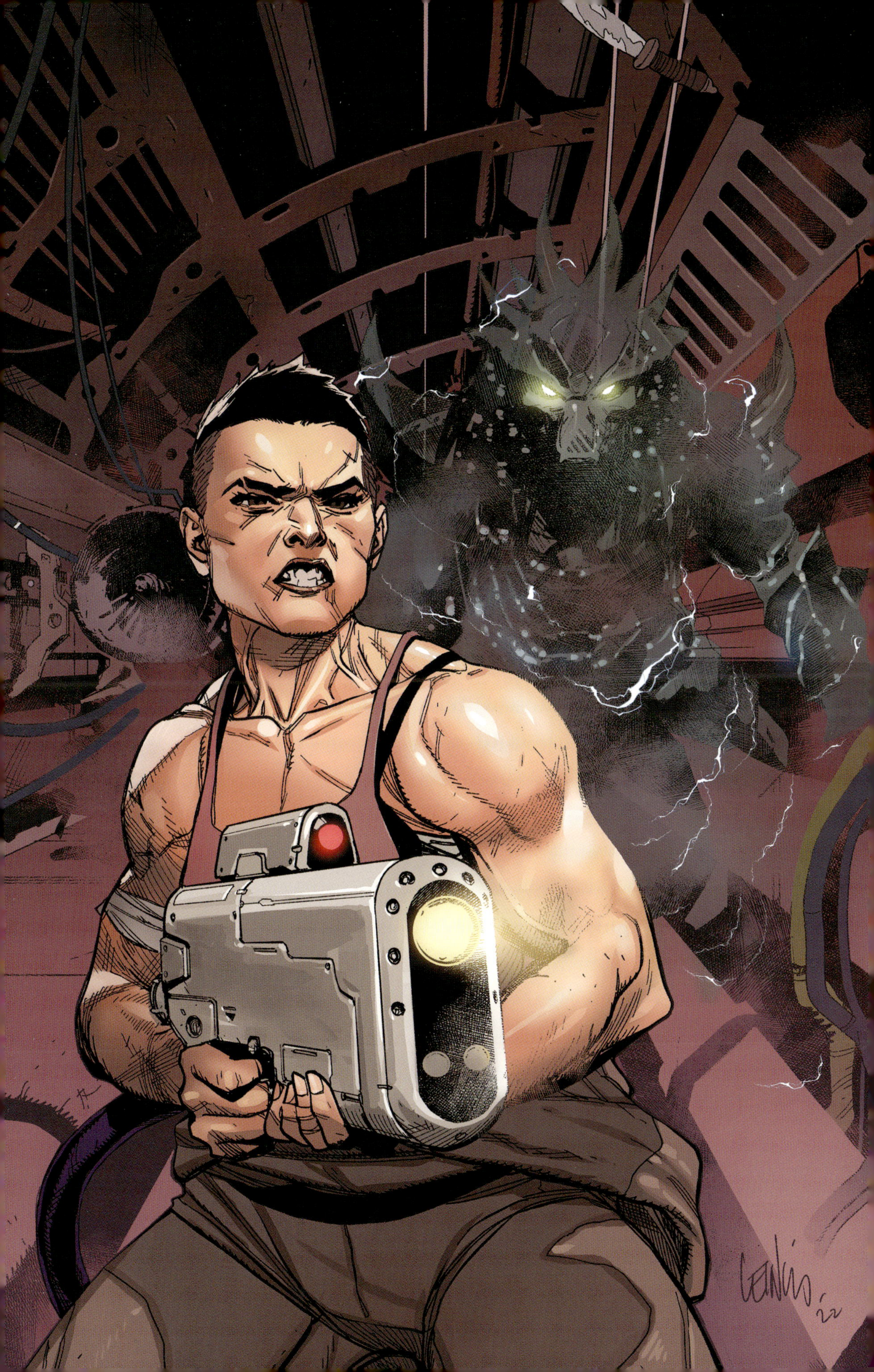

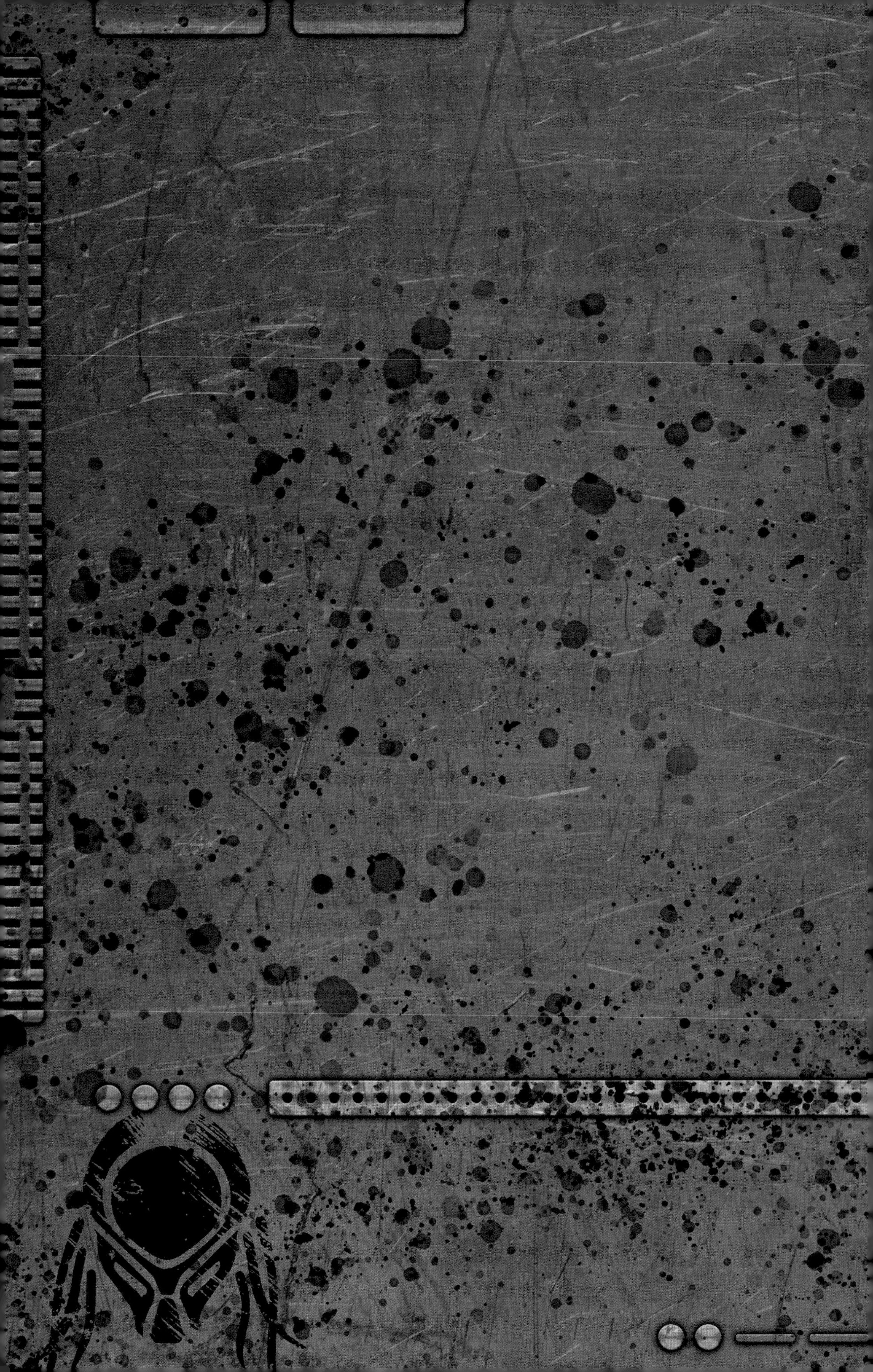

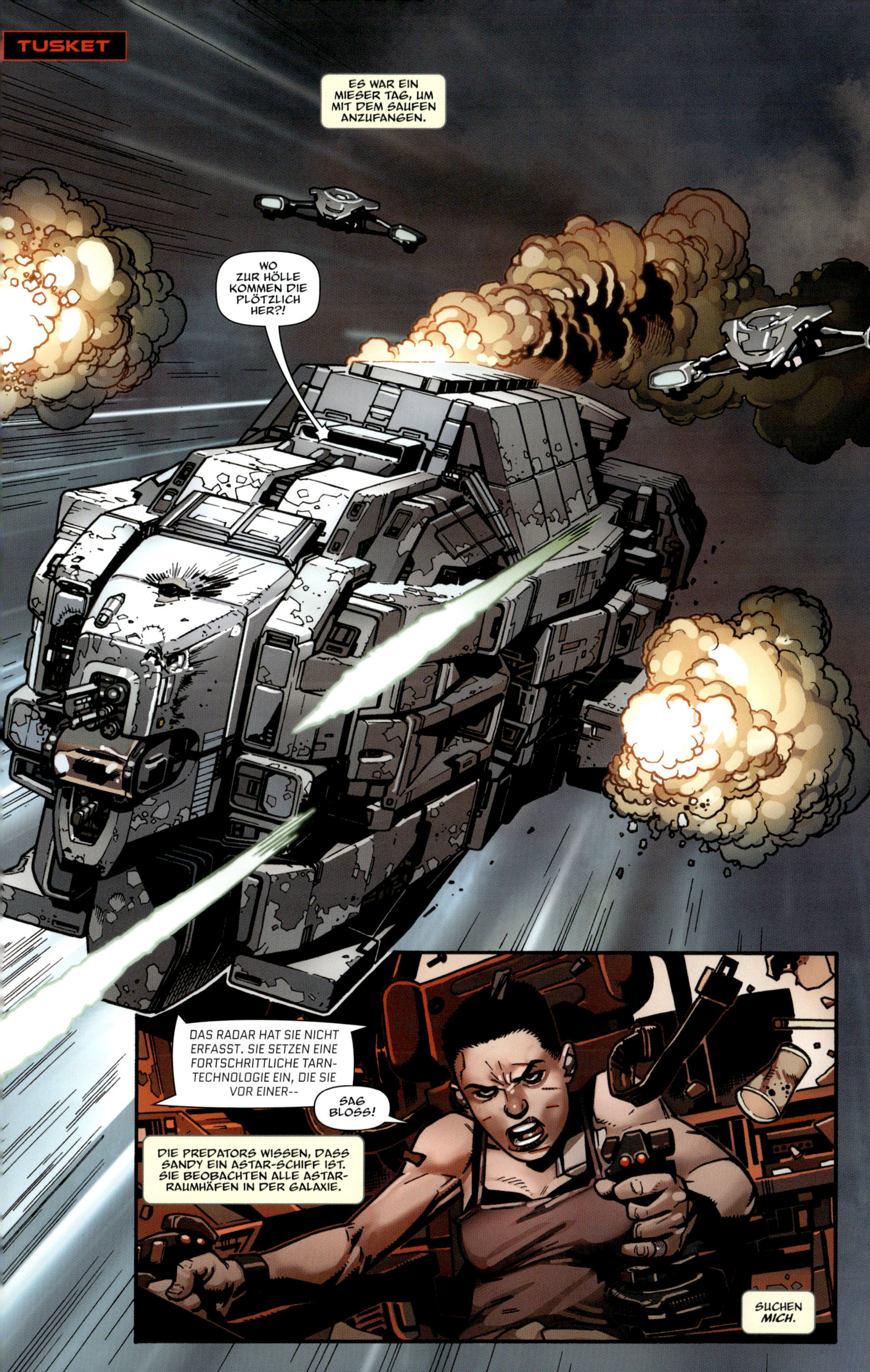
TUSKET
ES WAR EIN MIESER TAG, UM MIT DEM SAUFEN ANZUFANGEN.
WO ZUR HÖLLE KOMMEN DIE PLÖTZLICH HER?!
DAS RADAR HAT SIE NICHT ERFASST. SIE SETZEN EINE FORTSCHRITTLICHE TARN-TECHNOLOGIE EIN, DIE SIE VOR EINER--
SAG BLOSS!
DIE PREDATORS WISSEN, DASS SANDY EIN ASTAR-SCHIFF IST. SIE BEOBACHTEN ALLE ASTAR-RAUMHÄFEN IN DER GALAXIE.
SUCHEN MICH.

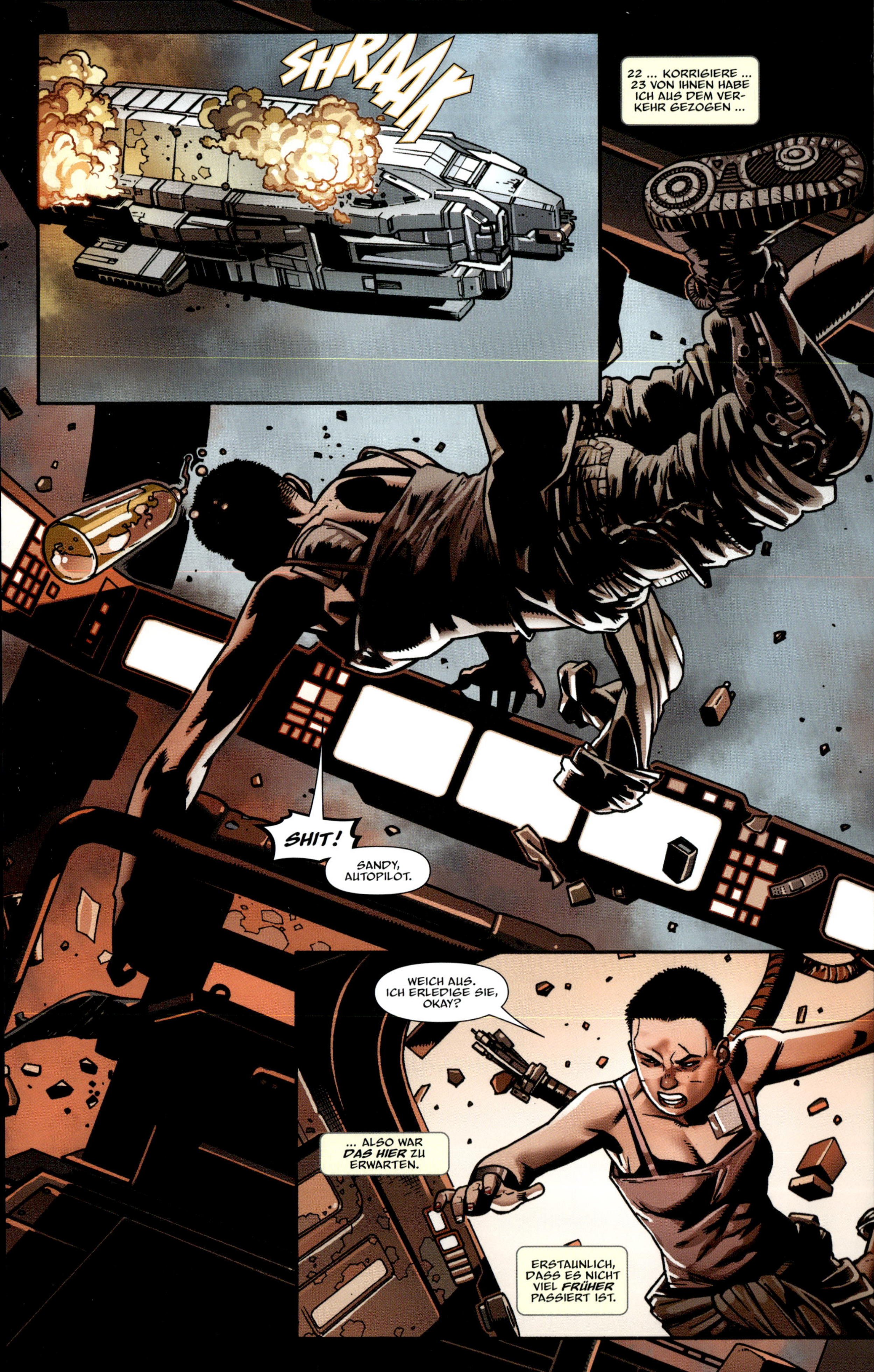
SHRAAK
22 ... KORRIGIERE ... 23 VON IHNEN HABE ICH AUS DEM VERKEHR GEZOGEN ...
SHIT!
SANDY, AUTOPILOT.
WEICH AUS. ICH ERLEDIGE SIE, OKAY?
... ALSO WAR DAS HIER ZU ERWARTEN.
ERSTAUNLICH, DASS ES NICHT VIEL FRÜHER PASSIERT IST.

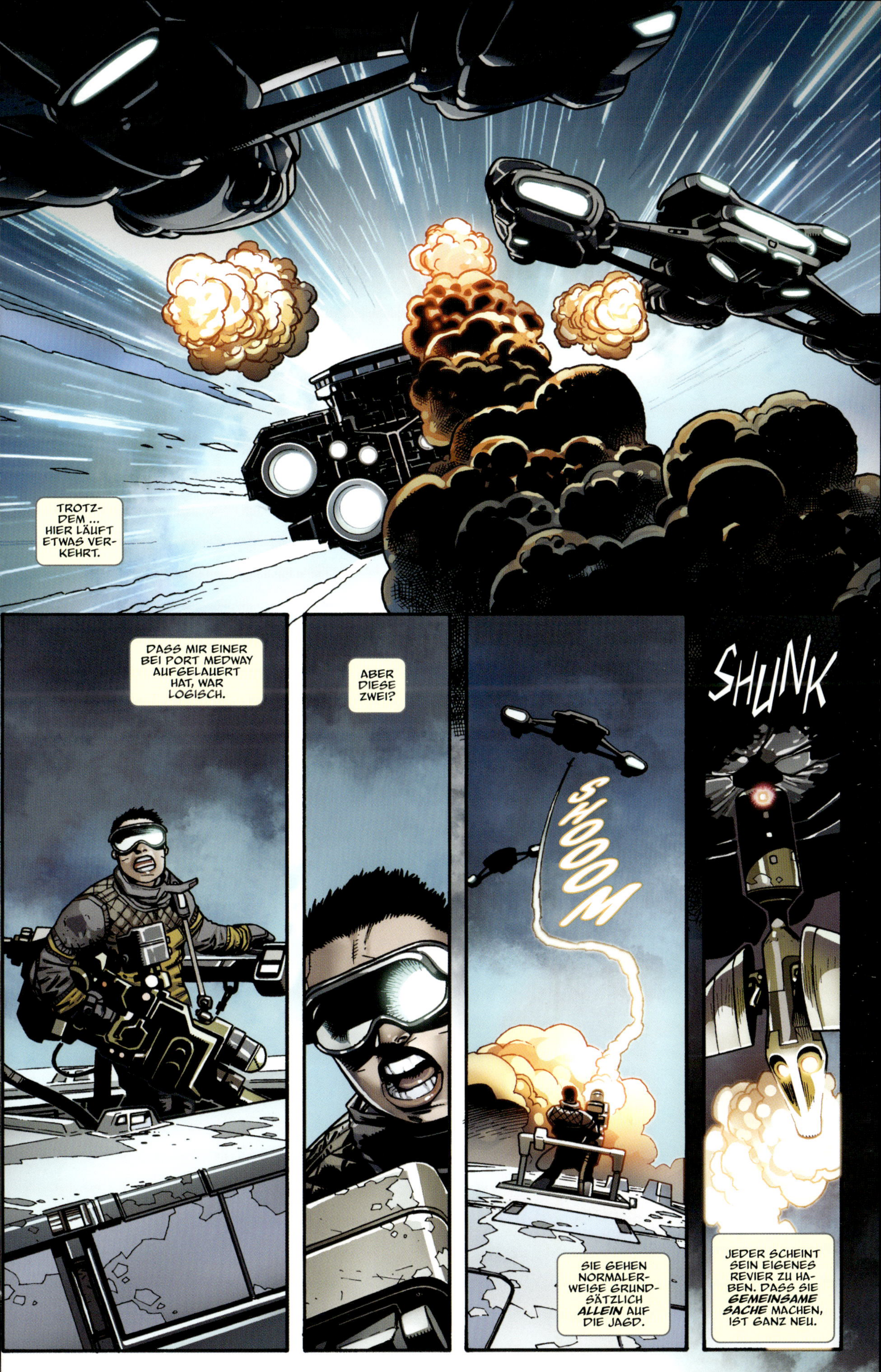

TROTZDEM … HIER LÄUFT ETWAS VERKEHRT.

DASS MIR EINER BEI PORT MEDWAY AUFGELAUERT HAT, WAR LOGISCH.

ABER DIESE ZWEI?

SHOOOM

SIE GEHEN NORMALERWEISE GRUNDSÄTZLICH **ALLEIN** AUF DIE JAGD.

SHUNK

JEDER SCHEINT SEIN EIGENES REVIER ZU HABEN. DASS SIE ***GEMEINSAME SACHE*** MACHEN, IST GANZ NEU.

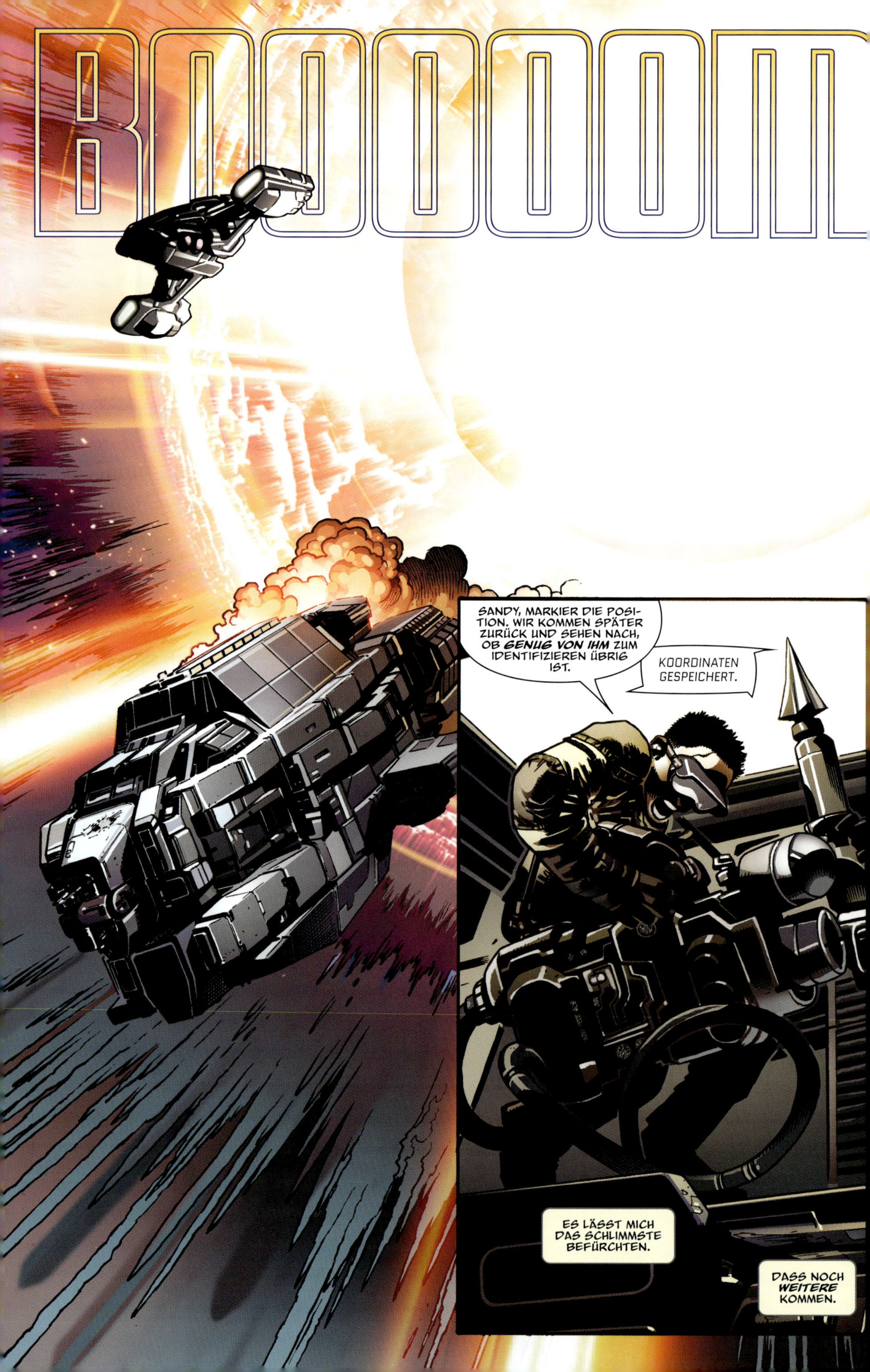
BOOOOOM
SANDY, MARKIER DIE POSITION. WIR KOMMEN SPÄTER ZURÜCK UND SEHEN NACH, OB GENUG VON IHM ZUM IDENTIFIZIEREN ÜBRIG IST.
KOORDINATEN GESPEICHERT.
ES LÄSST MICH DAS SCHLIMMSTE BEFÜRCHTEN.
DASS NOCH WEITERE KOMMEN.

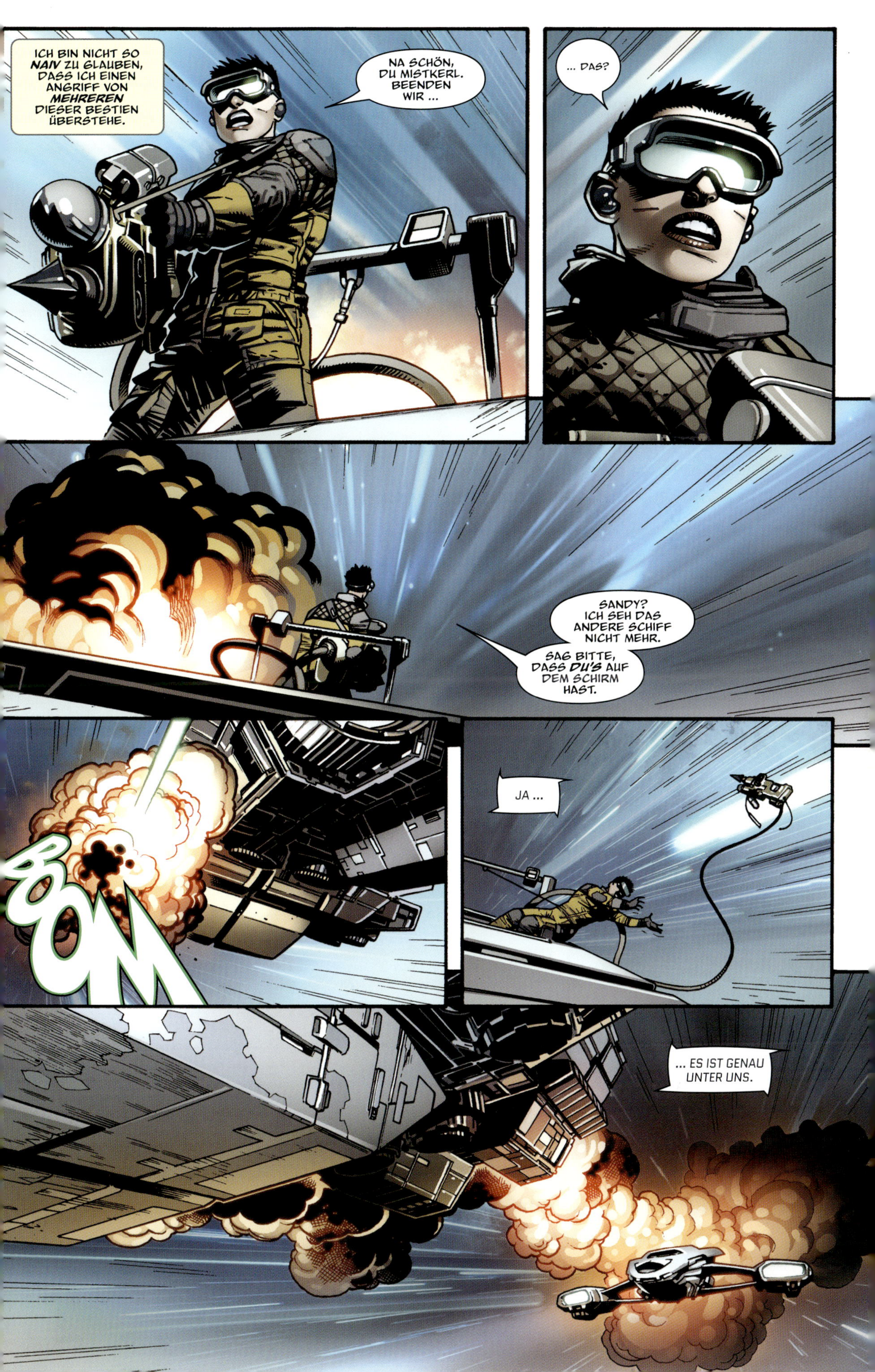
ICH BIN NICHT SO NAIV ZU GLAUBEN, DASS ICH EINEN ANGRIFF VON MEHREREN DIESER BESTIEN ÜBERSTEHE.
NA SCHÖN, DU MISTKERL. BEENDEN WIR ...
... DAS?
SANDY? ICH SEH DAS ANDERE SCHIFF NICHT MEHR.
SAG BITTE, DASS DU'S AUF DEM SCHIRM HAST.
BOOM
JA ...
... ES IST GENAU UNTER UNS.

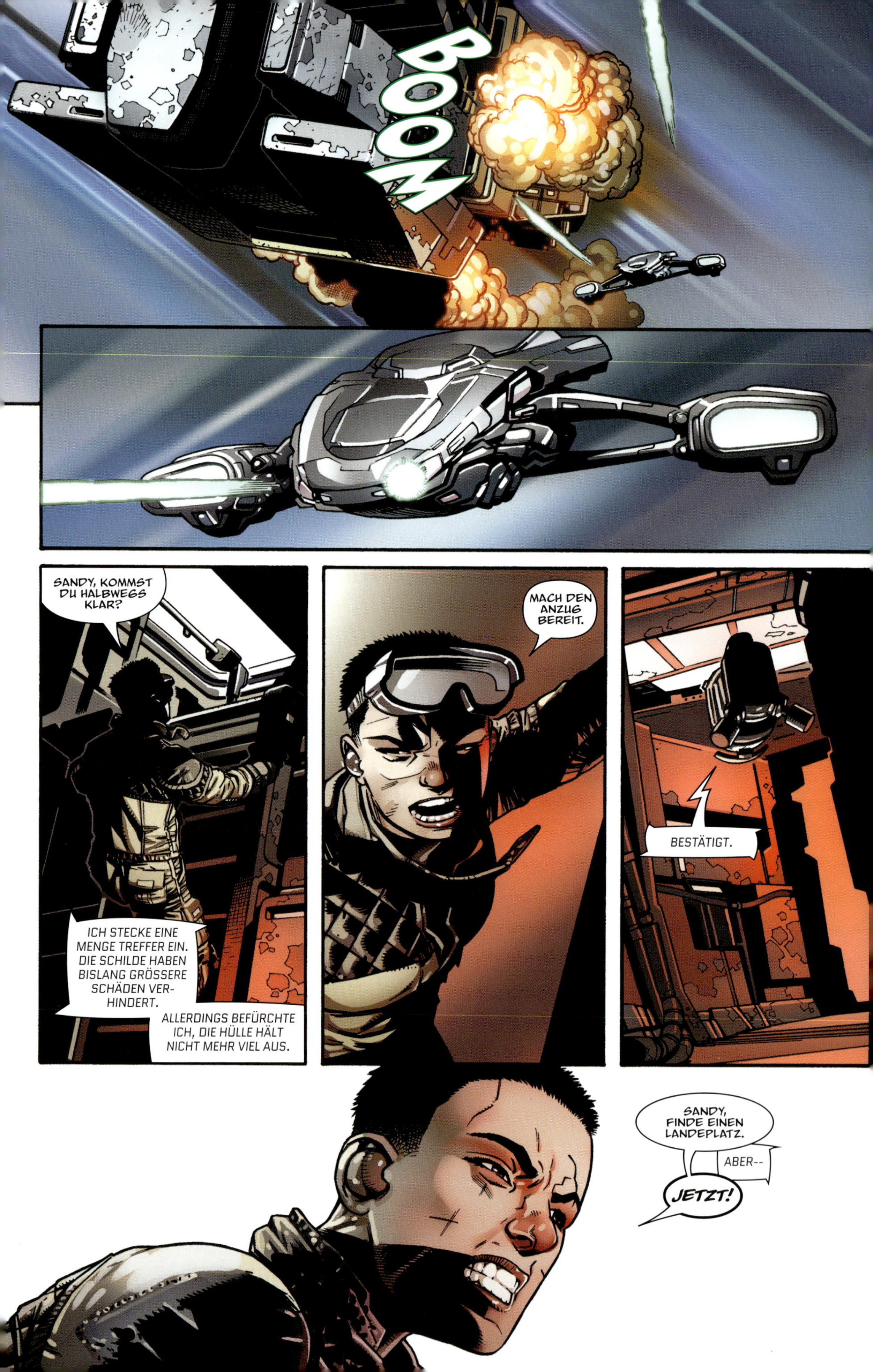

BOOM

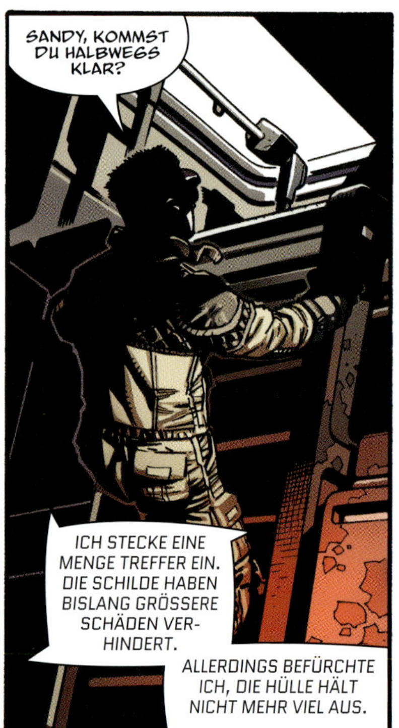
SANDY, KOMMST DU HALBWEGS KLAR?
ICH STECKE EINE MENGE TREFFER EIN. DIE SCHILDE HABEN BISLANG GRÖSSERE SCHÄDEN VERHINDERT.
ALLERDINGS BEFÜRCHTE ICH, DIE HÜLLE HÄLT NICHT MEHR VIEL AUS.

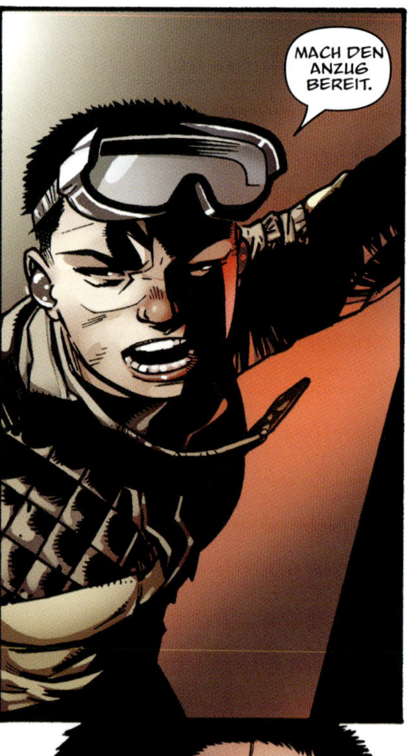
MACH DEN ANZUG BEREIT.

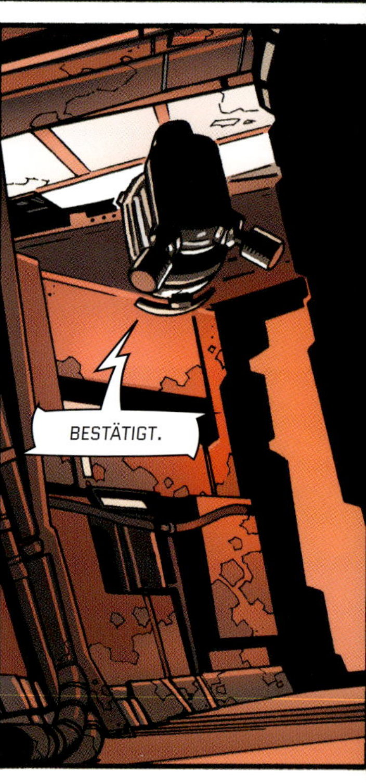
BESTÄTIGT.

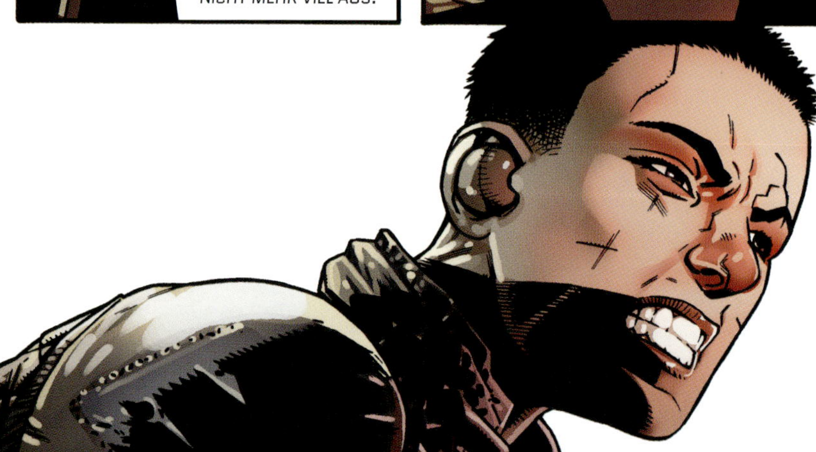

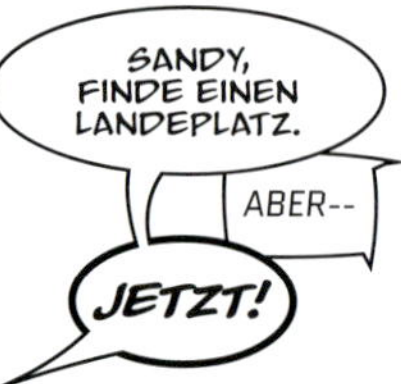
SANDY, FINDE EINEN LANDEPLATZ.
ABER--
JETZT!

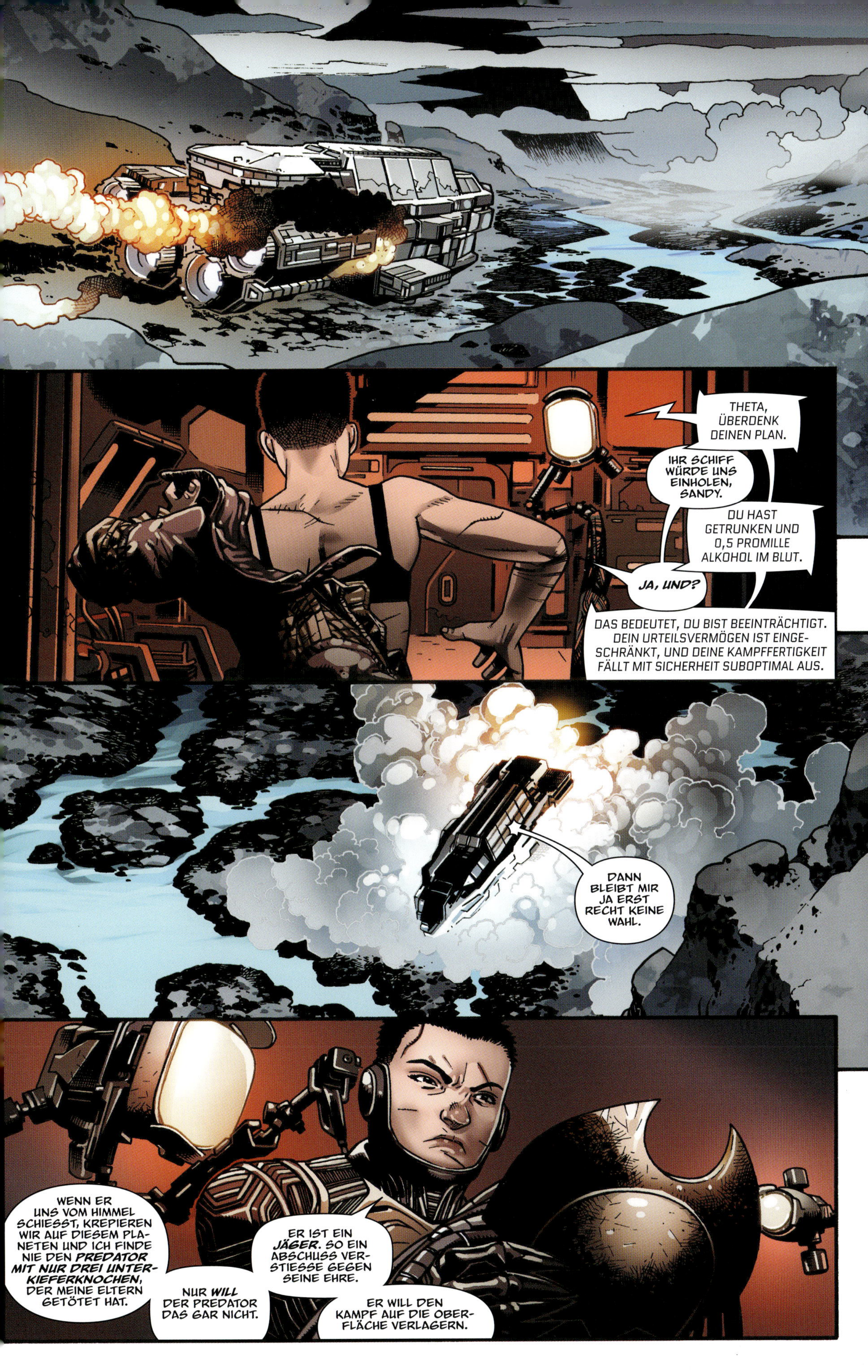
THETA, ÜBERDENK DEINEN PLAN.
IHR SCHIFF WÜRDE UNS EINHOLEN, SANDY.
DU HAST GETRUNKEN UND 0,5 PROMILLE ALKOHOL IM BLUT.
JA, UND?
DAS BEDEUTET, DU BIST BEEINTRÄCHTIGT. DEIN URTEILSVERMÖGEN IST EINGESCHRÄNKT, UND DEINE KAMPFFERTIGKEIT FÄLLT MIT SICHERHEIT SUBOPTIMAL AUS.
DANN BLEIBT MIR JA ERST RECHT KEINE WAHL.
WENN ER UNS VOM HIMMEL SCHIESST, KREPIEREN WIR AUF DIESEM PLANETEN UND ICH FINDE NIE DEN PREDATOR MIT NUR DREI UNTERKIEFERKNOCHEN, DER MEINE ELTERN GETÖTET HAT.
NUR WILL DER PREDATOR DAS GAR NICHT.
ER IST EIN JÄGER. SO EIN ABSCHUSS VERSTIESSE GEGEN SEINE EHRE.
ER WILL DEN KAMPF AUF DIE OBERFLÄCHE VERLAGERN.

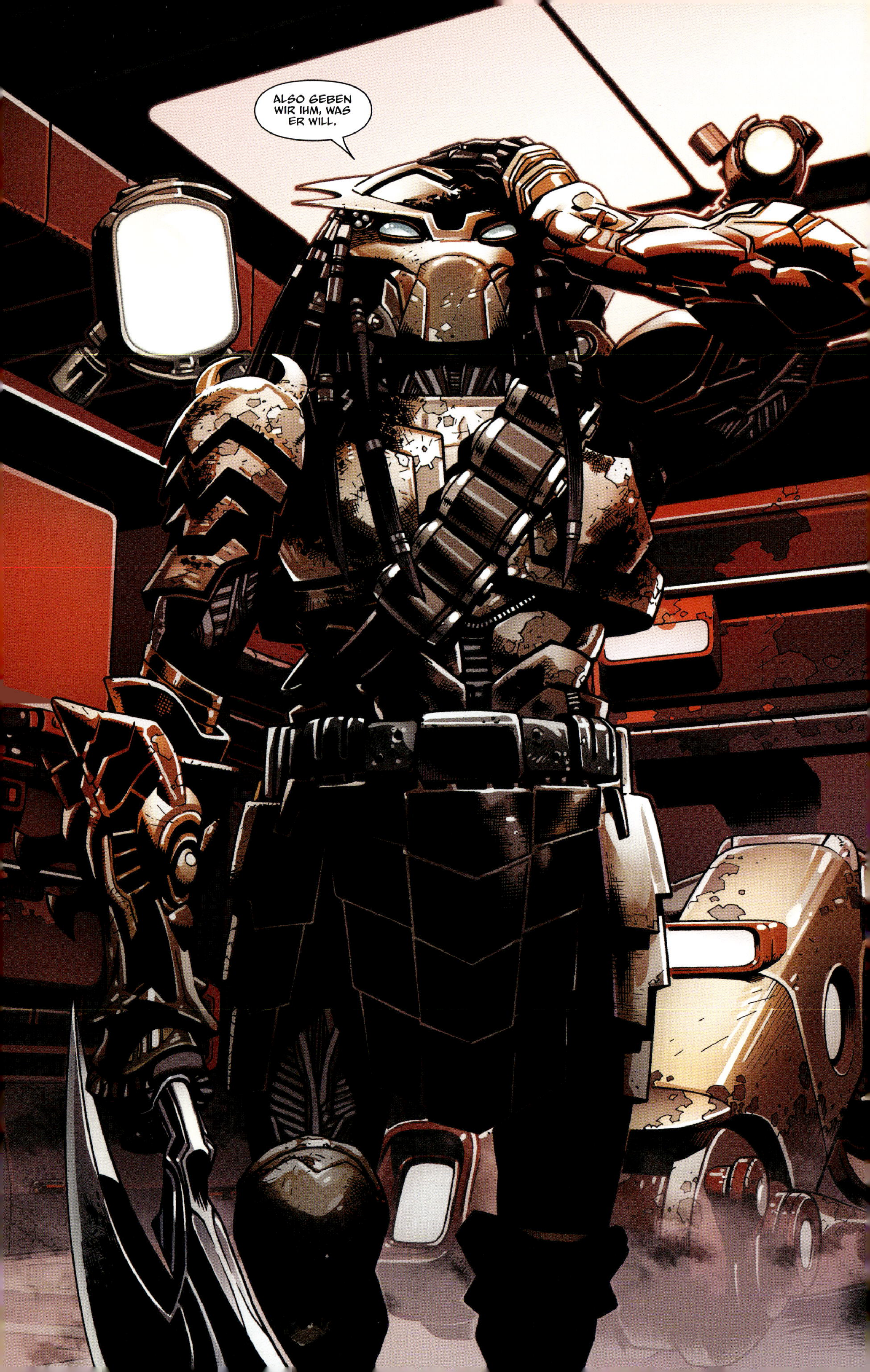
ALSO GEBEN WIR IHM, WAS ER WILL.

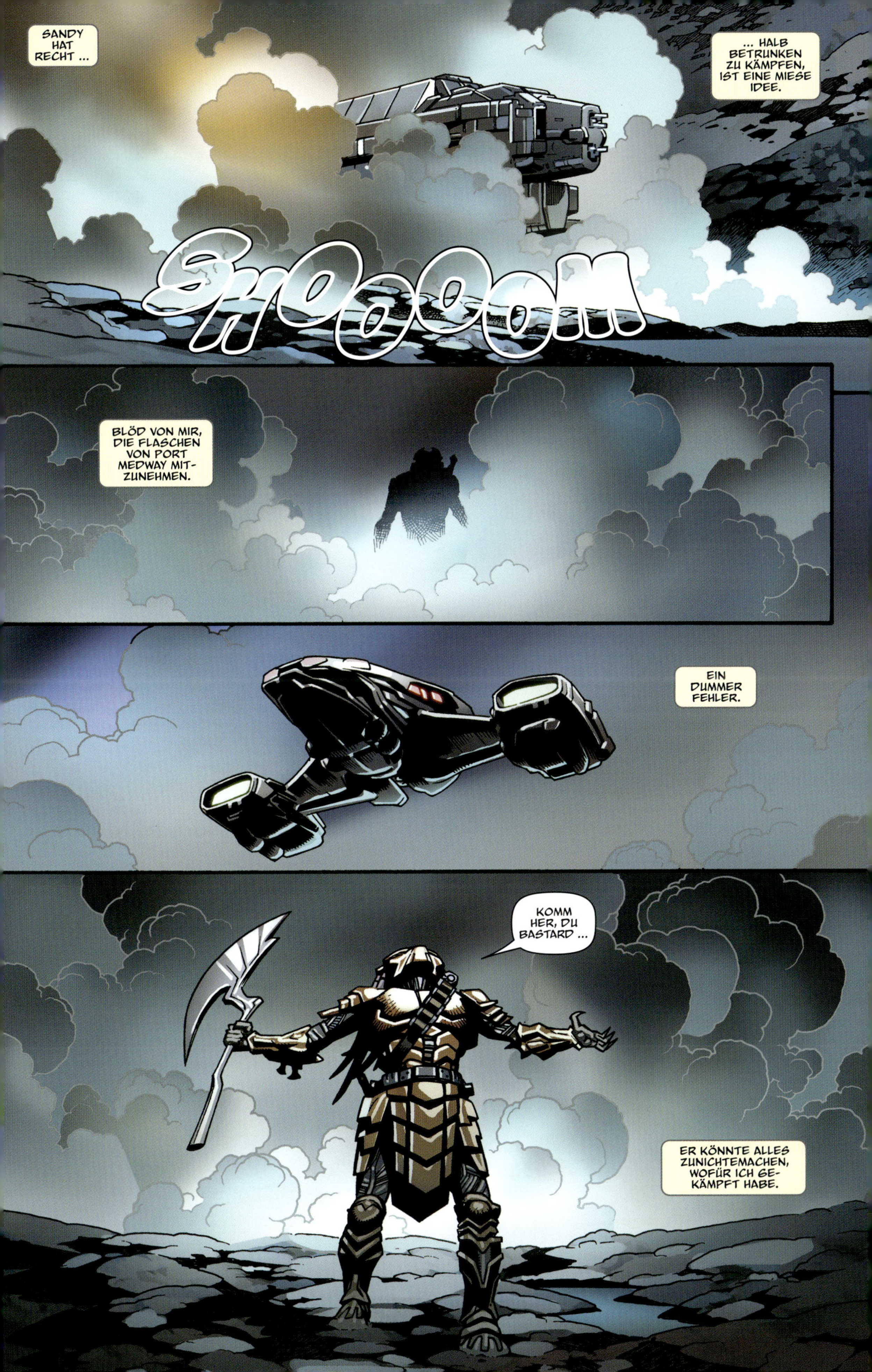
SANDY HAT RECHT ...
... HALB BETRUNKEN ZU KÄMPFEN, IST EINE MIESE IDEE.
SHOOOOOM
BLÖD VON MIR, DIE FLASCHEN VON PORT MEDWAY MIT-ZUNEHMEN.
EIN DUMMER FEHLER.
KOMM HER, DU BASTARD ...
ER KÖNNTE ALLES ZUNICHTEMACHEN, WOFÜR ICH GE-KÄMPFT HABE.

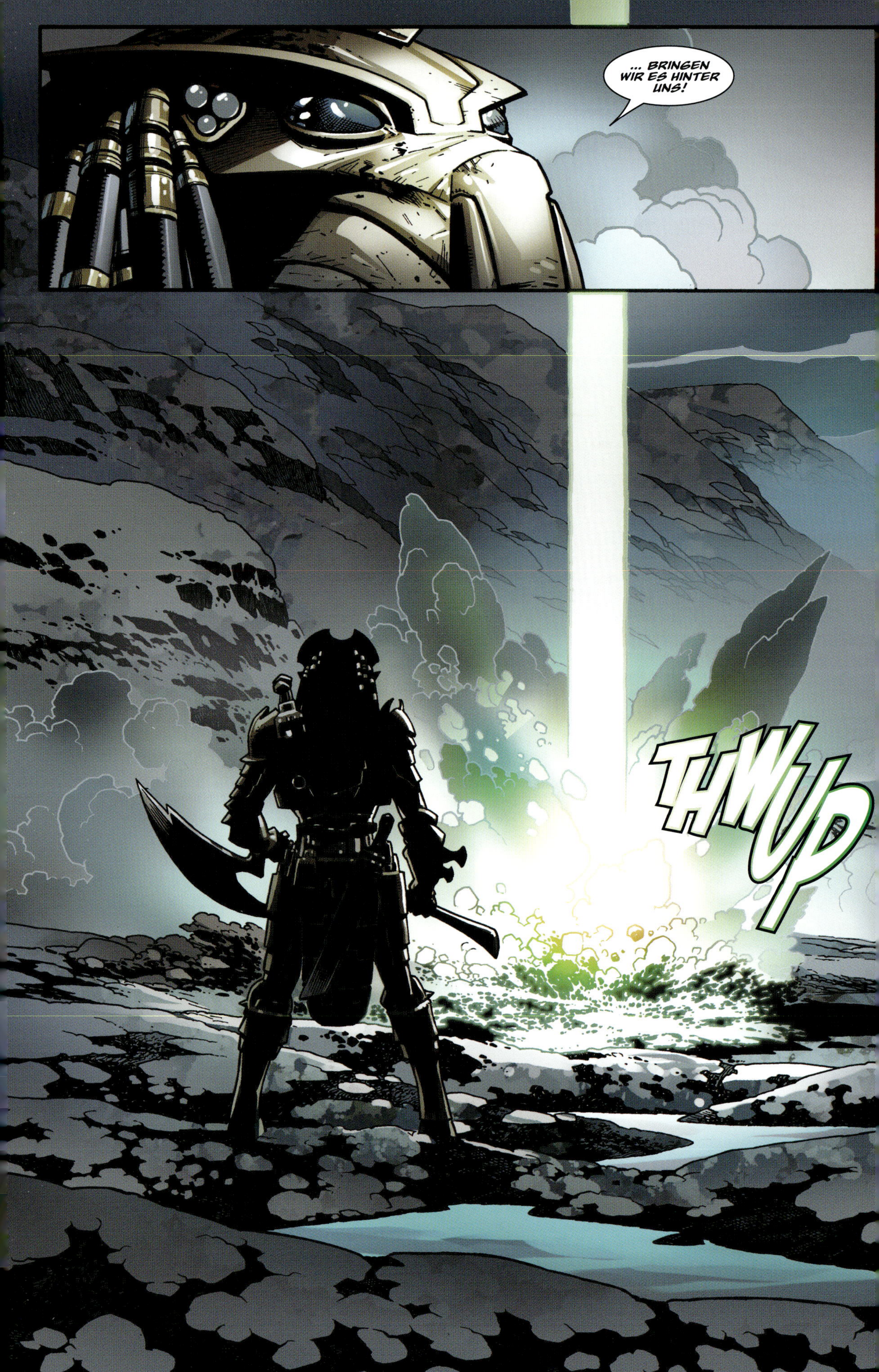
... BRINGEN WIR ES HINTER UNS!
THWUP

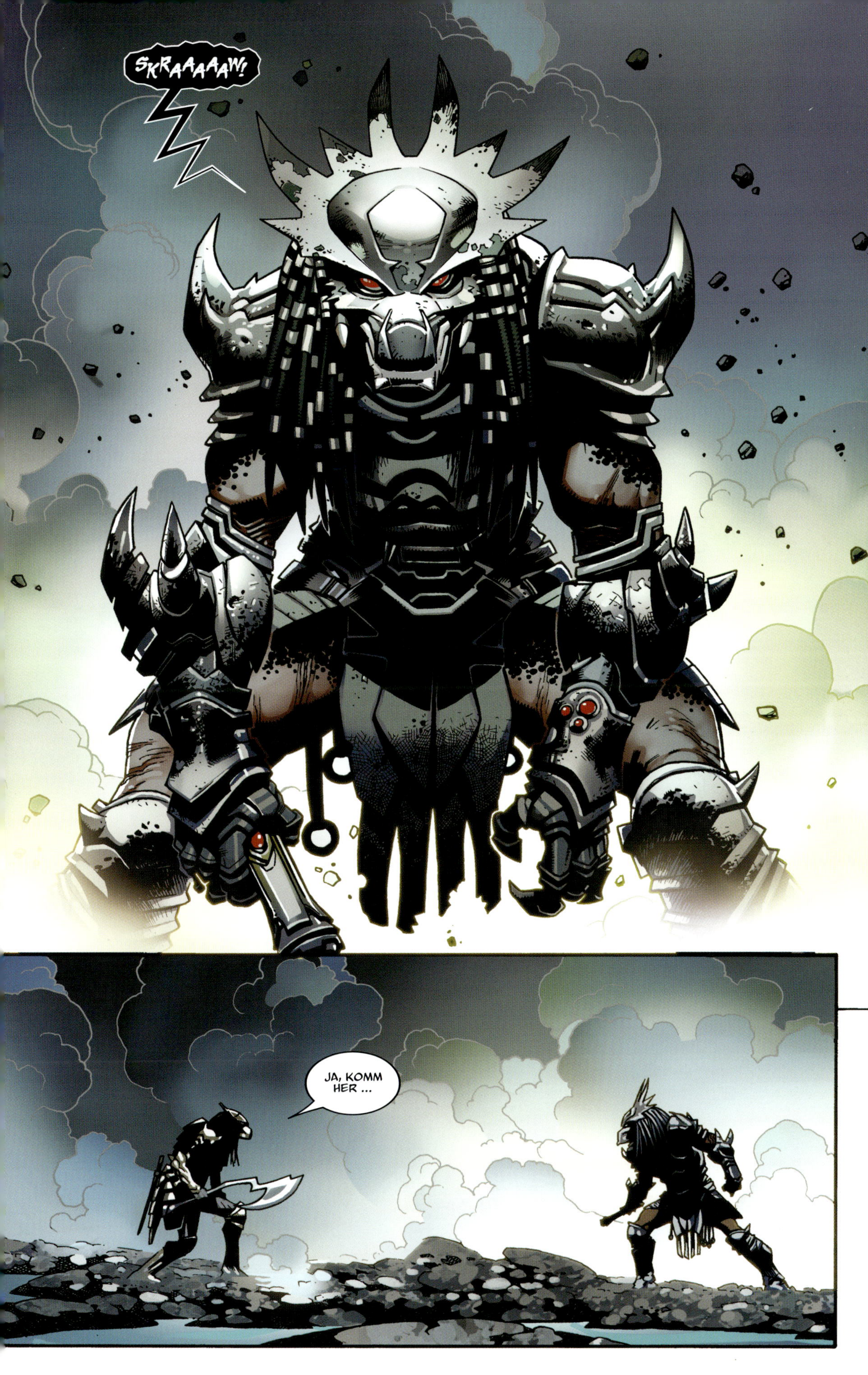
SKRAAAAAW!
JA, KOMM HER ...

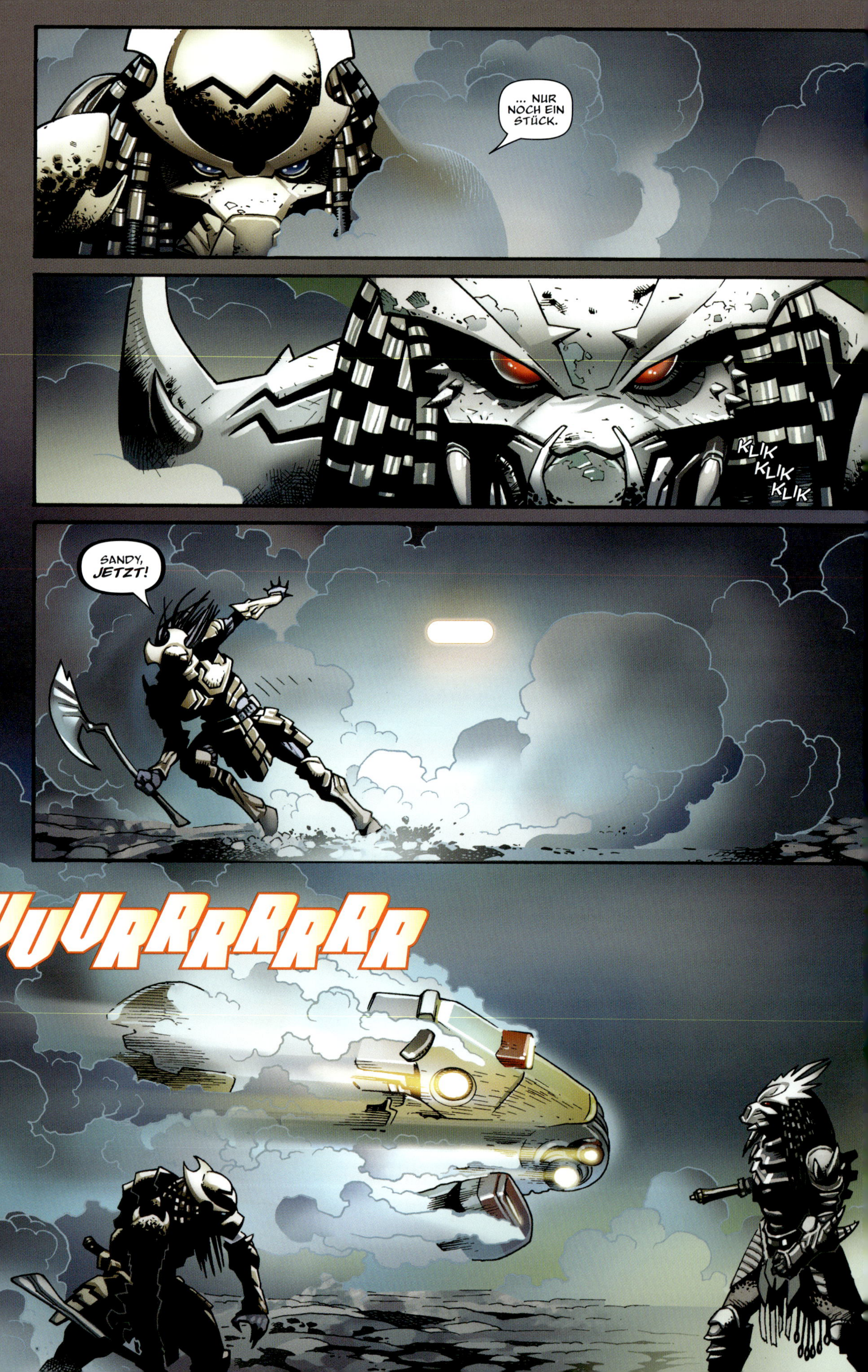

... NUR NOCH EIN STÜCK.
KLIK KLIK KLIK
SANDY, JETZT!
VUURRRRRRR

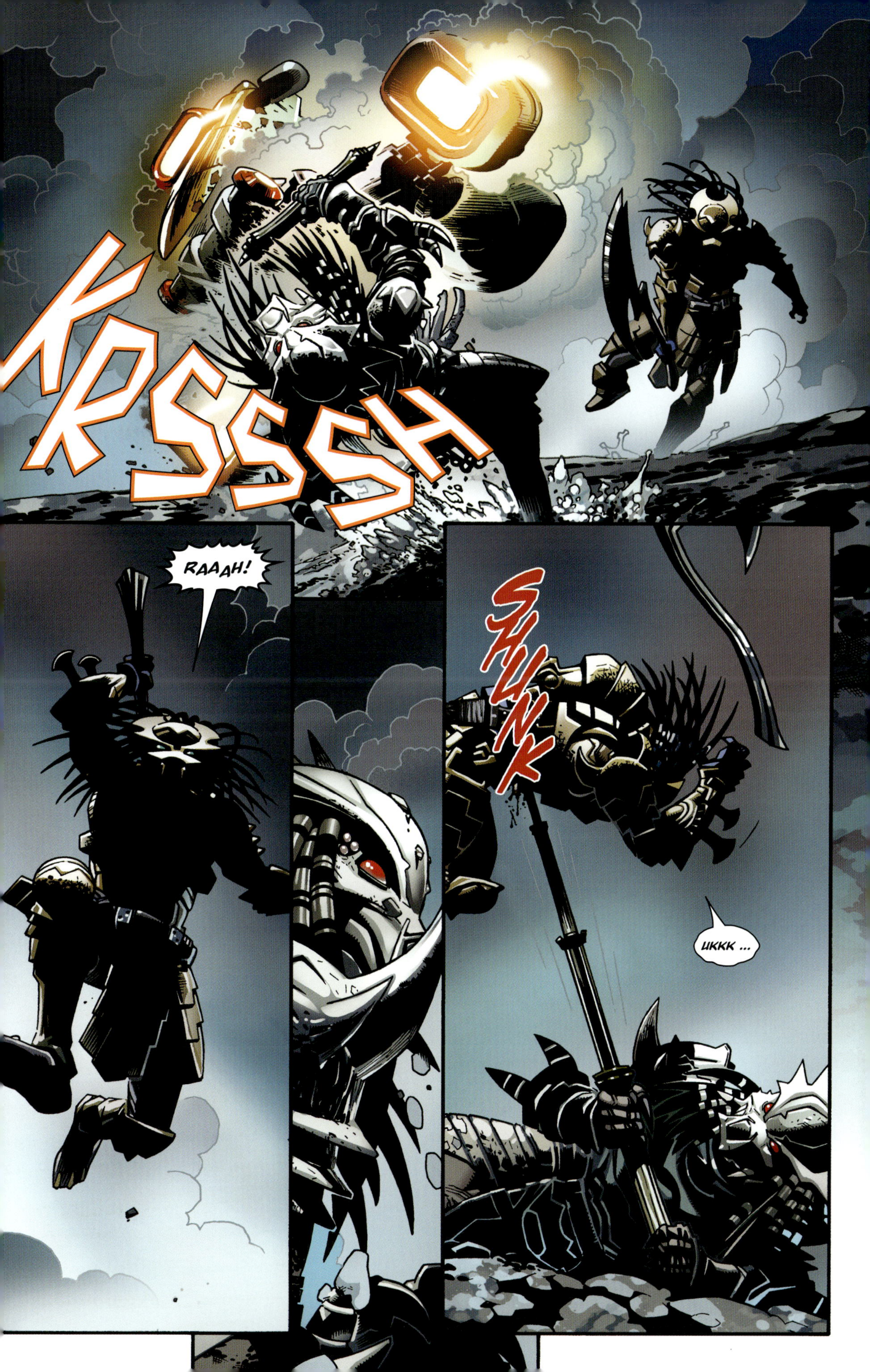
KRSSSH
RAAAH!
SHUNK
UKKK ...

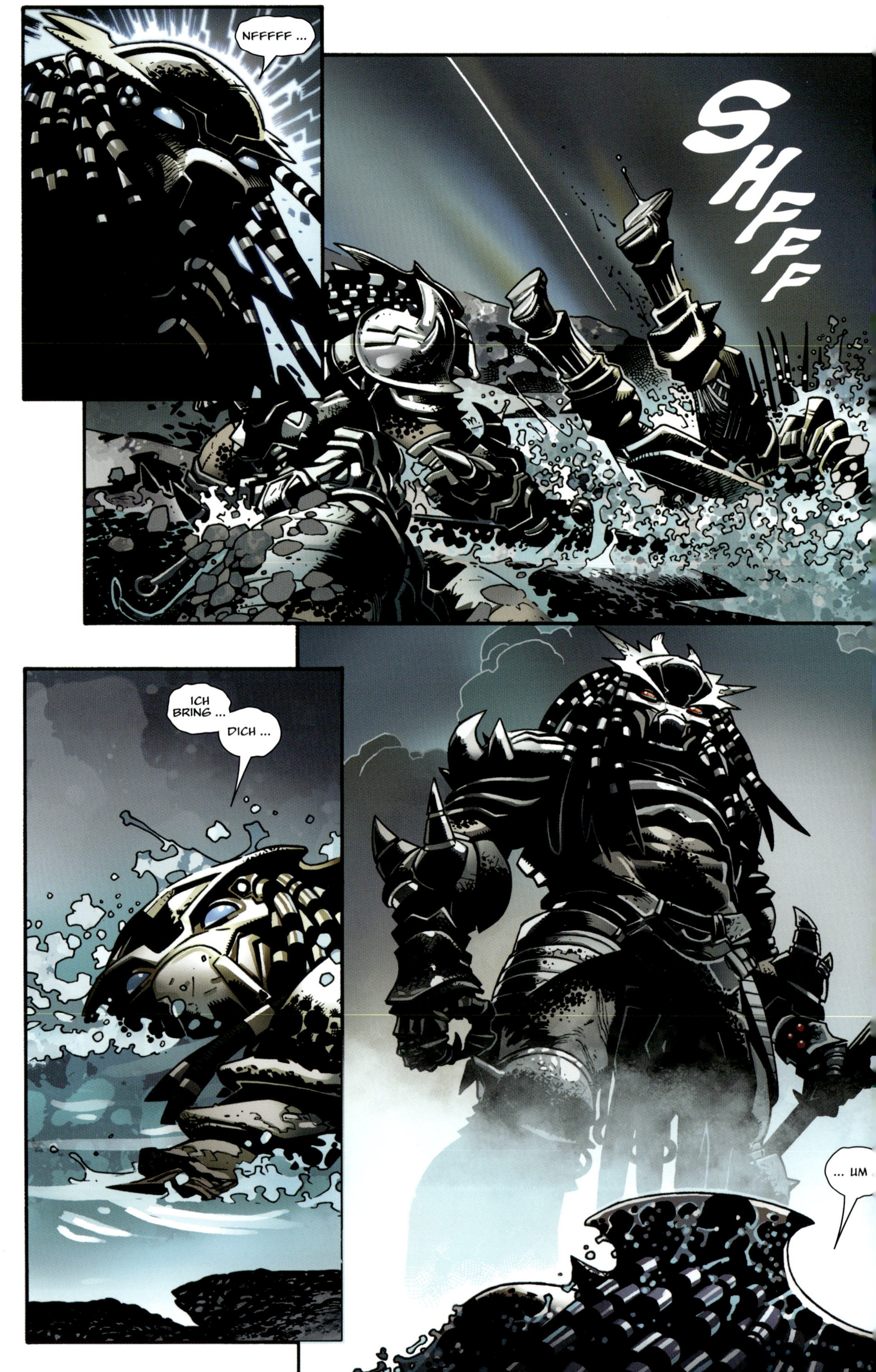
NFFFFF ...
SHFFF
ICH BRING ...
DICH ...
... UM

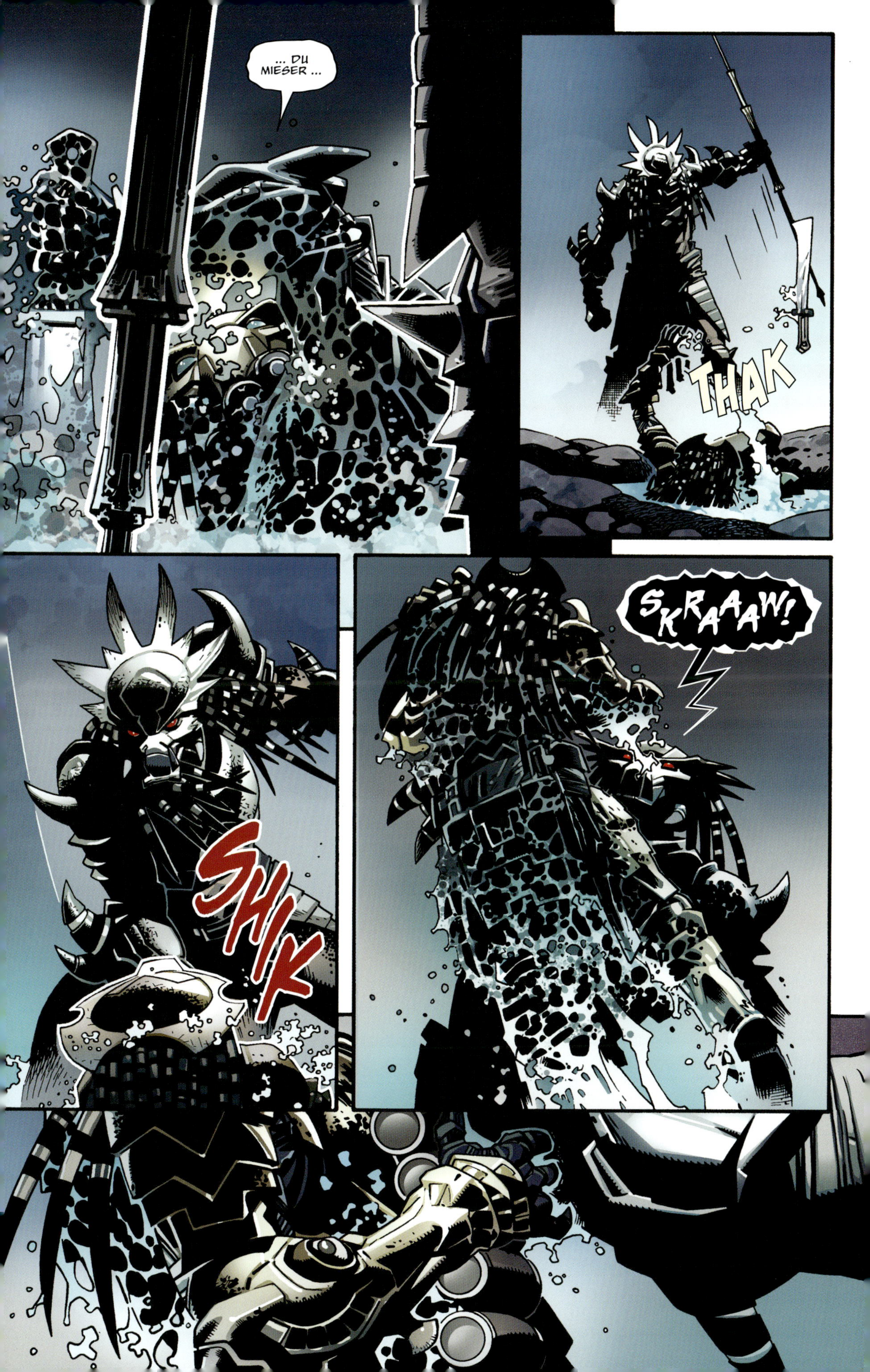
... DU MIESER ...
THAK
SHIK
SKRAAAW!

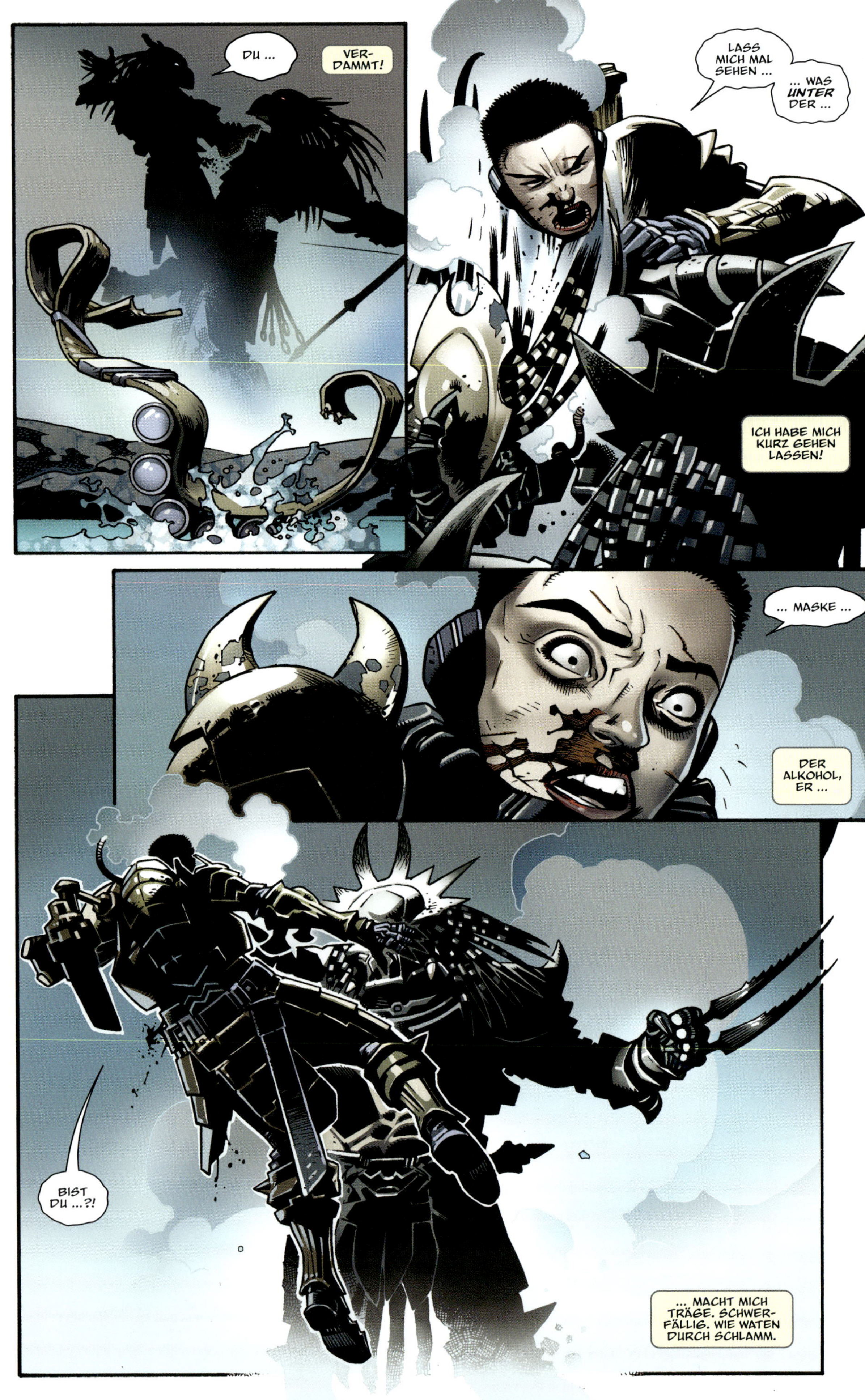
VER-
DAMMT!
DU ...
LASS
MICH MAL
SEHEN ...
... WAS
UNTER
DER ...
ICH HABE MICH
KURZ GEHEN
LASSEN!
... MASKE ...
DER
ALKOHOL,
ER ...
BIST
DU ...?!
... MACHT MICH
TRÄGE. SCHWER-
FÄLLIG. WIE WATEN
DURCH SCHLAMM.

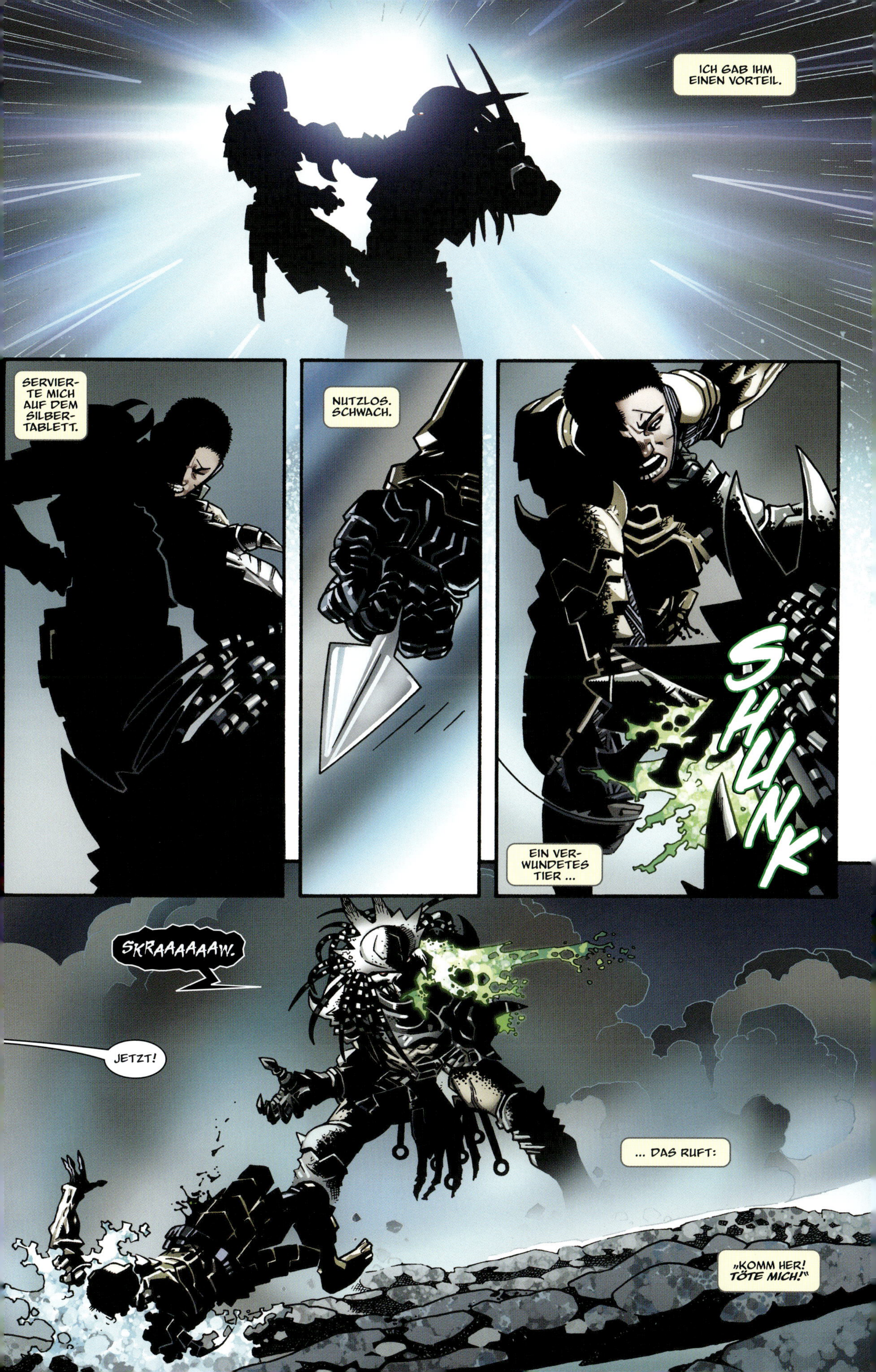
ICH GAB IHM EINEN VORTEIL.
SERVIERTE MICH AUF DEM SILBERTABLETT.
NUTZLOS. SCHWACH.
SHUNK
EIN VERWUNDETES TIER ...
SKRAAAAAAW.
JETZT!
... DAS RUFT:
»KOMM HER! TÖTE MICH!«

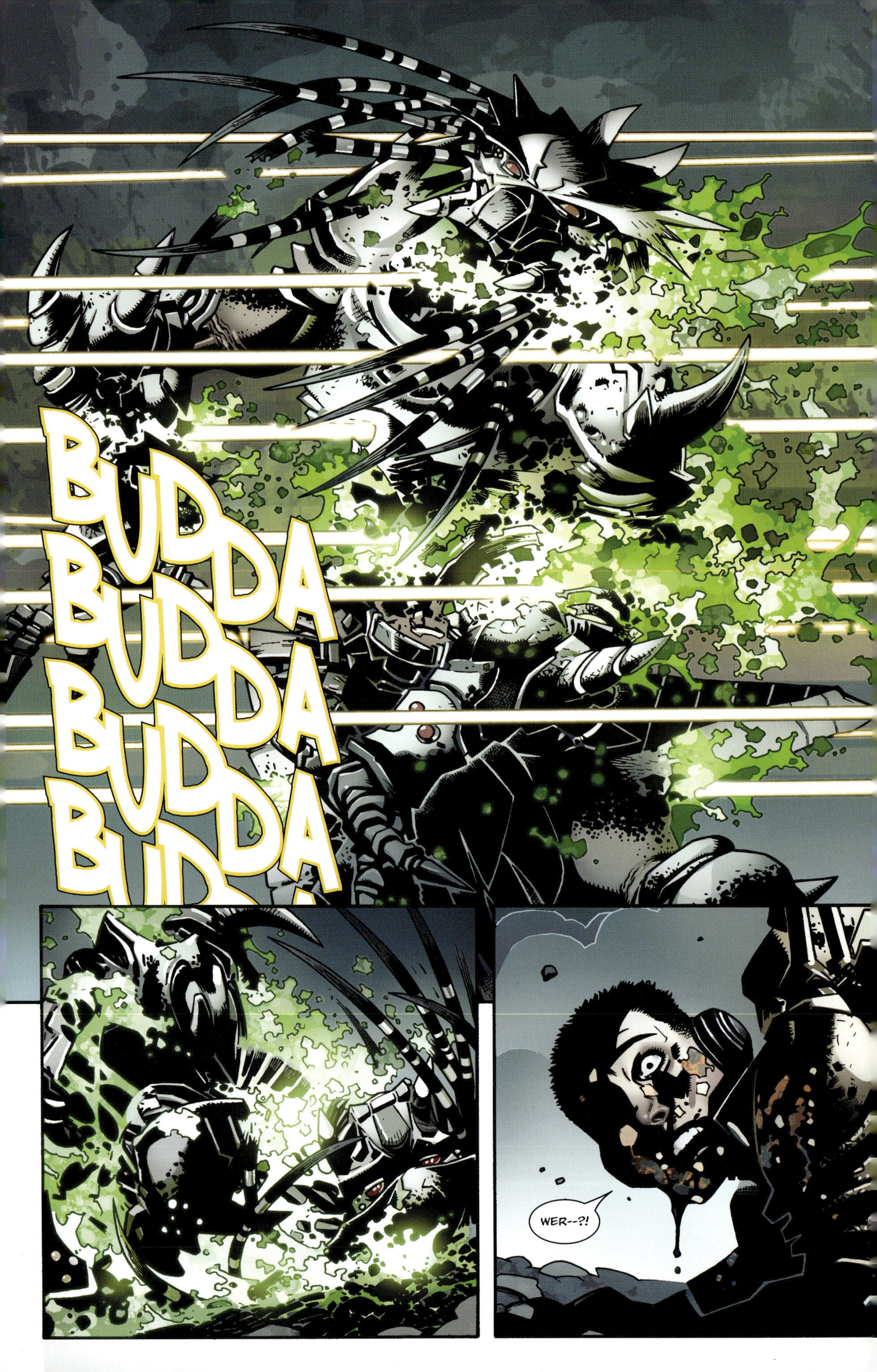
BUDDA
BUDDA
BUDDA
BUDDA
WER--?!

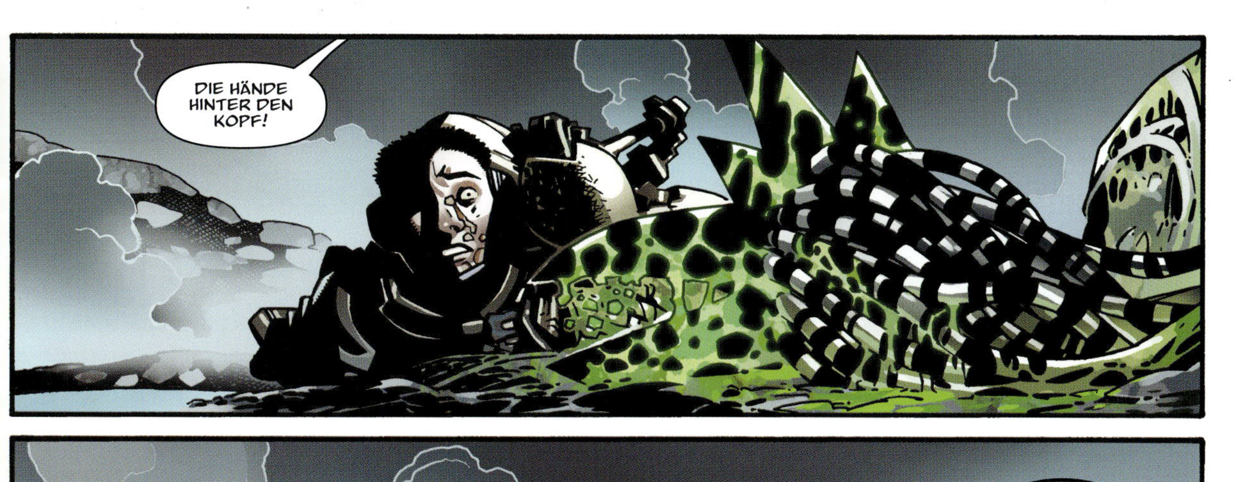
DIE HÄNDE HINTER DEN KOPF!
LOS!
WER KÜMMERT SICH UM SIE?
ES ... IST ... NICHT ER.
NICHT ... ER ...
HÄNDE HINTER DEN KOPF!
BRINGT SIE AUFS SCHIFF ...

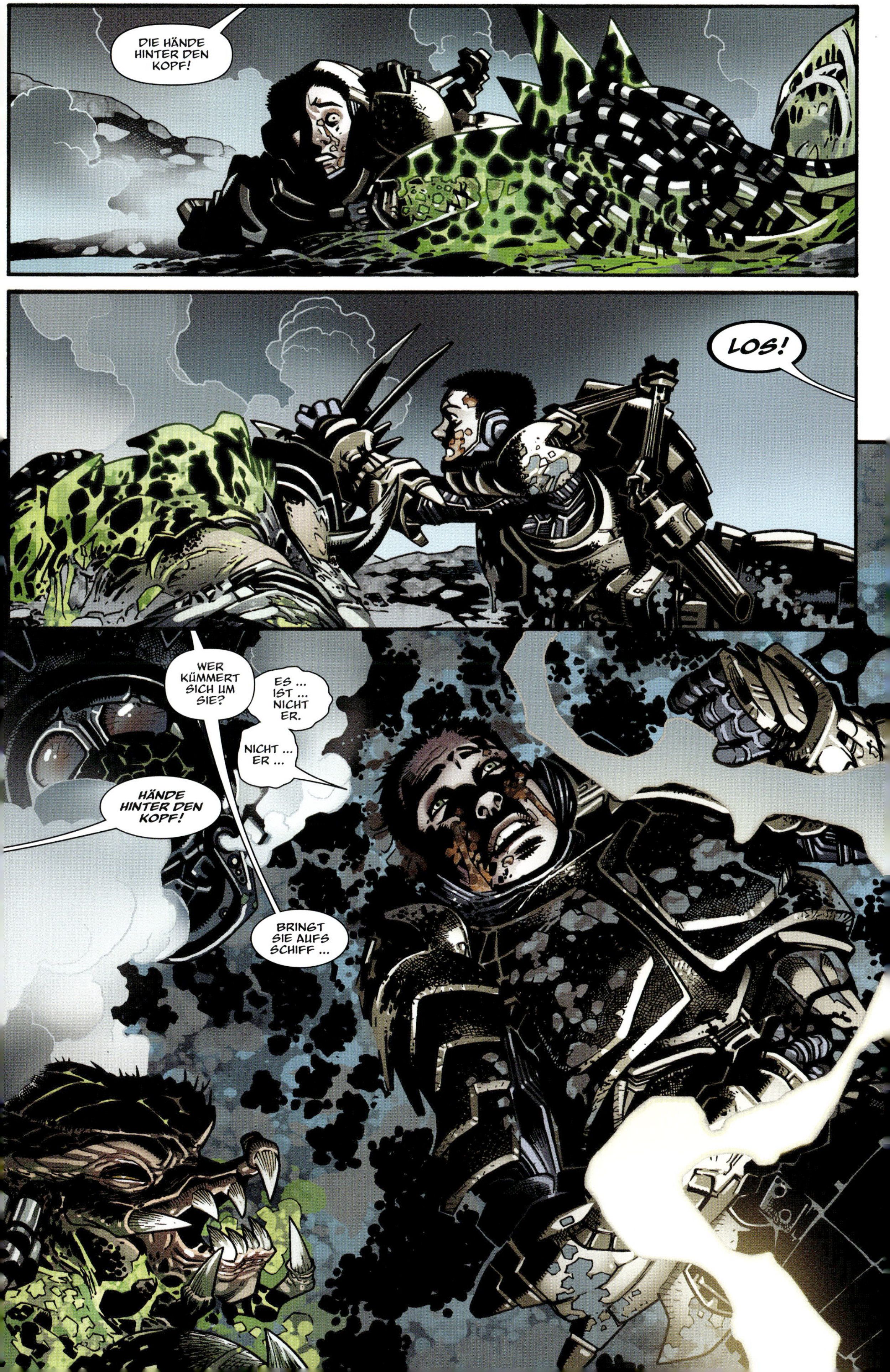

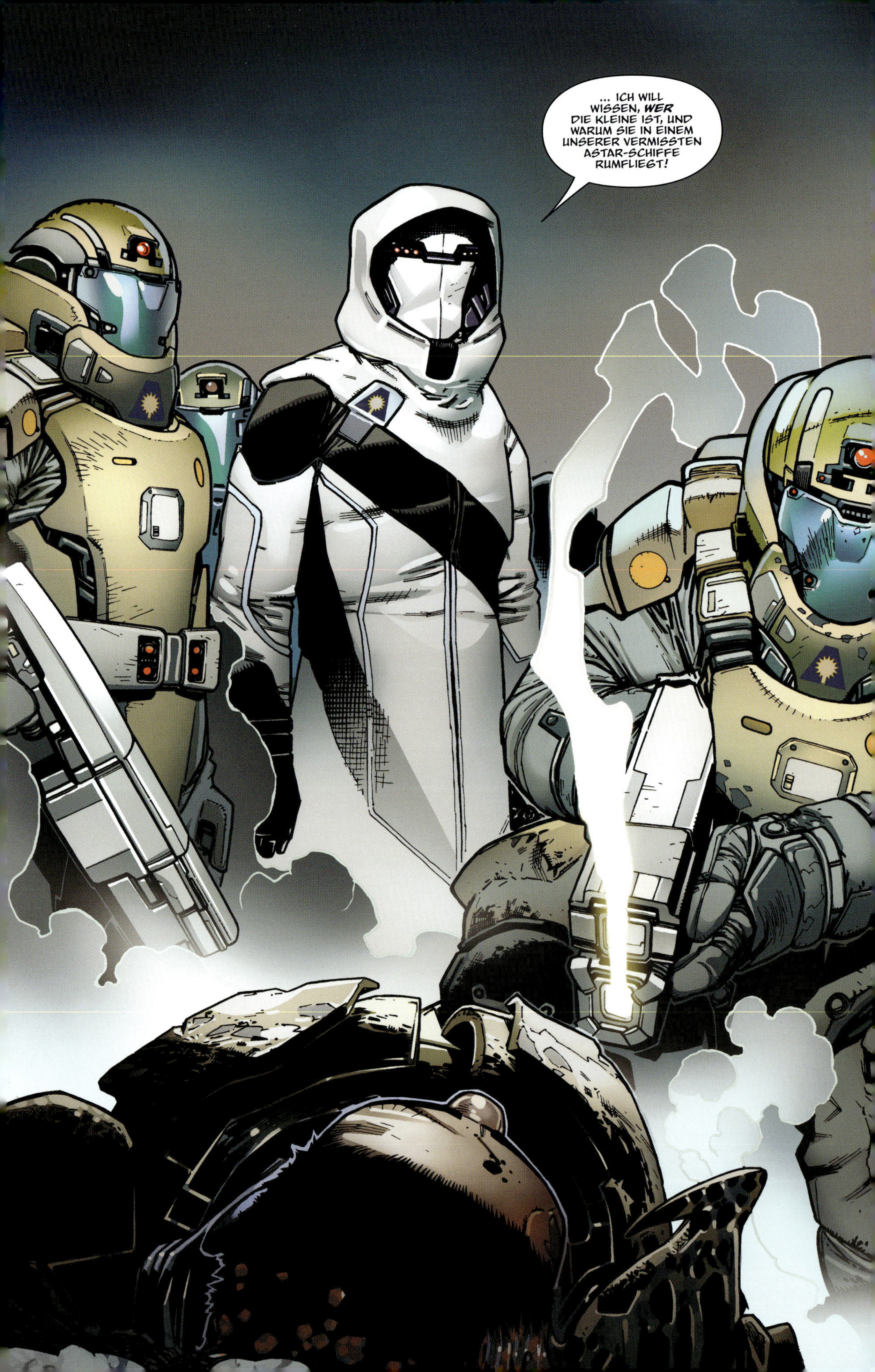
... ICH WILL WISSEN, WER DIE KLEINE IST, UND WARUM SIE IN EINEM UNSERER VERMISSTEN ASTAR-SCHIFFE RUMFLIEGT!

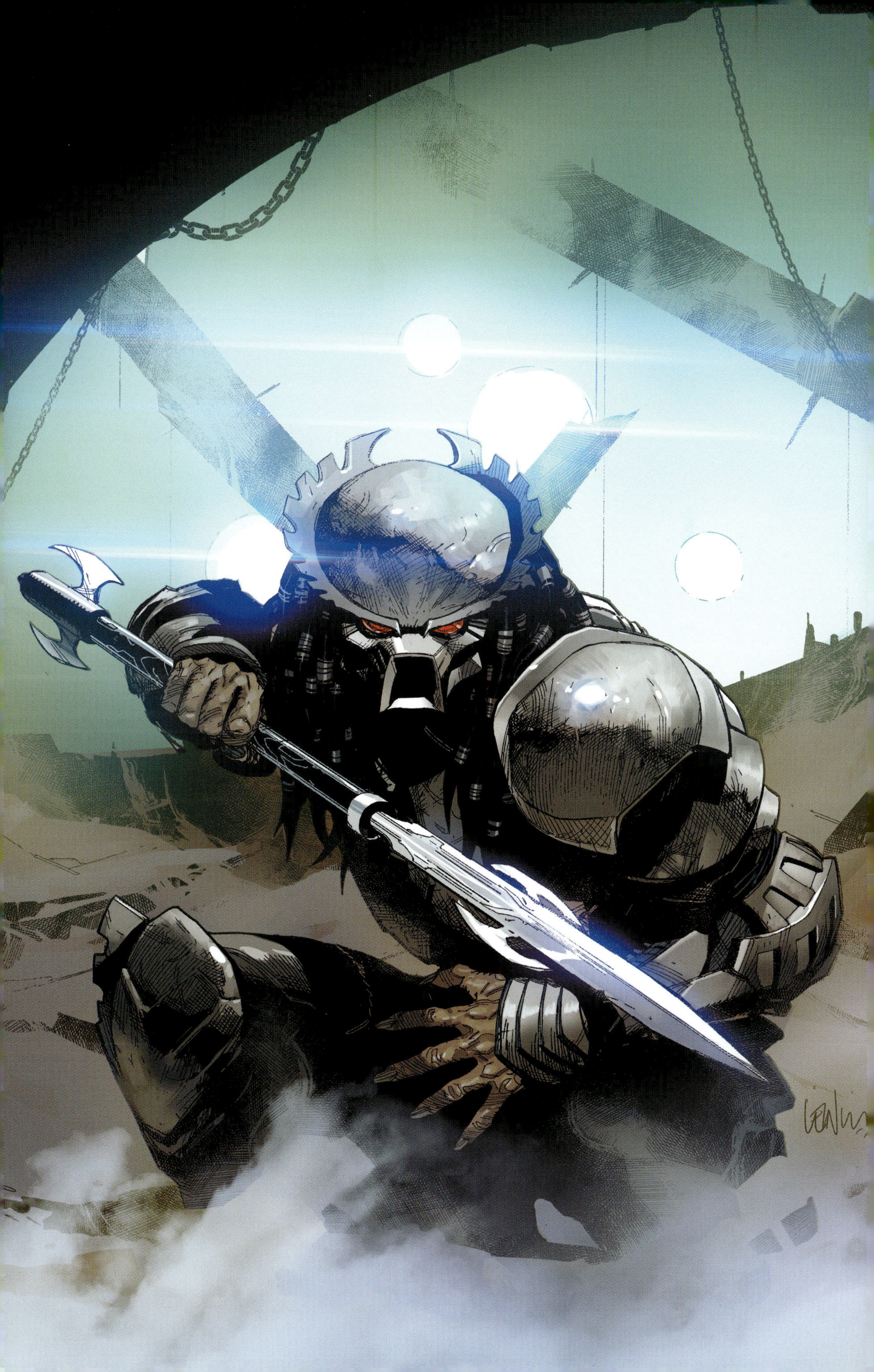

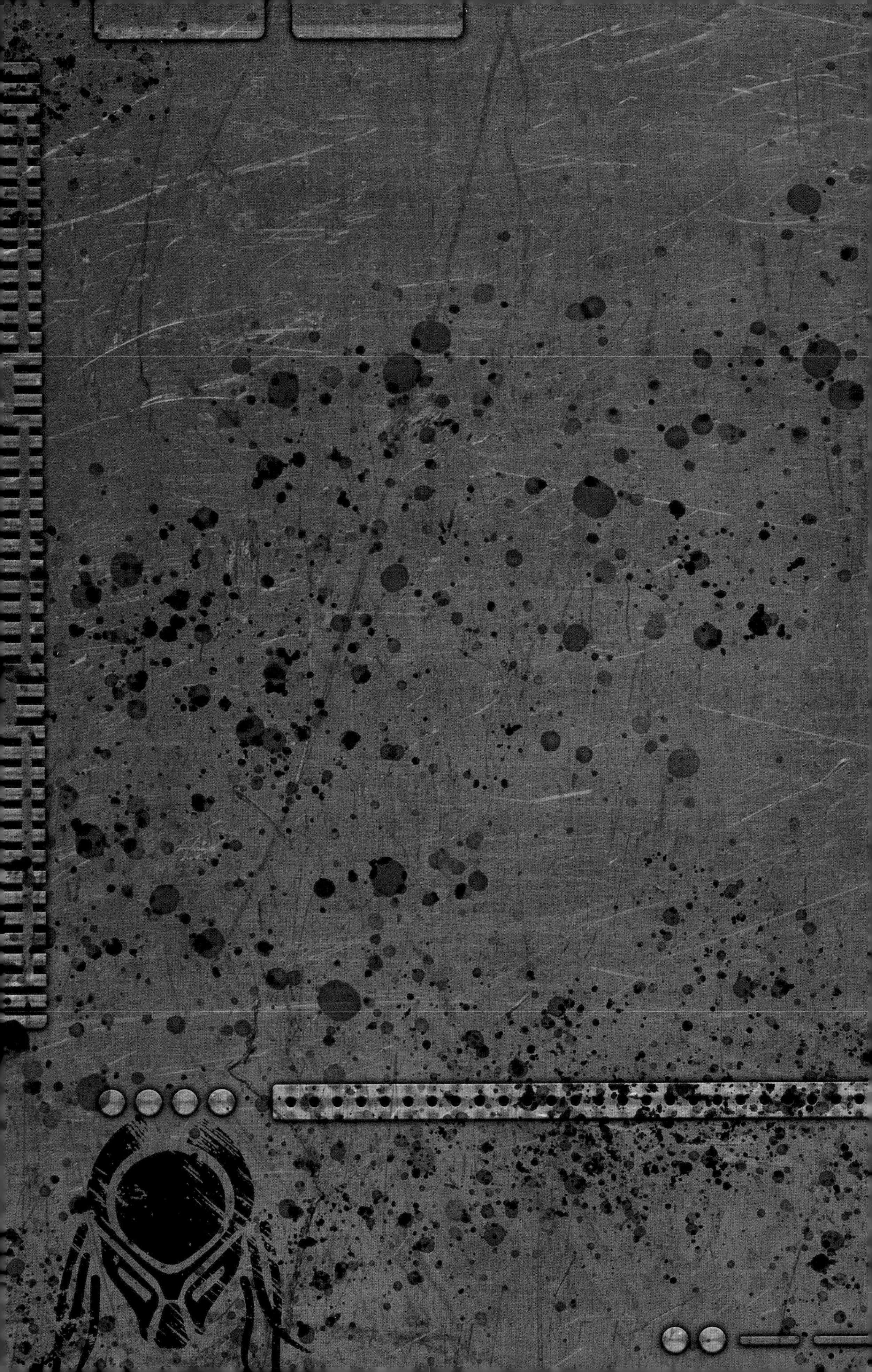

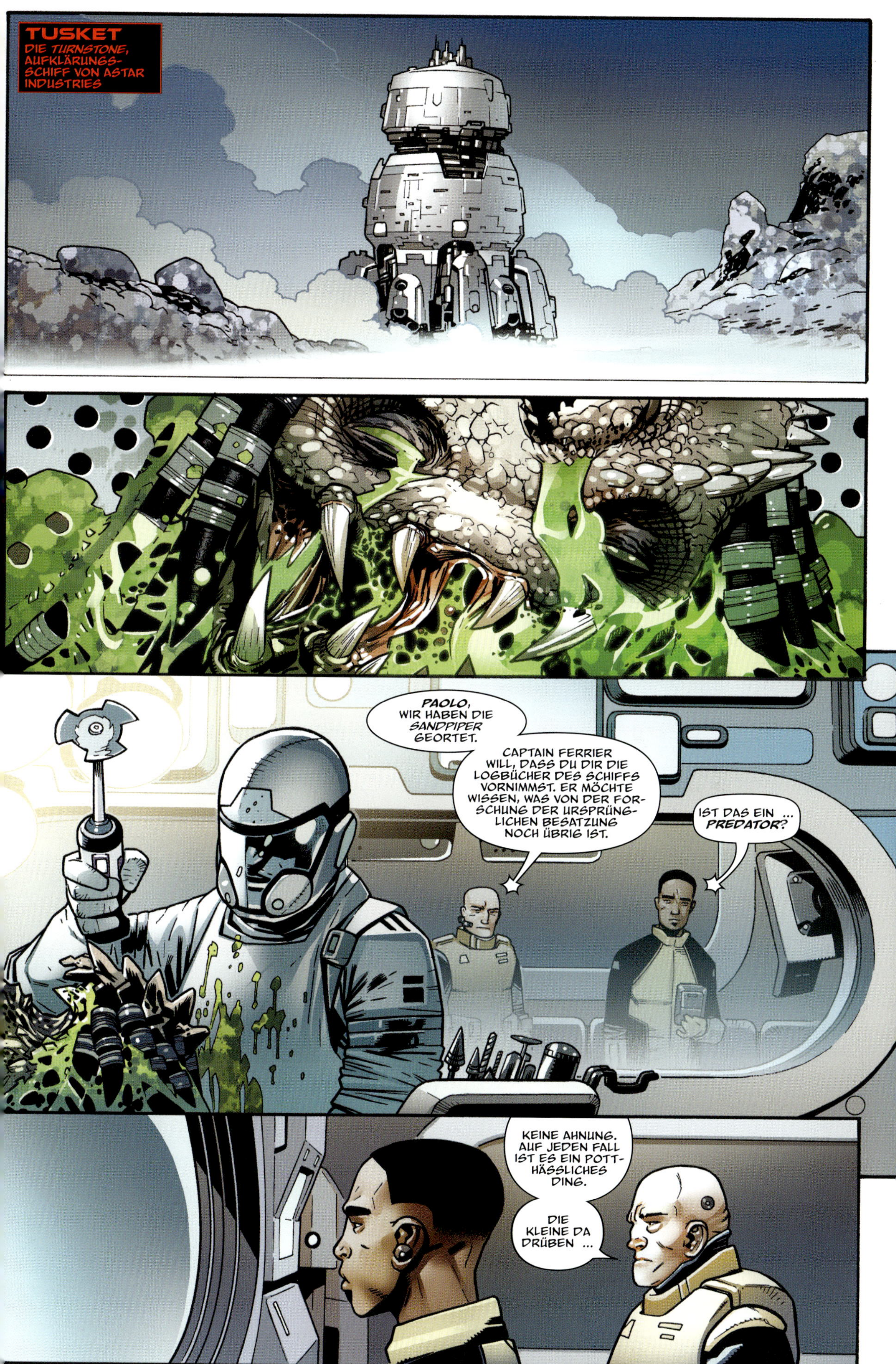
TUSKET
DIE TURNSTONE, AUFKLÄRUNGS-SCHIFF VON ASTAR INDUSTRIES
PAOLO, WIR HABEN DIE SANDPIPER GEORTET.
CAPTAIN FERRIER WILL, DASS DU DIR DIE LOGBÜCHER DES SCHIFFS VORNIMMST. ER MÖCHTE WISSEN, WAS VON DER FORSCHUNG DER URSPRÜNGLICHEN BESATZUNG NOCH ÜBRIG IST.
IST DAS EIN ... PREDATOR?
KEINE AHNUNG. AUF JEDEN FALL IST ES EIN POTTHÄSSLICHES DING.
DIE KLEINE DA DRÜBEN ...

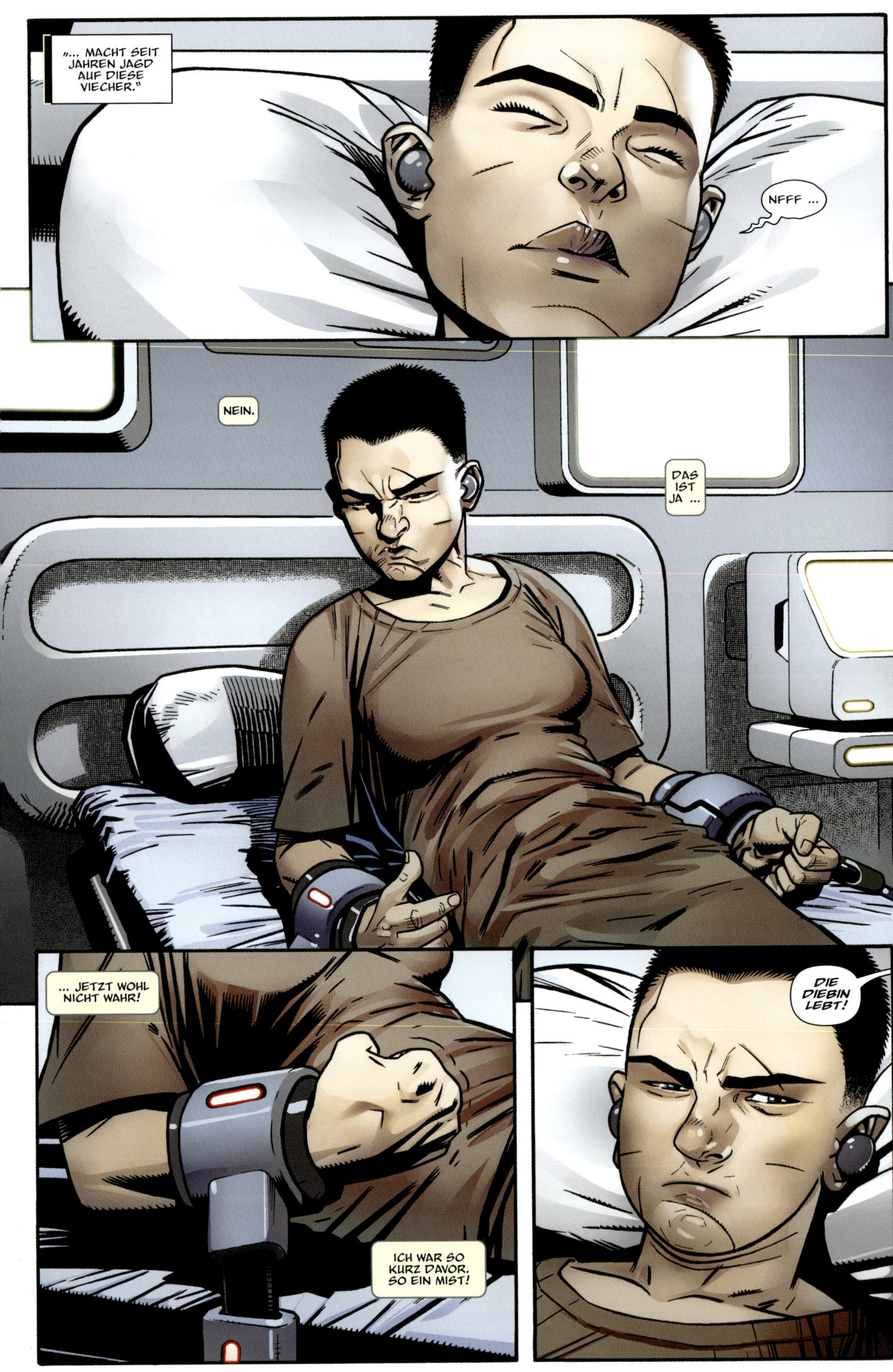
"... MACHT SEIT JAHREN JAGD AUF DIESE VIECHER."
NFFF ...
NEIN.
DAS IST JA ...
... JETZT WOHL NICHT WAHR!
ICH WAR SO KURZ DAVOR. SO EIN MIST!
DIE DIEBIN LEBT!

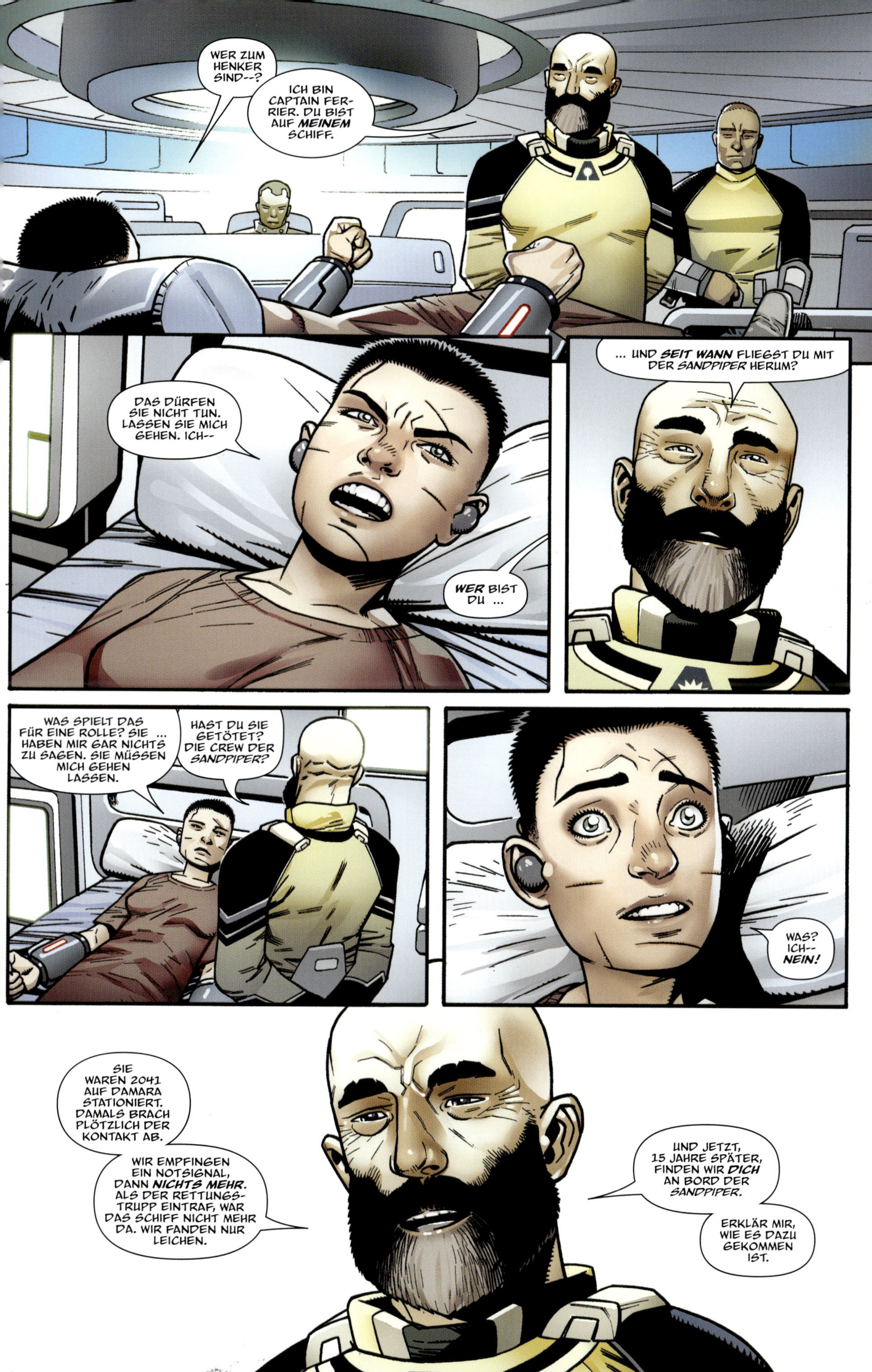
WER ZUM HENKER SIND--?
ICH BIN CAPTAIN FERRIER. DU BIST AUF MEINEM SCHIFF.
DAS DÜRFEN SIE NICHT TUN. LASSEN SIE MICH GEHEN. ICH--
WER BIST DU ...
... UND SEIT WANN FLIEGST DU MIT DER SANDPIPER HERUM?
WAS SPIELT DAS FÜR EINE ROLLE? SIE ... HABEN MIR GAR NICHTS ZU SAGEN. SIE MÜSSEN MICH GEHEN LASSEN.
HAST DU SIE GETÖTET? DIE CREW DER SANDPIPER?
WAS? ICH-- NEIN!
SIE WAREN 2041 AUF DAMARA STATIONIERT. DAMALS BRACH PLÖTZLICH DER KONTAKT AB.
WIR EMPFINGEN EIN NOTSIGNAL, DANN NICHTS MEHR. ALS DER RETTUNGSTRUPP EINTRAF, WAR DAS SCHIFF NICHT MEHR DA. WIR FANDEN NUR LEICHEN.
UND JETZT, 15 JAHRE SPÄTER, FINDEN WIR DICH AN BORD DER SANDPIPER.
ERKLÄR MIR, WIE ES DAZU GEKOMMEN IST.

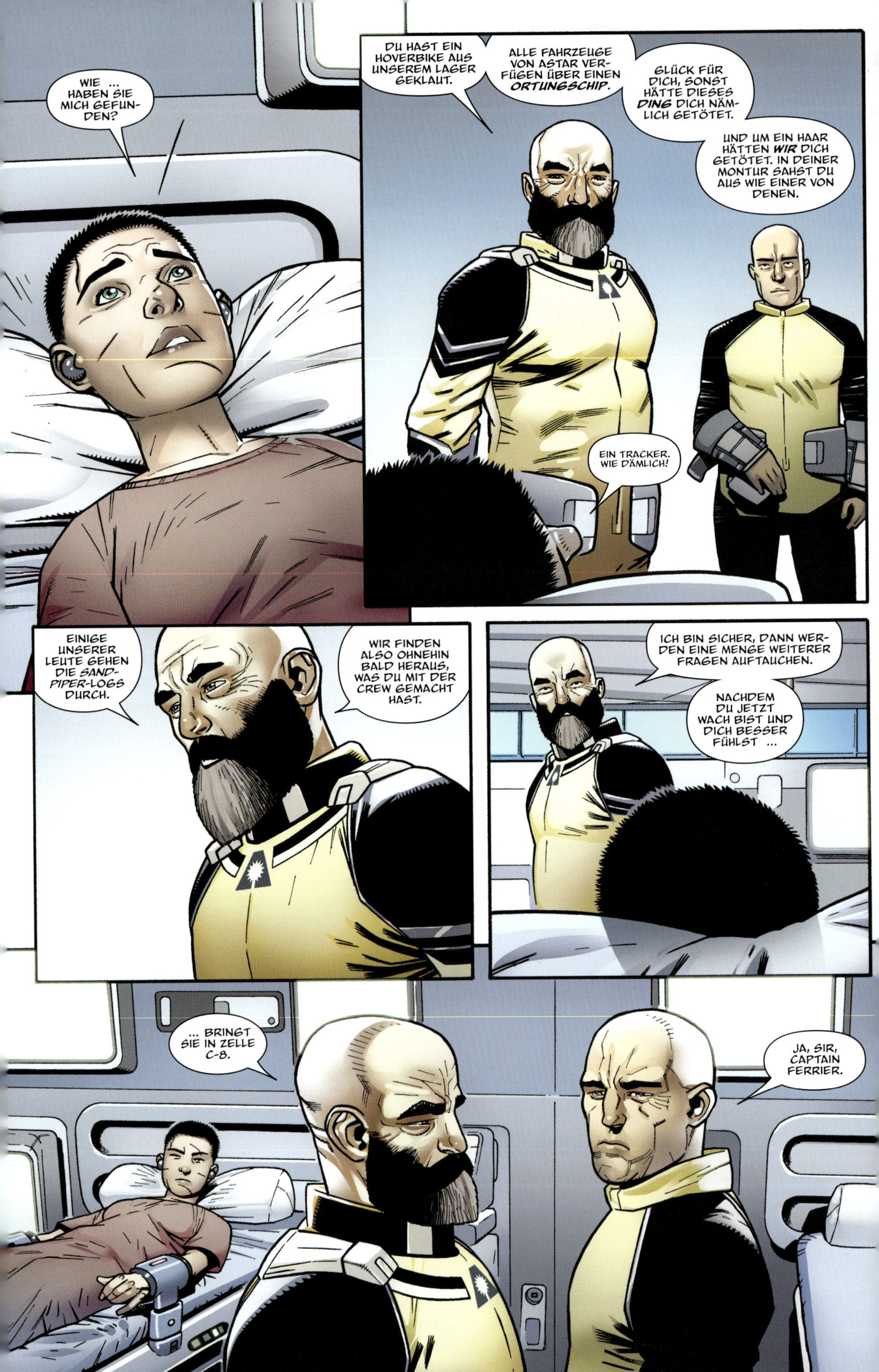
WIE ... HABEN SIE MICH GEFUNDEN?
DU HAST EIN HOVERBIKE AUS UNSEREM LAGER GEKLAUT.
ALLE FAHRZEUGE VON ASTAR VERFÜGEN ÜBER EINEN ORTUNGSCHIP.
GLÜCK FÜR DICH, SONST HÄTTE DIESES DING DICH NÄMLICH GETÖTET.
UND UM EIN HAAR HÄTTEN WIR DICH GETÖTET. IN DEINER MONTUR SAHST DU AUS WIE EINER VON DENEN.
EIN TRACKER. WIE DÄMLICH!
EINIGE UNSERER LEUTE GEHEN DIE SANDPIPER-LOGS DURCH.
WIR FINDEN ALSO OHNEHIN BALD HERAUS, WAS DU MIT DER CREW GEMACHT HAST.
ICH BIN SICHER, DANN WERDEN EINE MENGE WEITERER FRAGEN AUFTAUCHEN.
NACHDEM DU JETZT WACH BIST UND DICH BESSER FÜHLST ...
... BRINGT SIE IN ZELLE C-8.
JA, SIR, CAPTAIN FERRIER.

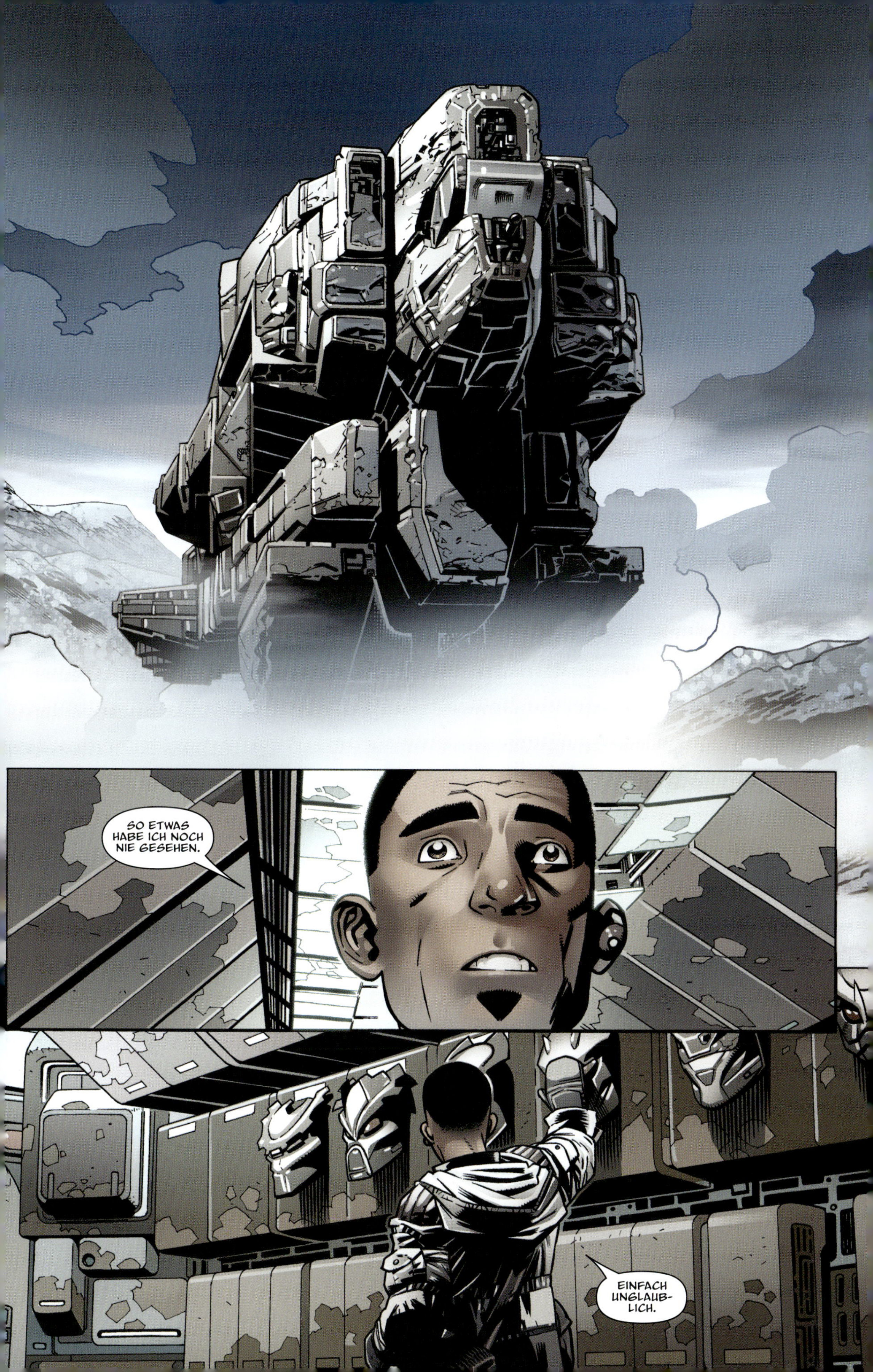
SO ETWAS HABE ICH NOCH NIE GESEHEN.
EINFACH UNGLAUB-LICH.

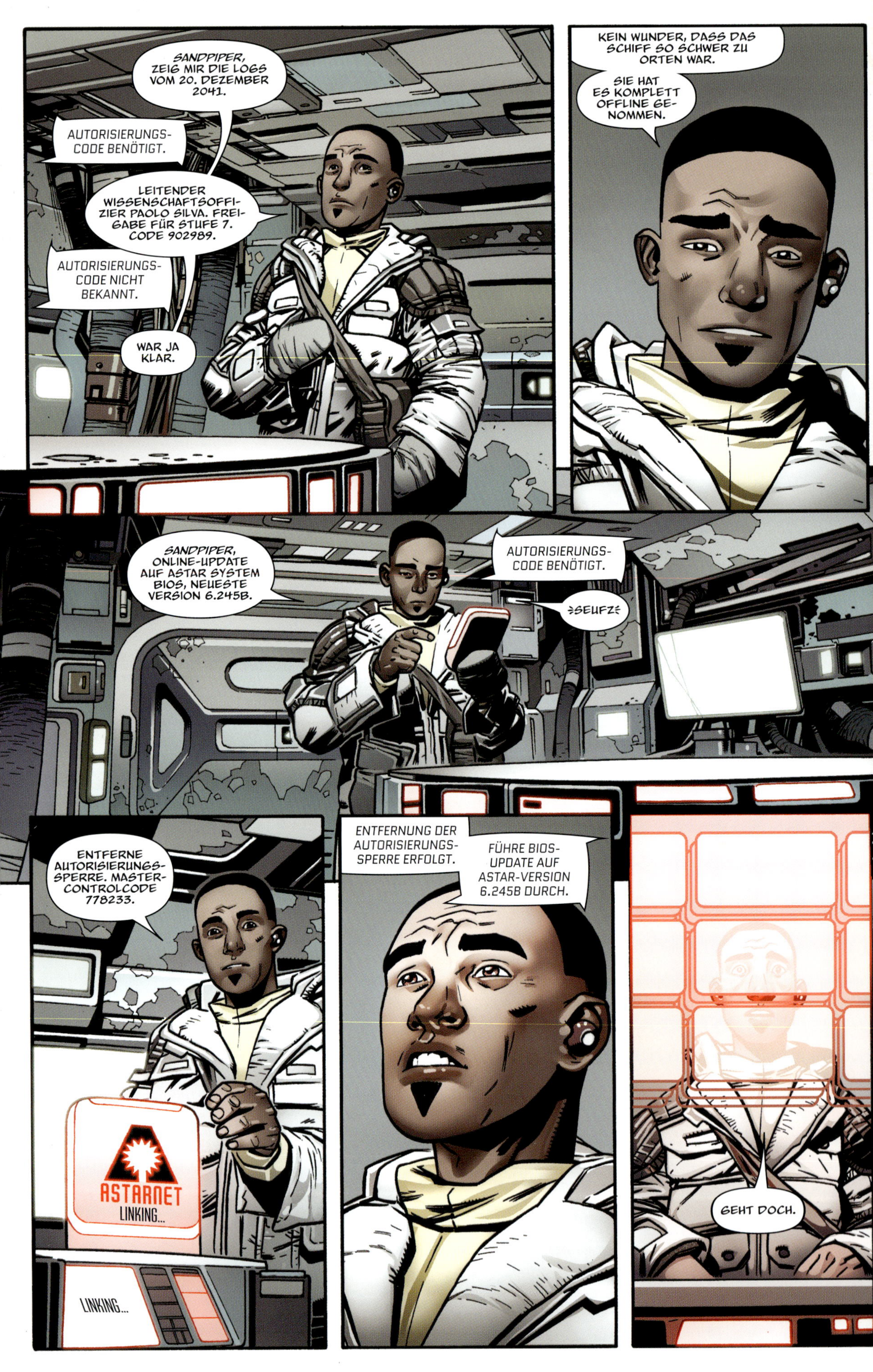
SANDPIPER, ZEIG MIR DIE LOGS VOM 20. DEZEMBER 2041.
AUTORISIERUNGS-CODE BENÖTIGT.
LEITENDER WISSENSCHAFTSOFFI-ZIER PAOLO SILVA. FREI-GABE FÜR STUFE 7. CODE 902989.
AUTORISIERUNGS-CODE NICHT BEKANNT.
WAR JA KLAR.
KEIN WUNDER, DASS DAS SCHIFF SO SCHWER ZU ORTEN WAR.
SIE HAT ES KOMPLETT OFFLINE GE-NOMMEN.
SANDPIPER, ONLINE-UPDATE AUF ASTAR SYSTEM BIOS, NEUESTE VERSION 6.245B.
AUTORISIERUNGS-CODE BENÖTIGT.
SEUFZ
ENTFERNE AUTORISIERUNGS-SPERRE. MASTER-CONTROLCODE 778233.
ASTARNET
LINKING...
LINKING...
ENTFERNUNG DER AUTORISIERUNGS-SPERRE ERFOLGT.
FÜHRE BIOS-UPDATE AUF ASTAR-VERSION 6.245B DURCH.
GEHT DOCH.

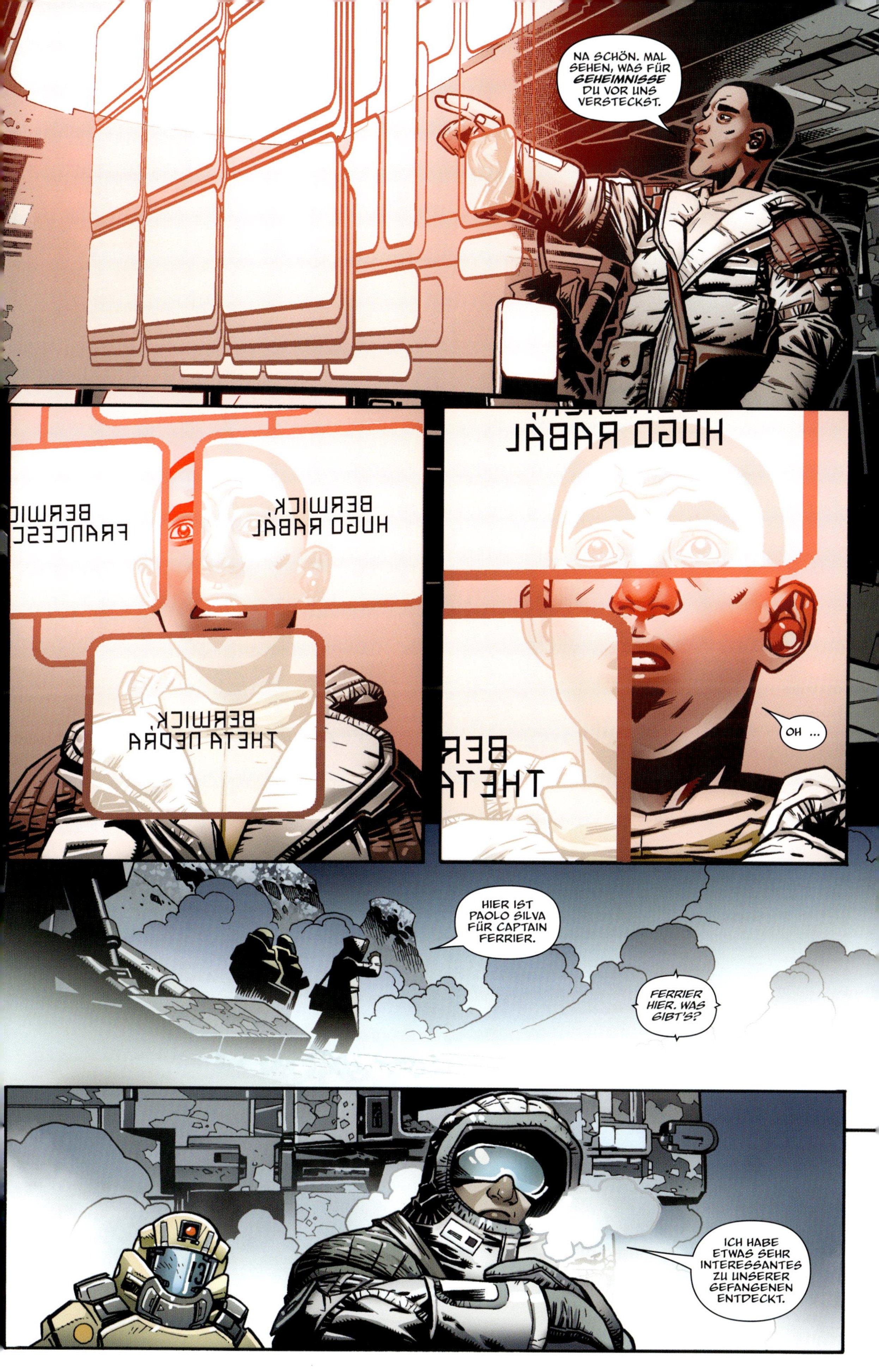

NA SCHÖN. MAL SEHEN, WAS FÜR ***GEHEIMNISSE*** DU VOR UNS VERSTECKST.
BERWIC FRANCESC
BERWICK, HUGO RABAL
BERWICK, THETA NEDRA
HUGO RABAL
OH ...
HIER IST PAOLO SILVA FÜR CAPTAIN FERRIER.
FERRIER HIER. WAS GIBT'S?
ICH HABE ETWAS SEHR INTERESSANTES ZU UNSERER GEFANGENEN ENTDECKT.

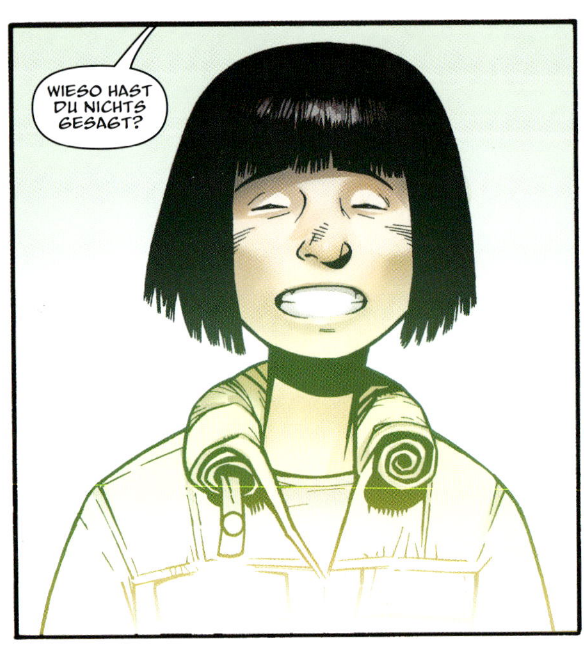
WIESO HAST DU NICHTS GESAGT?

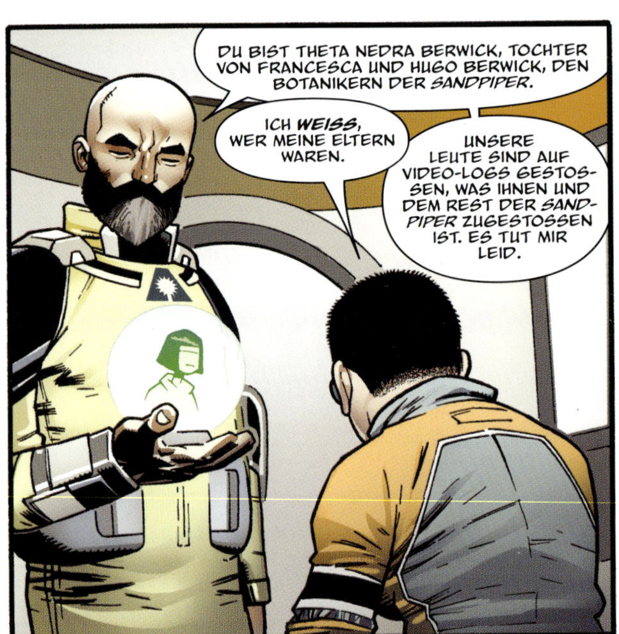
DU BIST THETA NEDRA BERWICK, TOCHTER VON FRANCESCA UND HUGO BERWICK, DEN BOTANIKERN DER *SANDPIPER*.
ICH ***WEISS***, WER MEINE ELTERN WAREN.
UNSERE LEUTE SIND AUF VIDEO-LOGS GESTOSSEN, WAS IHNEN UND DEM REST DER *SANDPIPER* ZUGESTOSSEN IST. ES TUT MIR LEID.

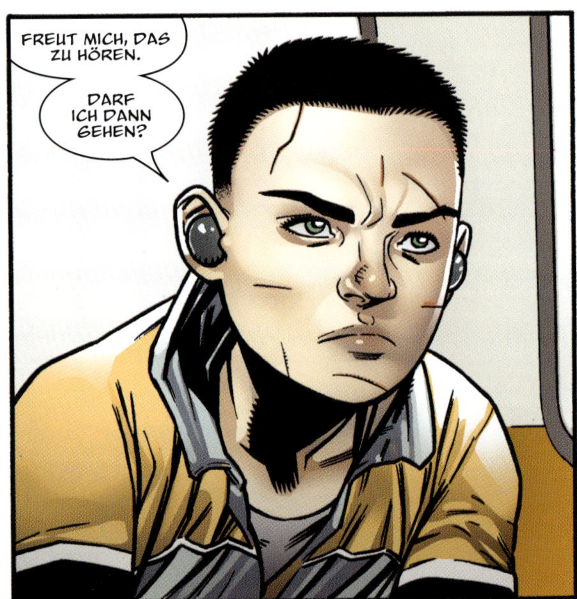
FREUT MICH, DAS ZU HÖREN.
DARF ICH DANN GEHEN?

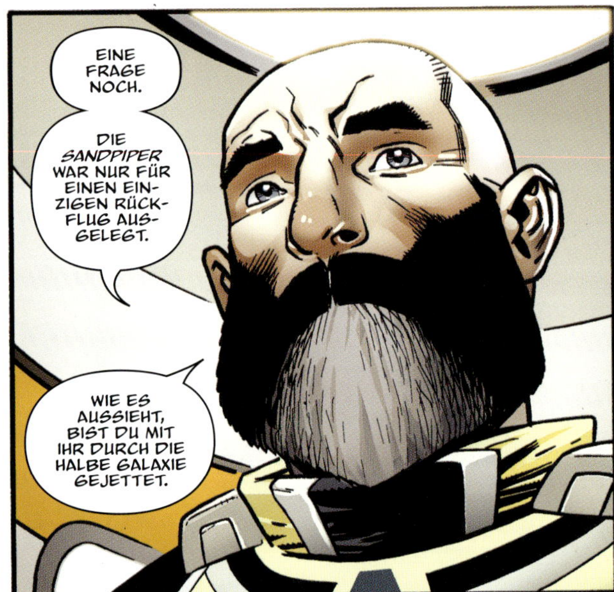
EINE FRAGE NOCH.
DIE *SANDPIPER* WAR NUR FÜR EINEN EINZIGEN RÜCKFLUG AUSGELEGT.
WIE ES AUSSIEHT, BIST DU MIT IHR DURCH DIE HALBE GALAXIE GEJETTET.

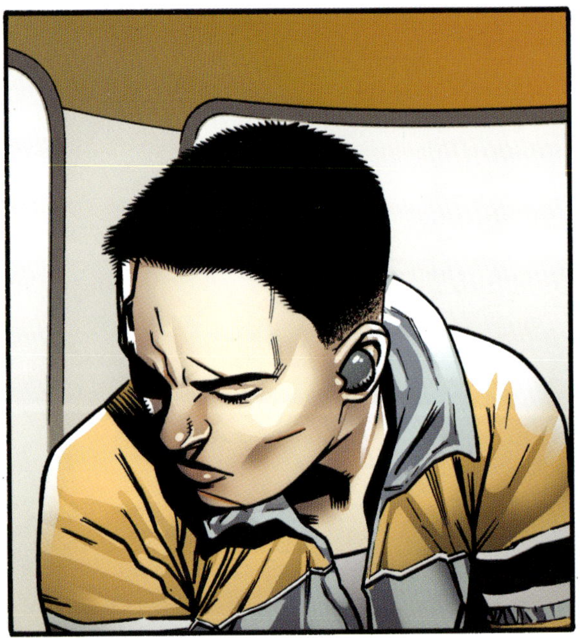

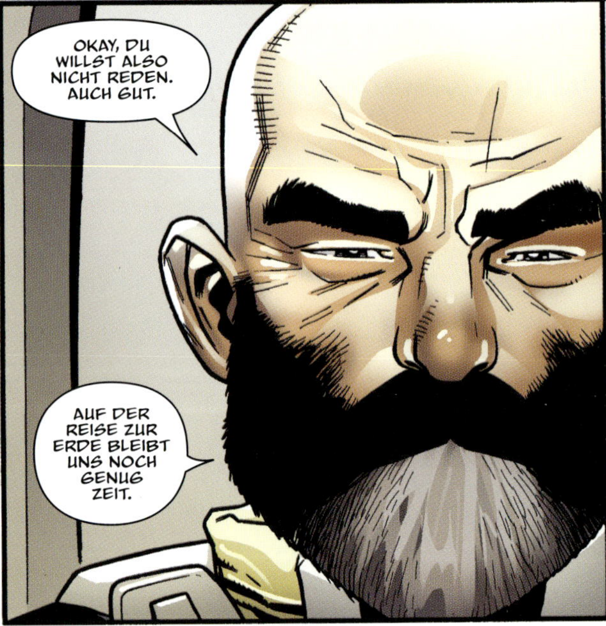
OKAY, DU WILLST ALSO NICHT REDEN. AUCH GUT.
AUF DER REISE ZUR ERDE BLEIBT UNS NOCH GENUG ZEIT.

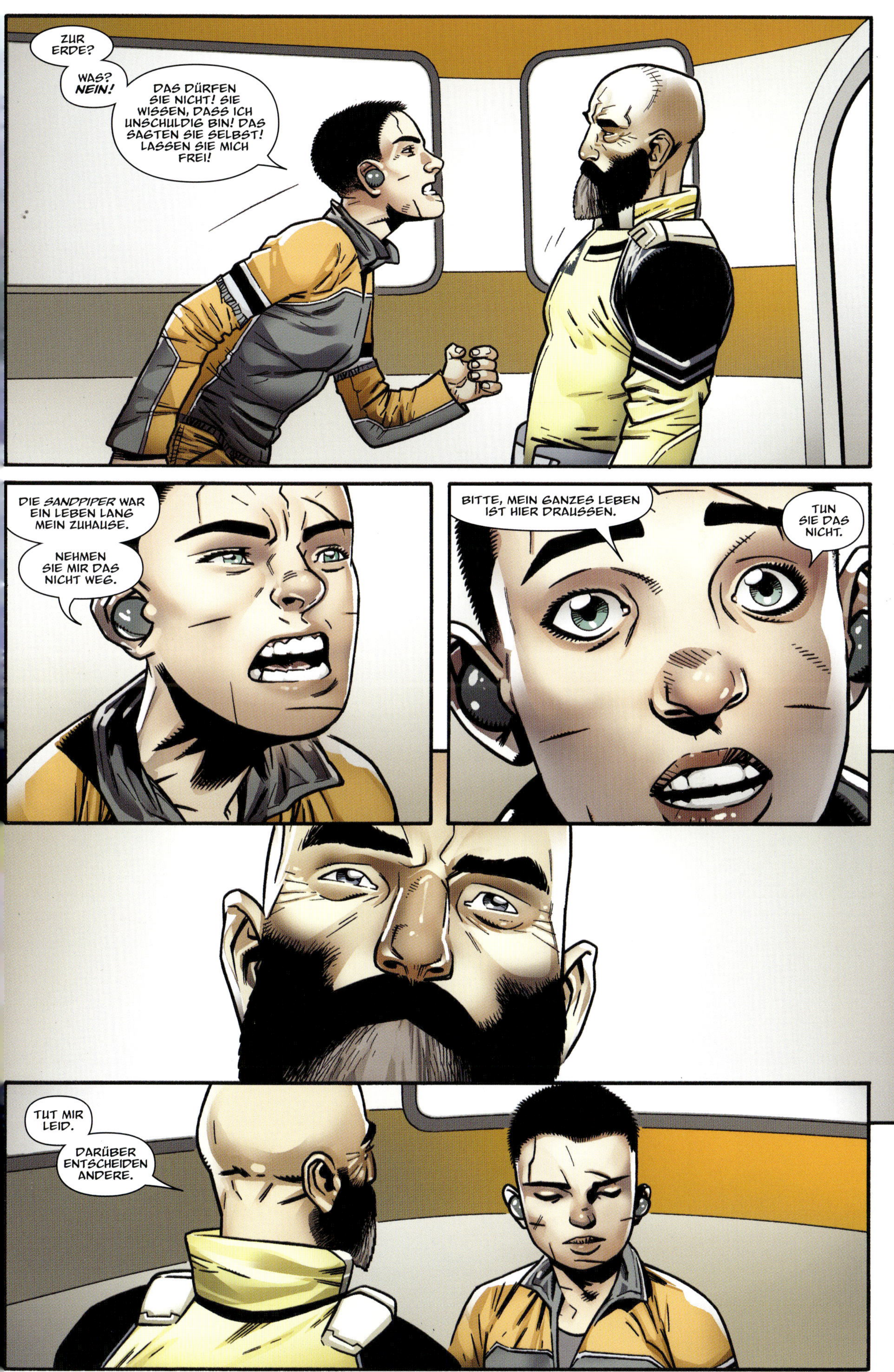

ZUR ERDE?
WAS? NEIN!
DAS DÜRFEN SIE NICHT! SIE WISSEN, DASS ICH UNSCHULDIG BIN! DAS SAGTEN SIE SELBST! LASSEN SIE MICH FREI!
DIE SANDPIPER WAR EIN LEBEN LANG MEIN ZUHAUSE.
NEHMEN SIE MIR DAS NICHT WEG.
BITTE, MEIN GANZES LEBEN IST HIER DRAUSSEN.
TUN SIE DAS NICHT.
TUT MIR LEID.
DARÜBER ENTSCHEIDEN ANDERE.

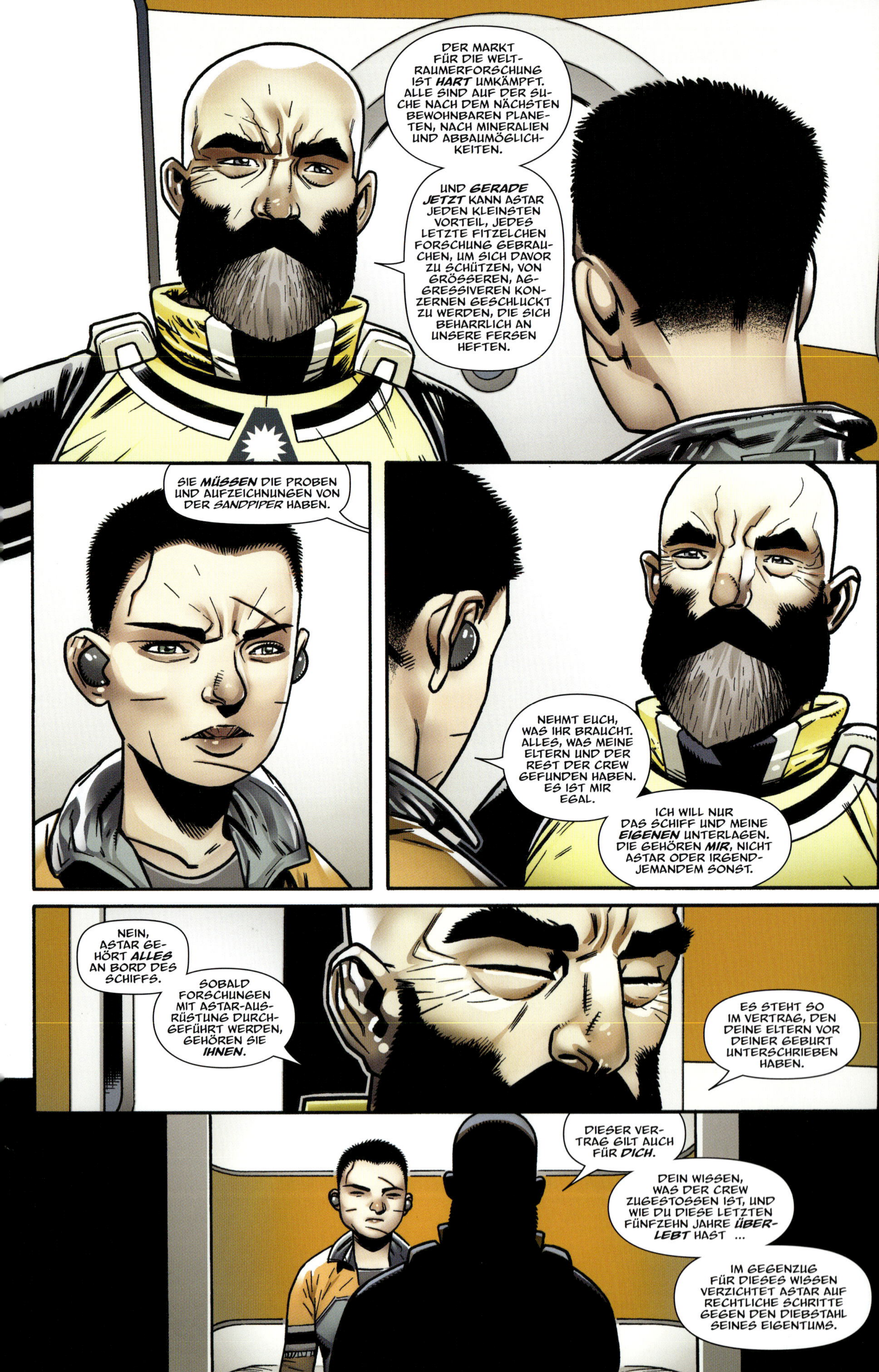
DER MARKT FÜR DIE WELTRAUMERFORSCHUNG IST HART UMKÄMPFT. ALLE SIND AUF DER SUCHE NACH DEM NÄCHSTEN BEWOHNBAREN PLANETEN, NACH MINERALIEN UND ABBAUMÖGLICHKEITEN.
UND GERADE JETZT KANN ASTAR JEDEN KLEINSTEN VORTEIL, JEDES LETZTE FITZELCHEN FORSCHUNG GEBRAUCHEN, UM SICH DAVOR ZU SCHÜTZEN, VON GRÖSSEREN, AGGRESSIVEREN KONZERNEN GESCHLUCKT ZU WERDEN, DIE SICH BEHARRLICH AN UNSERE FERSEN HEFTEN.
SIE MÜSSEN DIE PROBEN UND AUFZEICHNUNGEN VON DER SANDPIPER HABEN.
NEHMT EUCH, WAS IHR BRAUCHT. ALLES, WAS MEINE ELTERN UND DER REST DER CREW GEFUNDEN HABEN. ES IST MIR EGAL.
ICH WILL NUR DAS SCHIFF UND MEINE EIGENEN UNTERLAGEN. DIE GEHÖREN MIR, NICHT ASTAR ODER IRGENDJEMANDEM SONST.
NEIN, ASTAR GEHÖRT ALLES AN BORD DES SCHIFFS.
SOBALD FORSCHUNGEN MIT ASTAR-AUSRÜSTUNG DURCHGEFÜHRT WERDEN, GEHÖREN SIE IHNEN.
ES STEHT SO IM VERTRAG, DEN DEINE ELTERN VOR DEINER GEBURT UNTERSCHRIEBEN HABEN.
DIESER VERTRAG GILT AUCH FÜR DICH.
DEIN WISSEN, WAS DER CREW ZUGESTOSSEN IST, UND WIE DU DIESE LETZTEN FÜNFZEHN JAHRE ÜBERLEBT HAST ...
IM GEGENZUG FÜR DIESES WISSEN VERZICHTET ASTAR AUF RECHTLICHE SCHRITTE GEGEN DEN DIEBSTAHL SEINES EIGENTUMS.

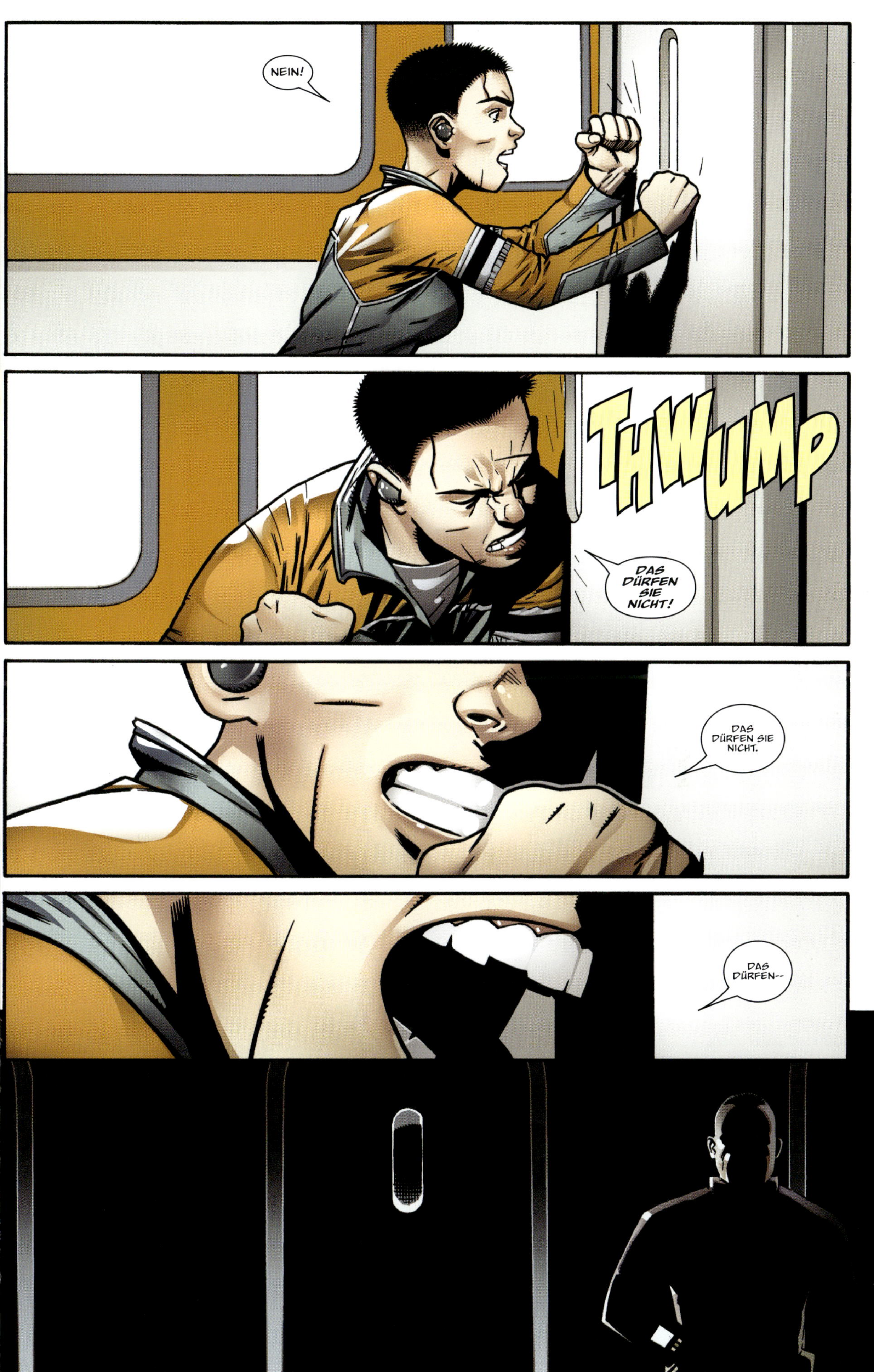
NEIN!
THWUMP
DAS DÜRFEN SIE NICHT!
DAS DÜRFEN SIE NICHT.
DAS DÜRFEN--

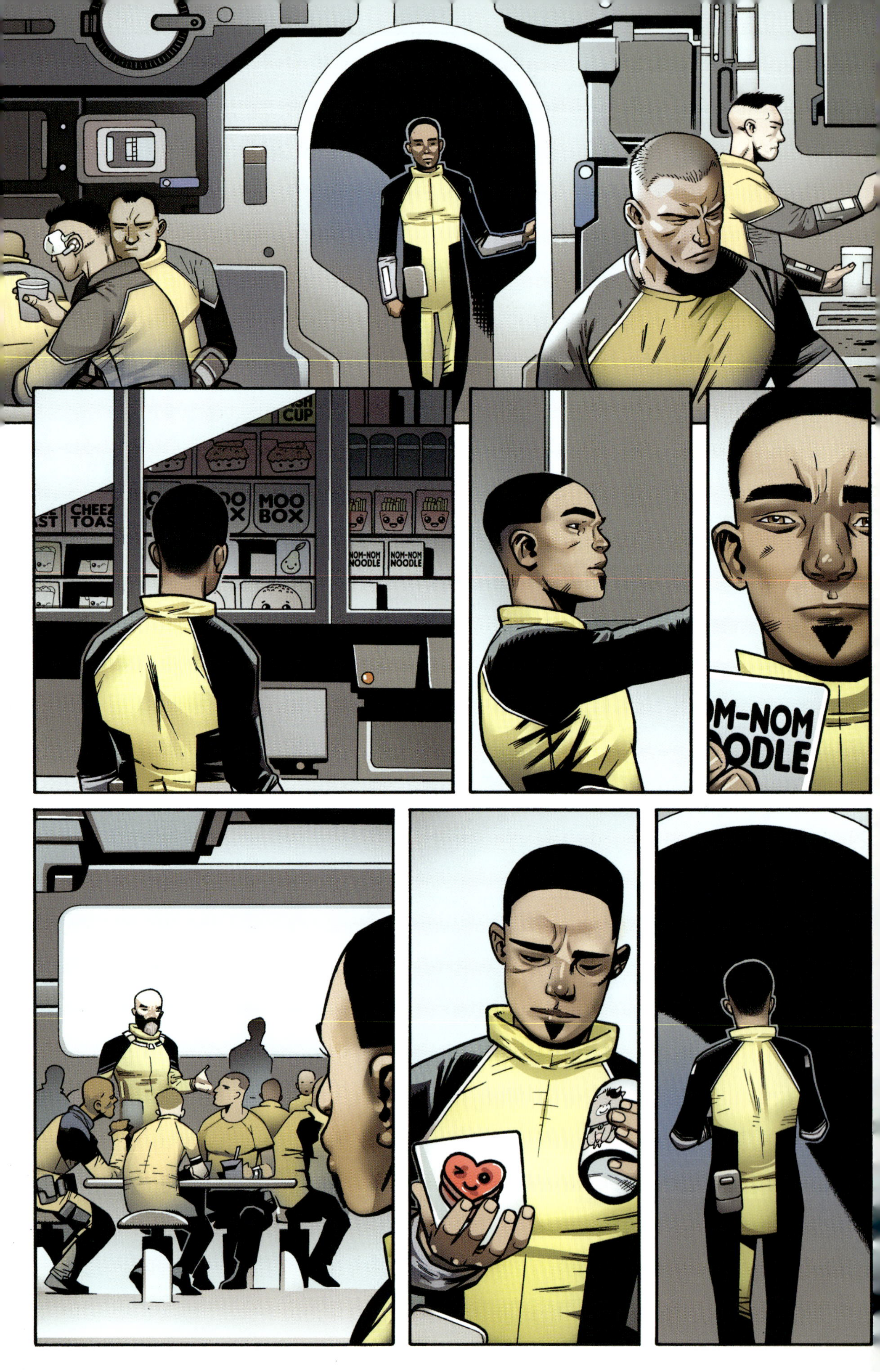

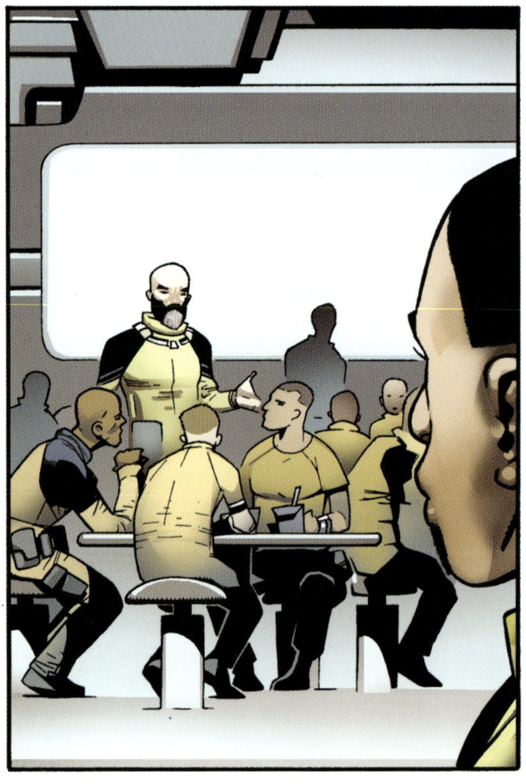

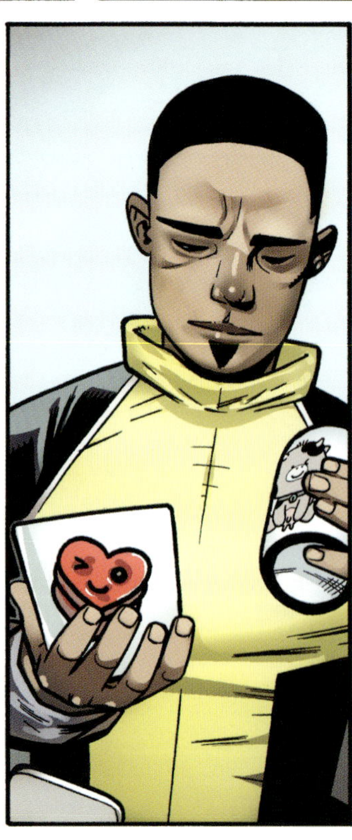

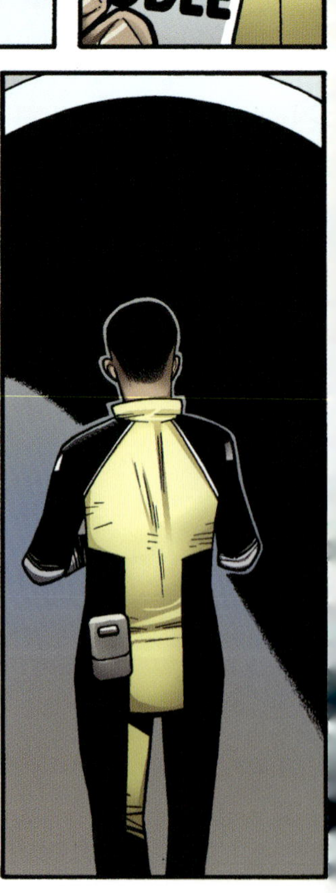

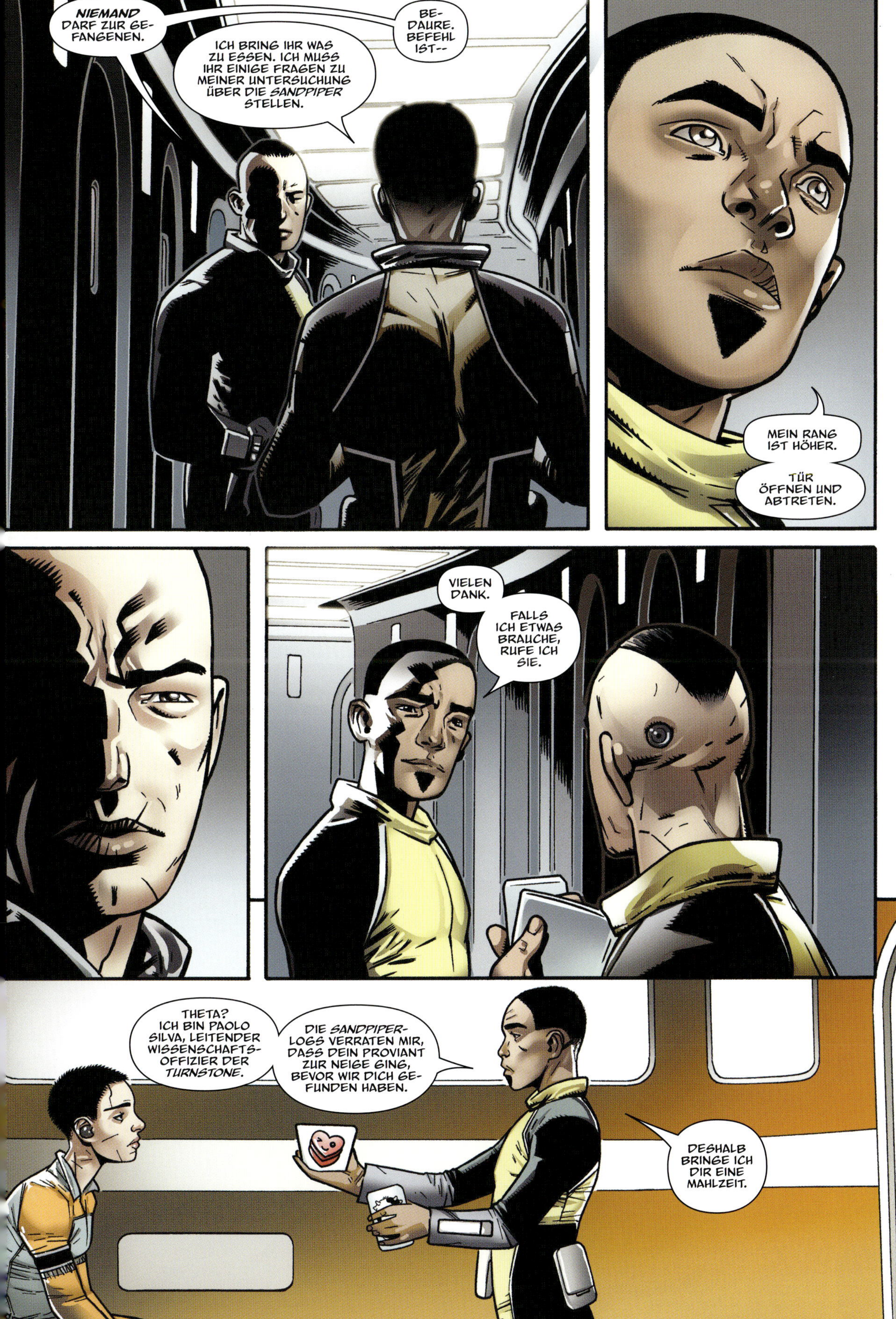
NIEMAND DARF ZUR GEFANGENEN.
BEDAURE. BEFEHL IST--
ICH BRING IHR WAS ZU ESSEN. ICH MUSS IHR EINIGE FRAGEN ZU MEINER UNTERSUCHUNG ÜBER DIE SANDPIPER STELLEN.
MEIN RANG IST HÖHER.
TÜR ÖFFNEN UND ABTRETEN.
VIELEN DANK.
FALLS ICH ETWAS BRAUCHE, RUFE ICH SIE.
THETA? ICH BIN PAOLO SILVA, LEITENDER WISSENSCHAFTSOFFIZIER DER TURNSTONE.
DIE SANDPIPER-LOGS VERRATEN MIR, DASS DEIN PROVIANT ZUR NEIGE GING, BEVOR WIR DICH GEFUNDEN HABEN.
DESHALB BRINGE ICH DIR EINE MAHLZEIT.

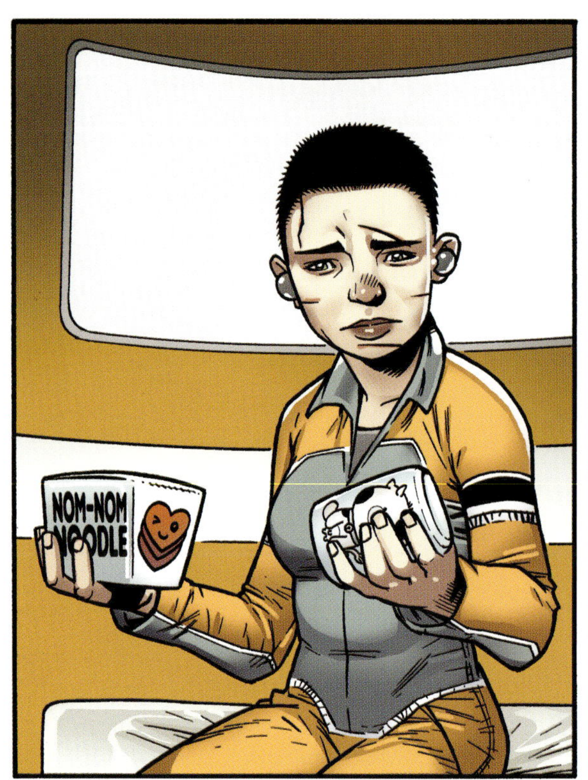
NOM-NOM NOODLE

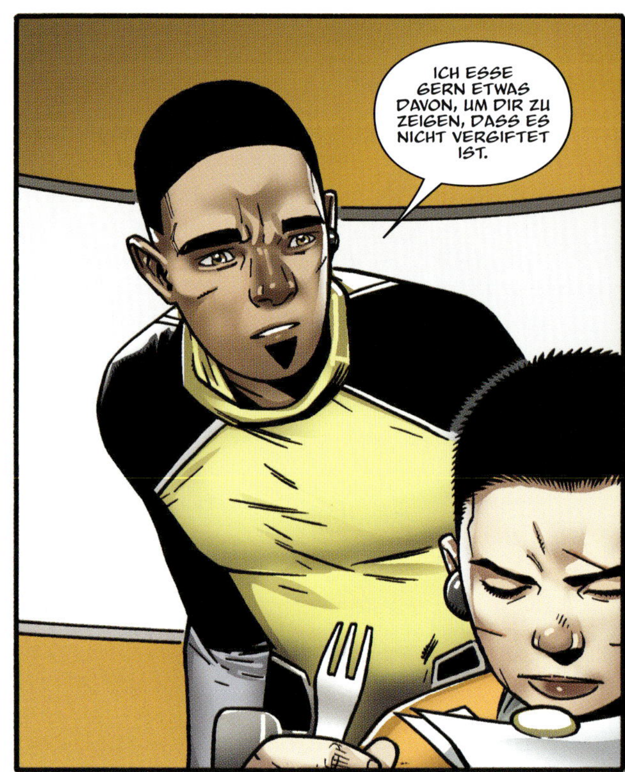
ICH ESSE GERN ETWAS DAVON, UM DIR ZU ZEIGEN, DASS ES NICHT VERGIFTET IST.

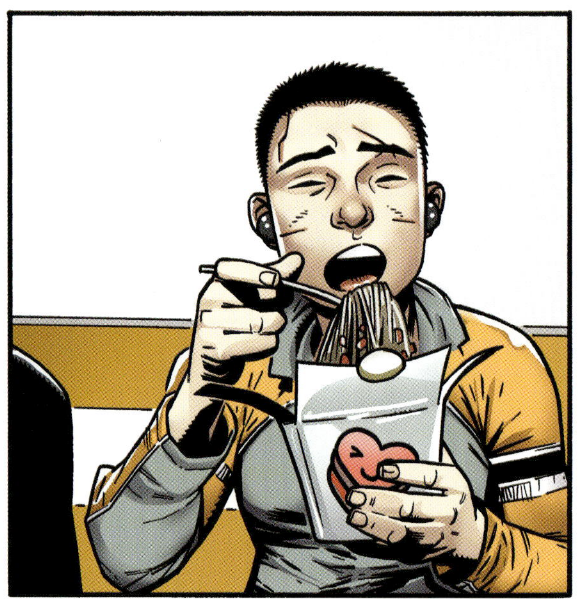

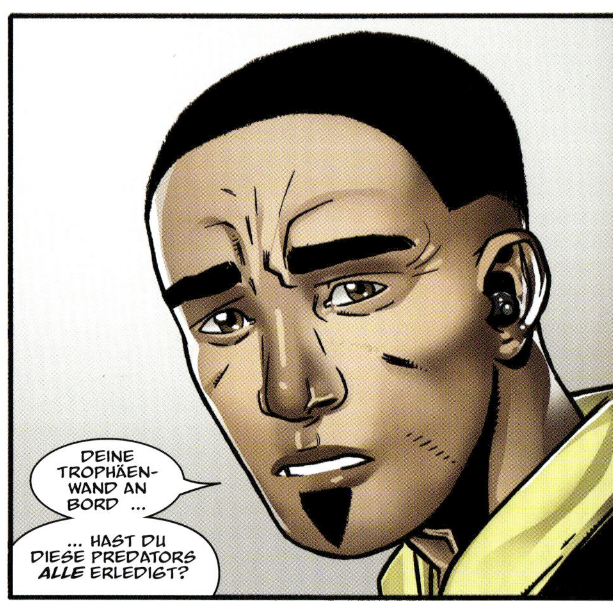
DEINE TROPHÄEN-WAND AN BORD ...
... HAST DU DIESE PREDATORS **ALLE** ERLEDIGT?

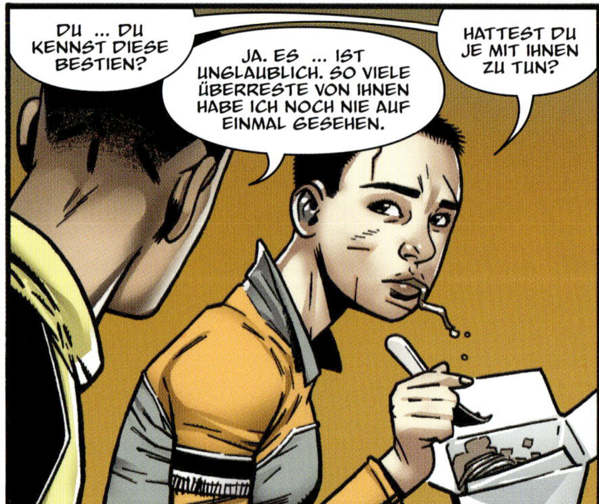
DU ... DU KENNST DIESE BESTIEN?
JA. ES ... IST UNGLAUBLICH. SO VIELE ÜBERRESTE VON IHNEN HABE ICH NOCH NIE AUF EINMAL GESEHEN.
HATTEST DU JE MIT IHNEN ZU TUN?

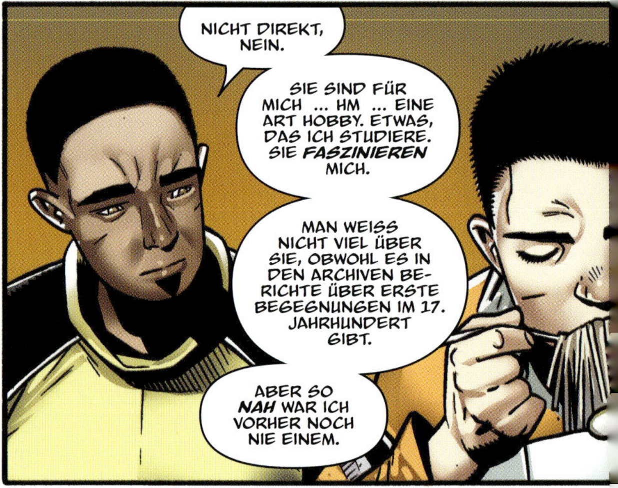
NICHT DIREKT, NEIN.
SIE SIND FÜR MICH ... HM ... EINE ART HOBBY. ETWAS, DAS ICH STUDIERE. SIE **FASZINIEREN** MICH.
MAN WEISS NICHT VIEL ÜBER SIE, OBWOHL ES IN DEN ARCHIVEN BE-RICHTE ÜBER ERSTE BEGEGNUNGEN IM 17. JAHRHUNDERT GIBT.
ABER SO **NAH** WAR ICH VORHER NOCH NIE EINEM.

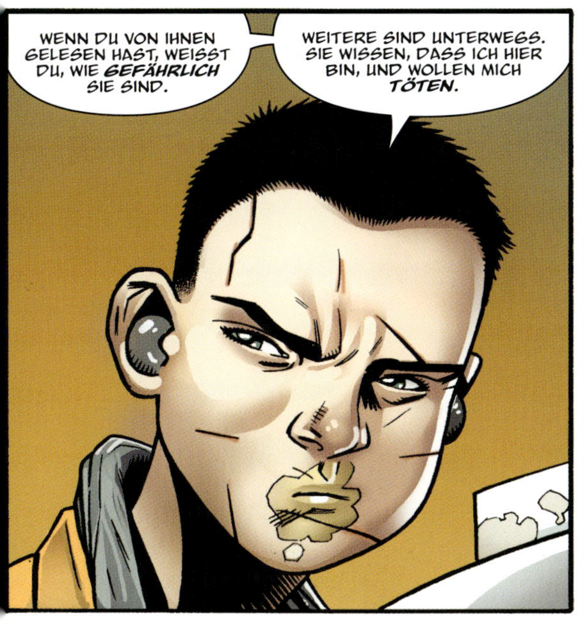
WENN DU VON IHNEN GELESEN HAST, WEISST DU, WIE **GEFÄHRLICH** SIE SIND.
WEITERE SIND UNTERWEGS. SIE WISSEN, DASS ICH HIER BIN, UND WOLLEN MICH **TÖTEN**.

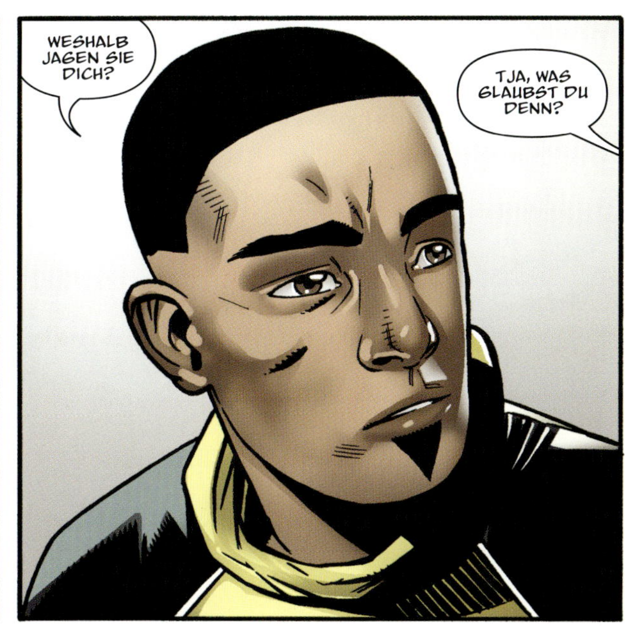
WESHALB JAGEN SIE DICH?
TJA, WAS GLAUBST DU DENN?

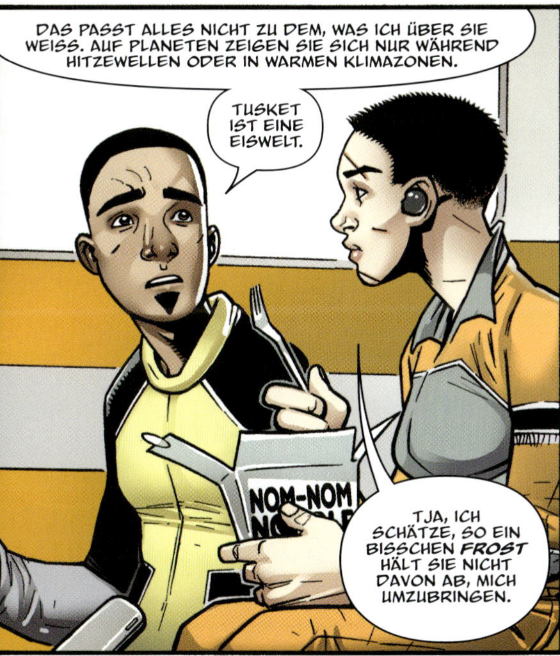
DAS PASST ALLES NICHT ZU DEM, WAS ICH ÜBER SIE WEISS. AUF PLANETEN ZEIGEN SIE SICH NUR WÄHREND HITZEWELLEN ODER IN WARMEN KLIMAZONEN.
TUSKET IST EINE EISWELT.
NOM-NOM
TJA, ICH SCHÄTZE, SO EIN BISSCHEN **FROST** HÄLT SIE NICHT DAVON AB, MICH UMZUBRINGEN.

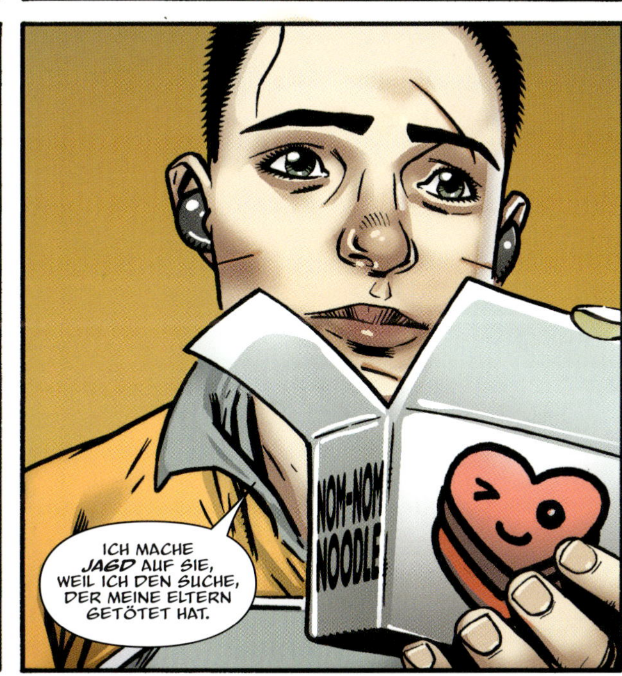
NOM-NOM NOODLE
ICH MACHE **JAGD** AUF SIE, WEIL ICH DEN SUCHE, DER MEINE ELTERN GETÖTET HAT.

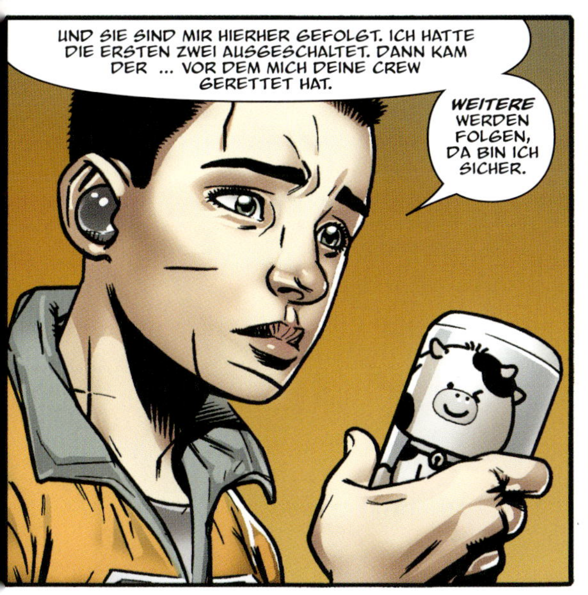
UND SIE SIND MIR HIERHER GEFOLGT. ICH HATTE DIE ERSTEN ZWEI AUSGESCHALTET. DANN KAM DER ... VOR DEM MICH DEINE CREW GERETTET HAT.
WEITERE WERDEN FOLGEN, DA BIN ICH SICHER.

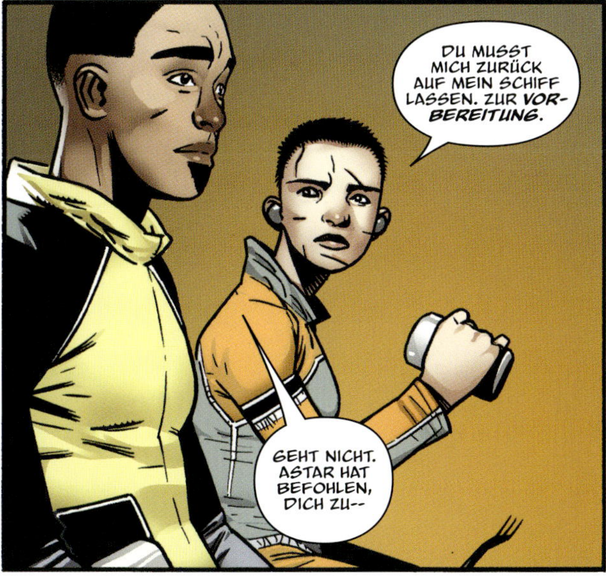
DU MUSST MICH ZURÜCK AUF MEIN SCHIFF LASSEN. ZUR **VORBEREITUNG**.
GEHT NICHT. ASTAR HAT BEFOHLEN, DICH ZU--

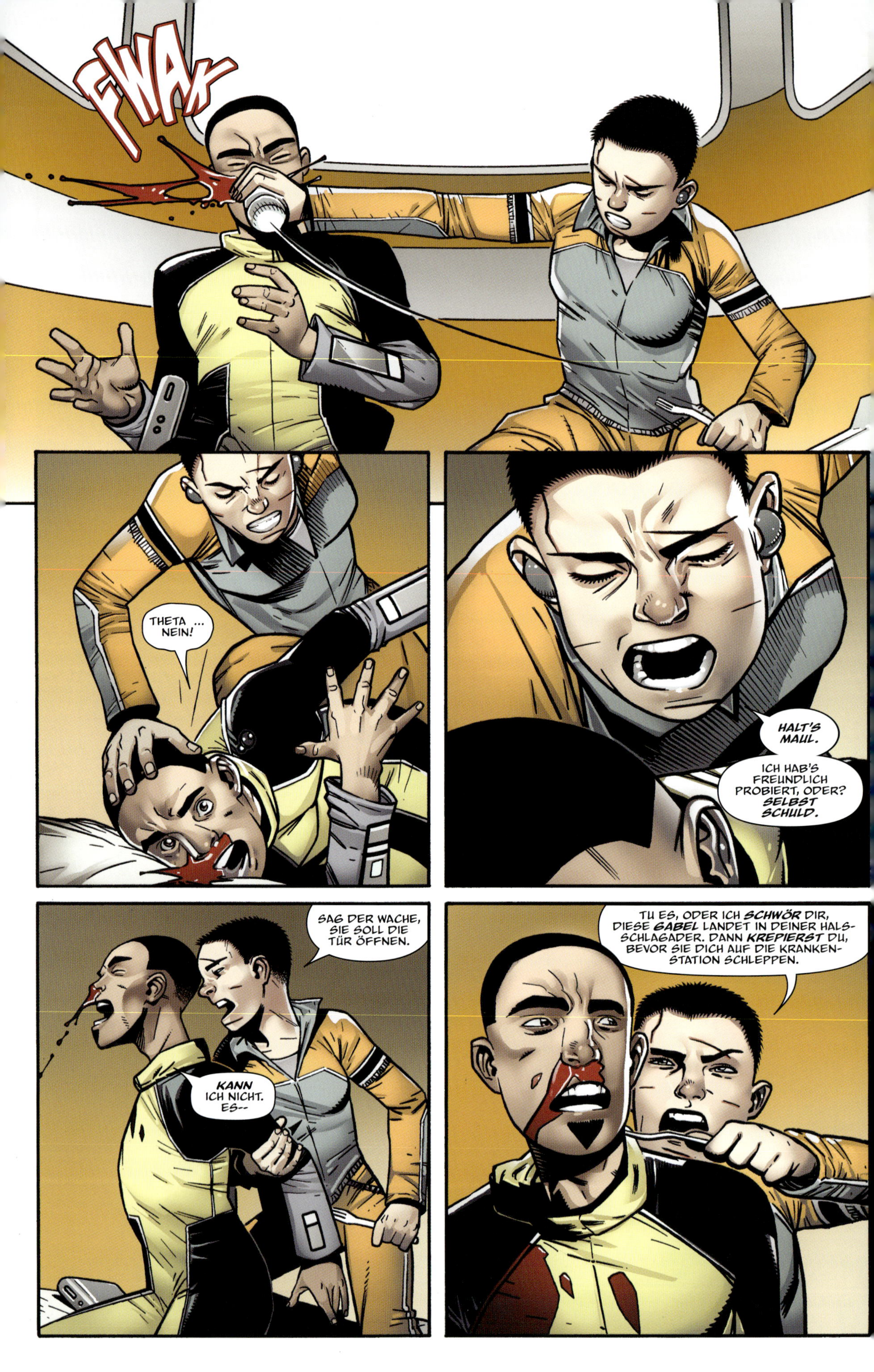

FWAK

THETA ... NEIN!

HALT'S MAUL.
ICH HAB'S FREUNDLICH PROBIERT, ODER? SELBST SCHULD.

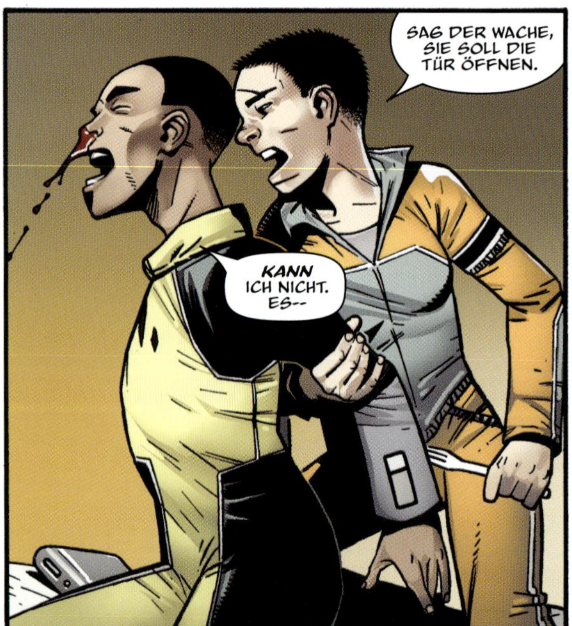

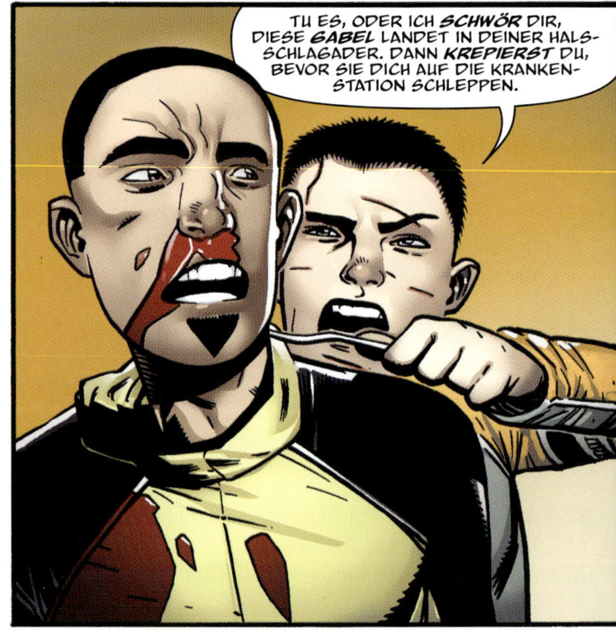

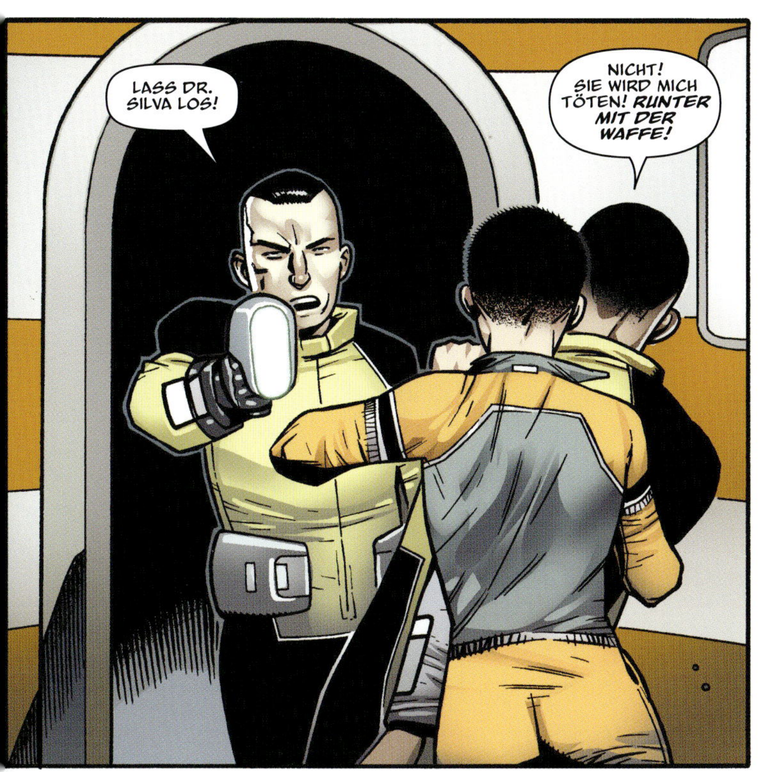
LASS DR. SILVA LOS!
NICHT! SIE WIRD MICH TÖTEN! RUNTER MIT DER WAFFE!

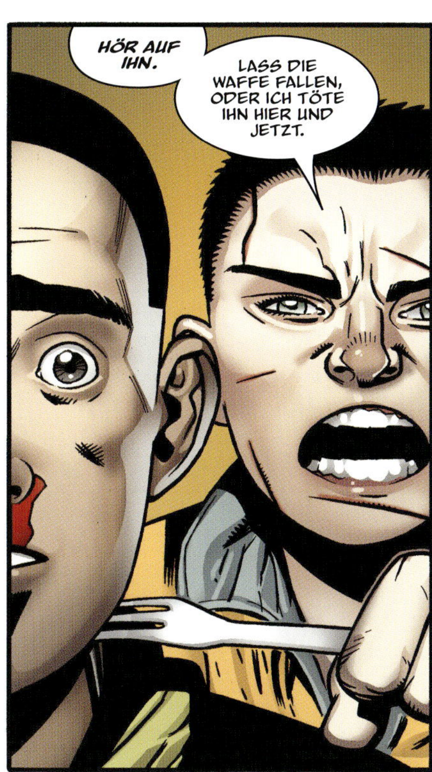
HÖR AUF IHN.
LASS DIE WAFFE FALLEN, ODER ICH TÖTE IHN HIER UND JETZT.

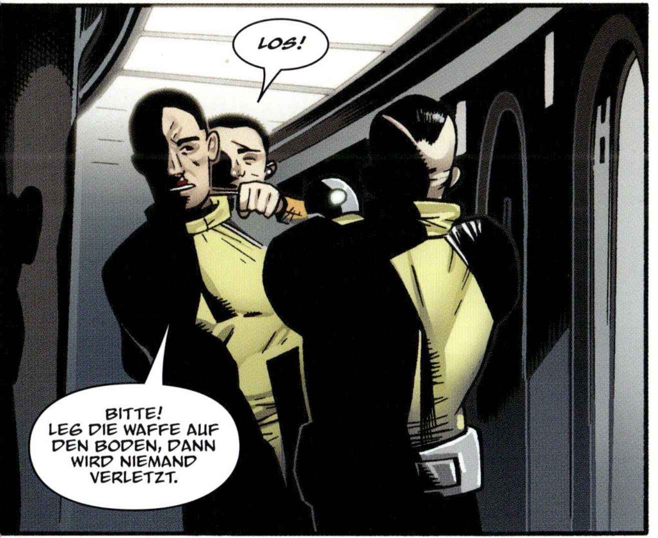
LOS!
BITTE! LEG DIE WAFFE AUF DEN BODEN, DANN WIRD NIEMAND VERLETZT.

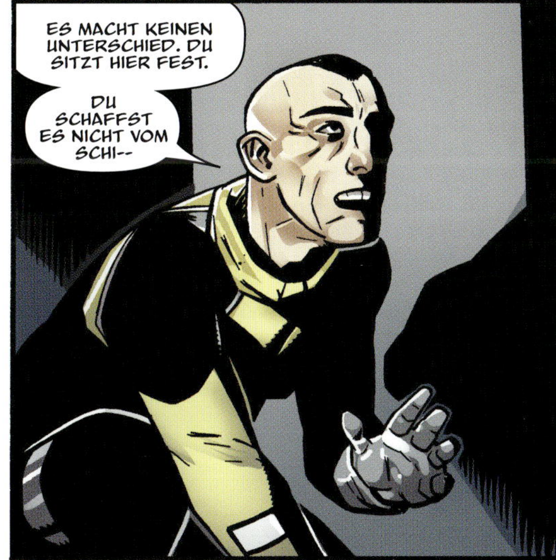
ES MACHT KEINEN UNTERSCHIED. DU SITZT HIER FEST.
DU SCHAFFST ES NICHT VOM SCHI--

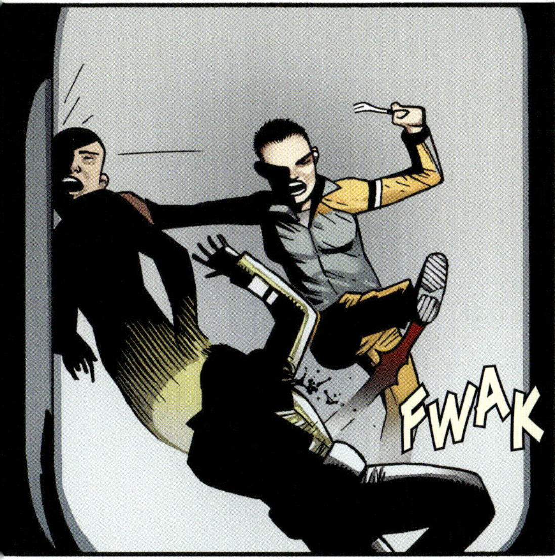
FWAK

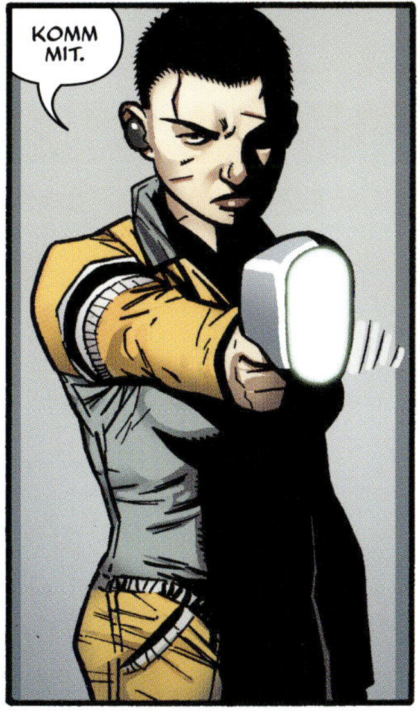
KOMM MIT.

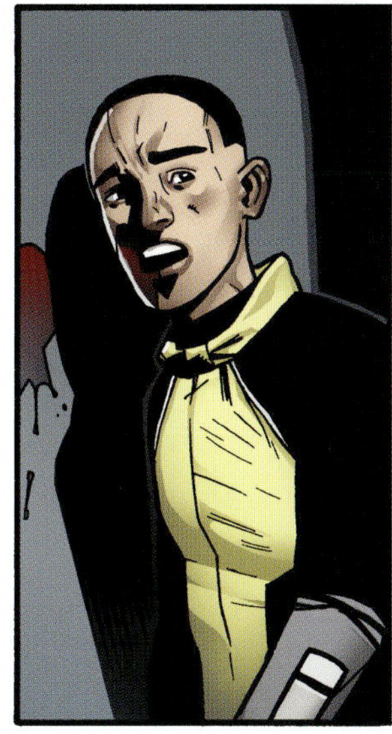

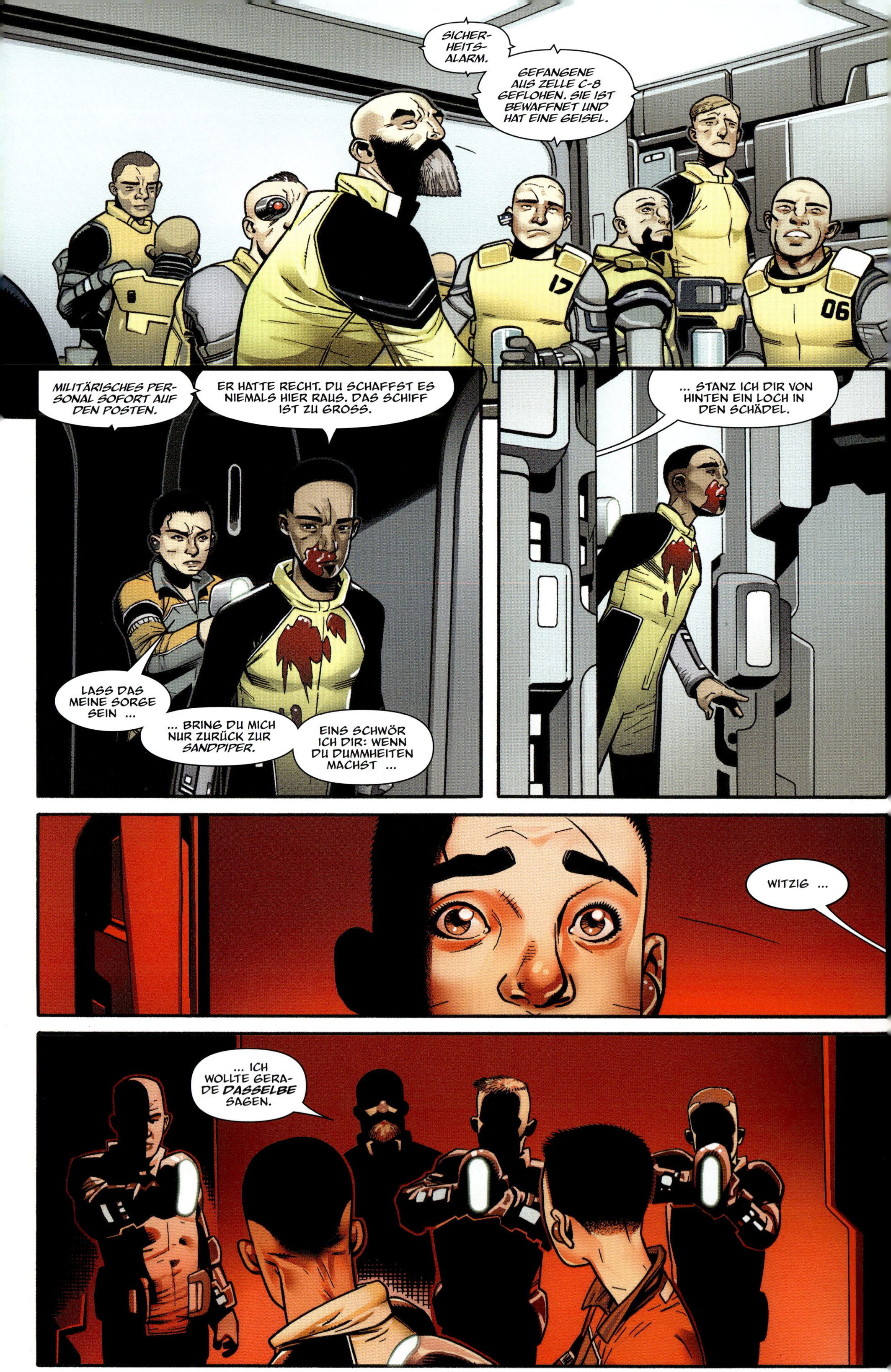

SICHERHEITSALARM.
GEFANGENE AUS ZELLE C-8 GEFLOHEN. SIE IST BEWAFFNET UND HAT EINE GEISEL.

MILITÄRISCHES PERSONAL SOFORT AUF DEN POSTEN.
ER HATTE RECHT. DU SCHAFFST ES NIEMALS HIER RAUS. DAS SCHIFF IST ZU GROSS.
LASS DAS MEINE SORGE SEIN ...
... BRING DU MICH NUR ZURÜCK ZUR SANDPIPER.
EINS SCHWÖR ICH DIR: WENN DU DUMMHEITEN MACHST ...

... STANZ ICH DIR VON HINTEN EIN LOCH IN DEN SCHÄDEL.

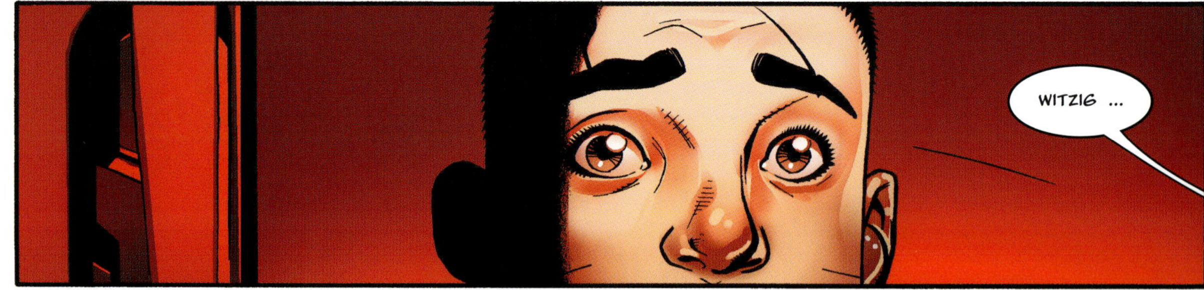

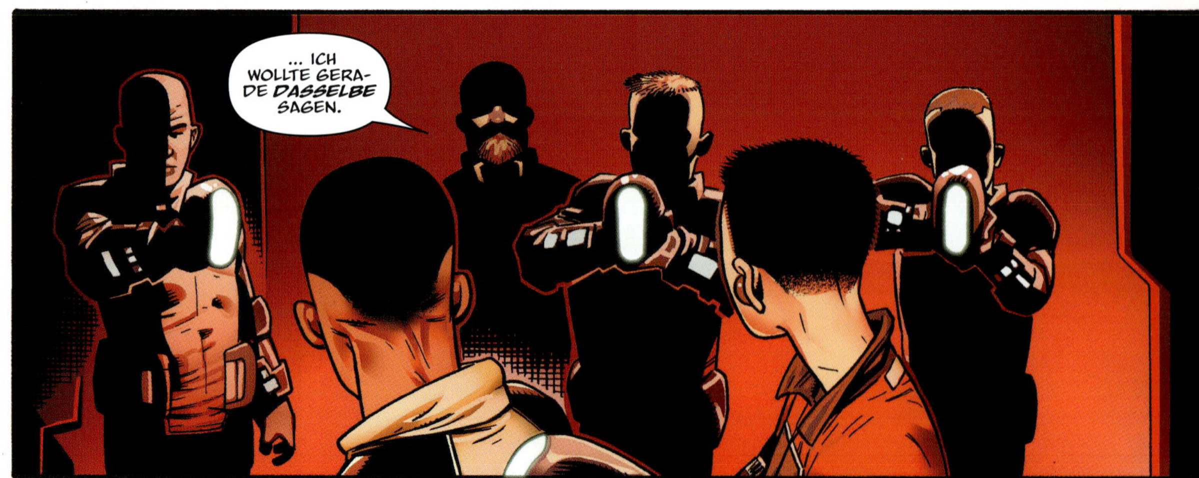

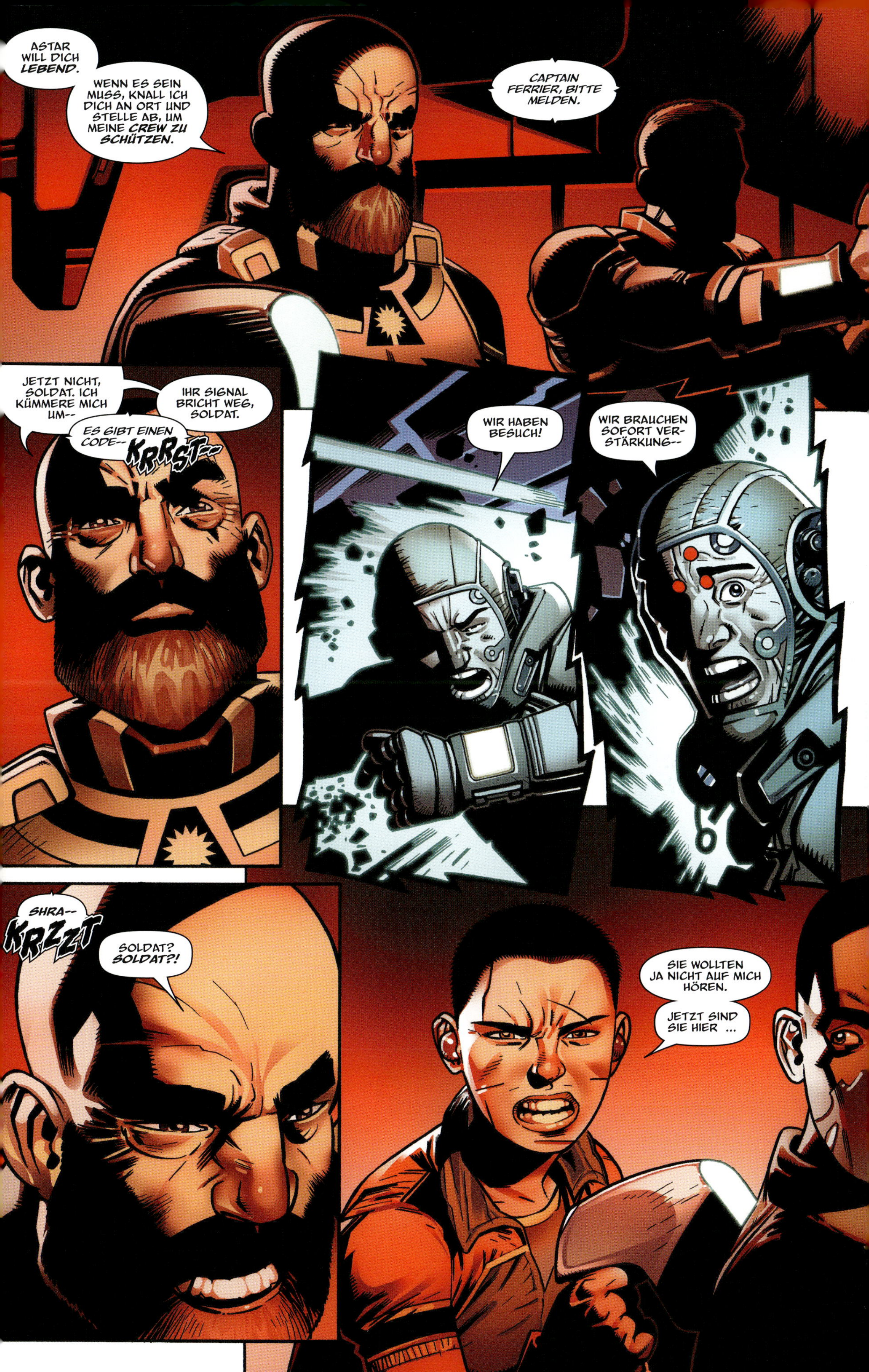
ASTAR WILL DICH LEBEND.
WENN ES SEIN MUSS, KNALL ICH DICH AN ORT UND STELLE AB, UM MEINE CREW ZU SCHÜTZEN.
CAPTAIN FERRIER, BITTE MELDEN.
JETZT NICHT, SOLDAT. ICH KÜMMERE MICH UM--
IHR SIGNAL BRICHT WEG, SOLDAT.
ES GIBT EINEN CODE--
KRRST--
WIR HABEN BESUCH!
WIR BRAUCHEN SOFORT VERSTÄRKUNG--
SHRA--
KRZZT
SOLDAT? SOLDAT?!
SIE WOLLTEN JA NICHT AUF MICH HÖREN.
JETZT SIND SIE HIER ...

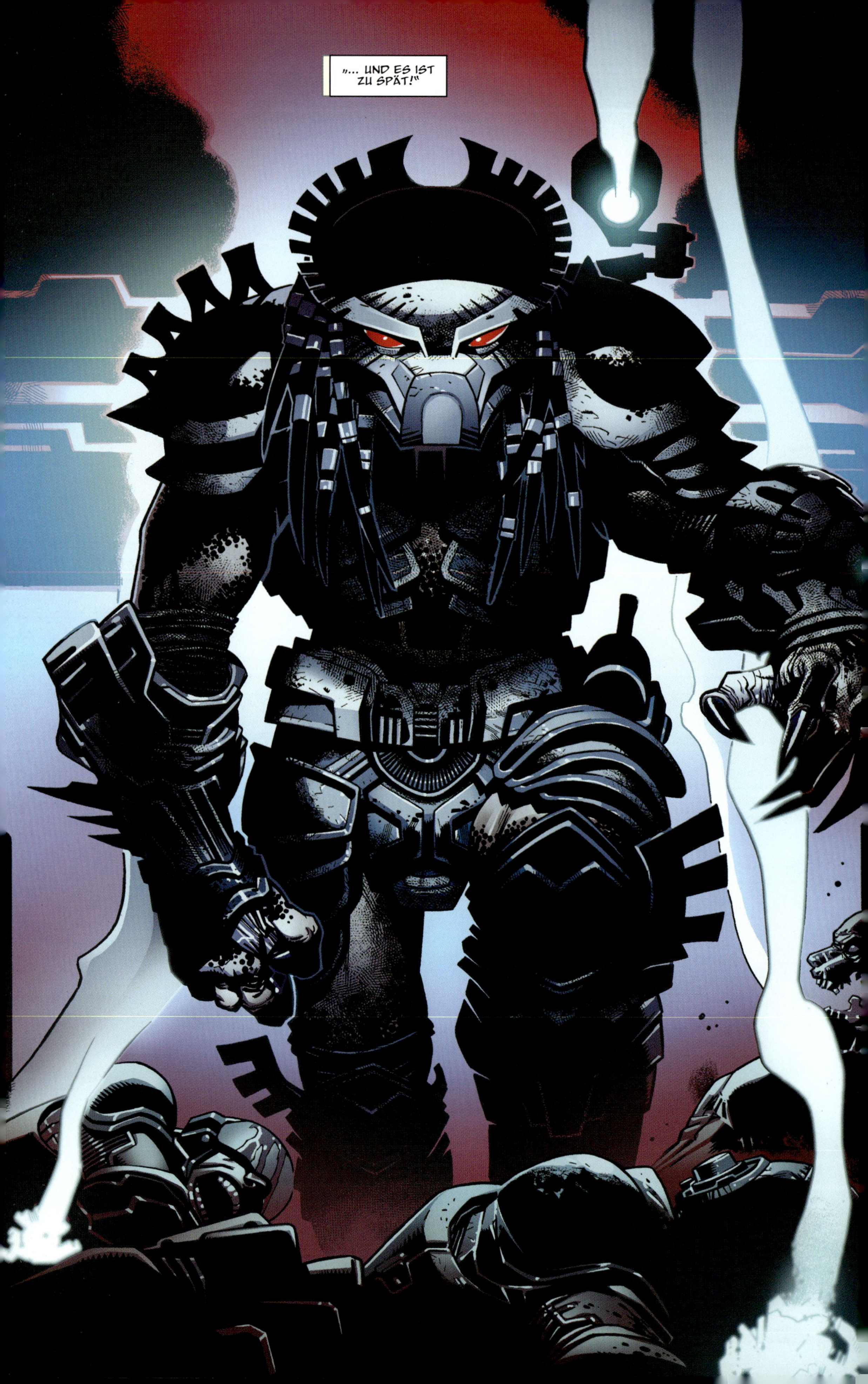
"... UND ES IST ZU SPÄT!"

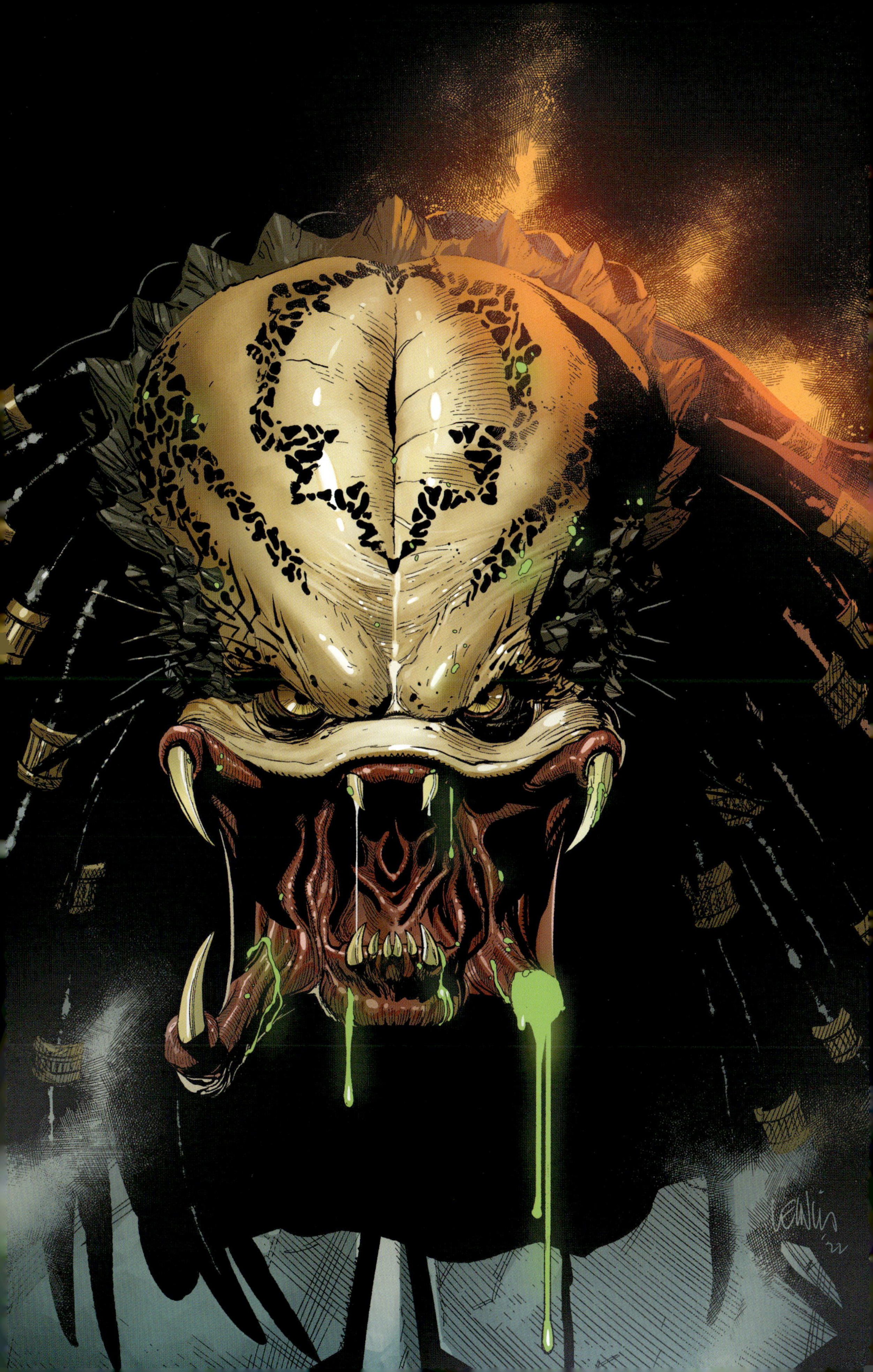

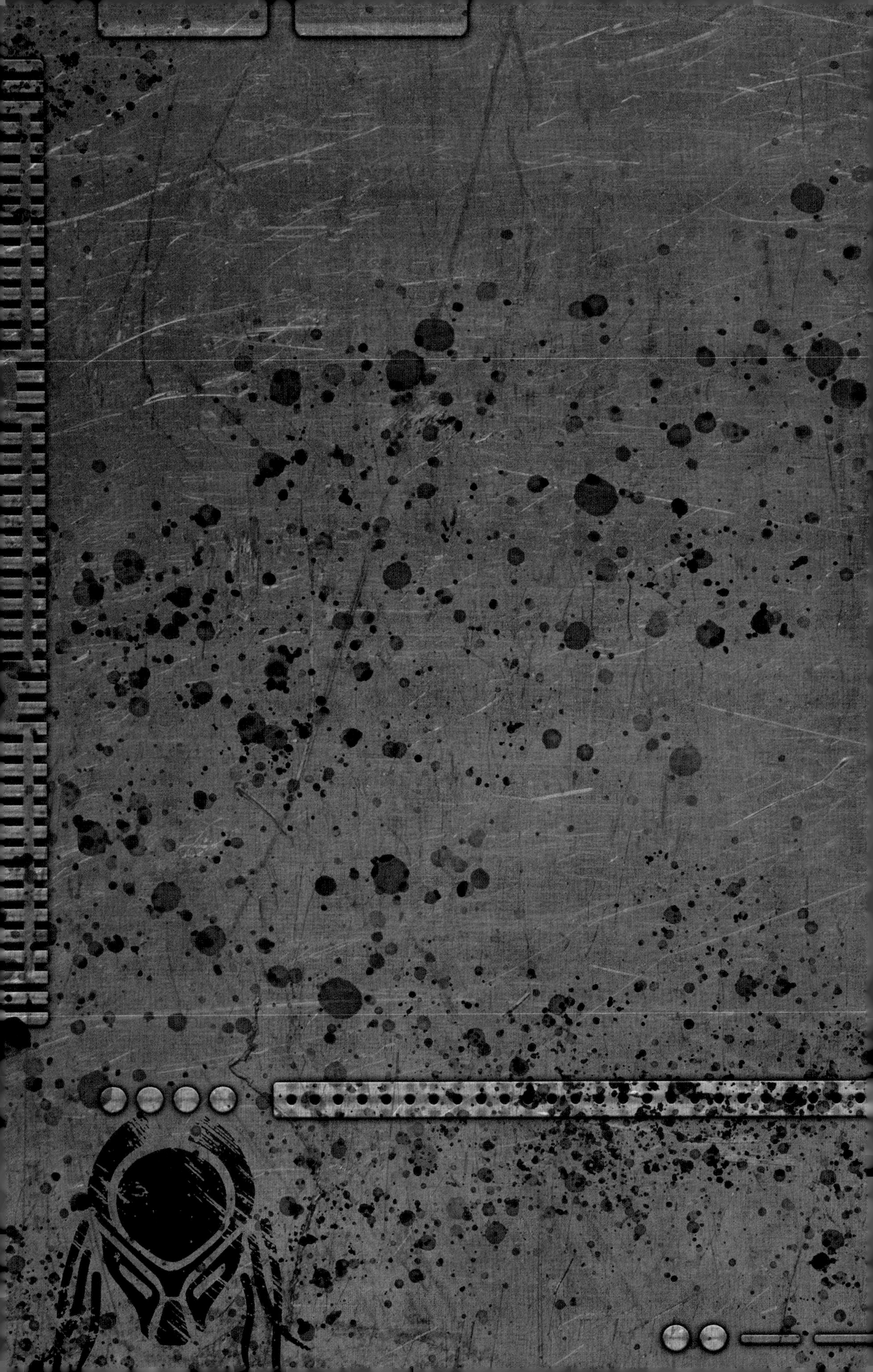

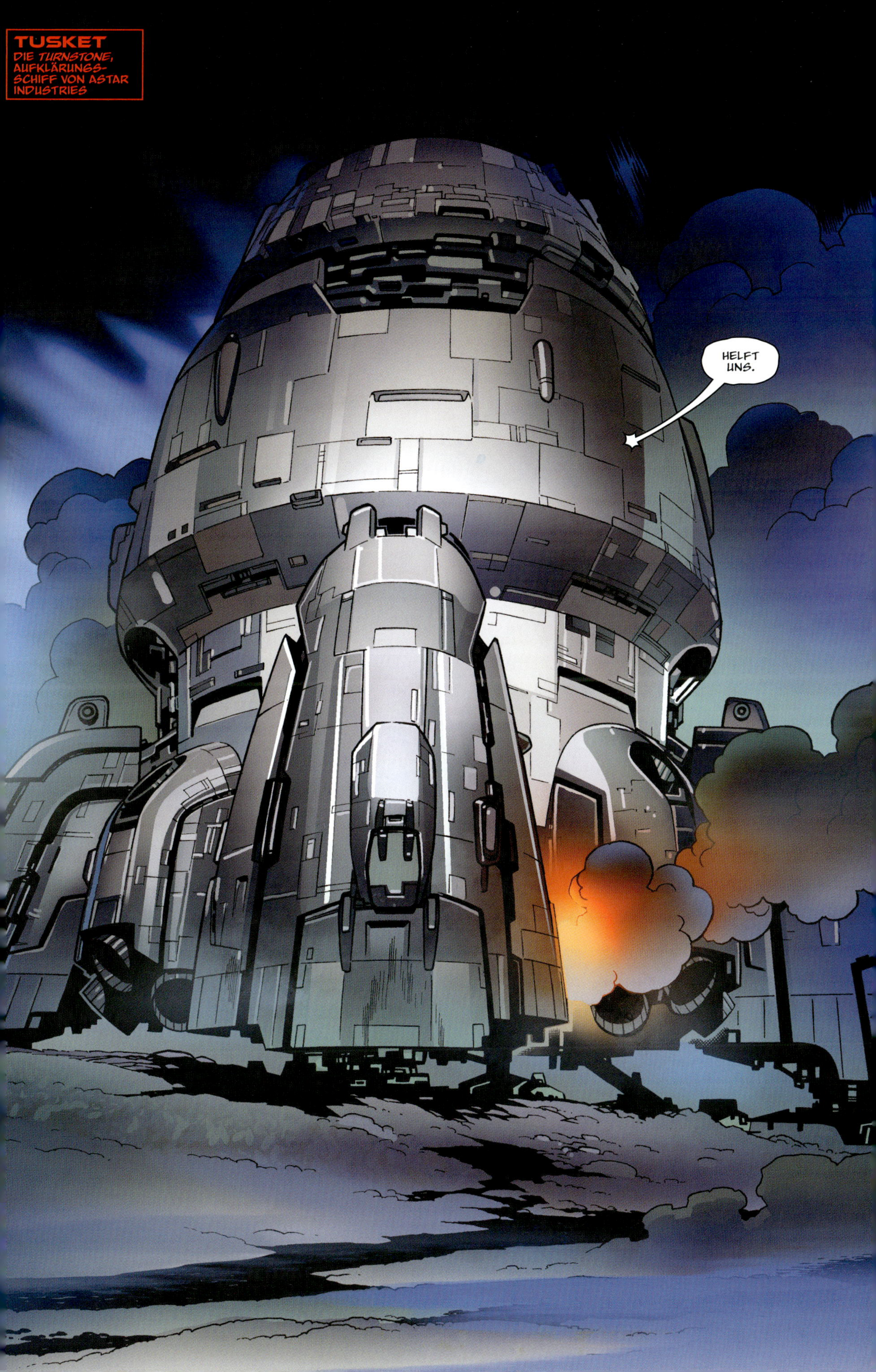
TUSKET
DIE *TURNSTONE*, AUFKLÄRUNGS-SCHIFF VON ASTAR INDUSTRIES
HELFT UNS.

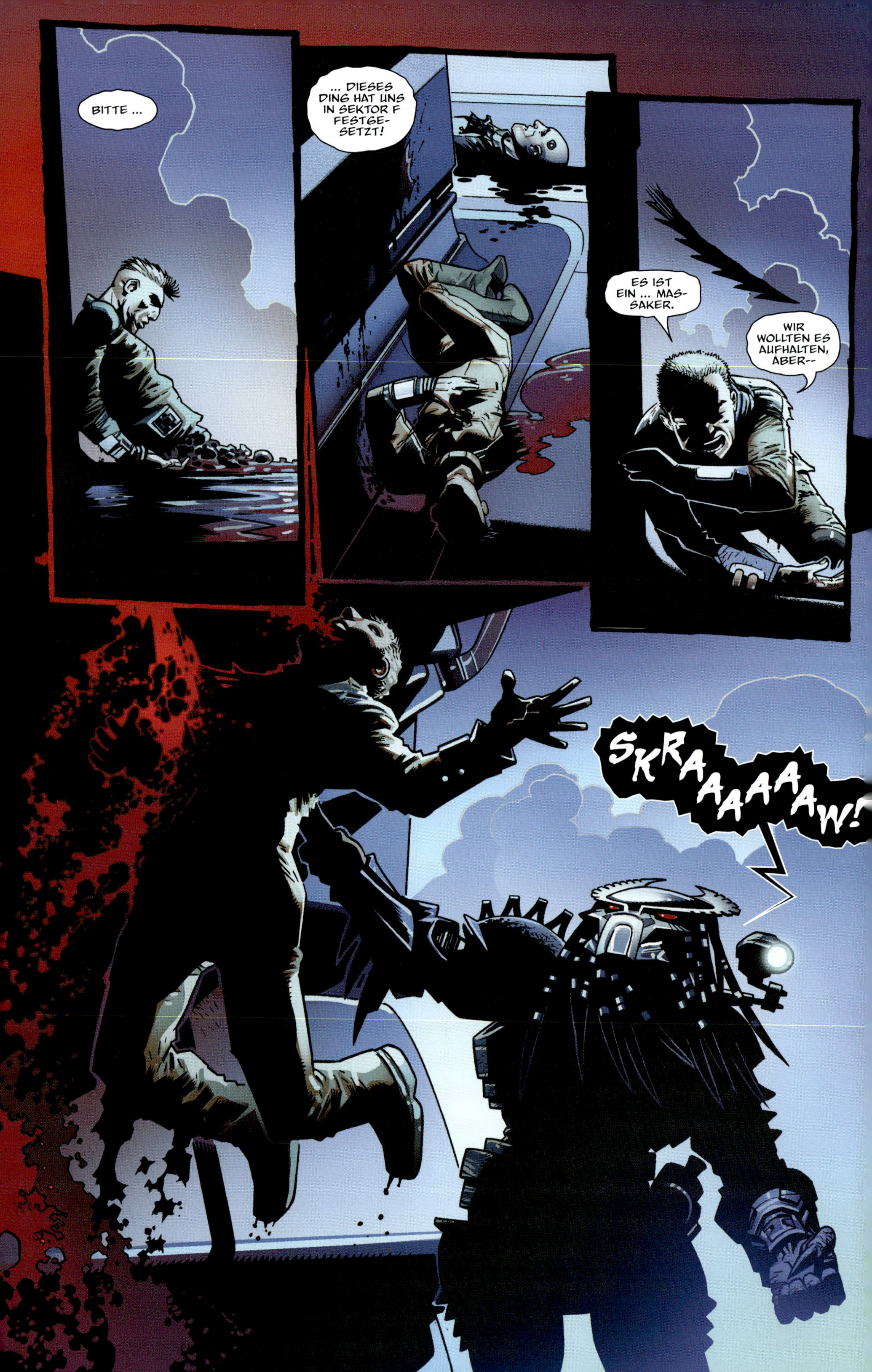
BITTE ...
... DIESES DING HAT UNS IN SEKTOR F FESTGE- SETZT!
ES IST EIN ... MAS- SAKER.
WIR WOLLTEN ES AUFHALTEN, ABER--
SKRAAAAAAAW!

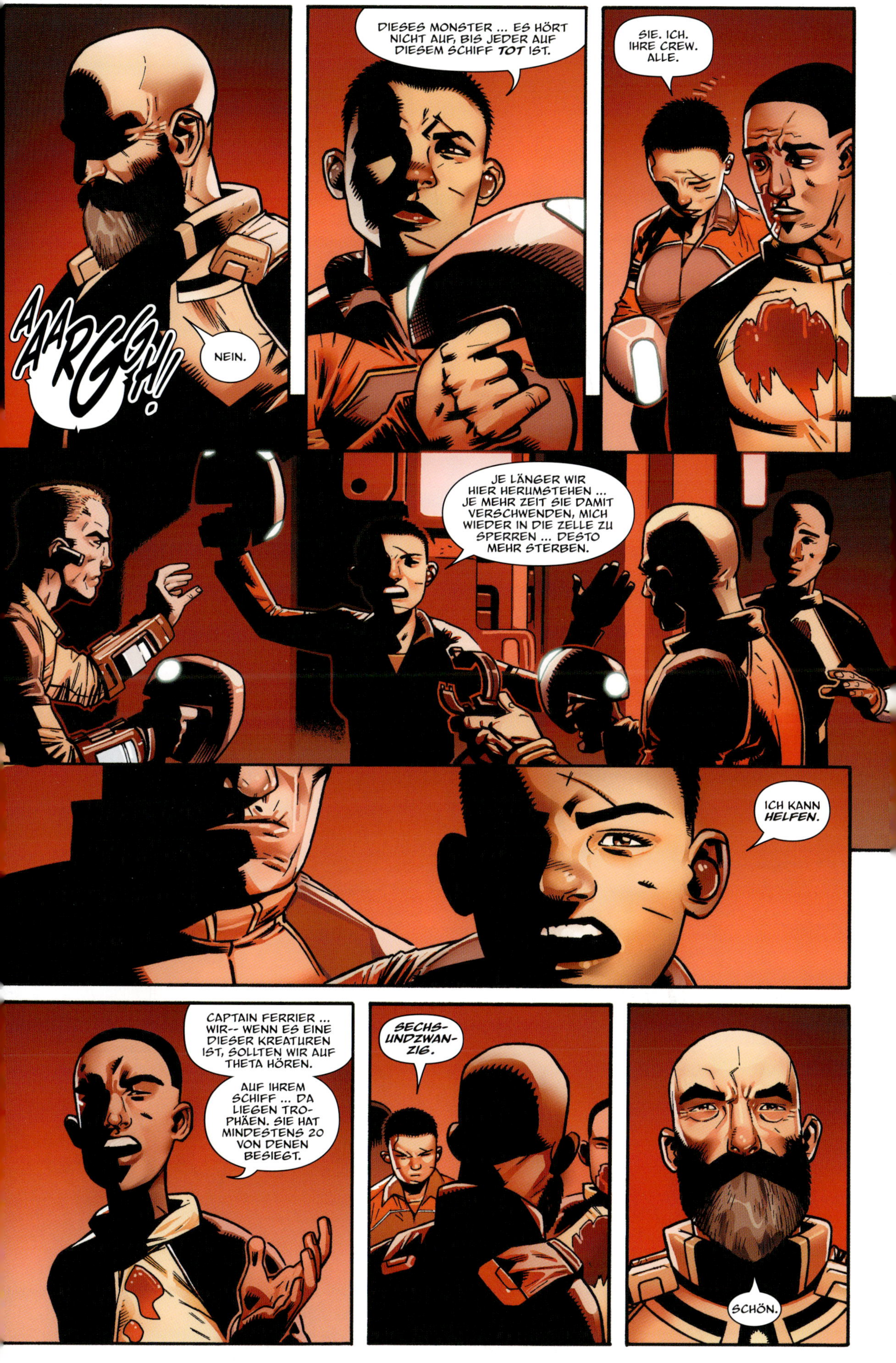

AAARGGH!
NEIN.
DIESES MONSTER ... ES HÖRT NICHT AUF, BIS JEDER AUF DIESEM SCHIFF *TOT* IST.
SIE. ICH. IHRE CREW. ALLE.
JE LÄNGER WIR HIER HERUMSTEHEN ... JE MEHR ZEIT SIE DAMIT VERSCHWENDEN, MICH WIEDER IN DIE ZELLE ZU SPERREN ... DESTO MEHR STERBEN.
ICH KANN *HELFEN.*

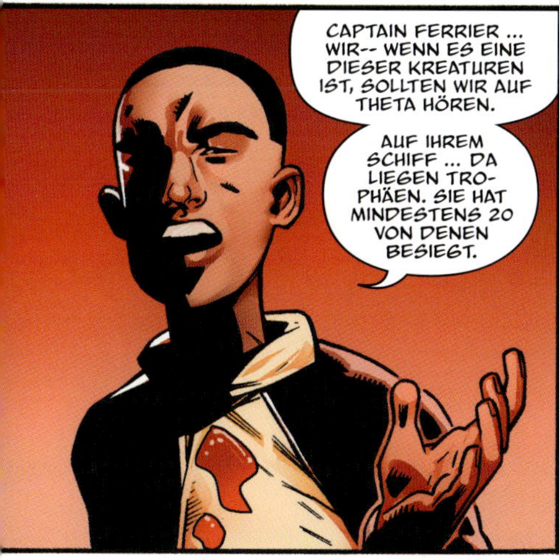

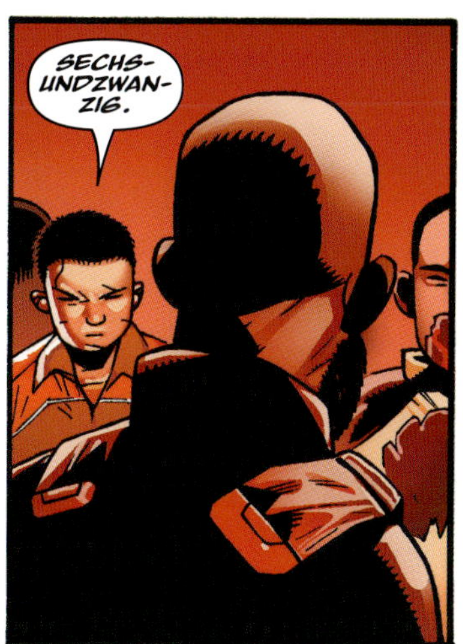

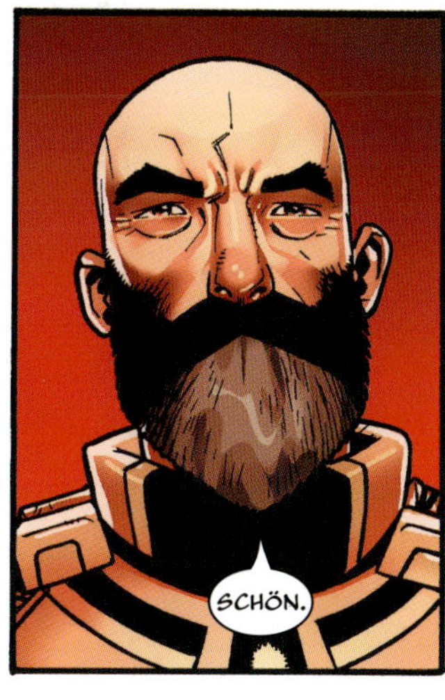

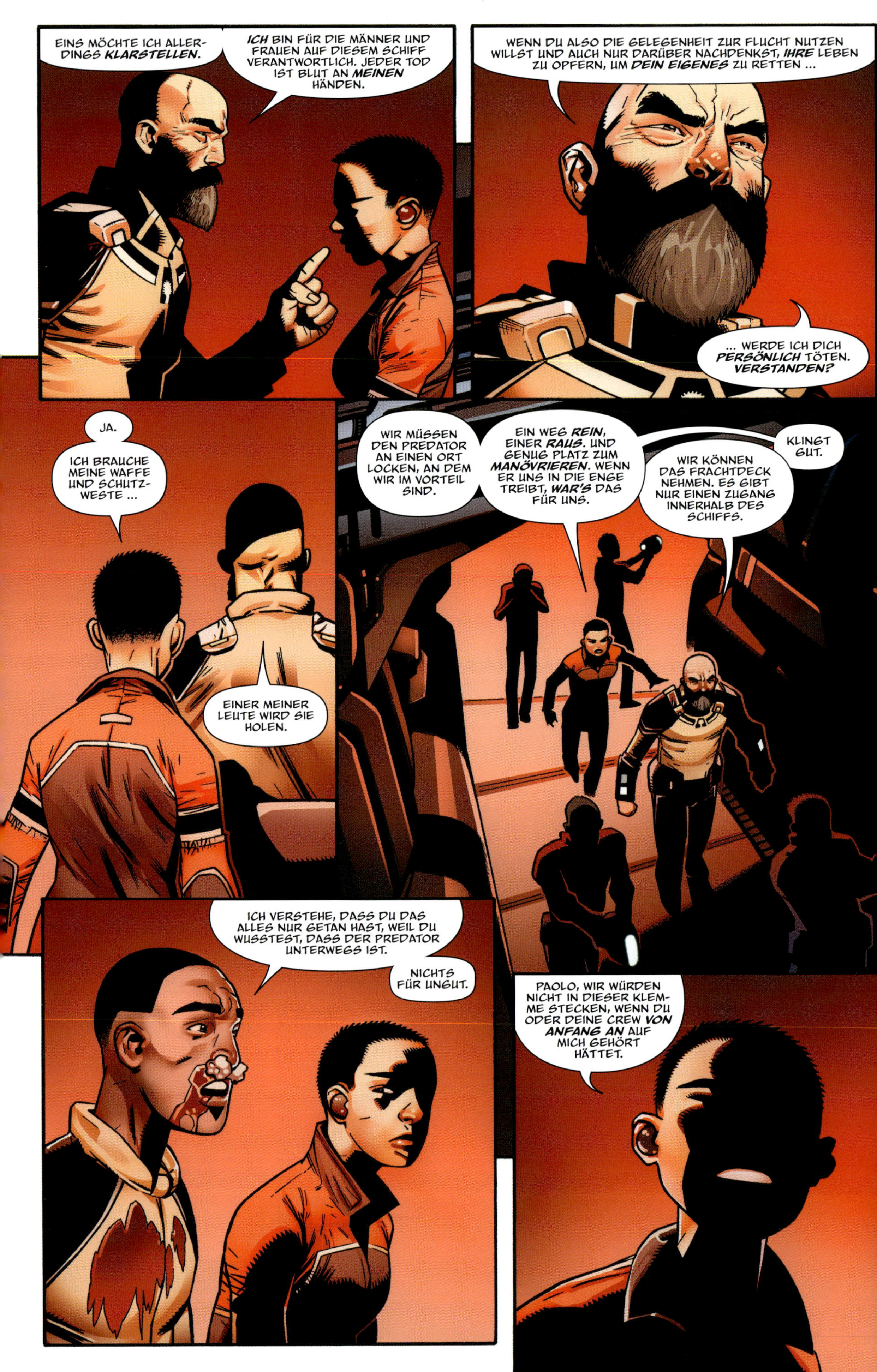
EINS MÖCHTE ICH ALLERDINGS KLARSTELLEN.
ICH BIN FÜR DIE MÄNNER UND FRAUEN AUF DIESEM SCHIFF VERANTWORTLICH. JEDER TOD IST BLUT AN MEINEN HÄNDEN.
WENN DU ALSO DIE GELEGENHEIT ZUR FLUCHT NUTZEN WILLST UND AUCH NUR DARÜBER NACHDENKST, IHRE LEBEN ZU OPFERN, UM DEIN EIGENES ZU RETTEN ...
... WERDE ICH DICH PERSÖNLICH TÖTEN. VERSTANDEN?
JA.
ICH BRAUCHE MEINE WAFFE UND SCHUTZWESTE ...
EINER MEINER LEUTE WIRD SIE HOLEN.
WIR MÜSSEN DEN PREDATOR AN EINEN ORT LOCKEN, AN DEM WIR IM VORTEIL SIND.
EIN WEG REIN, EINER RAUS. UND GENUG PLATZ ZUM MANÖVRIEREN. WENN ER UNS IN DIE ENGE TREIBT, WAR'S DAS FÜR UNS.
KLINGT GUT.
WIR KÖNNEN DAS FRACHTDECK NEHMEN. ES GIBT NUR EINEN ZUGANG INNERHALB DES SCHIFFS.
ICH VERSTEHE, DASS DU DAS ALLES NUR GETAN HAST, WEIL DU WUSSTEST, DASS DER PREDATOR UNTERWEGS IST.
NICHTS FÜR UNGUT.
PAOLO, WIR WÜRDEN NICHT IN DIESER KLEMME STECKEN, WENN DU ODER DEINE CREW VON ANFANG AN AUF MICH GEHÖRT HÄTTET.

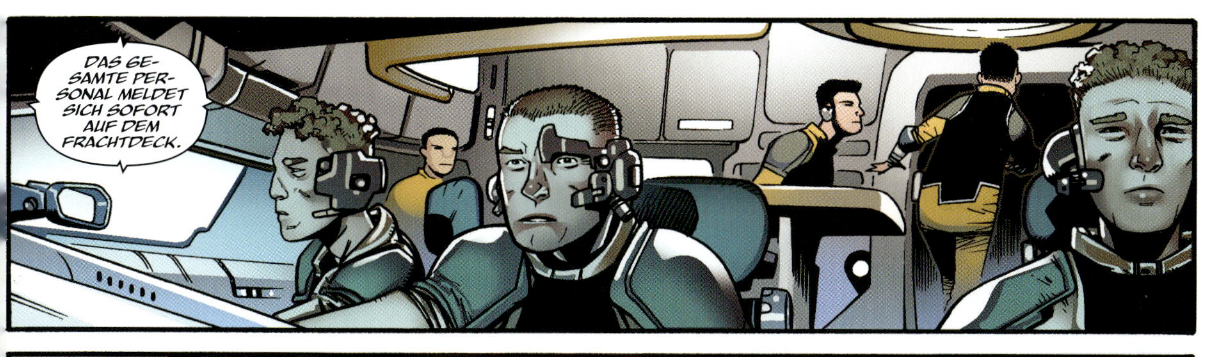

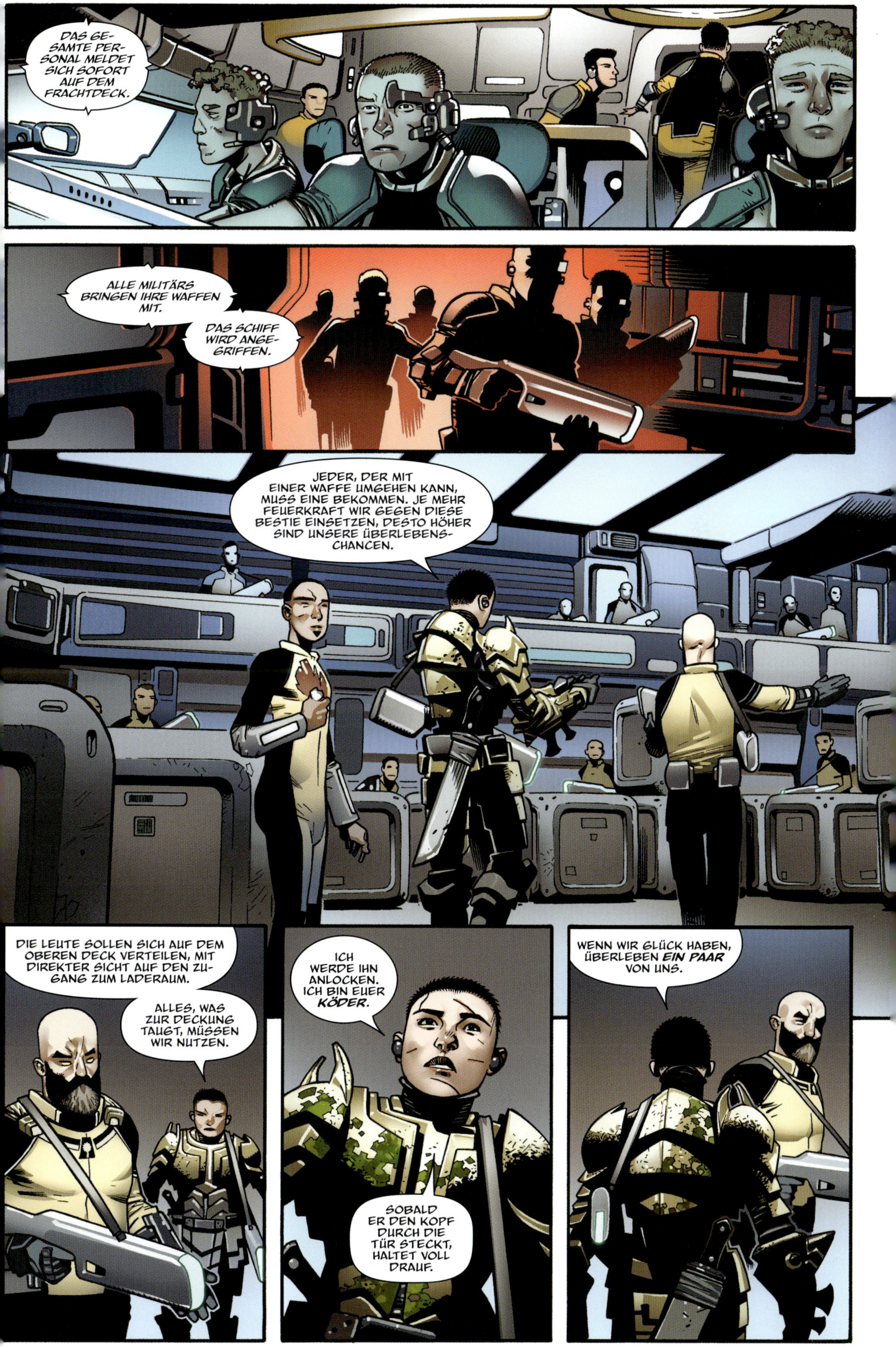

ALLE MILITÄRS BRINGEN IHRE WAFFEN MIT.

DAS SCHIFF WIRD ANGEGRIFFEN.

JEDER, DER MIT EINER WAFFE UMGEHEN KANN, MUSS EINE BEKOMMEN. JE MEHR FEUERKRAFT WIR GEGEN DIESE BESTIE EINSETZEN, DESTO HÖHER SIND UNSERE ÜBERLEBENSCHANCEN.

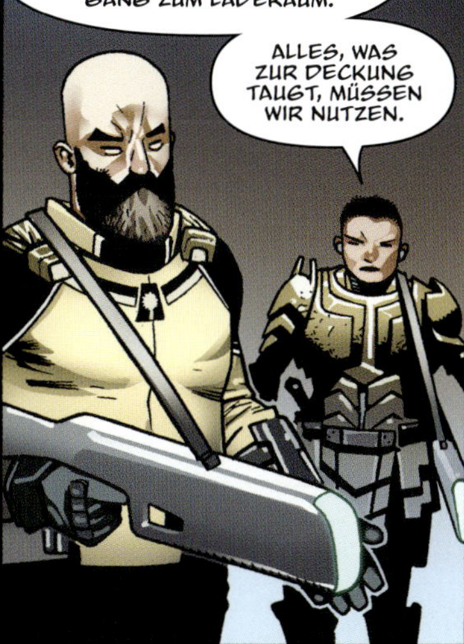

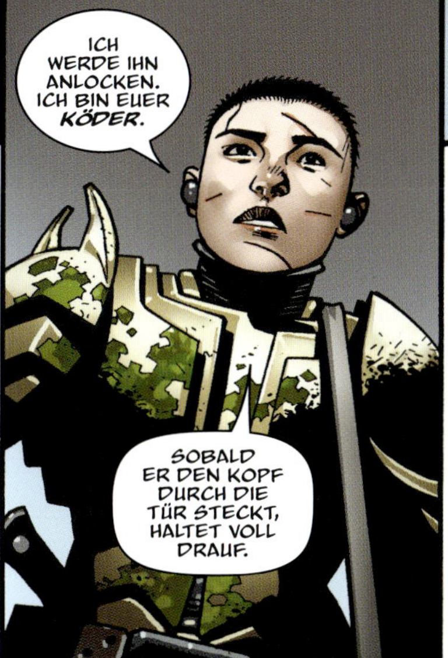

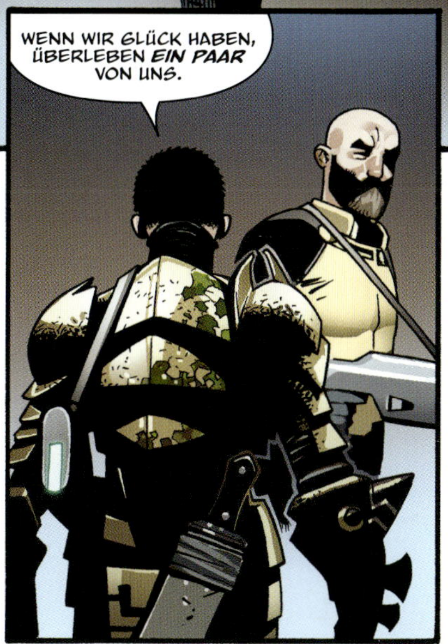

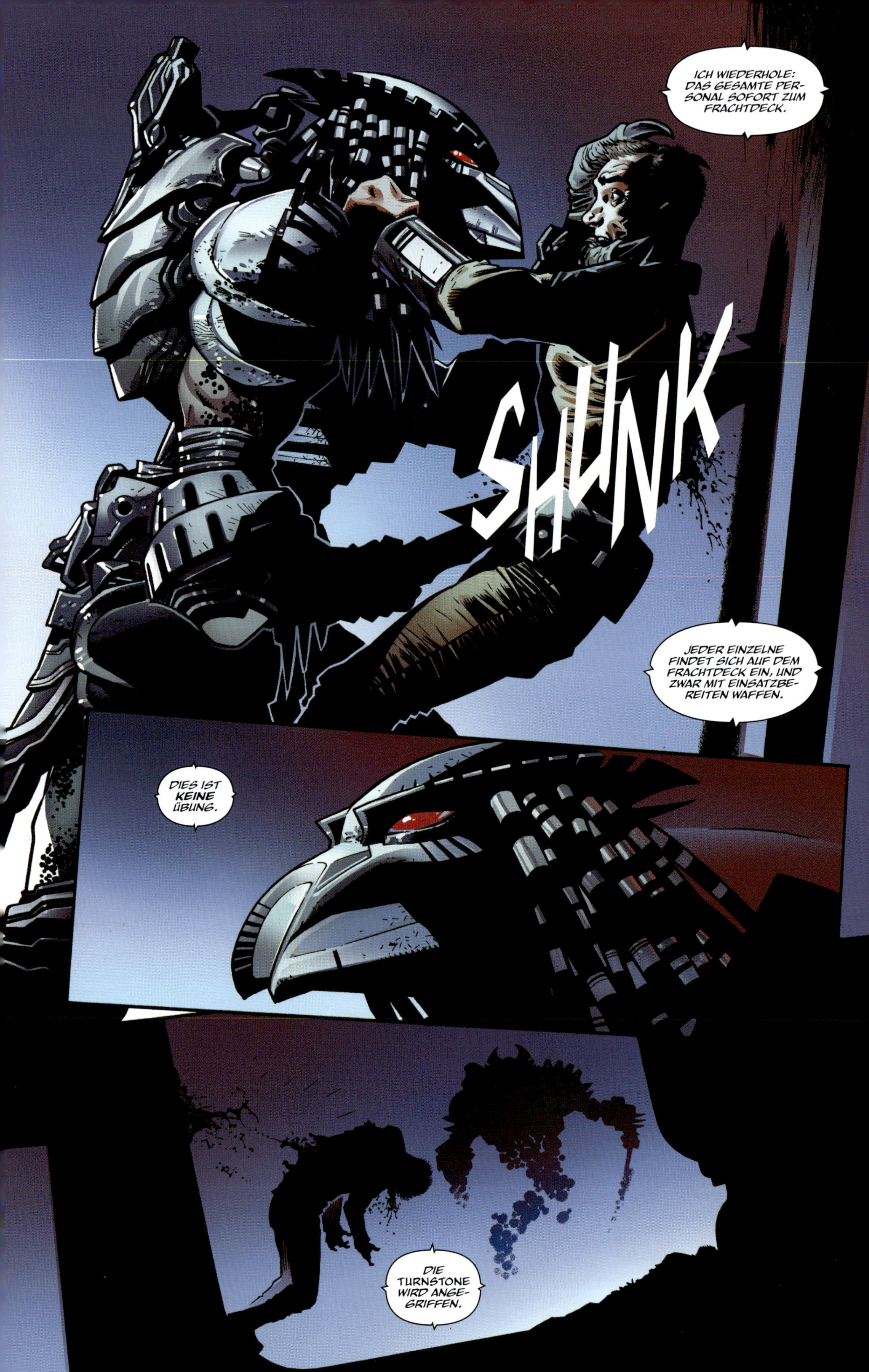
ICH WIEDERHOLE: DAS GESAMTE PERSONAL SOFORT ZUM FRACHTDECK.
SHUNK
JEDER EINZELNE FINDET SICH AUF DEM FRACHTDECK EIN, UND ZWAR MIT EINSATZBEREITEN WAFFEN.
DIES IST **KEINE** ÜBUNG.
DIE TURNSTONE WIRD ANGEGRIFFEN.

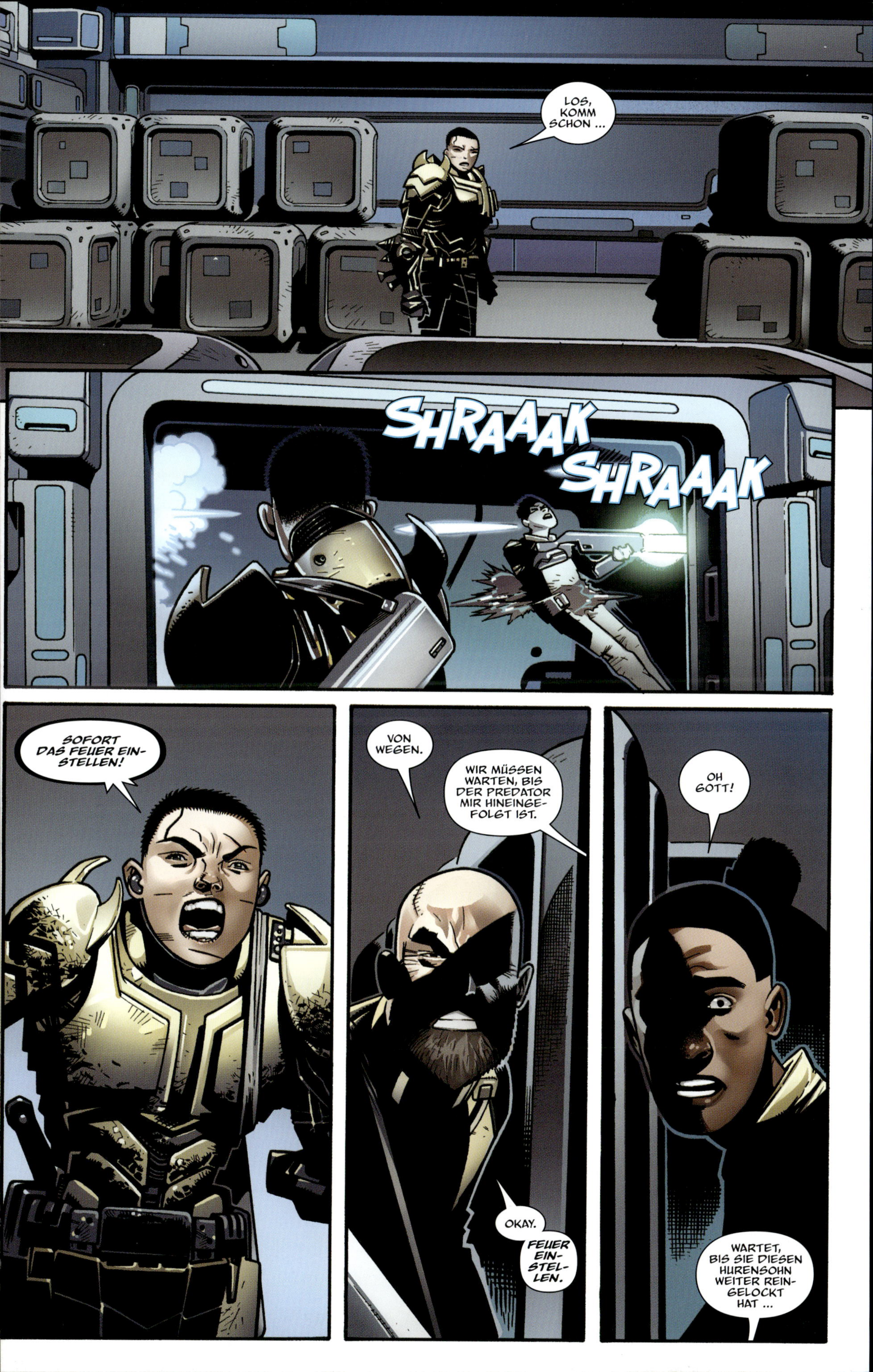

LOS, KOMM SCHON ...
SHRAAAK
SHRAAAK

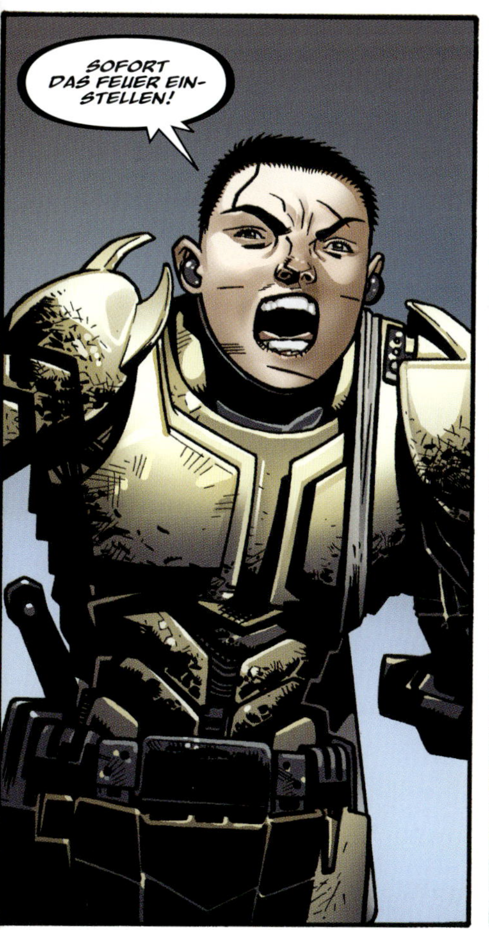
SOFORT DAS FEUER EINSTELLEN!

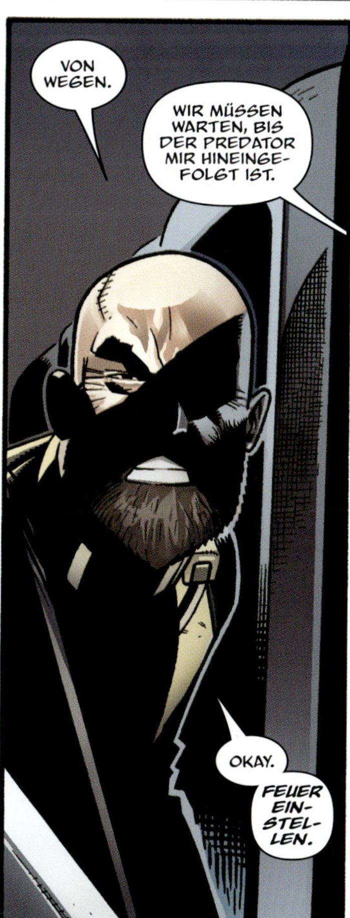
VON WEGEN.
WIR MÜSSEN WARTEN, BIS DER PREDATOR MIR HINEINGEFOLGT IST.
OKAY.
FEUER EINSTELLEN.

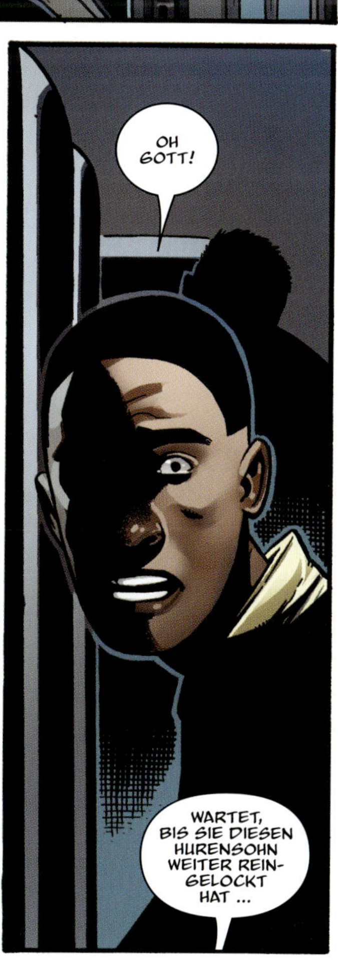
OH GOTT!
WARTET, BIS SIE DIESEN HURENSOHN WEITER REINGELOCKT HAT ...

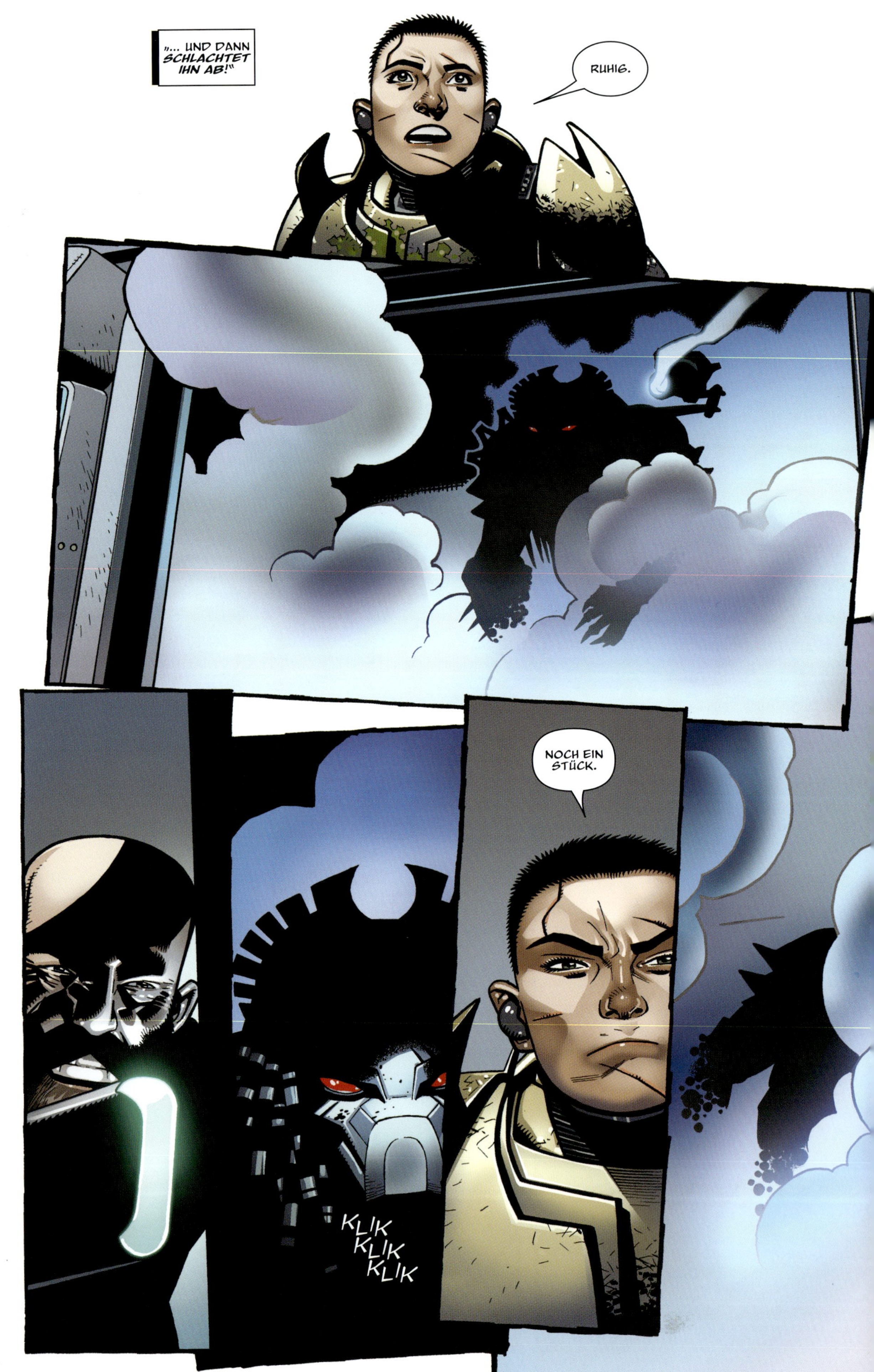
"... UND DANN SCHLACHTET IHN AB!"
RUHIG.
NOCH EIN STÜCK.
KLIK KLIK KLIK

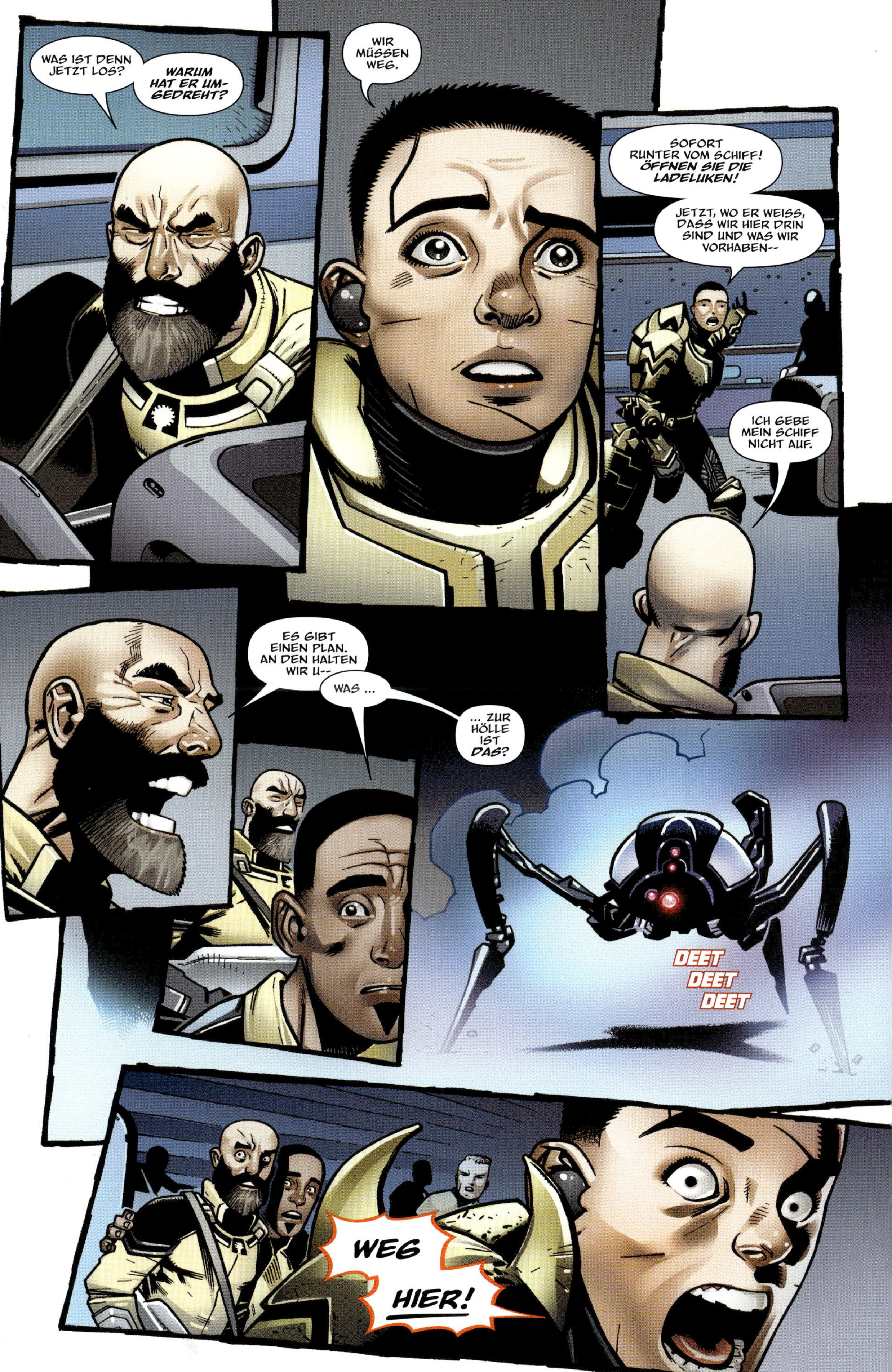
WAS IST DENN JETZT LOS?
WARUM HAT ER UMGEDREHT?
WIR MÜSSEN WEG.
SOFORT RUNTER VOM SCHIFF! ÖFFNEN SIE DIE LADELUKEN!
JETZT, WO ER WEISS, DASS WIR HIER DRIN SIND UND WAS WIR VORHABEN--
ICH GEBE MEIN SCHIFF NICHT AUF.
ES GIBT EINEN PLAN. AN DEN HALTEN WIR U--
WAS ...
... ZUR HÖLLE IST DAS?
DEET
DEET
DEET
WEG HIER!

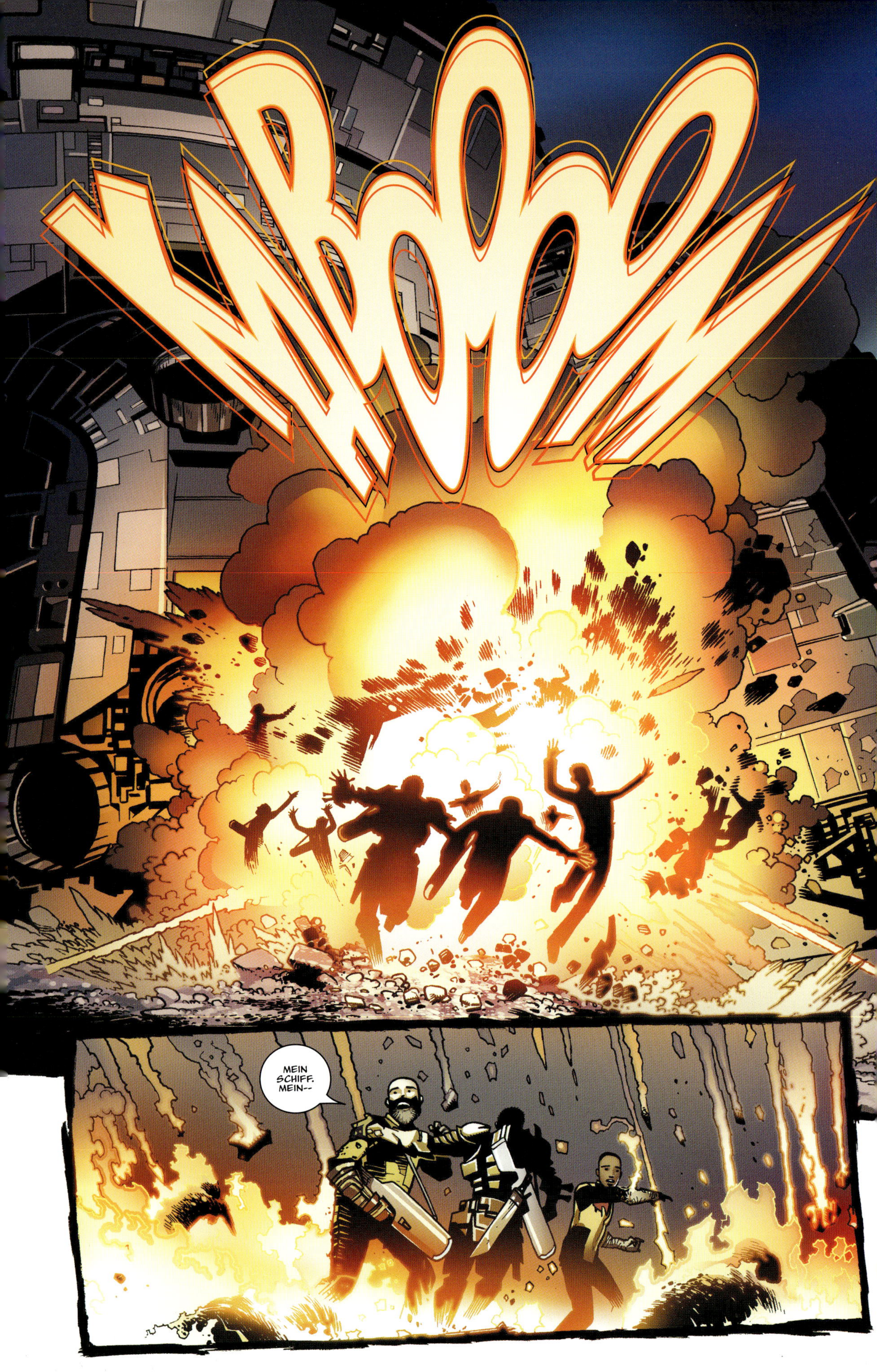
WBOOOM
MEIN SCHIFF. MEIN--

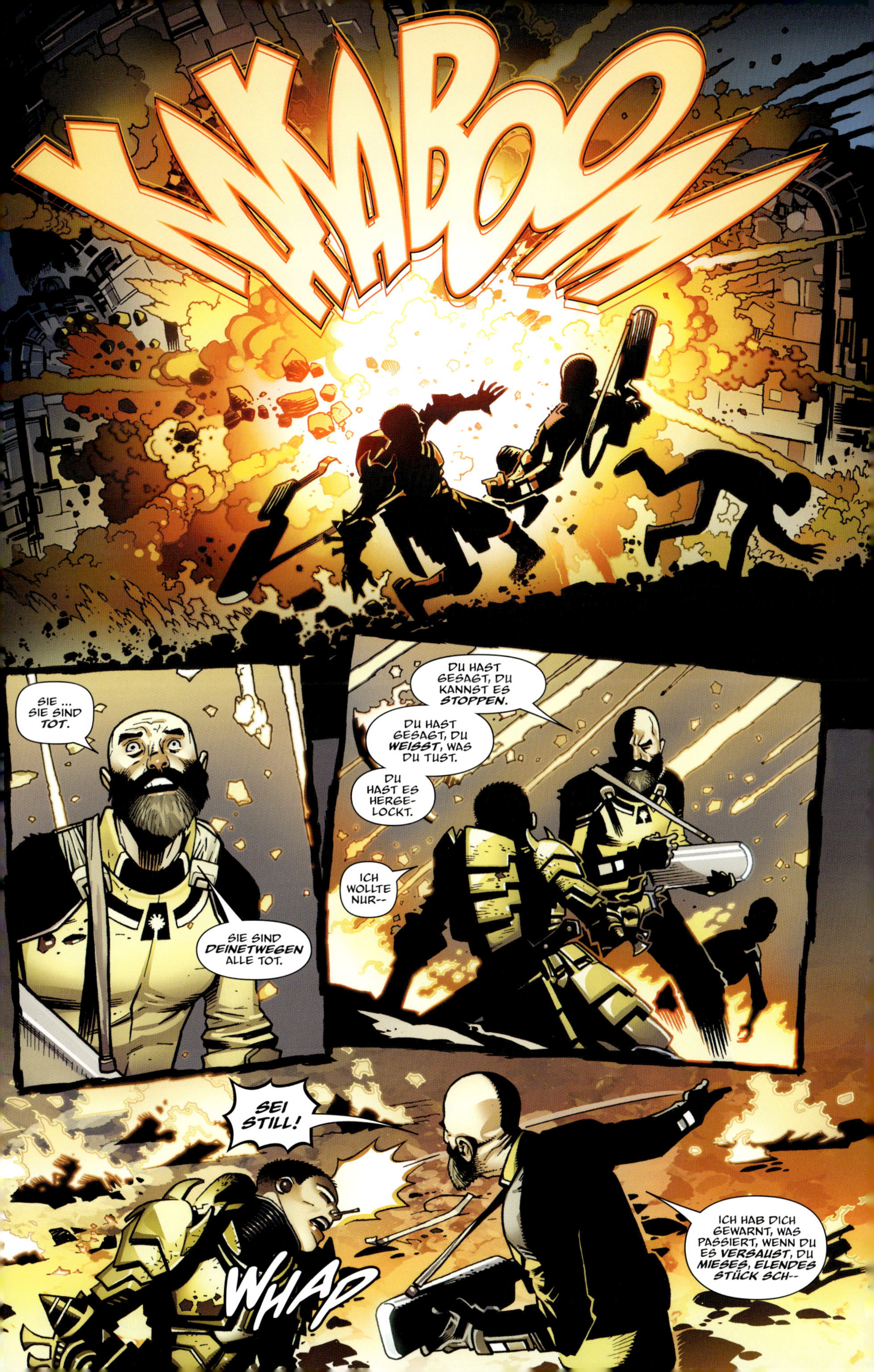

WHABOOM
SIE ... SIE SIND TOT.
SIE SIND DEINETWEGEN ALLE TOT.
DU HAST GESAGT, DU KANNST ES STOPPEN.
DU HAST GESAGT, DU WEISST, WAS DU TUST.
DU HAST ES HERGE-LOCKT.
ICH WOLLTE NUR--
SEI STILL!
ICH HAB DICH GEWARNT, WAS PASSIERT, WENN DU ES VERSAUST, DU MIESES, ELENDES STÜCK SCH--
WHAP

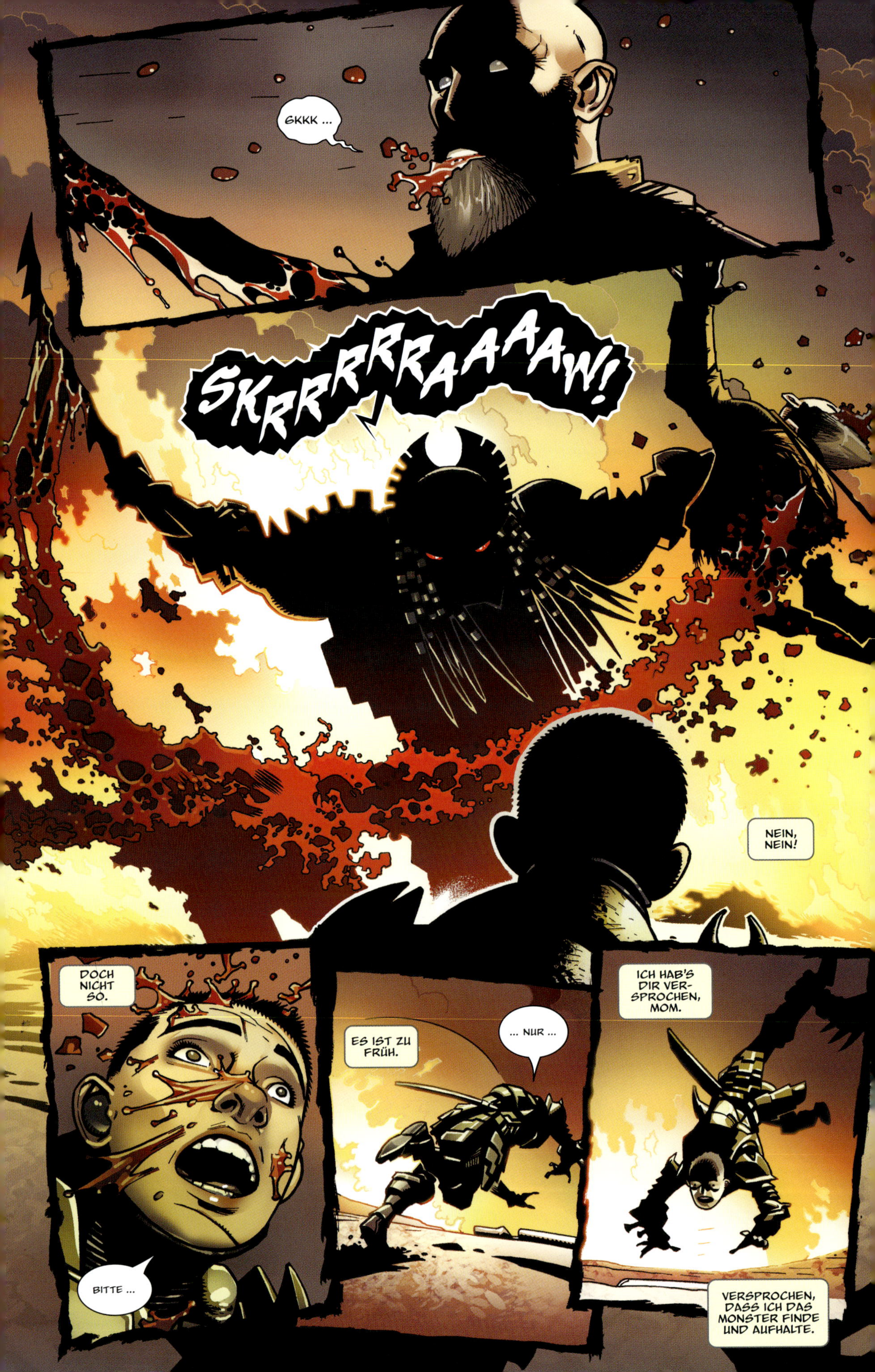
GKKK ...
SKRRRRRAAAAAW!
NEIN, NEIN!
DOCH NICHT SO.
BITTE ...
ES IST ZU FRÜH.
... NUR ...
ICH HAB'S DIR VERSPROCHEN, MOM.
VERSPROCHEN, DASS ICH DAS MONSTER FINDE UND AUFHALTE.

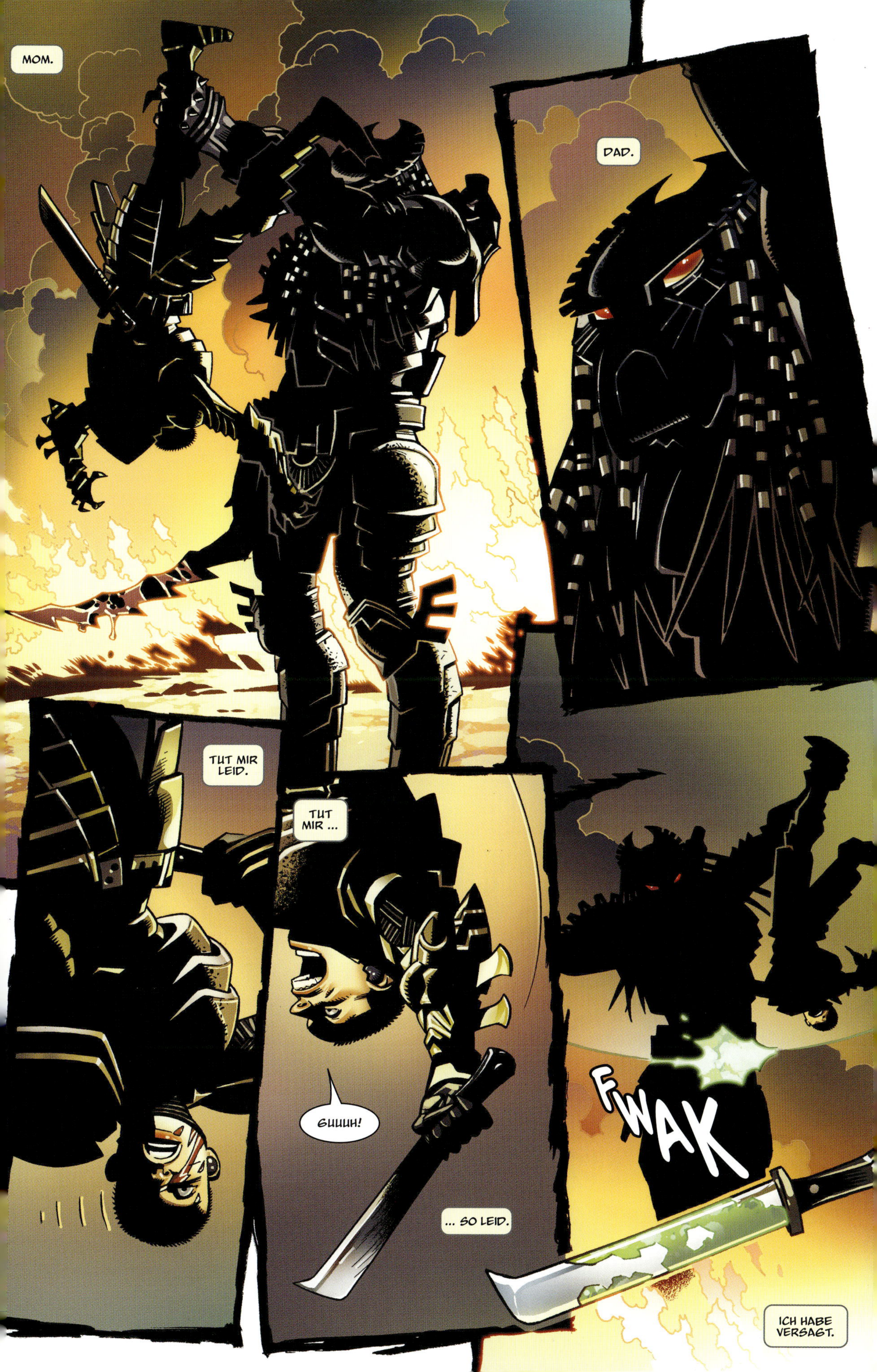
MOM.
DAD.
TUT MIR LEID.
TUT MIR ...
GUUUH!
... SO LEID.
FWAK
ICH HABE VERSAGT.

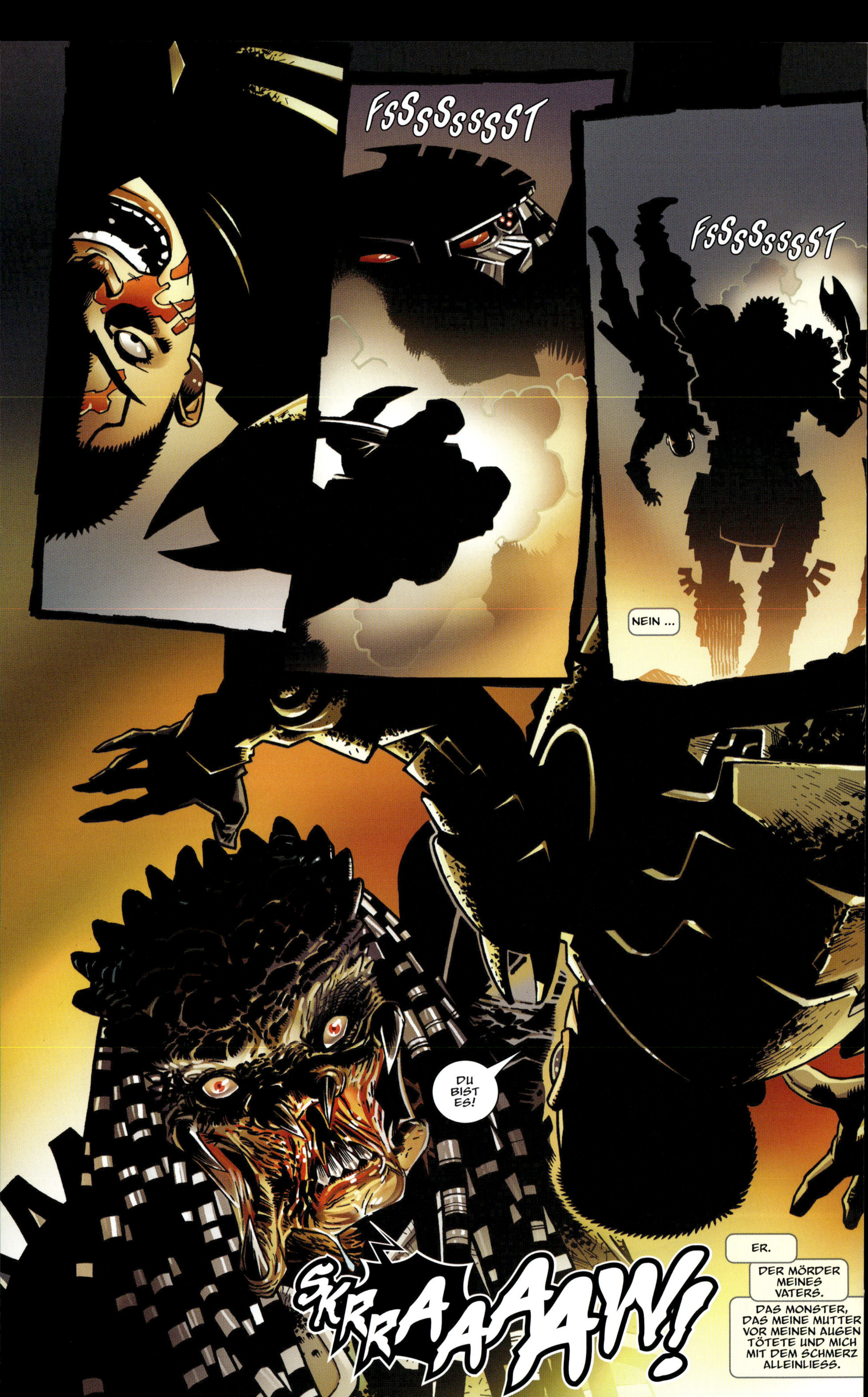
FSSSSSSSST
FSSSSSSSST
NEIN ...
DU BIST ES!
SKRRAAAAAW!
ER.
DER MÖRDER MEINES VATERS.
DAS MONSTER, DAS MEINE MUTTER VOR MEINEN AUGEN TÖTETE UND MICH MIT DEM SCHMERZ ALLEINLIESS.

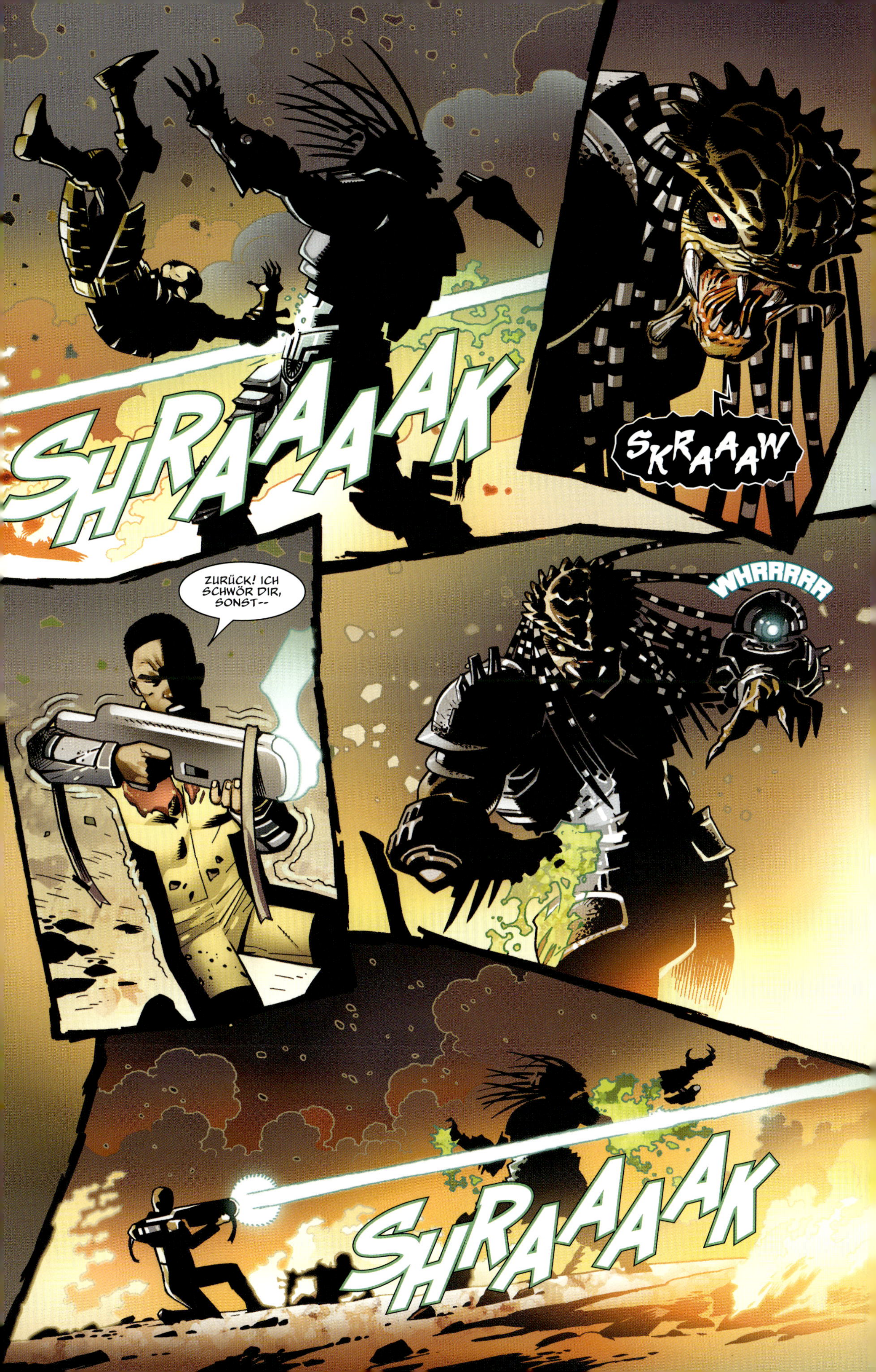
SHRAAAAK
SKRAAAW
ZURÜCK! ICH SCHWÖR DIR, SONST--
WHRRRRR
SHRAAAAK

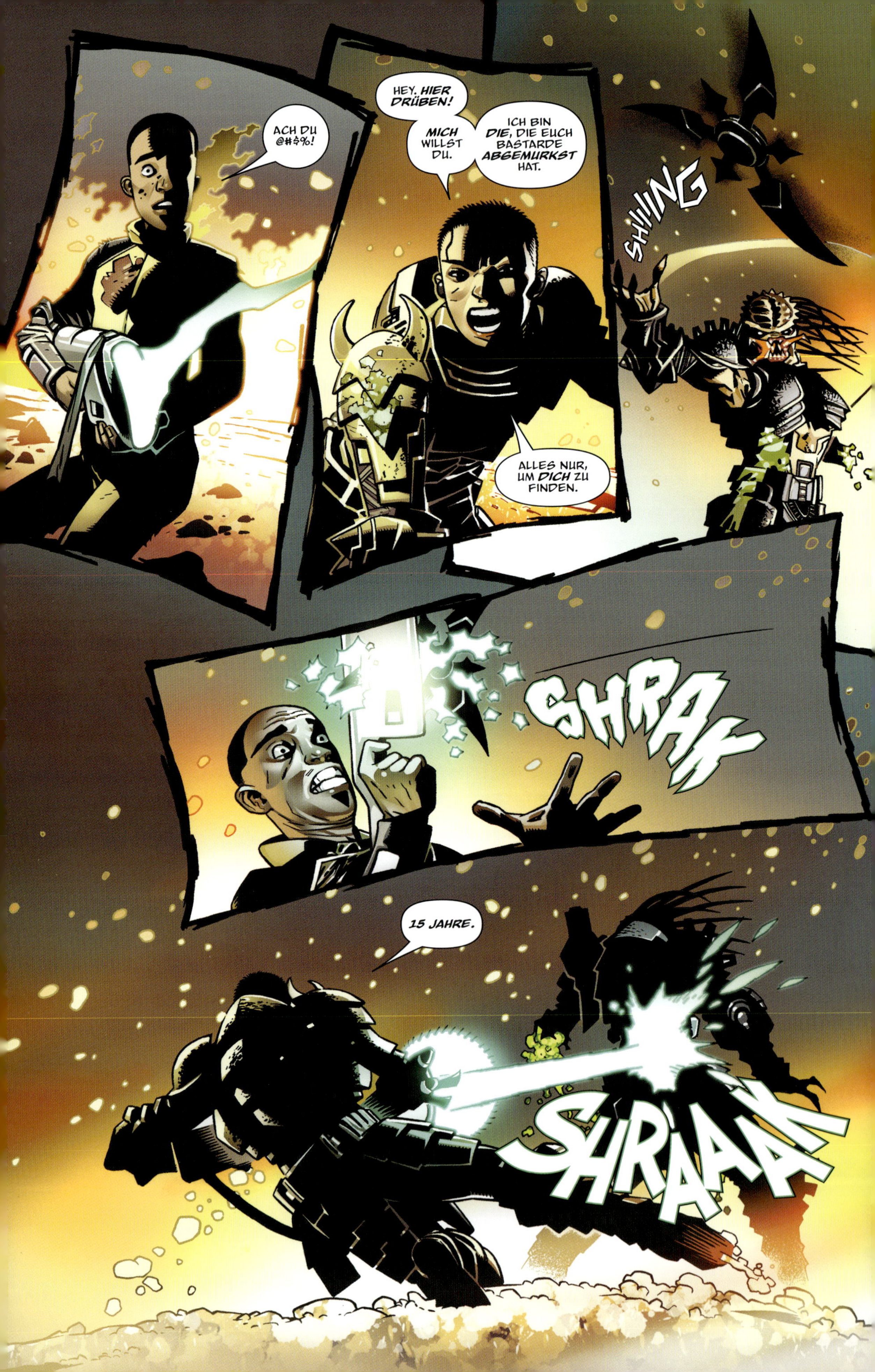
ACH DU @#$%!
HEY. HIER DRÜBEN!
MICH WILLST DU.
ICH BIN DIE, DIE EUCH BASTARDE ABGEMURKST HAT.
SHIIIING
ALLES NUR, UM DICH ZU FINDEN.
SHRAK
15 JAHRE.
SHRAAAK

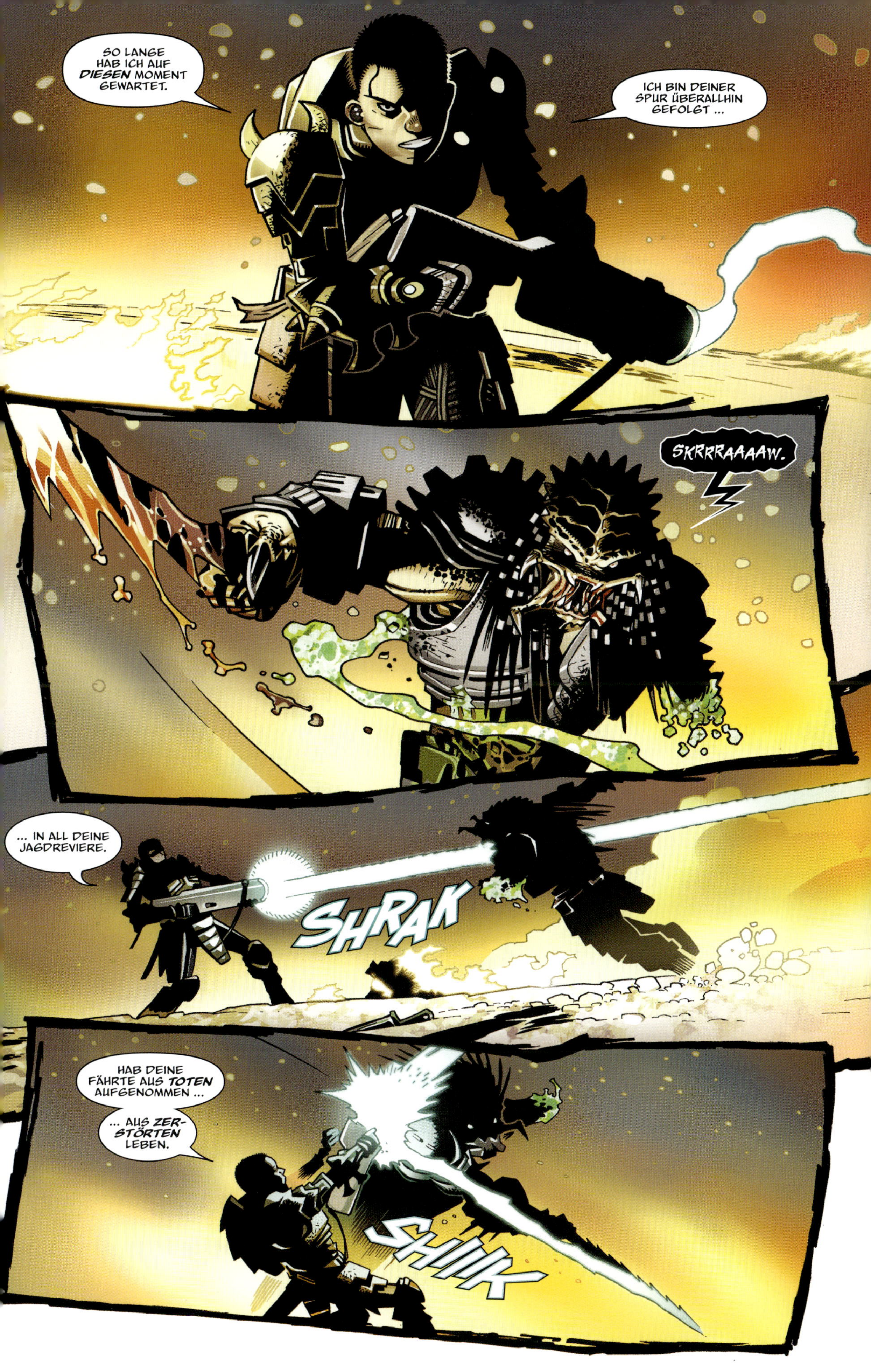
SO LANGE HAB ICH AUF DIESEN MOMENT GEWARTET.
ICH BIN DEINER SPUR ÜBERALLHIN GEFOLGT ...
SKRRRAAAAW.
... IN ALL DEINE JAGDREVIERE.
SHRAK
HAB DEINE FÄHRTE AUS TOTEN AUFGENOMMEN ...
... AUS ZERSTÖRTEN LEBEN.
SHIIK

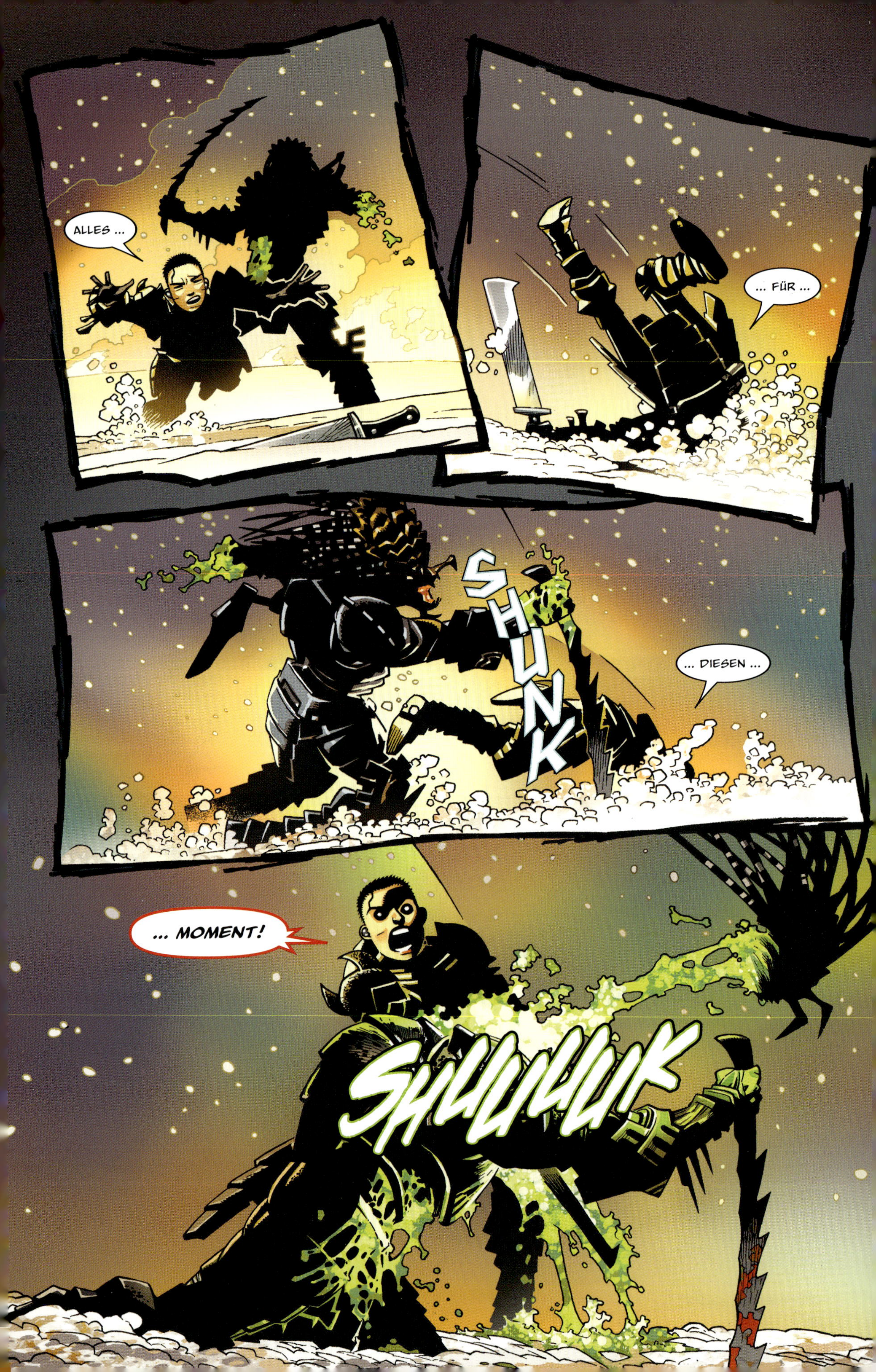
ALLES ...
... FÜR ...
SHUNK
... DIESEN ...
... MOMENT!
SHUUUUK

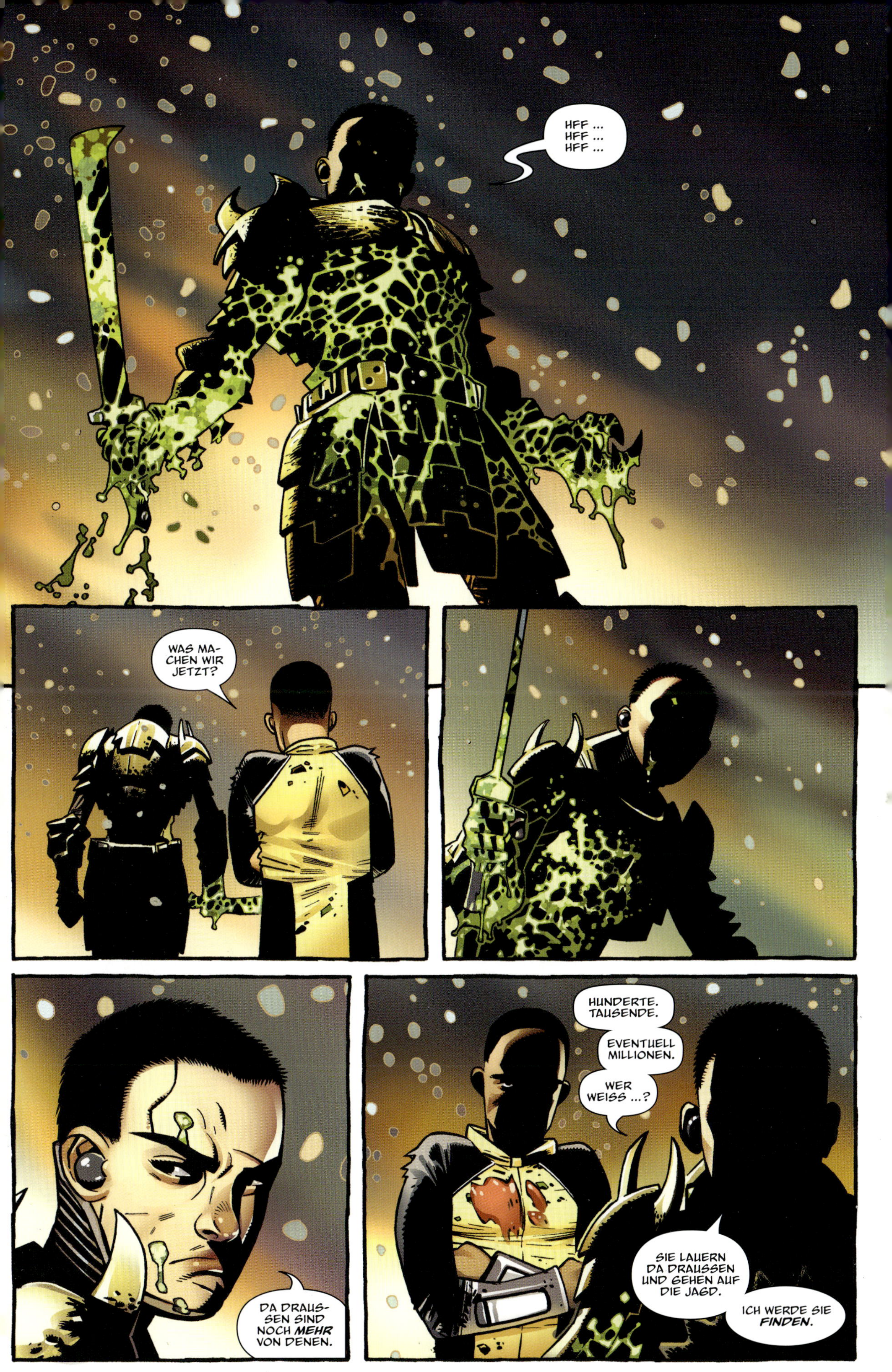

HFF ...
HFF ...
HFF ...

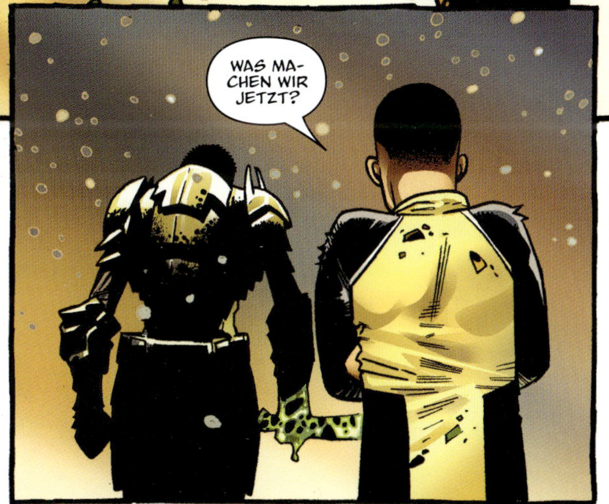
WAS MACHEN WIR JETZT?

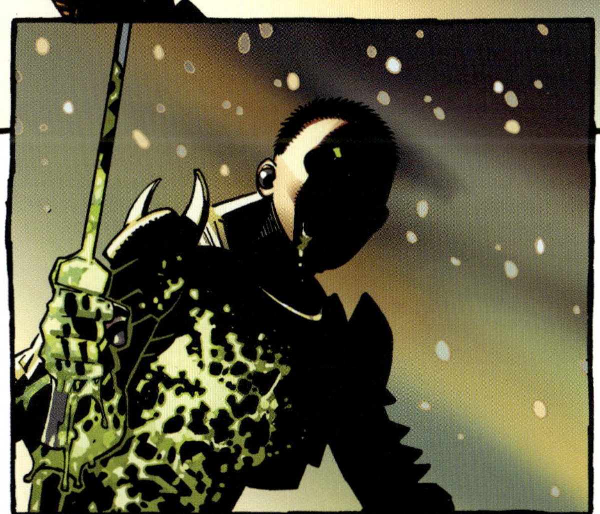

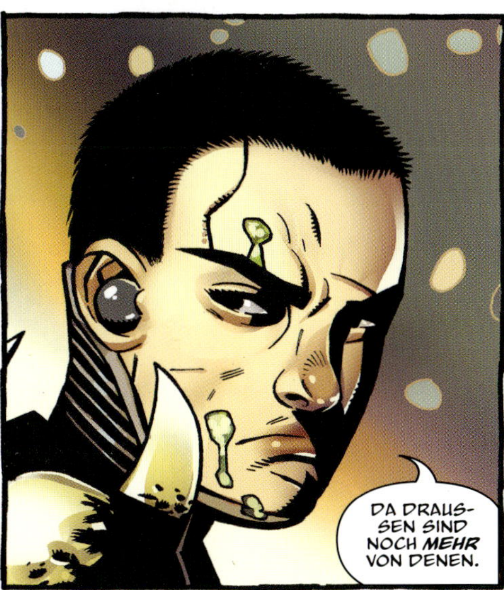
DA DRAUSSEN SIND NOCH *MEHR* VON DENEN.

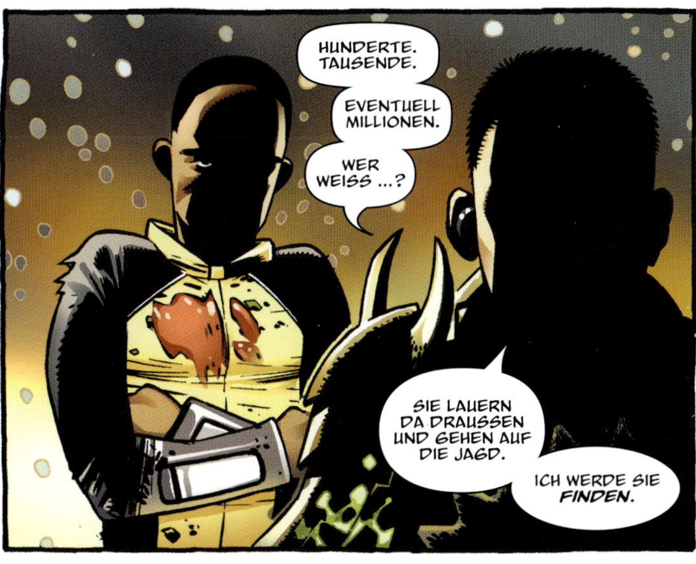
HUNDERTE. TAUSENDE.
EVENTUELL MILLIONEN.
WER WEISS ...?
SIE LAUERN DA DRAUSSEN UND GEHEN AUF DIE JAGD.
ICH WERDE SIE *FINDEN*.

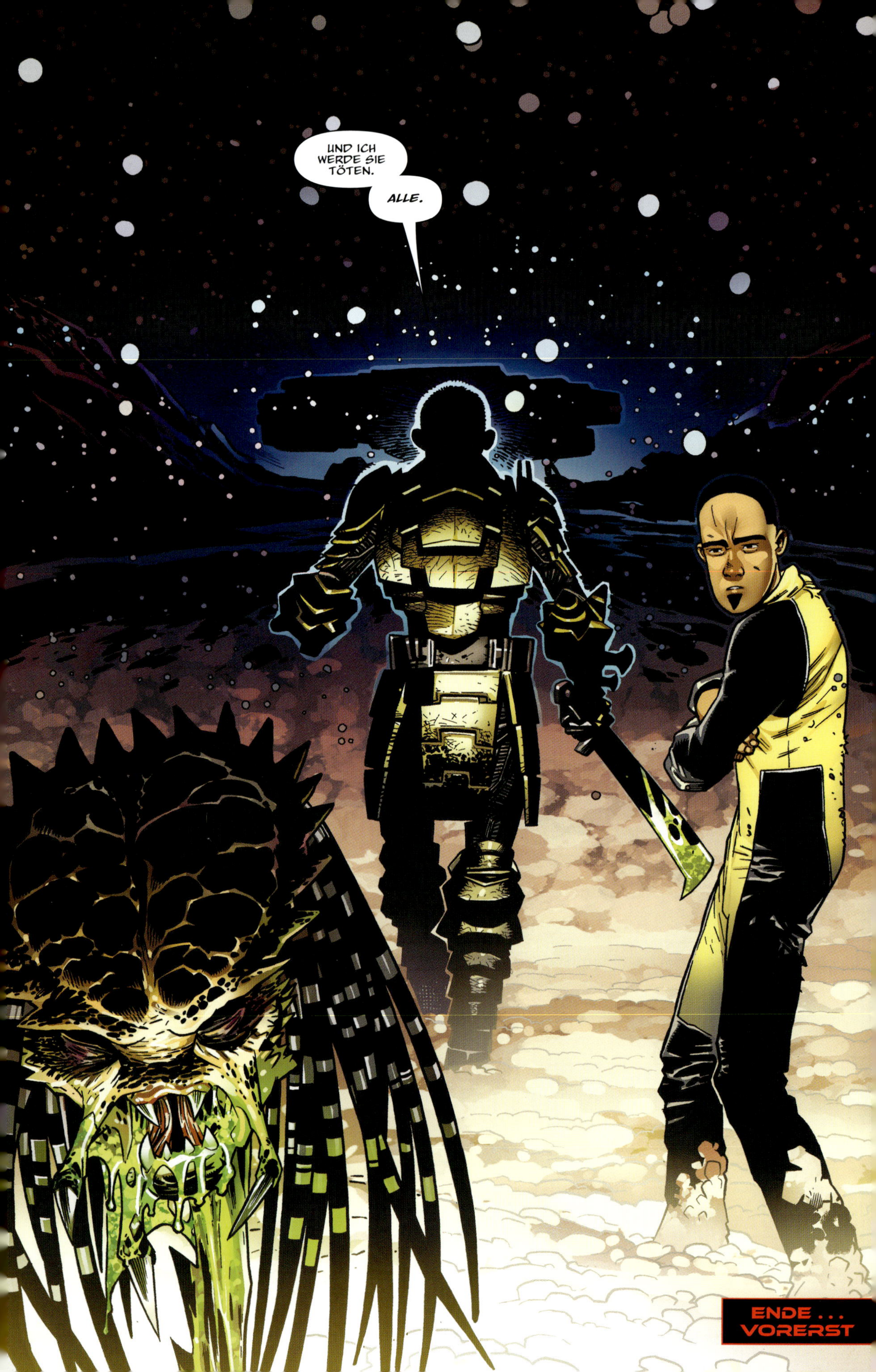
UND ICH WERDE SIE TÖTEN.
ALLE.
ENDE ... VORERST

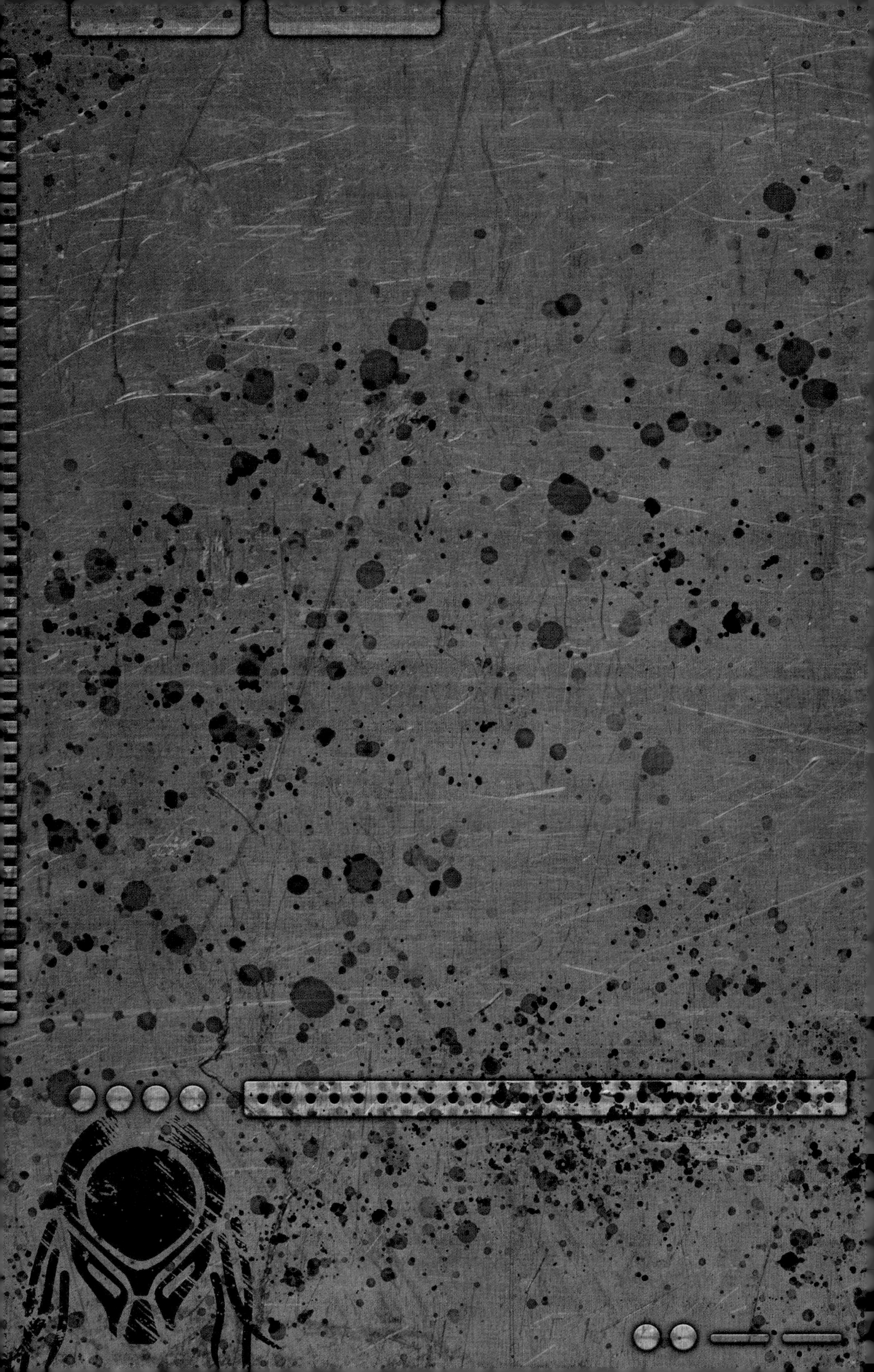

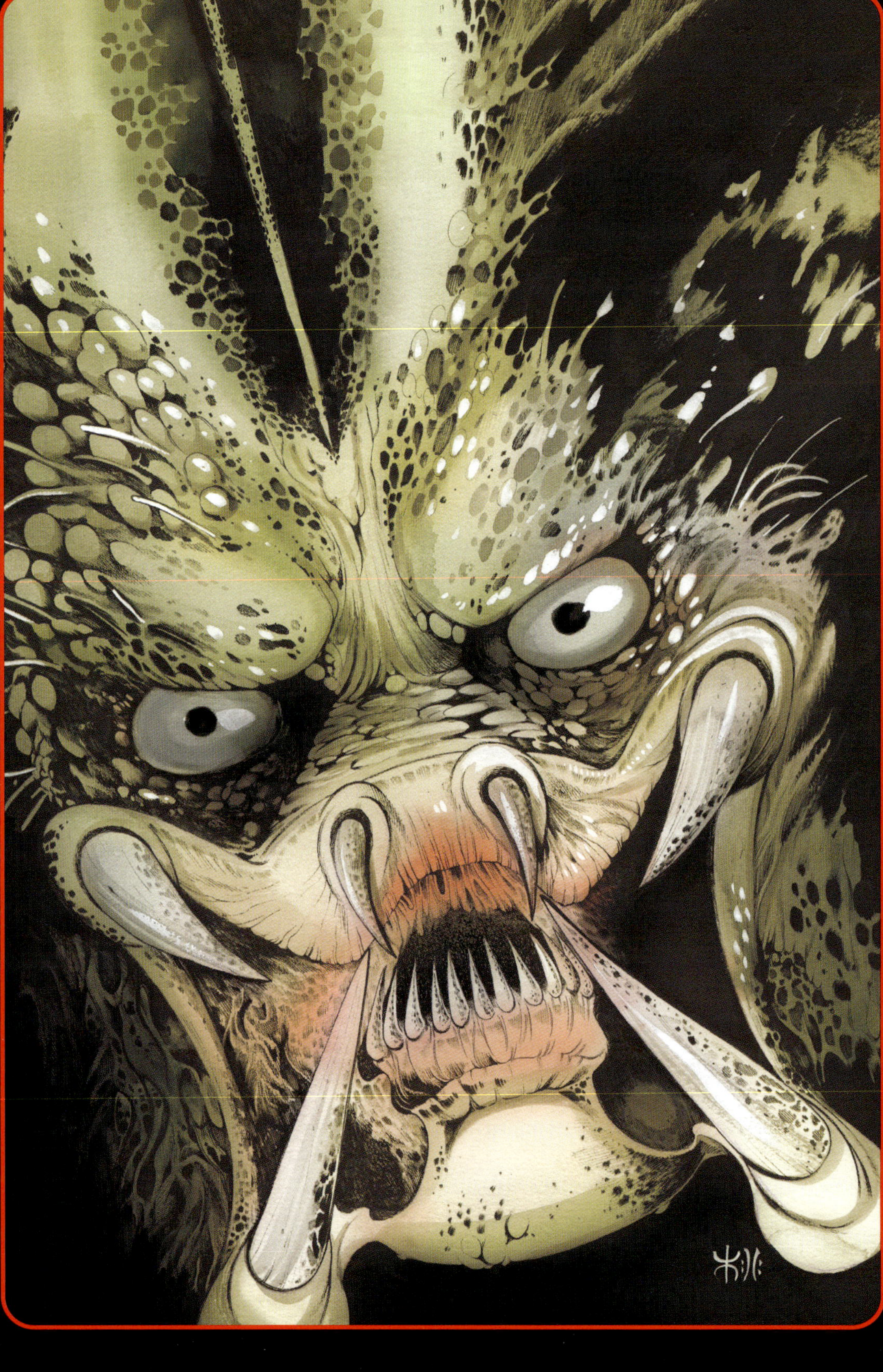

PREDATOR (2022) 1
VARIANT-COVER VON **PEACH MOMOKO**

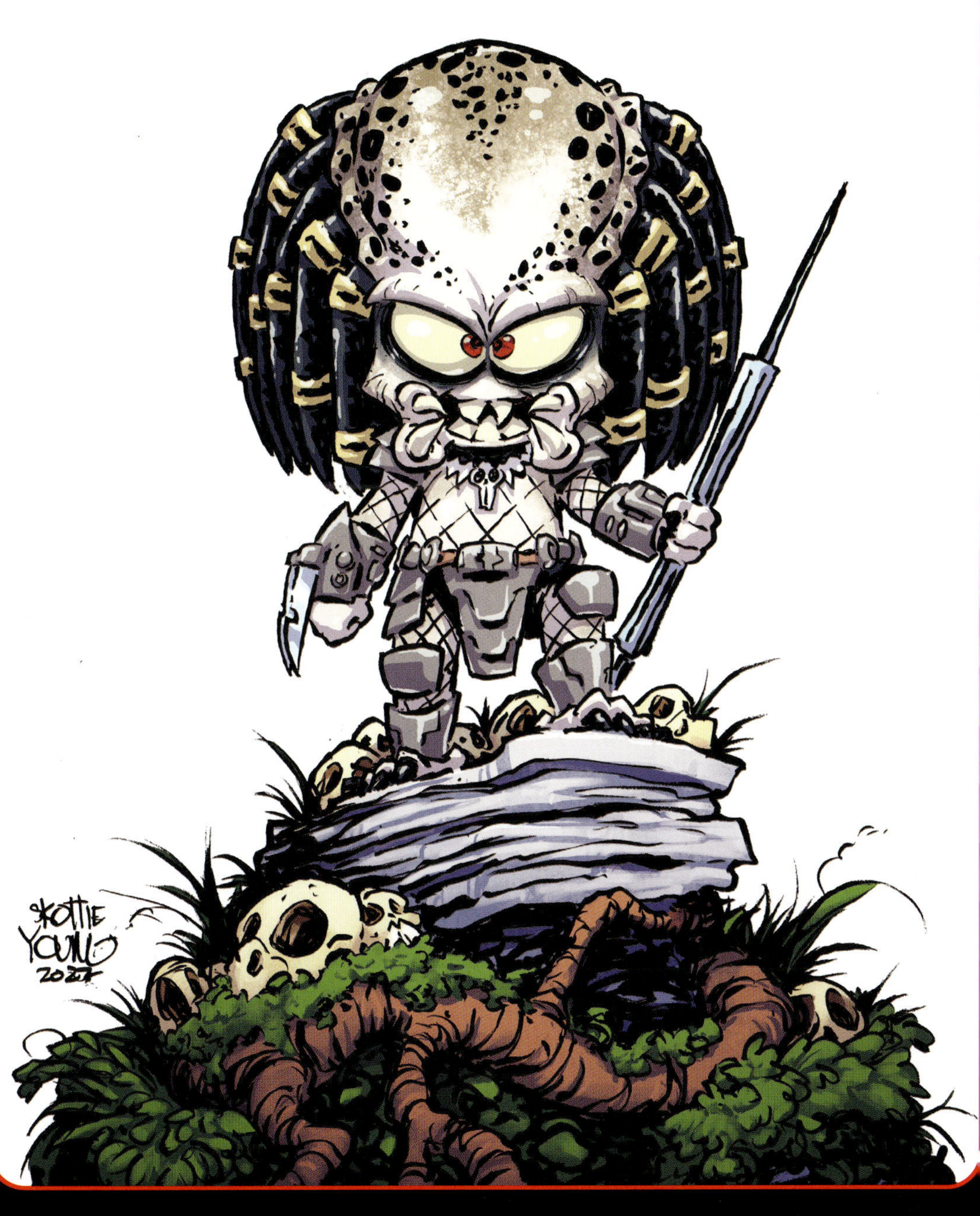

PREDATOR (2022) 1

VARIANT-COVER VON **SKOTTIE YOUNG**

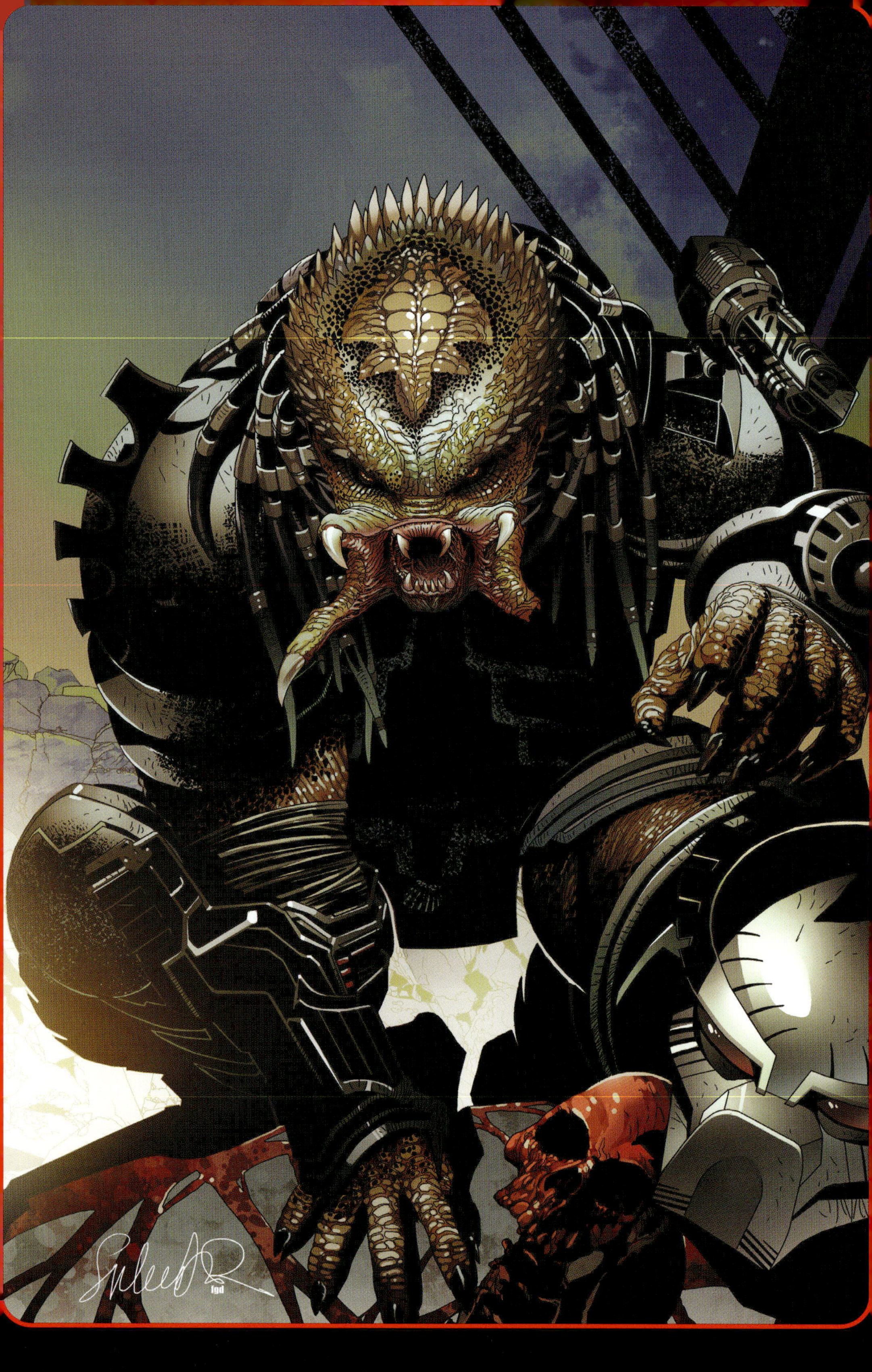

PREDATOR (2022) 1

VARIANT-COVER DES NACHDRUCKS VON

SALVADOR LARROCA UND FRANK D'ARMATA

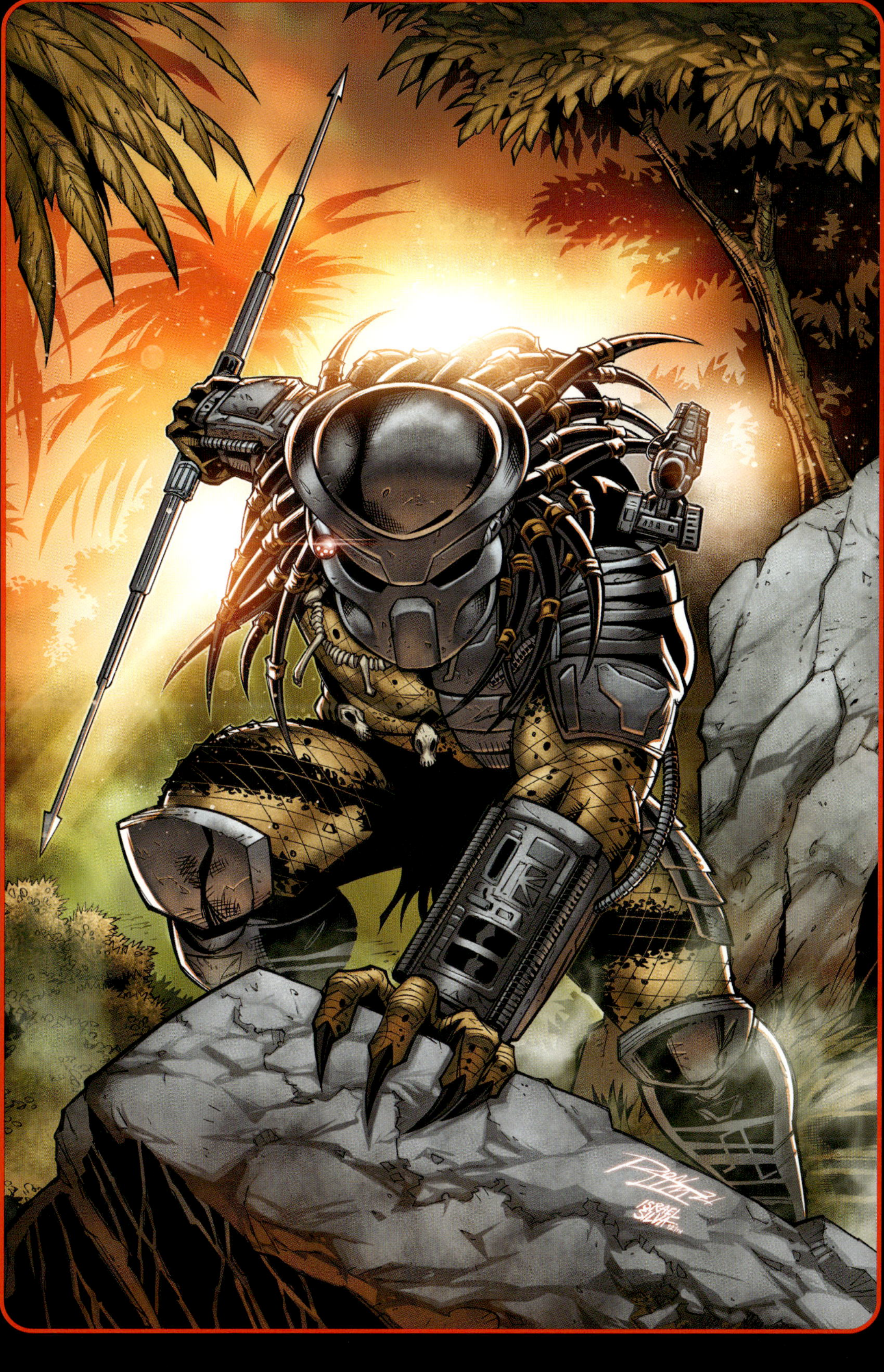

PREDATOR (2022) 1
VARIANT-COVER VON **RON LIM**

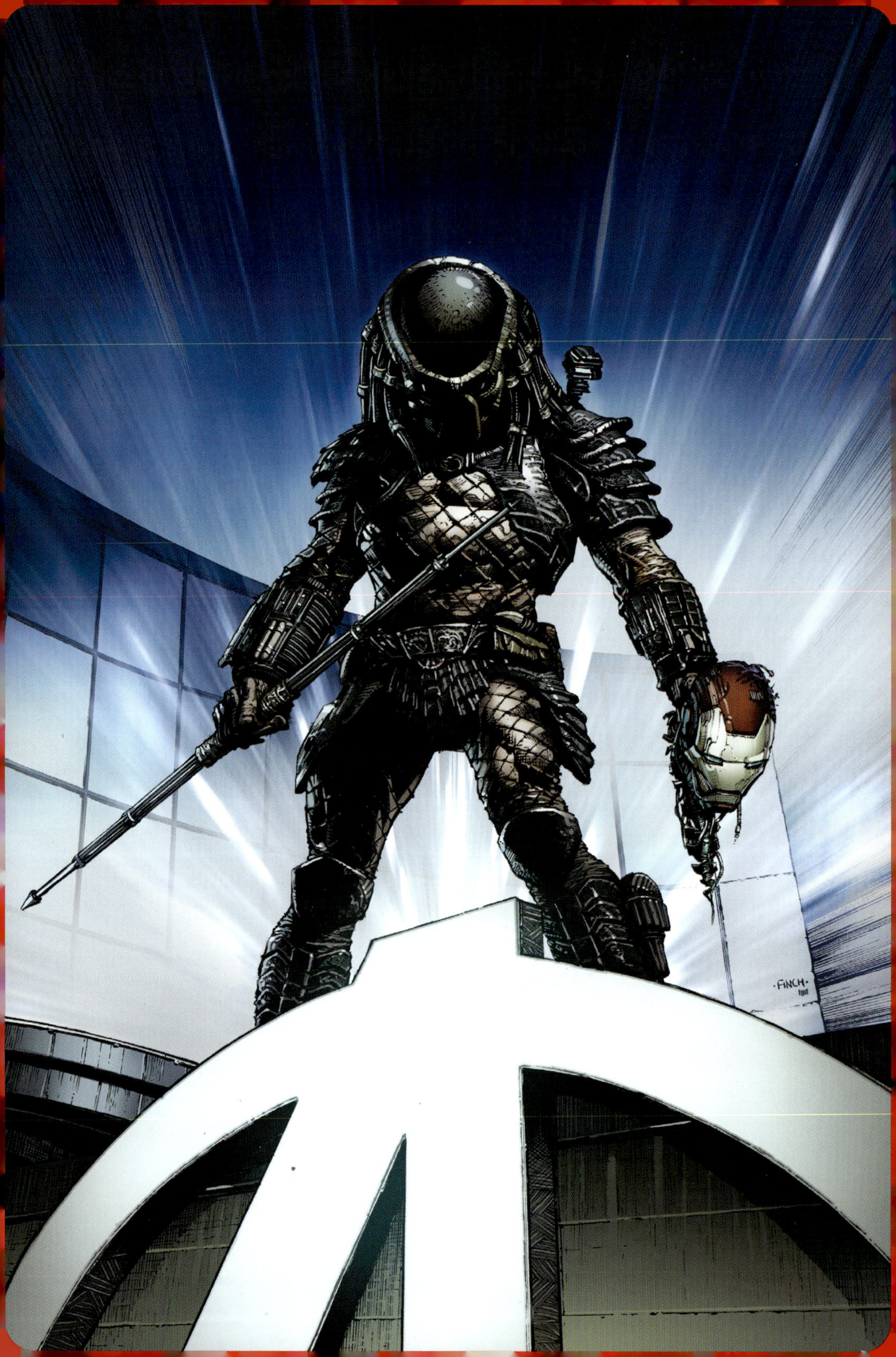
FINCH

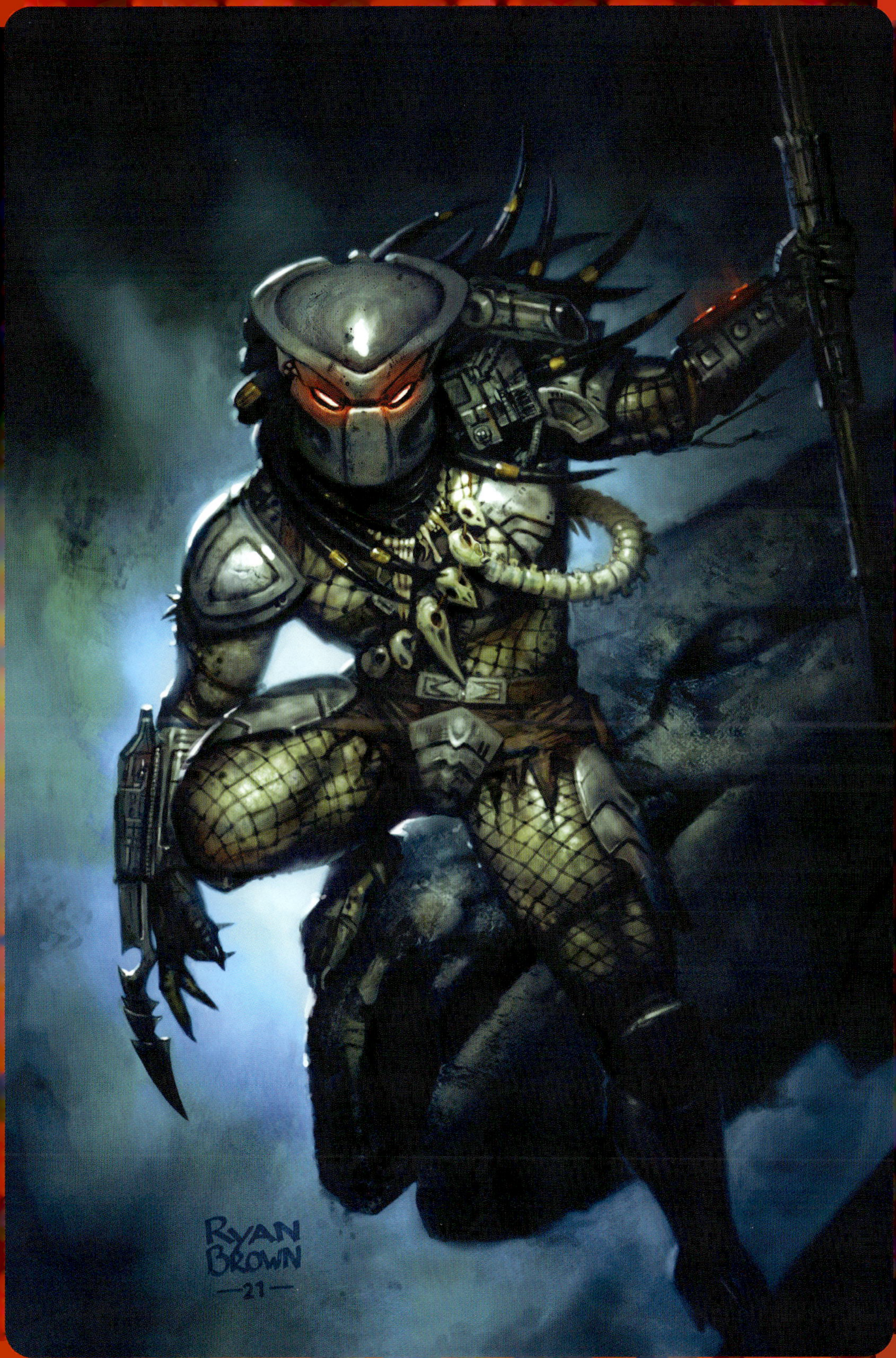
RYAN
BROWN
—21—

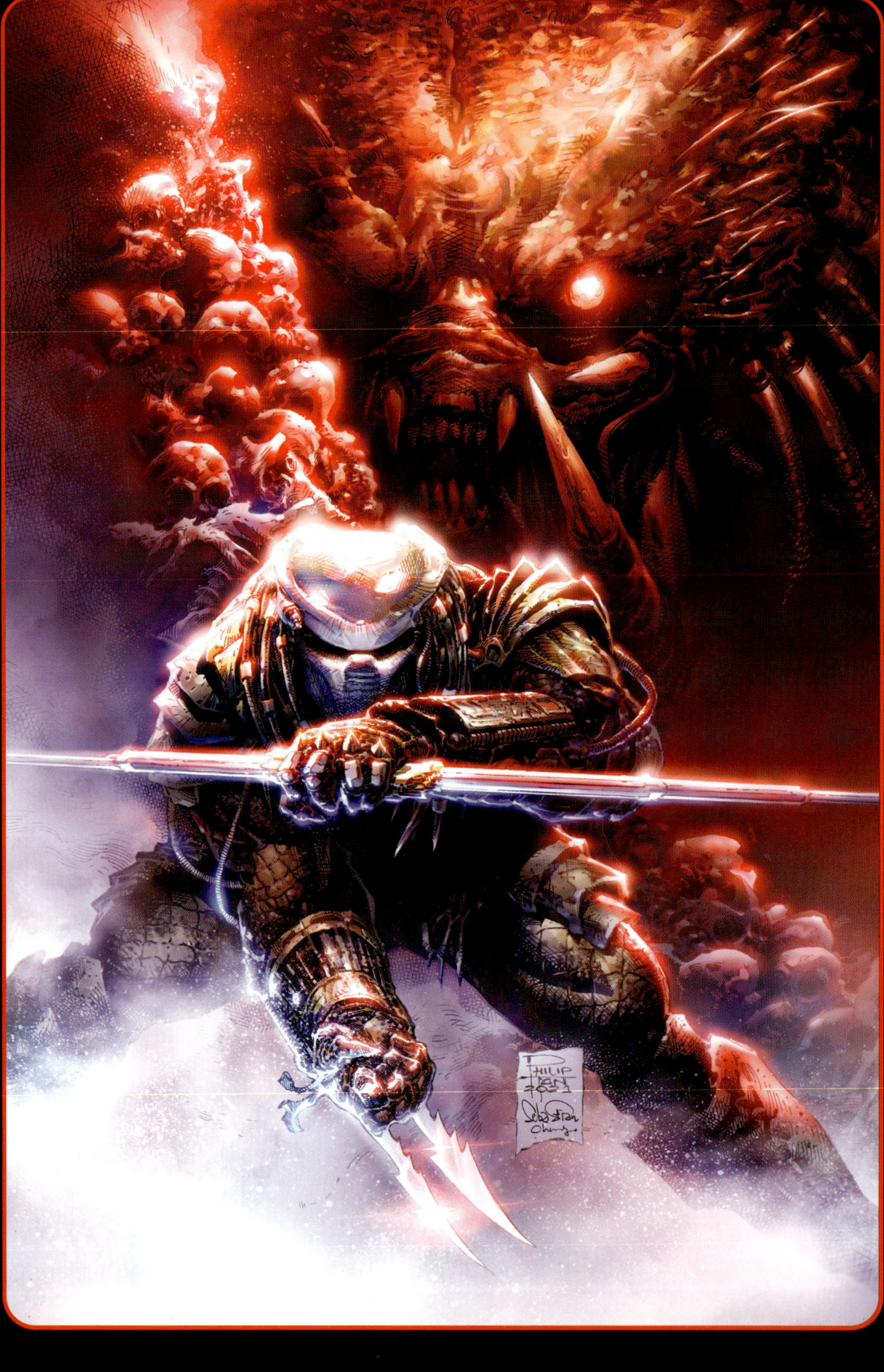

PREDATOR (2022) 1
VARIANT-COVER VON **PHILIP TAN**

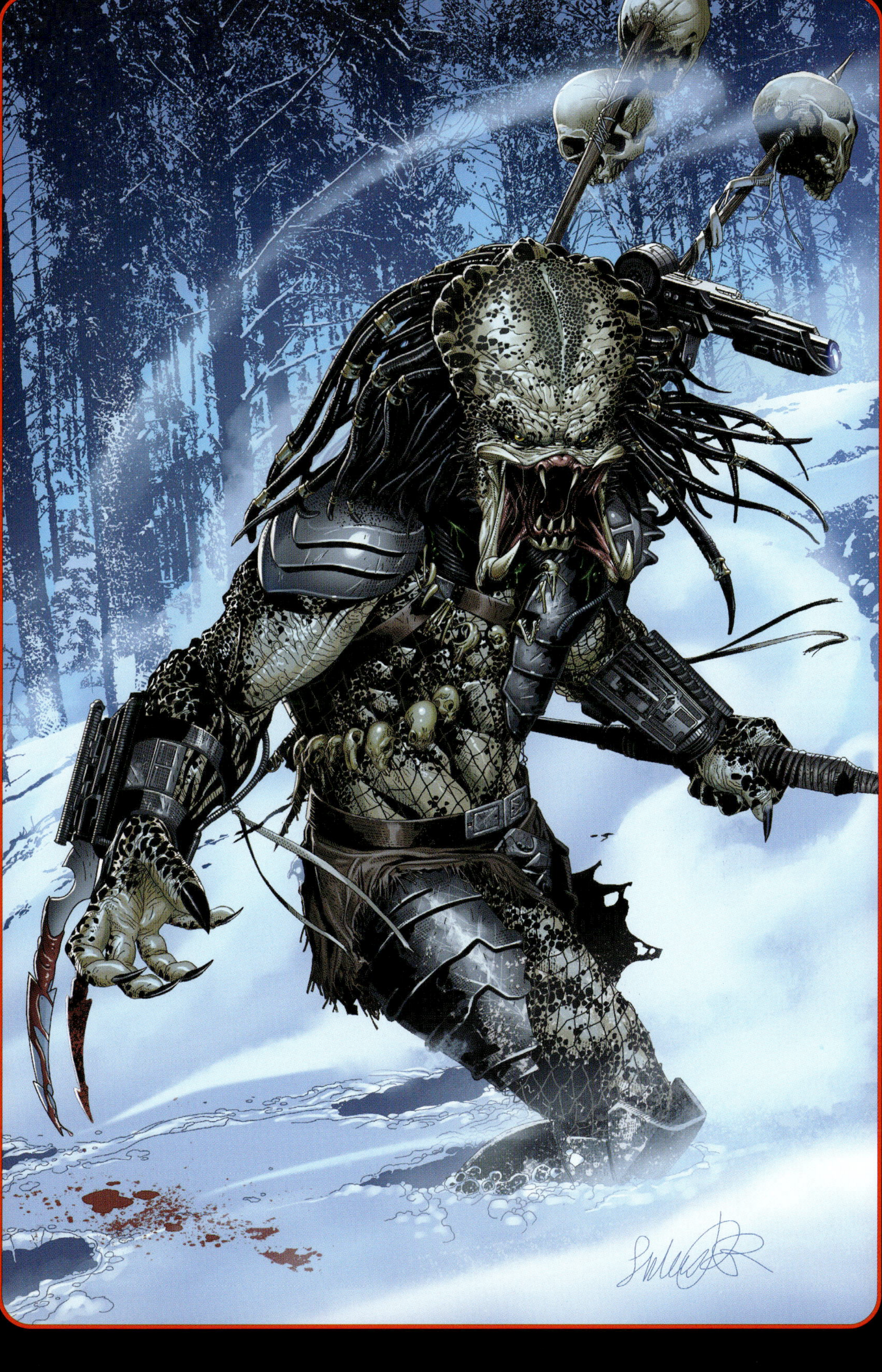

PREDATOR (2022) 2
VARIANT-COVER VON **SALVADOR LARROCA**

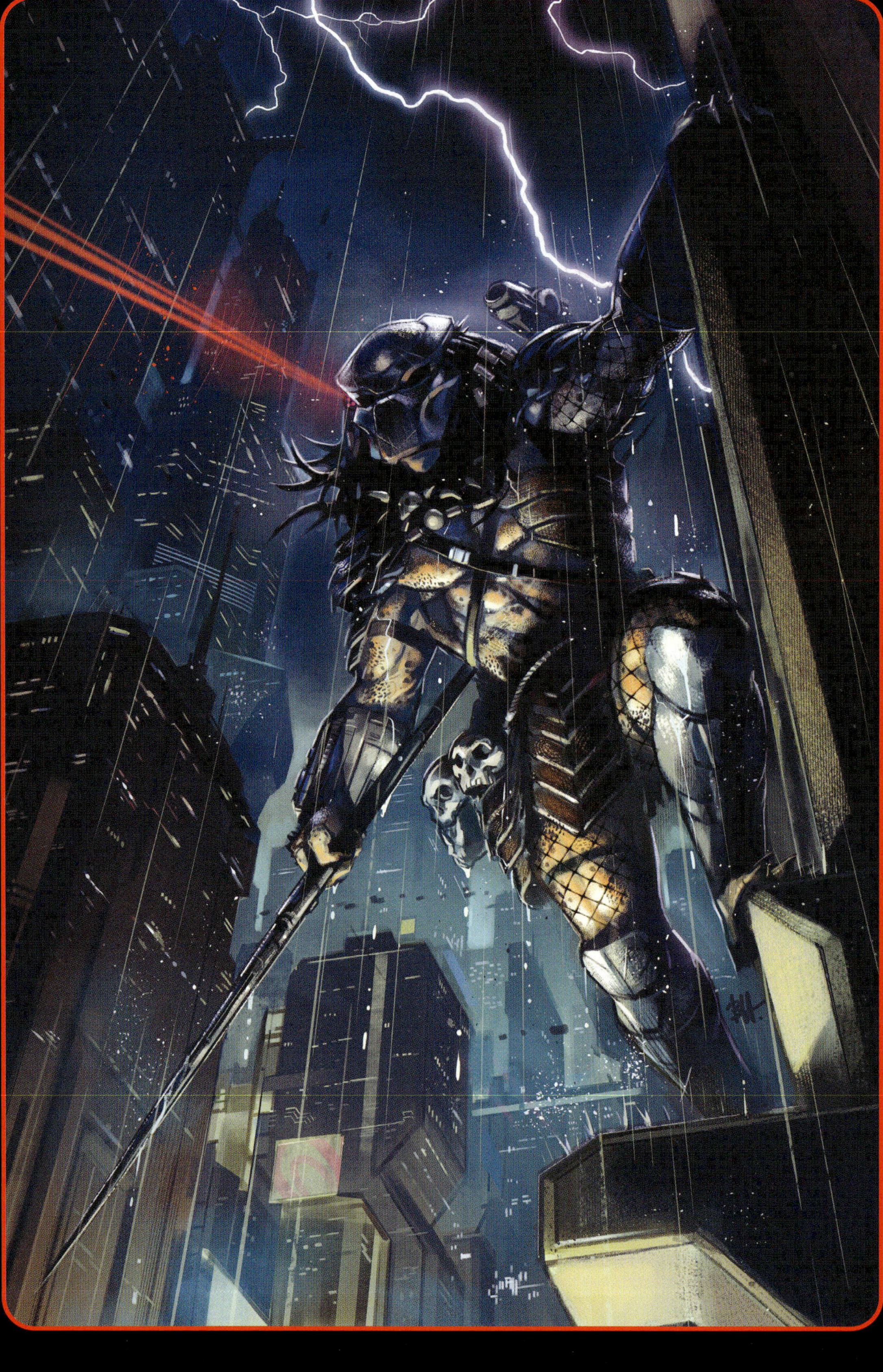

PREDATOR (2022) 3
VARIANT-COVER VON **BENJAMIN HARVEY**

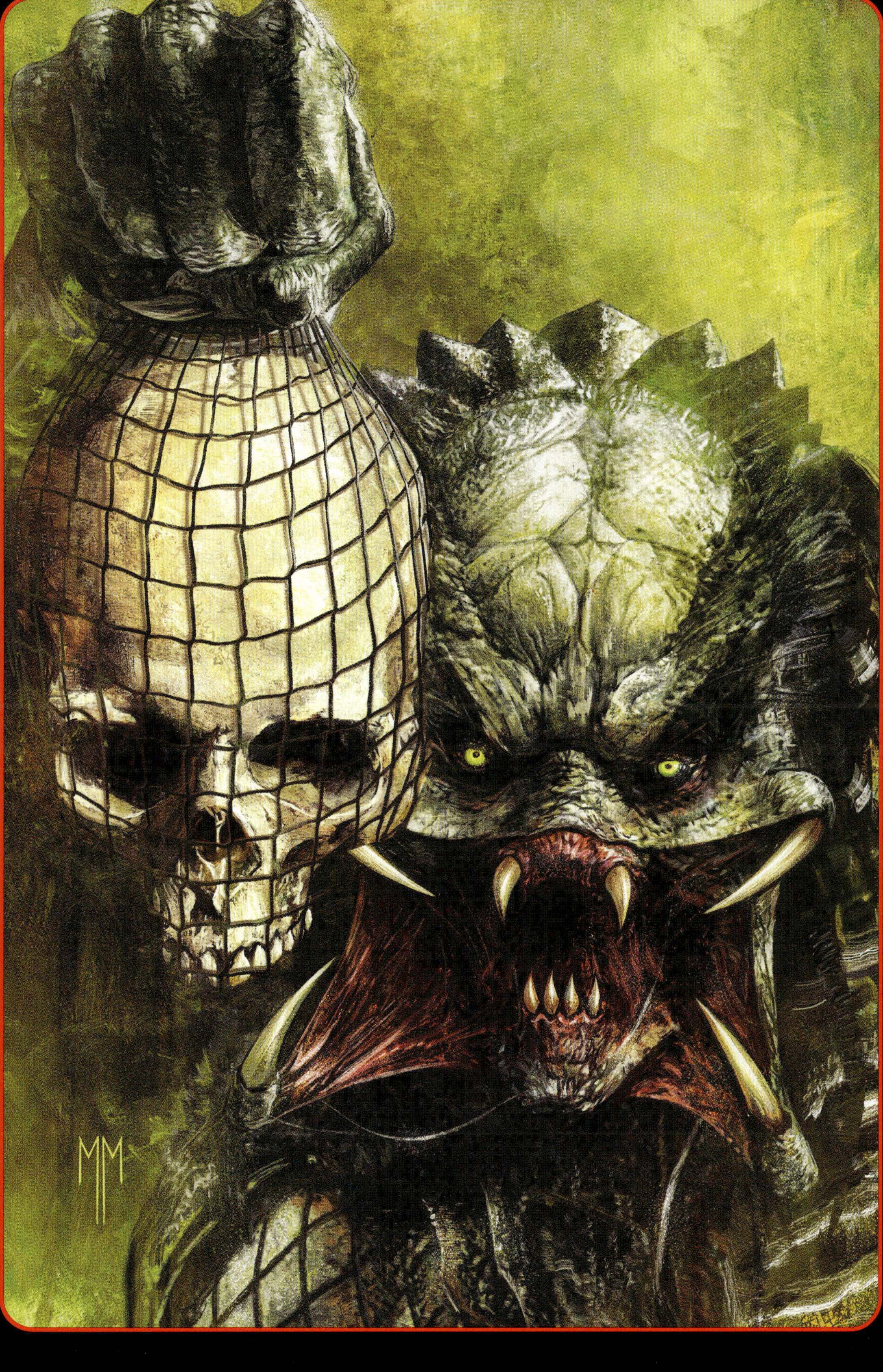

PREDATOR (2022) 3
VARIANT-COVER VON **MARCO MASTRAZZO**

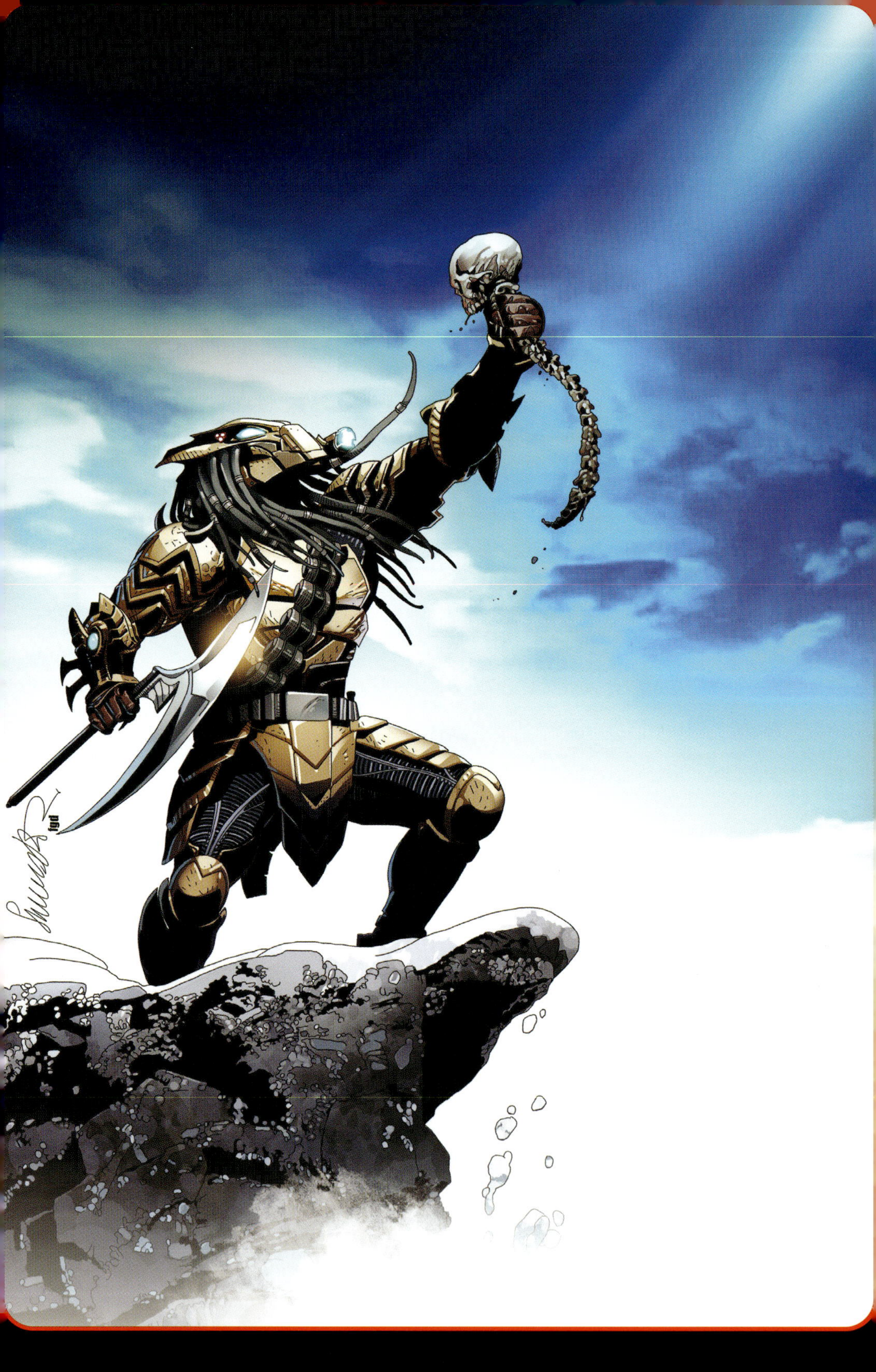

PREDATOR (2022) 4
VARIANT COVER VON **SALVADOR LARROCA**

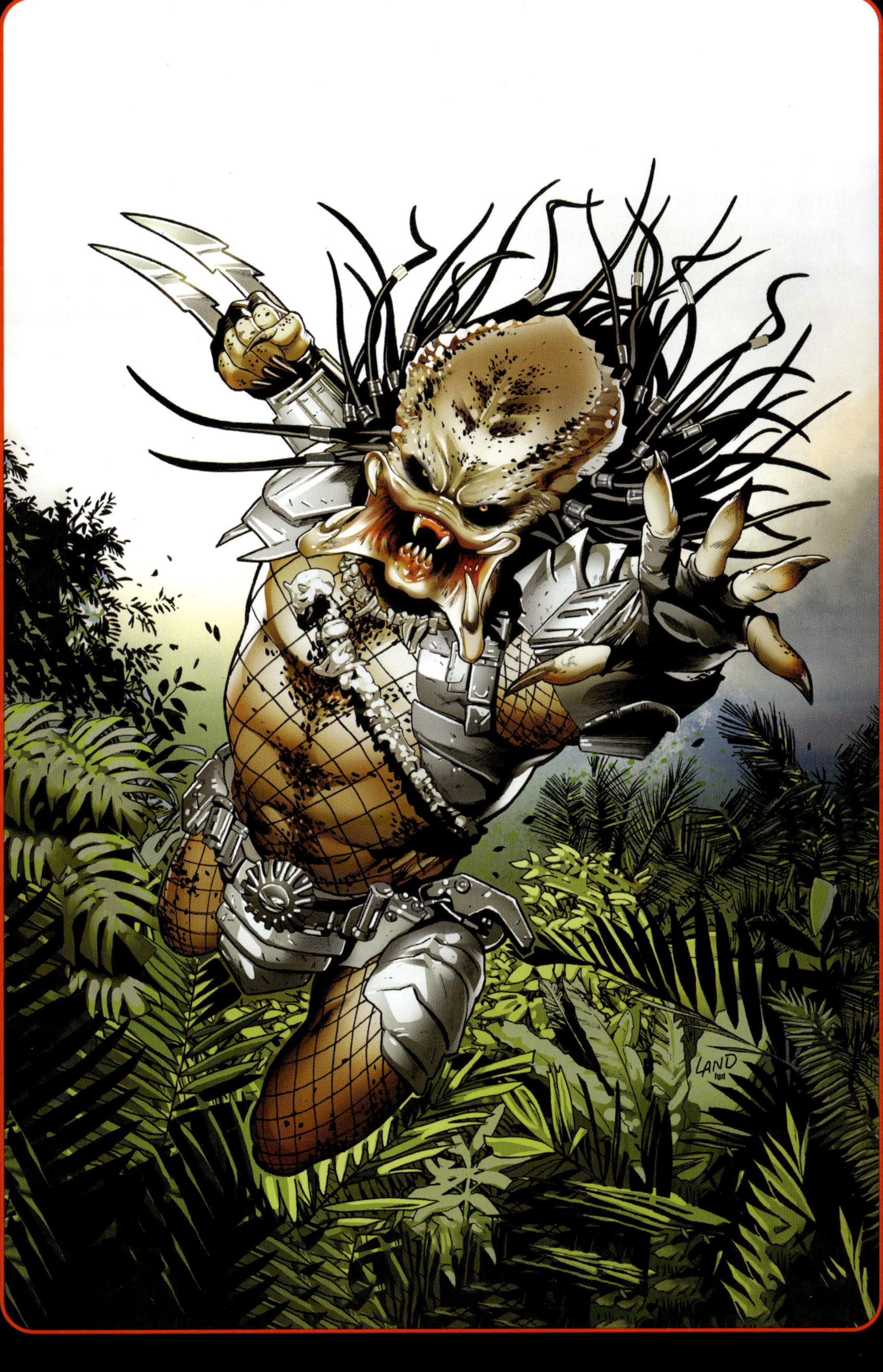

PREDATOR (2022) 5
VARIANT-COVER VON **GREG LAND**

ED BRISSON ist ein Drehbuchautor, der durch das Schreiben der Serien *Sheltered*, *Comeback*, *The Field*, *The Mantle* und *The Violent* für Image Comics Berühmtheit erlangte. Im Jahr 2015 veröffentlichte Dark Horse *Murder Book* erneut, einen Comic, den er geschrieben und selbst veröffentlicht hatte, bevor er zu Image kam. Er schrieb mehrere BOOM! Studios-Titel, darunter SONS OF ANARCHY, *Cluster* und *The Last Contract*, *Ballad of Sang* für Oni Press und *Beyond the Breach* für AfterShock Comics. Für Marvel arbeitete Brisson an DEAD MAN LOGAN, GHOST RIDER, THE NEW MUTANTS und natürlich an der neuen PREDATOR-Storyline. Er lebt mit seiner Frau und seiner Tochter in Halifax, Kanada.

KEV WALKER ist ein englischer Comic-Zeichner und Illustrator. Wie viele seiner Künstlerkollegen begann er seine Karriere beim britischen Magazin 2000 AD, für das er Serien wie *Judge Dredd*, *Judge Anderson*, *Future Shocks* und *Rogue Trooper* gestaltete. Walker wechselte dann in die Welt der Spiele und zeichnete zahlreiche Illustrationen für das berühmte Sammelkartenspiel *Magic: The Gathering* und für *Warhammer*. Danach zog er zu DC, wo er an HELLBLAZER arbeitete; später landete er bei Marvel, wo er Serien wie WOLVERINE, AVENGERS, VENOM, GUARDIANS OF THE GALAXY, MARVEL ZOMBIES, BLACK PANTHER und natürlich die neueste Comic-Inkarnation des Predators zeichnete – und immer noch zeichnet. Er lebt in Leeds, England.

FRANK D'ARMATA, geboren 1971, ist ein amerikanischer Kolorist und Illustrator, der für die wichtigsten Comic-Verlage der Welt gearbeitet hat, auch als Cover-Künstler. Unter den Serien, zu denen er beigetragen hat, befinden sich *Gen¹³*, *Total Justice*, *Avengers Beyond*, WOLVERINE, X-FACTOR, DAREDEVIL, MOON KNIGHT, IRON MAN, DAREDEVIL und ALIEN, um nur einige zu nennen.

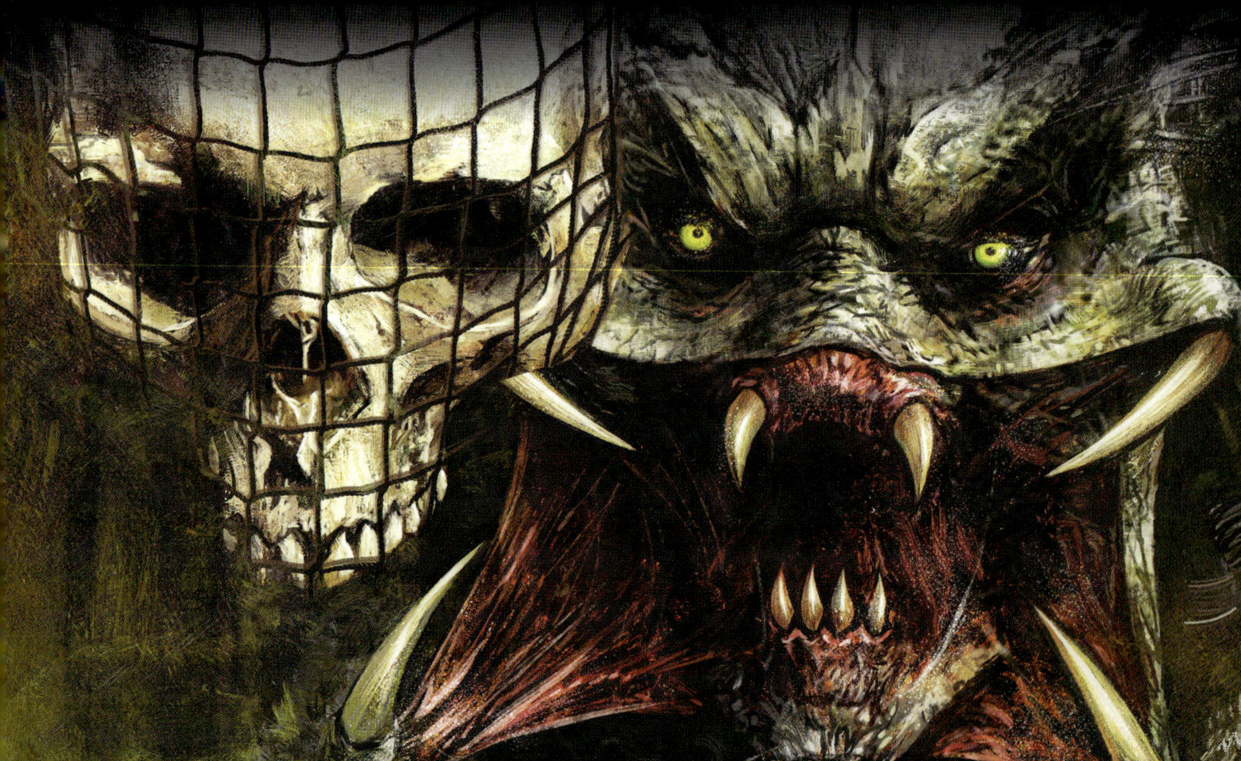